Cyber-Souveränität

Lev Topor

Cyber-Souveränität

Internationale Sicherheit, Massenkommunikation und die Zukunft des Internets

Springer

Lev Topor
ISGAP-Woolf Institute
Cambridge, UK

ISBN 978-3-032-09325-7 ISBN 978-3-032-09326-4 (eBook)
https://doi.org/10.1007/978-3-032-09326-4

Die Deutsche Nationalbibliothek verzeichnet diese Publikation in der Deutschen Nationalbibliografie; detaillierte bibliografische Daten sind im Internet über https://portal.dnb.de abrufbar.

Dieses Buch ist eine Übersetzung des Originals in Englisch „Cyber Sovereignty" von Lev Topor, publiziert durch Springer Nature Switzerland AG im Jahr 2024. Die Übersetzung erfolgte mit Hilfe von künstlicher Intelligenz (maschinelle Übersetzung). Eine anschließende Überarbeitung im Satzbetrieb erfolgte vor allem in inhaltlicher Hinsicht, so dass sich das Buch stilistisch anders lesen wird als eine herkömmliche Übersetzung. Springer Nature arbeitet kontinuierlich an der Weiterentwicklung von Werkzeugen für die Produktion von Büchern und an den damit verbundenen Technologien zur Unterstützung der Autoren.

Springer ist ein Imprint der eingetragenen Gesellschaft Springer Nature Switzerland AG und ist ein Teil von Springer Nature.
Die Anschrift der Gesellschaft ist: Gewerbestrasse 11, 6330 Cham, Switzerland

Für lustige Katzenvideos online. Möge dieser Inhalt niemals blockiert werden.

Vorwort

Innerhalb einer Generation hat die Welt einen tektonischen Wandel erlebt, der nicht durch Erdplatten, sondern durch Kabel verursacht wurde, die Computer verbinden und uns mit Codezeilen und Projektinformationen versorgen. Das Internet, einst eine hoffnungsvolle Utopie grenzenloser Vernetzung, hat sich in ein turbulentes digitales Archipel verwandelt. Staaten (Nationalstaaten), die nicht mehr an physische Grenzen gebunden sind, beanspruchen nun ihr eigenes souveränes Cyberspace, indem sie Firewalls und digitale Grenzen errichten oder sich durch schiere Entschlossenheit ganz vom globalen Netz abkoppeln. Dieses Buch schlägt einen kühnen Kurs durch diese fragmentierte Landschaft vor und kartiert die tückischen Untiefen der nationalen Regulierung, des eingeschränkten Zugangs und der allgegenwärtigen Bedrohung vollständiger Abschottung.

Der Beginn des 21. Jahrhunderts hat einen beispiellosen Bedeutungszuwachs des Cyberspace als zentrales Feld wirtschaftlicher, politischer und gesellschaftlicher Interaktion erlebt. Das Internet, einst als Vorbote globaler Einheit gefeiert, steht nun an einem Scheideweg. Die utopische Vision eines grenzenlosen Netzwerks, eines freien Austauschs von Ideen und Informationen, gerät zunehmend unter Beschuss. Von Nordkoreas Kwangmyong-Internet über die Große Firewall Chinas, Irans Shabake-ye Melli-ye Ettelāʿāt (Nationales Informationsnetzwerk), Russlands RuNet-Projekt bis hin zum regulatorischen Ringen der Europäischen Union um individuellen Datenschutz – Staaten (oder Staaten-Gebilde wie die EU) gestalten ihre eigenen maßgeschneiderten Versionen der Online-Welt, oftmals auf Kosten von offenem Zugang und Meinungsfreiheit. Dieses Buch analysiert diese vielfältigen Cyber-Domänen akribisch und legt die spezifischen Herausforderungen und Beweggründe offen, die die digitale Agenda jedes Landes bestimmen. Eines ist klar: Sie scheuen sich nicht, mit der westlichen Dominanz über das Netz in Konkurrenz zu treten.

Diese Verschiebung hin zur „Cyber-Souveränität" ist nicht lediglich ein technisches Phänomen; sie stellt eine grundlegende Neubewertung von Macht und Kontrolle im 21. Jahrhundert dar. Information, einst der Lebensnerv demokratischer Gesellschaften, wird nun sowohl als Instrument der Ermächtigung als auch der Unterdrückung eingesetzt. Information ist heute Des- und Fehlinformation. Regierungen, besorgt um nationale Sicherheit, gesellschaftliche Stabilität und den Erhalt kultureller Identitäten, greifen zunehmend auf digitale Zugangskontrollen zurück, um ihre Interessen zu schützen. Dies hat jedoch einen hohen Preis. Wie das Buch eindrucksvoll darlegt, birgt die Fragmentierung des Internets in abgeschottete Cyberräume das Risiko, genau jene Kommunikationsadern zu durchtrennen, die den globalen Dialog, den wirtschaftlichen Austausch und die wissenschaftliche Zusammenarbeit ermöglichen.

Die Folgen dieser Fragmentierung sind weitreichend und vielschichtig. Das Buch skizziert die Auswirkungen auf Bereiche wie Menschenrechte und Meinungsfreiheit, den globalen Handel und den wissenschaftlichen Fortschritt. Das Verstummen abweichender Stimmen innerhalb nationaler Firewalls, die abschreckende Wirkung von Selbstzensur und das Potenzial einer „digitalen Balkanisierung" sind nur einige der Möglichkeiten, die am Horizont erscheinen. Der Kampf um ein globales Internet, das nationale Souveränität respektiert und zugleich grundlegende Menschenrechte wahrt, bleibt eine komplexe und andauernde Herausforderung. Dieses Buch dient als entscheidender Wegweiser zur Orientierung in diesem umkämpften Terrain und bietet differenzierte Analysen möglicher Lösungen sowie Rahmenkonzepte für internationale Zusammenarbeit im Kontext sicherer Cyber-Domänen und Cyberblöcke.

Doch jenseits der politischen Handlungsempfehlungen und technischen Rahmenwerke befasst sich dieses Buch auch mit den tiefergehenden philosophischen Fragen, die dem Begriff der Cyber-Souveränität zugrunde liegen. Es setzt sich mit dem Spannungsfeld zwischen individueller Autonomie und nationaler Sicherheit auseinander, mit dem sensiblen Gleichgewicht zwischen Meinungsfreiheit und gesellschaftlichem Zusammenhalt sowie mit den Herausforderungen, kulturelle Vielfalt mit einer globalisierten digitalen Welt in Einklang zu bringen. Dies sind nicht bloß technische Probleme, die gelöst werden müssen, sondern tiefgreifende ethische Dilemmata, die sorgfältige Überlegung und einen fortwährenden Dialog erfordern. Dieses Buch ist ein eindringlicher Appell für eine Zukunft, in der das Internet verbinden, aber auch respektieren kann. Es ist ein Aufruf zu einer digitalen Welt, die nationale Souveränität achtet und zugleich globale Verbindungen fördert, zu einer Welt, in welcher der freie Informationsfluss Individuen stärkt und Gesellschaften festigt und in der das enorme Potenzial des Internets zum Wohle aller und nicht zu deren Schaden genutzt wird. Während wir uns auf diese digitale Odyssee begeben, dient dieses Buch als unverzichtbarer Kompass, der uns durch die unerforschten binären Gewässer der Cyber-Souveränität leitet und uns zu einer Zukunft führt, in der das Internet ein Leuchtfeuer der Verbindung bleibt und nicht zur Waffe der Spaltung wird.

Cambridge, Vereinigtes Königreich Lev Topor

Danksagungen Ich möchte meinen aufrichtigen Dank den folgenden Personen und Organisationen aussprechen, die zur Fertigstellung dieses Buches beigetragen haben: Prof. Arie Kacowicz, der einen frühen Entwurf eines Papiers zum Thema Cyberblöcke, das auf der Israeli Association for International Studies vorgestellt wurde, begutachtet hat; Prof. Eldar Haber, mit dem ich gemeinsam eine Arbeit zum Thema souveräne Cyber-Domänen (die wir als „Internetblasen“ bezeichneten) veröffentlicht habe; Dr. Alexander Tabachnik, der sein großes Fachwissen zum russischen Cyberraum beigetragen hat; sowie dem Center for Cyber Law and Policy an der Universität Haifa, Israel.

Inhaltsverzeichnis

1 Einführung . . . 1
1.1 Eine Antwort auf die „Na und?"-Frage . . . 15
1.2 Bezug zu anderen Veröffentlichungen . . . 16
1.3 Forschungsdesign und Methodik . . . 18
1.3.1 Auswahl der Fallstudien . . . 19
Literatur . . . 20

2 Cyberspace: Struktur, Funktionalität und Verwundbarkeiten . . . 23
2.1 Eine kurze Geschichte des Internets . . . 25
2.2 Wettstreitende historische Entwicklungen des Internets . . . 31
2.3 Die Struktur des Internets – Cyberspace . . . 32
2.4 Wer betreibt das Internet? . . . 35
2.5 Wem gehört das Internet? . . . 40
2.6 Bedrohungen, Verwundbarkeiten und der soziopolitische Einfluss: Ein kurzer soziopolitischer Überblick . . . 43
2.7 Fazit . . . 45
Literatur . . . 46

3 Souveränität, Macht, internationale Sicherheit und das Fehlen internationalen Rechts . . . 49
3.1 Souveränität in den internationalen Beziehungen . . . 50
3.2 Macht und ausländische Interventionen . . . 57
3.2.1 Warum führen Staaten Krieg? . . . 61
3.2.2 Cyber-Stellvertreterkriegsführung . . . 63
3.3 (Ein Mangel an) Völkerrecht . . . 65
3.3.1 Völkerrecht: Der Stand des Cyberkriegs . . . 69
3.3.2 Erfolgreiche Regulierungsversuche: Europäische DSGVO, DMA, DSA . . . 76
3.4 Fazit . . . 78
Literatur . . . 79

4 Cyberkrieg: Globale Trends und Stellvertreterkriege 83
4.1 DIME: Elemente der Macht 84
4.2 Diplomatie, Information, Militär, Wirtschaft: Theoretische und operative Definitionen 87
4.3 Cyberkrieg und Cyber DIME 91
4.4 Bedeutende Cyber DIME-Vorfälle 94
4.4.1 Russische Fake-News- und Einflussoperationen in Schweden 95
4.4.2 Der russische Cyberangriff auf das ukrainische Stromnetz 97
4.4.3 Der nordkoreanische WannaCry-Ransomware-Angriff 99
4.4.4 Der SolarWinds-Cyberangriff: War es Russland? 101
4.4.5 Russische Einmischung in die US-Präsidentschaftswahlen 2016 103
4.4.6 Stuxnet: Ein Angriff auf iranische Zentrifugen 105
4.5 Cyber-DIME-Trends weltweit 106
4.5.1 Deskriptive Statistik 107
4.5.2 Kreuztabellierung 109
4.6 Fazit 114
Literatur 115

5 Mis-/Desinformation und nationale Resilienz: Sind Länder immun gegen Fake News? 121
5.1 Politische Kriegsführung, Propaganda und Einflusskampagnen 123
5.2 Mis-/Desinformation über den Cyberspace: Sharp Power 126
5.3 Fake News in Israel: Trends und Fälle 134
5.4 Fazit 138
Literatur 140

6 Sichere Cyber-Domänen (SCD): Ausgereifte Modelle 145
6.1 Nordkoreanischer Cyberspace 148
6.2 Chinesischer Cyberspace 152
6.3 Russischer Cyberspace 157
6.4 Iranischer Cyberspace 164
6.5 Saudi-arabischer Cyberspace 168
6.6 Abschaltungen: Internetbeschränkungen in Indien und Myanmar 173
6.7 Fazit 175
Literatur 176

7 Verwundbare Modelle von Cyber-Domänen 179
7.1 Der amerikanische Cyberraum 181
7.2 Der britische Cyberspace 190
7.3 Der israelische Cyberspace 195
7.4 Der europäische Cyberblock 200
7.5 Fazit 206
Literatur 207

8 Die Zukunft des Internets 211
Literatur. 218

Nichtzitierte Quellen. 219

Abkürzungen

AI	Artificial Intelligence
APNIC	Asia-Pacific Network Information Centre
APT	Fortgeschrittene persistente Bedrohung
AR	Erweiterte Realität
ARPANET	Advanced Research Projects Agency Network
BIS	Amt für Industrie und Sicherheit
BRI	Belt and Road Initiative
CCDCOE	Kooperatives Zentrum für Cyberabwehr Exzellenz
CCP	Kommunistische Partei Chinas
CCPA	California Consumer Privacy Act
ccTLDs	Länderspezifische Top-Level-Domains
CDA	Communications Decency Act
CDN	Content-Delivery-Netzwerk
CERT-EU	Computer-Notfallteam der EU
CIS	Gemeinschaft Unabhängiger Staaten (ehemalige Sowjetrepubliken)
CISA	Cybersecurity and Infrastructure Security Agency
CISA-Gesetz	Gesetz über den Austausch von Cybersicherheitsinformationen
CNNIC	China Internet Network Information Center
CSIS	Zentrum für Strategische und Internationale Studien
CSO	Organisation der Zivilgesellschaft
CST	Kommission für Kommunikation, Weltraum und Informationstechnologie
DARPA	Behörde für fortgeschrittene Verteidigungsforschungsprojekte
DIME	Diplomatisch, Information, Militärisch und Wirtschaftlich
DMA	Gesetz über digitale Märkte
DNS	Domain Name System
DoS	Dienstverweigerung
DPI	Deep Packet Inspection
DSA	Gesetz über digitale Dienste
ECJ	Europäischer Gerichtshof

EIF	Europäisches Internet-Forum
ENISA	Agentur der Europäischen Union für Cybersicherheit
FCC	Bundeskommunikationskommission
GCHQ	Government Communications Headquarters
GCI	Globaler Cybersecurity-Index
GCSC	Globale Kommission für die Stabilität des Cyberspace
GDPR	Datenschutz-Grundverordnung
GEC	Zentrum für globale Engagement
GFW	Große Firewall
GGE	Gruppe von Regierungsexperten
GSP	Golden Shield Project
IAB	Internet Architecture Board
IANA	Internet Assigned Numbers Authority
ICANN	Internet Corporation for Assigned Names and Numbers
ICS	Industrielle Steuerungssysteme
ICT	Informations- und Kommunikationstechnologie
IDF	Israelische Verteidigungsstreitkräfte
IETF	Internet Engineering Task Force
IGF	Internet Governance Forum
IIX	Israelischer Internet-Knotenpunkt
INCD	Israelische Nationale Cyberdirektion
IoT	Internet der Dinge
IP	Internetprotokoll
IRTF	Internet Research Task Force
ISO	Internationale Organisation für Normung
ISOC	Internetgesellschaft
ISP	Internetdienstanbieter
IT	Informationstechnologie
ITU	Internationale Fernmeldeunion
IUCC	Israelisches Interuniversitäres Rechenzentrum
IXP	Internet-Austauschpunkt
MAD	Mutual assured destruction (Gegenseitig gesicherte Zerstörung)
NATO	Nordatlantikpakt-Organisation
NCA	Nationale Cybersicherheitsbehörde
NCC	Nationales Zentrum für Cyberspace
NCP	Netzwerksteuerungsprotokoll
NCSC	Nationales Zentrum für Cybersicherheit
NHS	Nationaler Gesundheitsdienst
NIC	Netzwerkinformationszentrum
NIN	Nationales Informationsnetzwerk
NIS	Netzwerk- und Informationssysteme
NIST	Nationales Institut für Standards und Technologie
NSC	Nationaler Sicherheitsrat
NTIA	Nationale Telekommunikations- und Informationsverwaltung
OEWG	Offene Arbeitsgruppe

OFCOM	Amt für Kommunikation
OGAS	Nationales Automatisiertes System für Berechnung und Informationsverarbeitung (aus dem Russischen: ОГАС [Общегосударственная автоматизированная система учёта и обработки информации])
ONI	Open Net Initiative
OSA	Online-Sicherheitsgesetz
OSI	Offenes System Interconnection
OT	Operationale Technologien
PRC	Volksrepublik China
PTI	Öffentliche technische Kennungen
R2P	Verantwortung zum Schutz
RIR	Regionale Internet-Registrierungsstelle
SATNET	Atlantischer Ozean Paket-Satellitenkommunikationsnetz
SCC	Oberster Rat für Cyberspace
SCD	Sicherer Cyberraum
SMA	Sichere Messaging-Anwendung
SORM	System der operativ-ermittlerischen Maßnahmen
TCP	Transmission Control Protocol
TLD	Top Level Domain
UNGA	Generalversammlung der Vereinten Nationen
UPS	Unterbrechungsfreie Stromversorgung
US-CERT	US-amerikanisches Computer Emergency Readiness Team
VCD	Verwundbare Cyberdomäne
VK	Russische Social-Media-Plattform
VR	Virtuelle Realität
W3C	World-Wide-Web-Konsortium
WEF	Weltwirtschaftsforum

Abbildungsverzeichnis

Abb. 2.1 Weltkarte der Untersee-Glasfaserkabel und Landverbindungen (terrestrisch). Grau kennzeichnet Untersee-Glasfaserkabel, Blau kennzeichnet Landverbindungen. (Quelle: Infrastructure Connectivity Map, International Telecommunication Union) 24

Abb. 2.2 Verbindungen mit Nordkorea. Grau kennzeichnet Untersee-Glasfaserkabel, Blau kennzeichnet Landverbindungen. (Quelle: Infrastructure Connectivity Map, International Telecommunication Union) 24

Abb. 6.1 Submarine und terrestrische Internetkabel rund um Nordkorea. (Quelle: Infrastruktur-Konnektivitätskarte, Internationale Fernmeldeunion. *Blaue Linien sind terrestrisch, dünne graue Linien in Meeren und Ozeanen sind Untersee-Glasfaserkabel, IXPs sind in grünen Kreisen dargestellt. **Beachten Sie, dass die Kabel und Knotenpunkte in dieser Abbildung keine direkte Verbindung zu Nordkorea haben) 151

Abb. 6.2 Unterseeische und terrestrische Internetkabel sowie Internet-Austauschpunkte in und um China. (Quelle: Infrastructure Connectivity Map, Internationale Fernmeldeunion. * Blaue Linien sind terrestrisch, dünne graue Linien in Meeren und Ozeanen sind unterseeische Glasfaserkabel, IXPs sind in grünen Kreisen dargestellt. China ist grau hervorgehoben) 156

Abb. 6.3 Mit Russland verbundene Unterseekabel. (Quelle: Telegeography) 163

Abb. 6.4 Russische terrestrische Kabel und IXPs (um Westrussland und Moskau). (Quelle: Infrastructure Connectivity Map, International Telecommunication Union. * Blaue Linien sind terrestrisch, dünne graue Linien in Meeren und Ozeanen sind Untersee-Glasfaserkabel, IXPs sind in grünen Kreisen. Russland ist grau hervorgehoben) 163

Abb. 6.5 Untersee- und terrestrische Internetkabel sowie Internet-Austauschpunkte in und um Iran. (Quelle: Infrastructure Connectivity Map, Internationale Fernmeldeunion. * Blaue Linien sind terrestrisch, dünne graue Linien in Meeren und Ozeanen sind Untersee-Glasfaserkabel, IXPs sind in grünen Kreisen. Iran ist grau hervorgehoben) 167
Abb. 6.6 Unterseeische und terrestrische Internetkabel sowie Internet-Austauschpunkte in und um Saudi-Arabien. (Quelle: Infrastructure Connectivity Map, Internationale Fernmeldeunion. * Blaue Linien sind terrestrisch, dünne graue Linien in Meeren und Ozeanen sind Untersee-Glasfaserkabel, IXPs sind in grünen Kreisen. Saudi-Arabien ist grau hervorgehoben) 172
Abb. 7.1 Untersee- und terrestrische Internetkabel sowie Internet-Austauschpunkte in und um die Vereinigten Staaten (ohne Alaska). Quelle Infrastructure Connectivity Map, Internationale Fernmeldeunion. * Blaue Linien sind terrestrisch, dünne graue Linien in Meeren und Ozeanen sind Untersee-Glasfaserkabel, IXPs sind in grünen Kreisen dargestellt. Die Vereinigten Staaten sind grau hervorgehoben 183
Abb. 7.2 Untersee- und terrestrische Internetkabel sowie Internet-Austauschpunkte in und um Alaska. Quelle Infrastructure Connectivity Map, Internationale Fernmeldeunion. * Blaue Linien sind terrestrisch, dünne graue Linien in Meeren und Ozeanen sind Untersee-Glasfaserkabel, IXPs sind in grünen Kreisen dargestellt. Alaska ist grau hervorgehoben 183
Abb. 7.3 Untersee- und terrestrische Internetkabel sowie Internetknotenpunkte im und um das Vereinigte Königreich. Quelle Infrastructure Connectivity Map, International Telecommunication Union. * Blaue Linien sind terrestrisch, dünne graue Linien in Meeren und Ozeanen sind Untersee-Glasfaserkabel, IXPs sind in grünen Kreisen dargestellt. Das Vereinigte Königreich ist grau hervorgehoben 194
Abb. 7.4 Unterseeische Internetkabel und Internet-Austauschpunkte in und um Israel. Quelle Infrastructure Connectivity Map, International Telecommunication Union. * Blaue Linien sind terrestrisch, dünne graue Linien in Meeren und Ozeanen sind unterseeische Glasfaserkabel, IXPs sind in grünen Kreisen dargestellt. Israel ist grau hervorgehoben 197
Abb. 7.5 Submarine und terrestrische Internetkabel sowie Internet-Austauschpunkte in und um Europa. * Blaue Linien sind terrestrisch, dünne graue Linien in Meeren und Ozeanen sind Unterseekabel aus Glasfaser, IXPs sind in grünen Kreisen dargestellt 201

Tabellenverzeichnis

Tab. 1.1 Bewertung der Internetfreiheit in 70 Ländern (0 – am wenigsten frei, 100 – am freiesten) . . . 7
Tab. 1.2 Vier Optionen für die Zukunft des Internets . . . 14
Tab. 2.1 OSI-Modell und TCP/IP-Modell: ein Vergleich . . . 33
Tab. 2.2 Soziale und technische Modelle des Cyberspace . . . 34
Tab. 2.3 Internet-Ökosystem – steuernde Akteure (Abkürzungen im Text erläutert) . . . 36
Tab. 4.1 Häufigkeit von Taktiken in der Cyber-DIME-Kriegsführung . . . 107
Tab. 4.2 Häufigkeit der Messung von Macht in den internationalen Beziehungen – Kontrolle worüber . . . 107
Tab. 4.3 Häufigkeit der Täter . . . 108
Tab. 4.4 Häufigkeit der Opferarten . . . 108
Tab. 4.5 Zusammenhang zwischen Taktiken und Messung von Macht in den internationalen Beziehungen . . . 110
Tab. 4.6 Zusammenhang zwischen Taktiken und Tätertypen . . . 111
Tab. 4.7 Zusammenhang zwischen Taktiken und Opferarten . . . 112
Tab. 6.1 Einschränkung der Internetschichten in Nordkorea . . . 151
Tab. 6.2 Einschränkung der Internetebenen in China . . . 156
Tab. 6.3 Einschränkung der Internetschichten in Russland . . . 164
Tab. 6.4 Beschränkung der Internetebenen im Iran . . . 168
Tab. 6.5 Einschränkung der Internet-Ebenen in Saudi-Arabien . . . 172
Tab. 6.6 Internetsperren im Jahr 2021, laut Access Now . . . 174
Tab. 7.1 Einschränkung der Internet-Ebenen in den Vereinigten Staaten . . . 189
Tab. 7.2 Beschränkung der Internet-Ebenen im Vereinigten Königreich . . . 195
Tab. 7.3 Einschränkung der Internetebenen in Israel . . . 200

Kapitel 1
Einführung

Das Internet oder der Cyberspace bezeichnet eine virtuelle Welt aus Computern und „smarten" Geräten, die die Online-Kommunikation und die Übertragung von Informationen durch miteinander verbundene digitale Umgebungen ermöglichen. Mit einer Weltbevölkerung, die im Jahr 2023 bald 8 Mrd. Menschen erreichen wird, sind nur noch etwa 2,6 Mrd. von uns offline. Ungefähr 67 %, also 5,4 Mrd. Menschen, nutzen mittlerweile das Internet. Regional sind 91 % der Europäer vernetzt, 89 % der Bevölkerung der Gemeinschaft Unabhängiger Staaten (GUS, ehemalige Sowjetstaaten) sind vernetzt, 66 % der Menschen im asiatisch-pazifischen Raum sind vernetzt, 69 % der Bevölkerung der arabischen Länder sind vernetzt, 87 % der Amerikaner (Süd-, Mittel- und Nordamerika) sind vernetzt und 37 % der Afrikaner sind vernetzt. Die meiste Kommunikation erfolgt über Untersee-Glasfaserkabel und terrestrische Kabel (etwa 95 %; ein Teil nutzt Satelliten). Es scheint, als würde die ganze Welt hochgeladen; da das Internet tatsächlich zu einer Form der Massenkommunikation geworden ist – Menschen sind vernetzt, Organisationen sind vernetzt und Länder sind vernetzt –, ist es zu einem wichtigen Stellvertreter für die internationale Sicherheit geworden.[1]

Der Cyberraum hat sich als perfekte Plattform für internationalen Einfluss und Machtkämpfe auf der Weltbühne herausgebildet. Nun führen nicht nur globale Mächte, sondern auch Terrororganisationen, abtrünnige Einzeltäter und Kriminelle ihre Angriffe sowohl im Cyberraum als auch im realen kinetischen Bereich aus.[2] Das, was Alfred T. Mahan bereits im späten 19. Jahrhundert in Bezug auf die Meere feststellte („wer die See beherrscht, beherrscht die Welt"),[3] gilt heute in Bezug auf das Internet. Derjenige, der den Cyberraum beherrscht, kontrolliert die Massenkommunikation und folglich die Welt (oder zumindest einen bedeutenden

[1] Siehe International Telecommunication Union (2023).

[2] Siehe allgemein Lin und Zegart (2019).

[3] Mahan (2011).

L. Topor, *Cyber-Souveränität*, https://doi.org/10.1007/978-3-032-09326-4_1

Teil der globalen Angelegenheiten). Tatsächlich kann der Cyberraum als perfekte Plattform für internationalen Einfluss betrachtet werden, nicht nur weil er es globalen Mächten ermöglicht, ihre Gegner virtuell – aber in sehr realem Sinne – mit wenigen (sehr geschickten) Mausklicks zu infiltrieren und zu intervenieren, sondern auch, weil es im aktuellen Zustand keine verbindlichen internationalen Gesetze und keine klaren Normen für den Cyberspace gibt – jedes Land kann tun, was es für angemessen hält. Erfolgreiche Versuche, sich auf solche Gesetze zu einigen, scheinen in weiter Ferne zu liegen (z. B. das Tallinn Manual, die GGE und OEWG der Vereinten Nationen),[4] auch wenn einige gesetzgeberische Initiativen wie die Europäische Datenschutz-Grundverordnung (DSGVO), der Digital Services Act (DSA) und der Digital Markets Act (DMA) sowie spezifische nationale Gesetzgebungen erfolgversprechender erscheinen.[5] Dennoch betreffen solche Regelungen hauptsächlich Blöcke wie Europa oder souveräne Staaten wie Russland, China und einige wenige andere, nicht jedoch die ganze Welt. Selbst in Europa hat jedes Land seine eigenen Normen und Vorschriften.

Unter den derzeitigen gesetzlichen Rahmenbedingungen sind Cyberangriffe und Einflusskampagnen vollkommen legal. Das heißt, die Verbreitung von Schadsoftware, Miss-/Desinformationskampagnen und Leaks sind nicht illegal. Cyberangriffe, die direkt Schaden, Verletzungen oder Todesfälle verursachen, können zwar vergolten werden, aber man muss deren Ursprung forensisch nachweisen – ein Ziel, das, wie im Verlauf dieses Buches ausgeführt wird, sehr schwer zu erreichen ist. Da viele Cyberkriminelle digitale und reale Stellvertreter nutzen, ist die Zuschreibung äußerst schwierig.[6] Es stimmt, dass nach Kapitel VII, Artikel 51 der Charta der Vereinten Nationen ein Land physische (kinetische) Maßnahmen gegen einen bewaffneten Angriff, auch einen bewaffneten Cyberangriff, ergreifen kann; jedoch ist der Cyberspace in seiner derzeitigen Struktur, wie Martin C. Libicki feststellte, geradezu maßgeschneidert für strategische Mehrdeutigkeit.[7] Darüber hinaus haben die Twitter-Revolution,[8] der Arabische Frühling[9] sowie

---

[4] Siehe Schmitt (2017); UN GGE – Group of Governmental Experts, UNGA Res. 73/266; UN OEWG – Open-ended Working Group, UN GA Res. 73/27.

[5] Digwatch (n. d.) und Shuker und Topor (2021).

[6] Harknett und Nye Jr. (2017).

[7] Libicki (2011). Siehe Vereinte Nationen (1945).

[8] Der Begriff „Twitter-Revolution" wurde verwendet, um verschiedene Revolutionen und Proteste zu bezeichnen, die das soziale Netzwerk Twitter als Kommunikationsmittel nutzten. Er wurde mit Ereignissen wie den Unruhen in Moldawien 2009, den iranischen Wahlprotesten 2009–2010, den politischen Bewegungen in Ägypten im Januar und Februar 2011 und weiteren in Verbindung gebracht.

[9] Der Arabische Frühling bezeichnet eine Reihe von regierungsfeindlichen Protesten, Aufständen und bewaffneten Rebellionen, die sich Anfang der 2010er-Jahre in der arabischen Welt ausbreiteten. Soziale Medien, darunter Twitter, spielten im Arabischen Frühling eine bedeutende Rolle, indem sie die Kommunikation und Interaktion unter Aktivisten erleichterten, es ihnen ermöglichten, Demonstrationen zu organisieren, Informationen zu verbreiten und das globale Bewusstsein für die Ereignisse zu schärfen.

Interventionen ausländischer Akteure in Wahl- und demokratische Prozesse, wie bei den US-Präsidentschaftswahlen oder im Fall des Brexit, bewiesen, dass selbst manipulierte Informationen im Cyberspace enormen Schaden anrichten können – oft mehr als ein kinetischer Angriff.

Was also können Staaten tun, um sich in diesem Wilden Westen, in dieser gesetzlosen virtuellen Domäne zu schützen? Da internationale Beziehungen und Politik im Allgemeinen reaktiv sind, ist es wahrscheinlich, dass Länder bestrebt sein werden, ihre Cyberspaces zu kontrollieren und sich zu schützen.[10] Wie Beispiele in diesem Buch zeigen, ergreifen Länder wie Russland und China bereits Maßnahmen.

Das Hauptargument dieses Buches, das auf Beobachtungen basiert und aus strategischer Perspektive formuliert wurde, ist, dass wir, weil Staaten weltweit derzeit bestrebt sind, ihre Cyber-Domänen einzuschränken, um ihre inneren Angelegenheiten besser zu kontrollieren und sich besser vor ausländischen Cyberangriffen und unerwünschten Einflüssen zu schützen, in naher Zukunft eine andere Art von Internet sehen könnten – ein stärker eingeschränktes. Dies nenne ich eine Secure Cyber Domain (SCD). Einfach ausgedrückt ist eine SCD eine Grenze, die darauf abzielt, die nationale Souveränität zu wahren, insbesondere durch die Kontrolle der inländischen Massenkommunikation und das Fernhalten unerwünschter Inhalte jeglicher Art. SCD ist ein flexibler Begriff, der verwendet werden kann, um ein Land mit geschütztem Cyberraum, eine eigenständige Cyber-Domäne oder eine gemeinsam mit anderen genutzte (die ich als Cyberblock bezeichne) zu beschreiben, solange sie sicher und nicht (oder weniger) anfällig für ausländische Einflussnahme und Manipulation ist. Im Gegensatz dazu ist eine Vulnerable Cyber Domain (VCD) eine Domäne, die die Informationsfreiheit – ob wahr, falsch oder schädlich – über nationale Resilienz und öffentliche Ordnung stellt.

Staaten können es schaffen, sich in diesem Informationszeitalter von der Globalisierung abzukoppeln, so wie sie es während der COVID-19-Pandemie durch Lockdowns und Grenzschließungen mit bestimmten Aspekten der Globalisierung getan haben. Im Fall der Pandemie öffneten die Staaten schließlich ihre Grenzen für diejenigen, die auf das Virus getestet und/oder dagegen geimpft waren. Die Schließung von Cybergrenzen mag etwas komplexer sein, ist aber, wie ich in den folgenden Kapiteln zeige, durchaus machbar. Ausgehend von dieser Beobachtung und Argumentation stelle ich auch die Frage: Wie wird das globale Internet in Zukunft strukturiert sein? Werden Prozesse der De Proliferation von Konnektivität die Globalisierung untergraben? Wie werden sich solche Veränderungen in der Massenkommunikation auf die menschliche Zusammenarbeit auswirken? Wie wird sich diese „digitale Balkanisierung" weiterentwickeln?[11]

In einem gemeinsam mit Eldar Haber verfassten Aufsatz wurden diese Bemühungen, das Internet einzuschränken, als „Internetblasen" bezeichnet, was bedeutet, dass ein Staat seine eigene souveräne Internetblase – ein geschlossenes

---

[10] Siehe allgemein Lin und Zegart (2019).

[11] Economist (2010).

nationales Intranet – schaffen kann.[12] Seit der Abfassung dieses Aufsatzes habe ich das Konzept weiterentwickelt, da sich die internationale Verbreitung von Miss-/Desinformation und Cyberangriffen verstärkt hat. Solche souveränen Cyberspaces, SCDs, könnten nicht nur innerhalb von Staaten, sondern auch innerhalb von Blöcken und Partnerschaften entstehen. Staaten nutzen das Fehlen von Regelungen und Rechtsrahmen, um solche Sphären zu schaffen. Heutzutage gilt dies insbesondere für Russland und China, die das Internet, ein weitgehend amerikanisches Projekt, als einen Bereich betrachten, der ihrem globalen Gegner – den Vereinigten Staaten – ermöglicht, seine Macht und seinen globalen Einfluss zu bewahren. In einer Welt, die als tripolar (oder multipolar) beschrieben wird, sind die Bedenken Russlands und Chinas nicht unbegründet; die Vereinigten Staaten haben einen Großteil des globalen Internets entwickelt und kontrollieren dessen Infrastruktur entweder direkt oder über Geschäftsproxies, Hightech-Unternehmen, soziale Medien und sichere Messaging-Anwendungen (SMAs).[13] Selbst die Europäische Union hat trotz DSGVO, DSA und DMA Bedenken hinsichtlich des amerikanischen und unternehmerischen Einflusses geäußert.[14]

Es ist wichtig zu betonen, dass die Beobachtungen und Argumente in diesem Buch sich auf Strategie, Souveränität und internationale Beziehungen konzentrieren und nicht auf internationale Menschenrechte oder Debatten über Meinungsfreiheit, Informationsfreiheit und Wahrheit – auch wenn Letztere gestreift werden. Darüber hinaus, auch wenn ich persönlich dem liberalen Westen zuneige, ist nationale Souveränität für die Mehrheit der Staaten auf der Welt von großer Bedeutung, selbst wenn sie weniger liberal und weniger demokratisch sind, und selbst wenn ich persönlich als Mensch, aber auch als Forscher auf den Gebieten Politik und internationale Angelegenheiten nicht mit ihnen übereinstimme. In diesem Buch versuche ich, mich von normativen Perspektiven zu lösen und mich auf nationale Strategie zu konzentrieren. Daher untersuche ich, wie ein Land handeln sollte, wenn es seine Souveränität entweder bewahren oder ausbauen möchte, wobei zu berücksichtigen ist, dass Staaten – Nationen – im Allgemeinen bestrebt sind, mehr Souveränität zu erlangen. Das Konzept der Souveränität wird ausführlich in Kap. 3 vorgestellt und erläutert, das sich mit Souveränität, Macht und internationaler Sicherheit befasst. Der Begriff Souveränität ist, wie der englische Historiker Francis Harry Hinsley anmerkt, komplex, aber flexibel:

> Menschen üben keine Souveränität aus und unterwerfen sich ihr auch nicht. Sie üben Autorität oder Macht aus oder unterwerfen sich ihr. Autorität und Macht sind Tatsachen, so alt und allgegenwärtig wie die Gesellschaft selbst; aber sie haben nicht überall und zu allen Zeiten die Unterstützung genossen oder die Beschränkungen erlitten, die die Souveränität, eine Theorie oder Annahme über politische Macht, für sie zu schaffen sucht.

[12] Haber und Topor (2023).

[13] Elkin-Koren und Haber (2016).

[14] So hat beispielsweise die Europäische Kommission Meta (Facebook) wegen in Europa als missbräuchlich empfundener Praktiken herausgefordert. Siehe Europäische Kommission (2022a) und Machangama (2022).

> Obwohl wir im allgemeinen Sprachgebrauch so tun, als sei sie etwas Konkretes, das verloren oder erworben, erodiert oder vermehrt werden kann, ist Souveränität keine Tatsache. Sie ist ein Konzept, das Menschen unter bestimmten Umständen angewandt haben – eine Eigenschaft, die sie der politischen Macht, die sie oder andere ausübten, zugeschrieben oder als Anspruch entgegengesetzt haben.[15]

Die Situation verändert sich, während diese Zeilen geschrieben werden. Russland entwickelt weiterhin seine Cyber-Souveränität durch das sogenannte RuNet-Projekt und erarbeitet strenge Regulierungen gegen unerwünschte Einflüsse, darunter das Jarowaja-Gesetz und das Gesetz über das „souveräne Internet". Russland verlangt zudem, dass auf neuen Smartphones und anderen intelligenten Geräten eine bestimmte Anwendung installiert wird.[16] China setzt seine Regulierung und Einschränkung ausländischer Plattformen mit seiner „Großen Firewall" fort; Google, Apple, Meta (Facebook) und andere US-amerikanische Technologiekonzerne sind in der Volksrepublik China nicht willkommen.[17] China plant zudem, dem privaten amerikanischen Starlink-Projekt im Weltraum Konkurrenz zu machen und eine eigene Satellitenkonstellation zu starten.[18] Darüber hinaus strebt China die Unabhängigkeit von der amerikanisch unterstützten Internet-Infrastruktur an, indem es daran arbeitet, Alternativen zu amerikanisch unterstützten Unterseekabeln zu entwickeln und vermutlich zu ersetzen.[19] Nordkorea kontrolliert seine eigenen Kommunikationssysteme mit dem Kwangmyong-Intranet, das vollständig vom globalen Netz getrennt ist.[20] Selbst innerhalb der Vereinigten Staaten versuchen private Unternehmen, eingeschränkte und souveräne Wirtschaftszonen zu schaffen (z. B. „Innovation Zones" in Nevada), was die amerikanische Souveränität untergräbt.[21]

Welche Motive haben Staaten dazu veranlasst, ihr Internet einzuschränken? Das heutige Internet ist im Wesentlichen ein amerikanisches Projekt. Es wurde von amerikanischen und westlichen Verteidigungs- und Forschungseinrichtungen sowie Projekten wie dem Advanced Research Projects Agency Network (ARPANET) entwickelt und wird derzeit auch von amerikanisch geführten internationalen Organisationen wie der Internet Corporation for Assigned Names and Numbers (ICANN) und der Internet Assigned Numbers Authority (IANA) sowie vielen weiteren kontrolliert, wie in Kap. 2 beschrieben. Das Internet befindet sich zudem überwiegend im Besitz amerikanischer und westlicher Technologieunternehmen wie Microsoft, Amazon, Meta, Apple, IBM, Lumen Technologies und vieler anderer. Diese Unternehmen besitzen und betreiben verschiedene Internet-Infrastrukturen, darunter das Rückgrat des Internets mit Unterseekabeln, Satelliten,

---

[15] Hinsley (1986: 1).

[16] Topor und Tabachnik (2021) sowie Wang (2020).

[17] Chandel et al. (2019).

[18] Cadell (2023).

[19] Brock (2023).

[20] Warf (2015).

[21] Metz (2021).

Internet-Knotenpunkten (IXPs), Rechenzentren, Cloud-Infrastruktur und -Plattformen, Dienste, soziale Medien und vielem mehr.

Bereits 2013 enthüllte Edward Snowden, dass der Westen nicht nur die globale Kommunikation kontrolliert, sondern auch die gesamte Welt ausspioniert (mit Programmen wie PRISM). So hatte beispielsweise das britische Government Communications Headquarters (GCHQ) zusammen mit anderen Organisationen Zugang zu den Kabelnetzen, die die weltweiten Telefonate und den Internetverkehr übertragen (und hat diesen vermutlich immer noch). Wie Snowden feststellte, hatte das Vereinigte Königreich unter allen Mitgliedern der Five Eyes-Allianz (einer Geheimdienstallianz englischsprachiger Länder, darunter die Vereinigten Staaten, das Vereinigte Königreich, Kanada, Neuseeland und Australien) den größten Erfolg in Bezug auf Überwachungen und das Abhören.[22] Globale Kommunikation umfasst jedoch nicht nur Leitungen, sondern auch Dienste. So nutzten beispielsweise vor, während und sogar nach dem Arabischen Frühling 2010–2012 Protestierende soziale Medien wie Twitter, um eine Reihe von Aufständen in der arabischen Welt und anderen Ländern zu organisieren und Informationen in Echtzeit zu teilen. Proteste wie Occupy Wall Street und Black Lives Matter in den Vereinigten Staaten wurden ebenfalls weitgehend über solche sozialen Medien organisiert, ebenso wie Brexit-bezogene Proteste im Vereinigten Königreich, die Gelbwesten-Proteste in Frankreich und viele andere.[23]

Diese Situation der Voreingenommenheit und des Kontrollverlusts hat souveräne Staaten, darunter viele Großmächte, dazu veranlasst, ihre Cyber-Domänen einzuschränken und sich der westlichen Dominanz zu widersetzen. Tatsächlich schränken weltweit viele Staaten das Internet eher ein, anstatt es zu öffnen. Auch der Westen leidet unter ausländischer *Sharp Power* – der Ausnutzung der Asymmetrie zwischen offenen und geschlossenen Staaten. Und obwohl das Internet im Westen sehr offen und frei sein mag, ist es sicherlich nicht privat.

Im direkten Widerspruch zum westlichen Selbstverständnis ist das Internet in vielen Ländern alles andere als offen und frei. Nach Angaben der Organisation Freedom House kann das Internet in Aserbaidschan, Bahrain, Belarus, China, Kuba, Ägypten, Äthiopien, Iran, Kasachstan, Myanmar, Pakistan, Russland, Ruanda, Saudi-Arabien, Sudan, Türkei, Thailand, den Vereinigten Arabischen Emiraten, Usbekistan, Venezuela und Vietnam als „nicht frei" bezeichnet werden. Darüber hinaus werden neben diesen 21 Ländern weitere 32 Länder von Freedom House als „teilweise frei" eingestuft. Wie in Tab. 1.1 dargestellt, zeigen bei einer Bewertung der Internetfreiheit in 70 Ländern viele Staaten bereits zumindest in gewissem Maße Cyber-Souveränität, da nur 17 Länder als „frei" gelten.[24]

Darüber hinaus kontrollieren oder manipulieren Regierungen weltweit nicht nur Inhalte, sondern können auch den Internetzugang vollständig blockieren.

---

[22] MacAskill et al. (2013).

[23] Kumar (2022) und Hadero (2023).

[24] Siehe Freedom House (n. d.). Die Bewertungen basieren auf einer Skala von 0 (am wenigsten frei) bis 100 (am freiesten).

Tab. 1.1 Bewertung der Internetfreiheit in 70 Ländern (0 – am wenigsten frei, 100 – am freiesten)

Land	Gesamtpunktzahl und Status	Zugangshindernisse	Beschränkungen von Inhalten	Verletzungen der Nutzerrechte
Angola	61 teilweise frei	11	29	21
Argentinien	71 frei	19	27	25
Armenien	74 frei	20	28	26
Australien	76 frei	23	28	25
Aserbaidschan	38 nicht frei	12	15	11
Bahrain	29 nicht frei	16	6	7
Bangladesch	43 teilweise frei	13	18	12
Belarus	28 nicht frei	12	10	6
Brasilien	65 teilweise frei	20	24	21
Kambodscha	43 teilweise frei	13	18	12
Kanada	87 frei	23	32	32
China	10 nicht frei	8	2	0
Kolumbien	64 teilweise frei	19	24	21
Costa Rica	88 frei	21	34	33
Kuba	20 nicht frei	4	9	7
Ecuador	64 teilweise frei	18	24	22
Ägypten	27 nicht frei	13	10	4
Estland	93 frei	25	31	37
Äthiopien	27 nicht frei	5	13	9
Frankreich	76 frei	23	29	24
Georgien	78 frei	19	31	28
Deutschland	77 frei	23	28	26
Ghana	64 teilweise frei	14	27	23
Ungarn	69 teilweise frei	22	24	23
Island	95 frei	25	34	36
Indien	51 teilweise frei	13	21	17
Indonesien	49 teilweise frei	14	17	18
Iran	16 nicht frei	7	5	4
Irak	42 teilweise frei	12	16	14
Italien	75 frei	21	29	25
Japan	77 frei	22	29	26
Jordanien	47 teilweise frei	14	17	16
Kasachstan	32 nicht frei	10	11	11
Kenia	68 teilweise frei	16	27	25
Kirgisistan	53 teilweise frei	15	22	16
Libanon	51 teilweise frei	11	22	18
Libyen	44 teilweise frei	8	21	15
Malawi	57 teilweise frei	11	25	21
Malaysia	59 teilweise frei	18	22	19
Mexiko	61 teilweise frei	18	25	18
Marokko	51 teilweise frei	15	21	15
Myanmar	12 nicht frei	2	6	4

(Fortsetzung)

Tab. 1.1 (Fortsetzung)

Land	Gesamtpunktzahl und Status	Zugangshindernisse	Beschränkungen von Inhalten	Verletzungen der Nutzerrechte
Nicaragua	45 teilweise frei	11	17	17
Nigeria	57 teilweise frei	16	24	17
Pakistan	26 nicht frei	6	13	7
Philippinen	65 teilweise frei	17	26	22
Russland	23 nicht frei	11	6	6
Ruanda	37 nicht frei	13	11	13
Saudi-Arabien	24 nicht frei	12	8	4
Serbien	72 frei	22	25	25
Singapur	54 teilweise frei	19	17	18
Südafrika	73 frei	18	29	26
Südkorea	67 teilweise frei	22	24	21
Sri Lanka	48 teilweise frei	9	22	17
Sudan	29 nicht frei	5	13	11
Taiwan	79 frei	24	30	25
Thailand	39 nicht frei	16	14	9
Gambia	56 teilweise frei	12	24	20
Tunesien	61 teilweise frei	16	26	19
Türkei	32 nicht frei	14	10	8
Uganda	50 teilweise frei	12	19	19
Ukraine	59 teilweise frei	18	21	20
Vereinigte Arabische Emirate	28 nicht frei	12	9	7
Vereinigtes Königreich	79 frei	24	30	25
Vereinigte Staaten	76 frei	21	30	25
Usbekistan	27 nicht frei	9	11	7
Venezuela	30 nicht frei	7	12	11
Vietnam	22 nicht frei	12	6	4
Sambia	58 teilweise frei	15	23	20
Simbabwe	49 teilweise frei	8	23	18

Quelle Freedom House

Internetsperren sind zu einem gängigen Instrument geworden, das Regierungen weltweit einsetzen, um Dissens zu unterdrücken, Informationen zu kontrollieren, Macht zu erhalten und unerwünschte ausländische Informationen und Kommunikation zu blockieren. Laut Access Now, einer gemeinnützigen Organisation, die digitale Rechte verteidigt, wurde das Internet im Jahr 2021 insgesamt 182-mal abgeschaltet, 129-mal im Jahr 2020, 213-mal im Jahr 2019 und 196-mal im Jahr 2018. Es sind vor allem nicht-demokratische Staaten, die Internetsperren als Form des despotischen Machterhalts einsetzen.[25]

[25] Access Now (2022).

Zu den längsten Abschaltungen zählen eine noch immer andauernde Sperre in Tigray, Äthiopien, seit dem 4. November 2019, eine Sperre in Jammu und Kaschmir vom 5. August 2019 bis zum 5. Februar 2021 sowie eine Sperre in Rakhine, Myanmar, vom 22. Juni 2019 bis Februar 2021; eine der längsten Sperren der Geschichte war die Internetsperre in den pakistanischen Stammesgebieten vom 12. Juni 2016 bis zum 28. Dezember 2021. Im Jahr 2021 schaltete Indien das Internet in verschiedenen Regionen 106-mal als Reaktion auf Proteste ab. Facebook, WhatsApp, Twitter, Telegram, Instagram und Google-Dienste gehören zu den wichtigsten Plattformen, die blockiert und zensiert werden. Darüber hinaus schalten Länder nicht nur Internetverbindungen ab, sondern können das Internet auch drosseln, um dessen Nutzung zu erschweren.[26] Natürlich ist zu beachten, dass Access Now juristische Einheiten in westlichen Ländern wie den Vereinigten Staaten hat (ein Land, das auch das berüchtigte TOR-Darknet betreibt). Daher schalten Länder, die sich gegen eine westliche Orientierung stellen und ihre Souveränität und Macht über Menschenrechte stellen, das ab, was sie als westliche Form des Internets betrachten.

Nicht nur nicht-westliche Staaten beschränken das Internet. Einschränkungen und Regulierungen in Europa wurden oben bereits erwähnt (DSGVO, DSA, DMA), und selbst die Vereinigten Staaten mit ihrem freien Markt regulieren bestimmte Aspekte des globalen Internets. So haben die Vereinigten Staaten das chinesische Unternehmen Huawei und dessen Netzwerktechnik, einschließlich 5G-Hardware, nach Befürchtungen, diese Technik könne als Überwachungsinstrument der chinesischen Regierung dienen, verboten. Huawei wurde zusammen mit 68 ausländischen Huawei-Tochtergesellschaften im Mai 2019 auf die Entity List des Bureau of Industry and Security (BIS) des US-Handelsministeriums gesetzt (auch die chinesischen Unternehmen ZTE, Hikvision, Dahua und Hytera wurden verboten).[27] Auch das Vereinigte Königreich hat Huaweis 5G-Technik verboten und fordert deren Entfernung und/oder Ersatz bis Ende 2027,[28] und Kanada hat chinesische 5G-Technik von Huawei und ZTE verboten.[29] Darüber hinaus haben die Vereinigten Staaten die chinesische Social-Media-App TikTok als bedenklich eingestuft und deren Nutzung auf dienstlichen oder zugewiesenen Geräten der Regierung verboten; einzelne Bundesstaaten sowie einige Hochschulen und Universitäten haben die App ebenfalls verboten.[30]

Googles Transparenzbericht liefert weitere interessante Details, die verdeutlichen, wie Regierungen ihre Interessen im Internet durchsetzen. Er dokumentiert Regierungsanfragen zur Entfernung von Inhalten; die Gesamtzahl der seit 2011 zur Entfernung benannten Elemente (Stand: 18. Januar 2024) beträgt 4.487.919. Die Hauptgründe für solche Anfragen sind nationale Sicherheit, Gewalt, Inhalte für Erwachsene, Identitätsmissbrauch, Verleumdung und Hassrede. Weitere

---

[26] Ebenda.

[27] BBC (2022).

[28] Department for Digital, Culture, Media & Sport und The Rt Hon Michelle Donelan MP (2022).

[29] Gillies (2022).

[30] Maheshwari und Holpuch (2023).

Gründe sind Datenschutz- oder Urheberrechtsfragen. Die Mehrheit der Anfragen stammt von Exekutivorganen und Behörden für Information und Kommunikation, nicht von Polizei oder Militär. So hat das Vereinigte Königreich seit 2011 die Entfernung von 41.973 Elementen beantragt, die Vereinigten Staaten von 263.047, Russland von 2.162.096, China von 18.697, Iran von 8 und Israel von 16.567.[31] Anträge auf Entfernung kommen somit sowohl aus demokratischen als auch aus weniger demokratischen und weniger liberalen Staaten.

Dies sind nur einige Beispiele. Aus diesen wenigen Absätzen wird deutlich, dass Staaten ausländische Inhalte, Software und Hardware verbieten, einschränken oder manipulieren, Zugang zu ausländischen Geräten und Software verlangen, die von ihren eigenen Bürgern genutzt werden, und die Entfernung von Inhalten fordern. Warum tun sie das? Die ausführliche Antwort findet sich im gesamten Buch; hier soll jedoch die kurze und einfache Antwort hervorgehoben werden: Staaten sind souverän und möchten ihre Souveränität so weit wie möglich kontrollieren und bewahren. Es liegt in ihrer Natur, souverän zu sein und ausländischen Einfluss – in welcher Form auch immer – zu verbannen.

Diese Souveränitätskonflikte, die sich im Verlauf des 21. Jahrhunderts schrittweise aufbauen, werden die Nutzung des Internets durch die Menschen verändern; Reaktionsfähigkeit, Benutzerfreundlichkeit, Geschwindigkeit, Verfügbarkeit von Inhalten und Meinungsfreiheit werden hinter Cybersicherheit, nationaler Sicherheit und Zensur unerwünschter Informationen zurücktreten. Das gilt, bis und sofern die internationale Gemeinschaft Gesetze für den Cyberraum entwickelt und umsetzt – ein Prozess, der in naher Zukunft kaum zu erwarten ist.[32] Derzeit sind Russland und China in ihren nationalen Regulierungen sehr weit fortgeschritten und nutzen ihre scharfe Macht, um Einfluss in weniger regulierten Cyber-Domänen wie den Vereinigten Staaten und Europa zu gewinnen. Man kann sich nur vorstellen, wie die amerikanischen Präsidentschaftswahlen oder die Brexit-Frage im Vereinigten Königreich verlaufen wären, wenn deren Cyber-Domänen besser reguliert, überwacht und geschützt gewesen wären. Im britischen Beispiel ist es zwar richtig, dass der Brexit nicht aus dem Nichts entstand – ausländische Einflussagenten haben ihn und die damit verbundenen gesellschaftlichen Spaltungen und Probleme nicht plötzlich erfunden. Sie haben es jedoch geschafft, die gesellschaftlichen Gräben zwischen Links und Rechts zu vertiefen und negative Einstellungen gegenüber ausländischen Arbeitskräften, Migration und internationaler Zusammenarbeit zu verstärken. Diese Strategie, gesellschaftliche Probleme zu verschärfen, wird von Großmächten häufig genutzt, um sich gegenseitig und kleinere Staaten zu beeinflussen, und ist in vielen europäischen Ländern zu beobachten.[33]

Bezogen auf die weltweite Internetnutzung vertrete ich die These, dass Staaten weltweit ihre Regulierung, Überwachung und Einschränkung ihrer Cyber-Domänen

---

[31] Siehe Google Transparency Report (n. d.).

[32] Fischerkeller (2021).

[33] Ruy (2020).

nicht nur im Hinblick auf soziale Medien und Nachrichtenplattformen, sondern über die gesamte Struktur und alle Ebenen des Cyberraums hinweg verstärken werden. Der Cyberraum lässt sich im Allgemeinen in vier Hauptschichten unterteilen: (1) die physische Infrastrukturschicht, bestehend aus Glasfaserkabeln, Satelliten und Knotenpunkten; (2) die Logikschicht, die als zentrales Nervensystem des Internets betrachtet werden kann; (3) die Informationsschicht, die aus codiertem Text, Video, Audio und allen anderen Arten gespeicherter Daten besteht; und (4) die Nutzerschicht, die aus tatsächlichen Nutzern besteht – sowohl regulären als auch böswilligen Nutzern. All diese Schichten zusammen formen das globale Internet. Interessanterweise ist jedoch das selbstregulierte, marktorientierte Internet in demokratischeren und liberaleren, aber weniger regulierten Ländern wie den Vereinigten Staaten besonders anfällig für Cyberangriffe, während Staaten wie Russland, China, Iran und sogar Nordkorea, strategisch gesehen, besser gegen Cyber-Influence-Kampagnen geschützt sind.[34]

Historisch gesehen ähnelt diese Prognose stark dem Aufkommen des Souveränitätsbegriffs zu der Zeit des Westfälischen Friedens, der im Bereich der internationalen Beziehungen als bedeutendes Ereignis in der Entwicklung moderner Souveränität und dem Entstehen unabhängiger Nationalstaaten gilt. Während der Verhandlungen und nach der Unterzeichnung der Verträge in Westfalen wurde Ferdinand III., dem Heiligen Römischen Kaiser, die Macht entzogen und an die Reichsstände zurückgegeben.[35] Im aktuellen Kontext ist das globale Internet mit den Handlungen Ferdinands III. vergleichbar, da beide die Souveränität von Staaten/Nationen verringert haben. Da Nationen im Allgemeinen alles daransetzen, ihre Souveränität zu bewahren, werden sie dem Internet, wie wir es heute kennen, höchstwahrscheinlich seine Macht entziehen, indem sie eigene, eingeschränkte Cyber-Domänen (SCDs) schaffen – sei es über alle Schichten hinweg oder nur teilweise, und sei es als einzelne Nationen oder innerhalb von Internet-Blöcken.

Die Idee der Cyber-Souveränität ist sehr plausibel, und dieses Buch ist sicherlich nicht das erste, das das Konzept vorstellt. Es handelt sich jedoch um die erste bedeutende vergleichende Studie, die versucht, die Zukunft des Internets und die möglichen Folgen für die Weltpolitik – sei es Diplomatie oder Kriegführung – zu verstehen. Bereits 1997, also vor groß angelegten Online-Kampagnen mit „Fake News“, vor sozialen Medien und bevor jedes Kind, jeder Jugendliche und jeder Erwachsene ein Smartphone ständig bei sich trug, schrieb der amerikanische Rechtswissenschaftler Timothy S. Wu über Cyber-Souveränität. In seinem Zeitschriftenartikel stellte Wu zwei Fragen: Ist es möglich, das Internet zu regulieren? Und werden Staaten das Internet regulieren? Wie dieses Buch zeigt, kann das Internet tatsächlich reguliert werden, und Staaten regulieren es auch. Zu den gleichen Antworten kam auch Wu, der Wu Jichuan zitiert, den ehemaligen Minister für Post und Telekommunikation sowie ehemaligen Minister des Ministeriums

---

[34] Topor (2022: 20–38), Choucri und Clark (2012) und Benkler (2006: 23).

[35] Croxton (1999) und Osiander (2001).

für Industrie und Informationstechnologie in China. Das Zitat aus dem Jahr 1995 lautet:

> Mit der Anbindung an das Internet meinen wir nicht absolute Informationsfreiheit. Ich denke, darüber besteht ein allgemeines Verständnis. Wenn Sie den Zoll passieren, müssen Sie Ihren Pass vorzeigen. Genauso verhält es sich mit dem Informationsmanagement. Es gibt überhaupt keinen Widerspruch zwischen dem Ausbau der Telekommunikationsinfrastruktur und der Ausübung staatlicher Souveränität.[36]

Die Schaffung eines völlig isolierten nationalen Intranets wie in Nordkorea ist jedoch nicht die einzige Option. Meine Hauptprognose ist, dass aufgrund der Gesetzlosigkeit und des Mangels an Normen im Cyberspace sowie des Bedürfnisses, sich vor böswilligen oder unerwünschten Einflüssen zu schützen, mehr Staaten – insbesondere solche mit VCDs – beginnen werden, ihre Cyber-Domänen einzuschränken und SCDs zu schaffen. Russland, China, Nordkorea und andere errichten bereits SCDs – und aufgrund des (Miss-)Gebrauchs von „Sharp Power" werden weitere folgen. Wie genau diese SCDs aussehen werden, kann ich nicht vorhersagen. Wahrscheinlich ist, dass verschiedene Länder unterschiedliche Maßnahmen ergreifen werden, je nach ihren strategischen Fähigkeiten und Zielen sowie nach politischen und sogar kulturellen Vorstellungen. Während Russland, China und andere daran arbeiten, SCDs zu schaffen, fördern beispielsweise die Vereinigten Staaten und die Europäische Union eine Vision der Zusammenarbeit. In einem offiziellen Dokument mit dem Titel „A Declaration for the Future of the Internet" beschreiben sie, wie sie einen Pakt – einen Block – offener und liberaler Staaten schmieden wollen, die unter der Führung der Vereinigten Staaten und der Europäischen Union gemeinsam ein neues gemeinsames Internet schaffen (oder es so erhalten wollen, wie es ist – relativ offen):

> Wir rufen zu einer neuen Erklärung für die Zukunft des Internets auf, die alle Partner einschließt, die aktiv eine Zukunft für das Internet unterstützen, die offen, frei, global, interoperabel, zuverlässig und sicher ist. Wir bekräftigen zudem unser Engagement für den Schutz und die Achtung der Menschenrechte online und im gesamten digitalen Ökosystem. Die Partner dieser Erklärung beabsichtigen, auf ein Umfeld hinzuarbeiten, das unsere demokratischen Systeme stärkt und die aktive Beteiligung jedes Bürgers an demokratischen Prozessen fördert, die Privatsphäre des Einzelnen schützt und wahrt, eine sichere und zuverlässige Konnektivität aufrechterhält, Bestrebungen zur Zersplitterung des globalen Internets widersteht und eine freie und wettbewerbsfähige Weltwirtschaft fördert. Die Partner dieser Erklärung laden weitere Partner, die diese Vision teilen, ein, gemeinsam mit der Zivilgesellschaft und anderen Interessengruppen an der Festlegung von Leitprinzipien für unsere Rolle in der Zukunft des globalen Internets zu arbeiten.[37]

Aus dieser Studie ergeben sich jedoch mehrere Hauptmöglichkeiten, wie sich die Zukunft des globalen Internets gestalten könnte. Nach der Veröffentlichung dieses Buches wird nur die Zeit zeigen, wie unser Internet in 5, 10 oder 20 Jahren aussehen wird. Im Allgemeinen und konzeptionell gibt es laut den Erkenntnissen

---

[36] Wu (1996).

[37] Europäische Kommission (2022b) und The White House (2022).

dieser Studie vier Hauptoptionen für die Zukunft des Internets. Das gilt, wenn man eine realistischere Sichtweise einnimmt, einschließlich globaler Machtverschiebungen und eines weltweiten Ringens verschiedener Mächte um Vorherrschaft. Die Optionen sind:

- Status quo: Das globale Internet bleibt ein von den USA geführtes Projekt, und amerikanische Gesetzgebung, Cyber-Fähigkeiten, Technologieunternehmen und soziale Medienplattformen dominieren weiterhin den globalen Cyberraum, wie sie es in der Vergangenheit getan haben und in vielerlei Hinsicht auch heute noch tun. Dieses Ergebnis wird von anderen westlichen Ländern wie dem Vereinigten Königreich unterstützt.
- Internetblasen: Das globale Internet zerfällt in Internetblasen, wie von Haber und Topor geprägt.[38] Jedes Land trennt sich vom globalen Internetnetz und schafft sein eigenes, geschlossenes Intranet. Jeglicher Informationsaustausch (Inhalte) muss Cyber-Grenzen passieren, die auf Konformität prüfen (d. h., ob bestimmte Informationen für die Bürger des jeweiligen Landes geeignet sind – allgemein als Zensur bezeichnet) und auf Schadsoftware.[39] Solche Internetblasen können ganzheitlich sein, das heißt, alle Schichten des Internets sind eingeschränkt, oder nur teilweise.
- Internetblöcke: Das globale Internet zerfällt in Blöcke, die durch kulturelle und strategische Gemeinsamkeiten definiert sind. Länder, die politisch und wirtschaftlich verbunden sind und kooperieren und sich nicht als reine Gegner betrachten, bilden einen Block, der den offenen Austausch von Informationen, Software und Operationen ermöglicht. Diese Bildung von Internetblöcken ähnelt in ihrer Natur sehr wirtschaftlichen Blöcken, Sicherheitsallianzen oder grenzfreien Zonen wie der Europäischen Union oder der NATO. Blöcke könnten auf geografischer Nähe basieren (z. B. ein Block pro Kontinent) oder auf kultureller und strategischer Nähe (z. B. Blöcke gleichgesinnter Nationen, sogar nach Samuel Huntingtons Konzept des *Kampfs der Kulturen*). Ein Beispiel für einen entstehenden Cyberblock ist die Zusammenarbeit zwischen den Vereinigten Staaten und der Europäischen Union mit ihrer *Declaration for the Future of the Internet*, wie oben erwähnt. Ein noch robusteres Modell ist der Cyberblock der Europäischen Union, der in Kap. 7 beschrieben wird.
- Entstehung eines global anwendbaren Rechts für den Cyberspace: Die Entwicklung und Beeinflussung des globalen Internets wird auf mehr Länder weltweit verteilt, insbesondere auf globale Mächte, und es werden allgemein anerkannte Normen für die Nutzung des Internets etabliert. Es wird durch internationales Recht geregelt, sobald die meisten Länder dieses übernehmen. Obwohl diese Option dem Seerecht sehr ähnlich ist, ist sie aufgrund des Einsatzes von Stellvertreterkriegen eher unwahrscheinlich – zumindest in naher Zukunft.

[38] Haber und Topor (2023).

[39] Malware – bösartige Computersoftware, die darauf ausgelegt ist, jegliche Art von Störung zu verursachen. Malware kann viele Formen annehmen, darunter Viren, Würmer, Trojaner, Ransomware und Spyware.

Tab. 1.2 Vier Optionen für die Zukunft des Internets

	Status quo	Internetblasen	Cyber-Blöcke	Entstehung global anwendbaren Rechts für den Cyberraum
Merkmal	Amerikanisch/westlich geführtes Projekt der Massenkommunikation	Eingeschränkte Internets, die Intranets ähneln: sichere Cyber-Domänen (SCDs)	Eine Cyber-Domäne, die von mehreren Staaten entwickelt und genutzt wird, die einen Cyber-Block bilden, sei es durch technische, regulatorische oder beide Mittel	Internationale Gesetze und Normen, die legale und illegale Handlungen im Cyberraum vorschreiben, einschließlich eines Sanktionsregimes
Vorteile	Fördert amerikanische/westliche Ziele, globales Kommunikationsnetz, Offenheit	Vollständige Cyber-Souveränität für jedes einzelne Land nach seinen Vorstellungen	Geschützter Cyberraum zwischen mehreren Staaten, nutzbarer als Internetblasen, aber etwas weniger geschützt	Ein globales Regime von Normen und Gesetzen, gemeinsame Entwicklung und Rechenschaftspflicht, verbesserte Nutzbarkeit
Nachteile	Offene Länder wie die Vereinigten Staaten sind anfälliger für ausländischen Einfluss; die meisten Länder sind auf amerikanisch basierte Entwicklung angewiesen	Cyberraum ist auf einzelne Länder beschränkt, weniger internationale Entwicklung, eingeschränkte Informationen und Dienste (von manchen Ländern als wünschenswert angesehen)	Kompromiss zwischen mächtigeren und weniger mächtigen Staaten: Einige können als Stakeholder bezüglich Betrieb und ausländischer Informationen agieren	Jedes Land ist in der Nutzung von Cyberkriegsführungsstrategien und -taktiken eingeschränkt. Wichtig ist, dass Staaten und ihre Stellvertreter für Cyberhandlungen zur Rechenschaft gezogen werden, auch wenn die Zuschreibung weiterhin ein Problem bleibt
Prominentes Beispiel	Die Vereinigten Staaten	Nordkorea	Die Europäische Union (DSGVO, DSA, DMA), Geheimdienstkooperation der Five Eyes	Die Budapester Konvention über Computerkriminalität

Wie in Tab. 1.2 dargestellt, weisen die vier Optionen jeweils bestimmte charakteristische Merkmale, Vorteile und Nachteile auf. Das heißt, ohne meine eigene Präferenz für eine pro-liberal-demokratische Welt zu berücksichtigen (die radikale Inhalte wie Rassismus, Antisemitismus und Hass im Allgemeinen zensiert).

Jede Option spiegelt auch einen anderen Ansatz im Bereich der internationalen Beziehungen wider. Fundierte Prognosen zu diesen Optionen werden zu gegebener Zeit zusammengefasst. Allerdings nähert sich jede Option dem Problem aus einer anderen Perspektive. Einige Optionen, wie die „Internetblasen" oder

„Internetblöcke“, sind realistischer, während Ansätze, die auf Kooperation setzen, wie das Entstehen international anwendbaren Rechts, eher liberal oder konstruktivistisch sind. Die Interpretation kann selbstverständlich auch einen marxistischen Ansatz verfolgen, da das Internet von riesigen Konzernen und mächtigen Regierungen dominiert wird, oder sie kann den Ansatz der English School anwenden, wenn Regierungen einen Mittelweg finden. Ob das Internet künftig eher hobbesianisch, grotianisch oder kantianisch geprägt sein wird, vermag ich, wie bereits erwähnt, nicht vorherzusagen. Dennoch gehe ich im weiteren Verlauf des Buches immer wieder auf diese Frage ein, indem ich Konzepte oder Handlungen als eher realistisch oder eher kooperativ bezeichne.

Welchen Beitrag leisten diese Prognosen und Vorschläge? Der erwartete Beitrag dieses Projekts ist dreifach. Erstens sollen seine Prognosen, die – wie im gesamten Buch veranschaulicht – sich in vielen Ländern bereits abzeichnen, zur Theoriebildung im Bereich der internationalen Beziehungen beitragen, insbesondere zur Debatte zwischen Realismus, Liberalismus und Konstruktivismus, sowie zu weiteren Diskussionen über die Zukunft der Globalisierung. Zweitens leistet dieses Projekt einen empirischen Beitrag, indem es Prozesse der Cyber-Souveränität, die bereits stattfinden, erkennt, überprüft und vergleicht – und dabei sehr ausgereifte Modelle solcher „Cyberspaces“, SCDs, ebenso wie weniger entwickelte Modelle präsentiert. Drittens trägt dieses Projekt zur praktischen Arbeit von politischen Entscheidungsträgern und Praktikern bei, indem es ihnen ermöglicht, gemeinsame Probleme und Herausforderungen im Cyberraum besser zu verstehen. Darüber hinaus wird es menschliche Online-Aktivitäten leiten, und öffentliche Präsentationen dieses Projekts werden hoffentlich zu einer besseren und sichereren Nutzung des Internets führen.

1.1 Eine Antwort auf die „Na und?“-Frage

Angesichts des aktuellen Zustands des Internets sind Staaten anfällig für Cyberangriffe, die von Stellvertretern anderer Nationen durchgeführt werden, und sie sind anfällig für ausländischen Einfluss sowie für Desinformation und Falschinformation. Auch wenn es forensisch schwierig ist, Cyberangriffe und Einflussnahme anderen Staaten oder deren Stellvertretern eindeutig zuzuordnen, haben einige diesen Versuch unternommen. Einer der bekanntesten Fälle war, als die Vereinigten Staaten Russland beschuldigten, versucht zu haben, die Präsidentschaftswahlen 2016 zu beeinflussen.[40] Weitere bekannte Beispiele, die in späteren Kapiteln dieses Buches erwähnt werden, sind die angebliche russische Einflussnahme und Intervention beim Referendum des Vereinigten Königreichs über die EU-Mitgliedschaft (Brexit), die angebliche Intervention in der Ukraine sowie die

[40] Mueller III (2019) und Gayle (2016).

Einflussnahme und Intervention in den baltischen Staaten, die eine Annäherung an die NATO suchten bzw. mit ihr kooperieren wollten, und vieles mehr. Auf den ersten Blick mögen Interventionen in Form von Verbreitung von Desinformation, unerwünschten Informationen oder sogar einigen Hacking-Aktionen unbedeutend erscheinen. Man könnte sich fragen, ob Staaten tatsächlich wegen Social-Media-Posts oder Nachrichtenmeldungen oder weil ein Land das Computersystem eines anderen gehackt hat, in den Krieg ziehen oder die Weltordnung verändern würden. Wird die Gesetzlosigkeit des Cyberraums die globale Ordnung, wie wir sie kennen, wirklich verändern? Die Antwort ist ja. Aber warum?

Wie Jeffery Hart 1976 erklärte, streben Staaten Kontrolle an, um drei Hauptdimensionen von Macht zu steigern. Sie versuchen, Ressourcen, andere internationale Akteure und Ergebnisse zu kontrollieren. Besonders seit dem Westfälischen Frieden von 1648 verfügen Staaten jedoch über Grenzen und Autonomie in der Entscheidungsfindung und im Einsatz von Gewalt. Ein Staat kontrolliert also sein Territorium, seine Ressourcen und seine Bevölkerung. Wie kann ein Staat also die anderen Dimensionen von Macht ausbauen? Entweder durch wirtschaftliche und diplomatische Mittel, ob fair oder unfair, oder durch militärische Mittel und Intervention.[41] Wie in Kap. 3 weiter ausgeführt, schlug Fredric S. Pearson vor, dass Staaten sechs Gründe für Interventionen in die Angelegenheiten anderer haben: das Streben nach Erwerb von Territorium oder anderen Domänen, das Bedürfnis, soziale Gruppen/Identitätsgruppen zu schützen, das Streben nach Schutz oder Förderung wirtschaftlicher Interessen, das Streben nach Schutz oder Förderung diplomatischer und/oder militärischer Interessen, das Streben nach Schutz oder Förderung von Ideologien und schließlich das Streben nach Erhalt oder Anpassung des regionalen Machtgleichgewichts.[42] Solange der Cyberraum es Staaten ermöglicht, entweder die oben genannten sechs Ziele zu erreichen oder die Bemühungen anderer zu sabotieren, werden sie bestrebt sein, den Cyberraum einzudämmen oder zu kontrollieren. Dies ist das natürlich zu erwartende Ergebnis.

1.2 Bezug zu anderen Veröffentlichungen

Wie bereits erwähnt, sind die Konzepte der Cyber-Souveränität und der Internet-Governance nicht neu. Auch die Diskussion über die Gefahren des Cyberspace ist nicht neu. Viele Praktiker und Wissenschaftler haben sich in den Bereichen Cybersicherheit, Recht und Internationale Beziehungen mit diesen Konzepten auseinandergesetzt. Mein Argument baut auf ihren Erkenntnissen und Überlegungen auf, erweitert diese und entwickelt das Konzept weiter. Anhand realer und fortlaufender Praktiken und Prozesse im Cyberbereich versuche ich empirisch und

[41] Hart (1976).

[42] Pearson (1974).

theoretisch aufzuzeigen, dass Cyber-Souveränität nicht nur ein theoretisches Konzept oder eine nebensächliche Maßnahme ist, die Staaten und sogar Unternehmen ergreifen. Cyber-Souveränität bzw. die De-Proliferation des Internets, wie wir es kennen, ist einer der bedeutendsten globalen Prozesse seit dem Westfälischen Frieden oder seit dem Höhepunkt der Globalisierung. Während Forscher wie Milton L. Mueller gegen die Fragmentierung des Internets argumentieren, tun sie dies aus einer normativen Perspektive, die Globalisierung und Kommunikationsfreiheit als höchste Werte betrachtet. In diesem Buch jedoch konzentriere ich mich nicht auf diese Werte, sondern auf strategische und, was wichtig ist, realistische Verschiebungen der globalen Macht.[43]

Yochai Benkler, Robert Faris und Hal Roberts haben in ihrem Buch *Network Propaganda* die zahlreichen Verwundbarkeiten des Cyberspace diskutiert.[44] In *Bytes, Bombs, and Spies* zeigten Herbert Lin und Amy Zegart, dass Cyberkrieg ein signifikant wachsender Trend unter Staaten, Terrororganisationen, Cyberkriminellen und Individuen ist. Lin und Zegart argumentierten, dass offensive Cyber-Operationen zu einem integralen Bestandteil der Außenpolitik und nationalen Strategie geworden sind. Diese Strategie ist nicht nur offensiv, sondern auch defensiv ausgerichtet – Staaten benötigen auch die Fähigkeit, sich vor Cyberangriffen zu schützen.[45] In *Wars of Disruption and Resilience* präsentierte Chris Demchak eine Strategie der „sicherheitspolitischen Resilienz", um die zahlreichen Komplexitäten, Gefahren und Verwundbarkeiten des Cyberspace anzugehen.[46] Darüber hinaus griff Bruce Schneier das Konzept der Cyber-Souveränität in seinem Buch *Data and Goliath* von 2015 auf und stellte fest, dass Länder wie Russland, China und Saudi-Arabien bereits Maßnahmen ergreifen, um ihre Rolle in ihren eigenen Cyber-Domänen zu stärken.[47] Cyber-Souveränität wurde auch von Yi Shen im Chinese Political Science Review Journal und von Eric T. Jensen im Texas International Law Journal thematisiert.[48]

Tatsächlich haben Länder wie China und Russland bereits damit begonnen, ihre eigenen Cyber-Domänen zu kontrollieren. Binxing Fang hat den chinesischen Fall ausführlich in seinem Artikel von 2018 (*Cyberspace Sovereignty: Reflections on Building a Community of Common Future in Cyberspace*) behandelt.[49] Russland hat ebenfalls ein Cyber-Souveränitätsprojekt mit seinem eigenen internen Internet RuNet sowie durch gesetzgeberische Maßnahmen wie das Jarowaja-Gesetz und das „souveräne Internet"-Gesetz initiiert. Scott Jasper untersuchte den russischen offensiven Cyber-Ansatz in seinem Buch *Russian Cyber Operations: Coding the*

---

[43] Mueller (2017, 2020).

[44] Siehe allgemein Benkler et al. (2018).

[45] Siehe Lin und Zegart (2019).

[46] Demchak (2011).

[47] Siehe Schneier (2015).

[48] Shen (2016) und Jensen (2015).

[49] Siehe Fang (2018).

Boundaries of Conflict. Darüber hinaus habe ich gemeinsam mit meinem Co-Autor zwei Artikel für das U.S. Marine Corps und den Russian International Affairs Council (RIAC) veröffentlicht, die die russische Gesamtstrategie für den Cyberspace vorstellen und diskutieren.[50] Russland und China haben bereits erhebliche Vorteile aus der Umsetzung ihrer Regulierungen gezogen, und in den letzten Jahren haben sogar die Vereinigten Staaten begonnen, mit ihrer öffentlich zugänglichen Workshop-Reihe zur Cyber-Souveränität an einer praktikableren Lösung zu arbeiten.[51] In diesem Zusammenhang hat Sarah Kreps die Rolle sozialer Medien in den internationalen Beziehungen thematisiert und aufgezeigt, wie ausländische Regierungen soziale Medien zu strategischen Zwecken einsetzen.[52]

Die Debatte um Cyber-Souveränität und sogar deren Umsetzung nimmt zu. Dieses Buch zielt darauf ab, die theoretischen und philosophischen Argumente der genannten Wissenschaftler und Praktiker zu erweitern und zu vertiefen und bietet einen Leitfaden, den Leser heranziehen können, um sich sowohl über die theoretischen Aspekte der internationalen Beziehungen und der Cyber-Souveränität als auch über die praktische Umsetzung dieser Souveränität sowie über einen aktuellen Überblick über die Struktur des Cyberspace, wie in Kap. 2 dargestellt, zu informieren.

1.3 Forschungsdesign und Methodik

Diese Studie ist eine Analyse der internationalen Arena, insbesondere des internationalen Kampfes um Dominanz und des Kampfes um Souveränität. Der hier gewählte Ansatz ist ein realistischer Ansatz – er betont, dass Staaten die Hauptakteure im internationalen System sind, und obwohl Organisationen und Individuen durchaus Einfluss haben, ist dieser Einfluss oft begrenzt und steht unter der Schirmherrschaft der Staaten. Die Studie wurde durch die Beobachtung inspiriert, dass Staaten mithilfe des Internets – des Cyberspace – untergraben wurden und dass sie versuchen, durch eigennützige Maßnahmen ihre Souveränität zu kontrollieren. Staaten kooperieren, wenn es für sie vorteilhaft ist, aber es ist nur logisch anzunehmen, dass sie Sicherheit und nationale Stabilität über Kooperation und Menschenrechte stellen.

Methodisch handelt es sich um eine vergleichende Studie. Ich untersuche und vergleiche globale und lokale Trends im Hinblick auf Cyberspace, Cyberkrieg und internationale Sicherheit. Ich verwende sowohl qualitative als auch quantitative Analysen, um den Cyberspace zu untersuchen, und erläutere die jeweilige Methodik in der Einleitung jedes einzelnen Kapitels. Ich überprüfe internationale

---

[50] Topor und Tabachnik (2021).

[51] Haber und Topor (2023).

[52] Kreps (2020).

Normen und Gesetze, Vorschriften, Trends in Strategien und Taktiken der Cyberkriegsführung, Trends in sozialen Medien, Messungen der Internetnutzung und analysiere Fallstudien. In Kap. 2, das auf diese Einleitung folgt, präsentiere ich die Struktur des Cyberspace und erläutere verschiedene damit verbundene Fragestellungen, einschließlich seiner Nutzung, seiner Funktionsweise und seiner Verwundbarkeiten. In Kap. 3 stelle ich die Konzepte von Souveränität und Macht vor und diskutiere das Fehlen internationaler Normen und Gesetze in Bezug auf den Cyberspace. In Kap. 4 präsentiere ich die Trends von 500 Cyberangriffen und analysiere einige Fälle eingehend, darunter nicht nur „härtere" Cyberangriffe, sondern auch „weiche" Cyberangriffe wie Desinformations- und Manipulationskampagnen oder „Fake News". Die Ergebnisse deuten darauf hin, dass das Hauptproblem des Internets der Informationsfluss ist – sei es Desinformation, Fehlinformation oder unerwünschte Informationen. Daher stelle ich in Kap. 5 die Frage: Sind Staaten immun gegen Desinformationskampagnen oder stellen „Fake-News"-Beiträge auf Facebook oder Twitter oder kursierende Geschichten auf WhatsApp oder Telegram eine reale Bedrohung für Staaten dar? Um diese Frage zu beantworten, untersuche ich die Auswirkungen von Desinformations- und Manipulationskampagnen auf die nationale Resilienz und Stabilität anhand aktueller Fälle aus aller Welt.

Die nächste Frage ist, wie Staaten mit diesen Cyberangriffen umgehen könnten. Um verschiedene Lösungsansätze vorzuschlagen, präsentiere und erläutere ich in Kap. 6 das Konzept der SCDs und gebe Beispiele für ausgereifte Modelle solcher Cyber-Domänen, darunter aus Nordkorea, China, Russland, Iran und Saudi-Arabien. Im Gegensatz dazu präsentiere ich in Kap. 7 verwundbare und offene Cyber-Domänen, darunter die der Vereinigten Staaten, des Vereinigten Königreichs und Israels, sowie das europäische Beispiel, das zumindest in gewissem Maße den Versuch darstellt, einen internationalen Block zu schaffen. Methodisch analysiere ich in den Kap. 6 und 7 die Cyber-Domänen der oben genannten Staaten anhand einer strukturierten Analyse, die sich an der Struktur des Cyberspace orientiert: Ich untersuche die physische Schicht des Cyberspace, die logische Schicht, die Informationsschicht und die Nutzerschicht. Anschließend vergleiche ich die einzelnen Fälle miteinander. Abschließend präsentiere ich in Kap. 8 die Schlussfolgerungen der Studie und erläutere das Entstehen von Cyberblöcken in den internationalen Beziehungen, seien es geografische, wirtschaftliche oder politische Cyberblöcke.

1.3.1 Auswahl der Fallstudien

Die für die Kap. 6 und 7, die Kernkapitel dieses Buches, ausgewählten Fallstudien wurden nach mehreren Kriterien ausgewählt. Für Kap. 6 habe ich auf Grundlage von Informationen der Nichtregierungsorganisationen Freedom House (siehe Tab. 1.1) und Access Now die restriktivsten Cyber-Domänen ausgewählt – jene, die in Bezug auf strategische Sicherheit am sichersten sind. Ein weiteres wichtiges Kriterium war die Macht. Da die Geschichte gezeigt hat, dass Mächte die globale

Bühne bestimmen, habe ich mich auf Staaten konzentriert, die global und regional stark genug sind, um mit den Vereinigten Staaten zu konkurrieren – jenem westlichen Land, das den Cyberspace ursprünglich entwickelt hat. Die ausgewählten Mächte konkurrieren mit den USA um globalen Einfluss und entwickeln sogar eigene Cyberinitiativen, um als Alternativen zu westlichen Cyberangeboten zu fungieren. China beispielsweise hat WeChat als alternative Messaging-App entwickelt, Weibo als „chinesisches Twitter", Douyin (TikTok), Baidu als alternative Suchmaschine, Alibaba als E-Commerce-Plattform, Huawei als Alternative zu westlichen Smartphones und Computern (Hardware) und viele weitere Initiativen. Die in Kap. 6 vorgestellten Fälle sind Nordkorea, China, Russland, Saudi-Arabien und Iran.

Für Kap. 7 habe ich die am wenigsten sicheren Cyber-Domänen unter den Ländern ausgewählt, die als globale oder regionale Mächte gelten. Während diese Cyber-Domänen offen und frei sind, die freie Meinungsäußerung und den offenen Informationsfluss fördern, sind sie anfälliger für Cyberangriffe und die Ausübung von „Sharp Power". Obwohl diese globalen und regionalen Mächte versuchen, frei und offen zu bleiben und dem amerikanischen Beispiel zu folgen, sind sie in Bezug auf strategische Sicherheit zugleich die am wenigsten sicheren Cyber-Domänen. Die analysierten Fälle sind die Vereinigten Staaten, das Vereinigte Königreich, Israel und die Europäische Union, wobei Letztere als Beispiel für einen sich entwickelnden Cyberblock dient.

Literatur

Access Now. 2022. The return of digital authoritarianism – Internet shutdowns in 2021, April 2022. https://www.accessnow.org/wp-content/uploads/2022/05/2021-KIO-Report-May-24-2022.pdf.

BBC. 2022. US bans sale of Huawei, ZTE tech amid security fears. *BBC*, November 26. https://www.bbc.com/news/world-us-canada-63764450.

Benkler, Yochai. 2006. *The wealth of networks: How social production transforms markets and freedom*. New Haven, CT: Yale University Press.

Benkler, Yochai, Robert Faris, and Hal Roberts. 2018. *Network propaganda: Manipulation, disinformation, and radicalization in American politics*. Oxford University Press.

Brock, Joe. 2023. Exclusive: China plans $500 million subsea internet cable to rival US-backed project. *Reuters*, April 6. https://www.reuters.com/world/china/china-plans-500-mln-subsea-internet-cable-rival-us-backed-project-2023-04-06/.

Cadell, Cate. 2023. China's military aims to launch 13,000 satellites to rival Elon Musk's Starlink. *Washington Post*, April 6. https://www.washingtonpost.com/national-security/2023/04/06/elon-musk-china-starlink-pla/.

Chandel, Sonali, Jingji Zang, Yunnan Yu, Jingyao Sun, and Zhipeng Zhang. 2019. The golden shield project of China: A decade later – An in-depth study of the great firewall. In *2019 International Conference on Cyber-Enabled Distributed Computing and Knowledge Discovery (CyberC)*, 111–119. IEEE.

Choucri, Nazli, and David D. Clark. 2012. Integrating cyberspace and international relations: The co-evolution dilemma. In *Explorations in cyber international relations*. MIT.

Croxton, Derek. 1999. The peace of Westphalia of 1648 and the origins of sovereignty. *The International History Review* 21 (3): 569–591.

Demchak, Chris C. 2011. *Wars of disruption and resilience: Cybered conflict, power, and national security*. University of Georgia Press.
Department for Digital, Culture, Media & Sport and The Rt Hon Michelle Donelan MP. 2022. Huawei legal notices issued. *United Kingdom Government*, October 13.
Digwatch. n. d. EU's Digital Services Act (DSA) & Digital Markets Act (DMA). https://dig.watch/processes/eu-digital-service-act-dsa-digital-market-act-dma.
Economist. 2010. A virtual counter-revolution. *Economist*, September 2. https://www.economist.com/briefing/2010/09/02/a-virtual-counter-revolution.
Elkin-Koren, Niva, and Eldar Haber. 2016. Governance by proxy: Cyber challenges to civil liberties. *Brooklyn Law Review* 82: 105.
European Commission. 2022a. Antitrust: Commission sends statement of objections to Meta over abusive practices benefiting Facebook marketplace, December 19. https://ec.europa.eu/commission/presscorner/detail/en/ip_22_7728.
European Commission. 2022b. EU and international partners put forward a Declaration for the Future of the Internet, April 28. https://ec.europa.eu/commission/presscorner/detail/en/ip_22_2695.
Fang, Binxing. 2018. *Cyberspace sovereignty: Reflections on building a community of common future in cyberspace*. Springer.
Fischerkeller, Michael P. 2021. Current international law is not an adequate regime for cyberspace. *Lawfare Blog*, April 22. https://www.lawfareblog.com/current-international-law-not-adequate-regime-cyberspace.
Freedom House. n. d. Internet freedom scores. https://freedomhouse.org/countries/freedom-net/scores?sort=asc&order=Country. Zugegriffen: 22. Aug. 2023.
Gayle, Damien. 2016. CIA concludes Russia interfered to help Trump win election, say reports. *Guardian*, December 10. https://www.theguardian.com/us-news/2016/dec/10/cia-concludes-russia-interfered-to-help-trump-win-election-report.
Gillies, Rob. 2022. Canada bans China's Huawei Technologies from 5G networks. *AP News*, May 20. https://apnews.com/article/politics-technology-justin-trudeau-canada-ec8046f8f-85f3e70fb3800a0f749ced5.
Google Transparency Report. n. d. Government requests to remove content. https://transparencyreport.google.com/government-removals/government-requests/AE?hl=en. Zugegriffen: 18. Jan. 2024.
Haber, Eldar, and Lev Topor. 2023. Sovereignty, cyberspace, and the emergence of internet bubbles. *Journal of Advanced Military Studies* 14 (1): 144–165.
Hadero, Haleyulaa. 2023. Why social media is being blamed for fueling the riots in France. *AP*, July 1. https://apnews.com/article/france-shooting-riots-social-media-tiktok-snapchat-c6328bdfbaf8be851c84416993e09cbf.
Harknett, Richard J., and Joseph S. Nye Jr. 2017. Is deterrence possible in cyberspace? *International Security* 42 (2): 196–199.
Hart, Jeffrey. 1976. Three approaches to the measurement of power in international relations. *International Organization* 30 (2): 289–305.
Hinsley, Francis H. 1986. *Sovereignty*, 2. Aufl. Cambridge University Press.
International Telecommunication Union. 2023. *Fact and figures 2023*. https://www.itu.int/itu-d/reports/statistics/facts-figures-2023/.
Jensen, Eric Talbot. 2015. Cyber sovereignty: The way ahead. *Texas International Law Journal* 50: 275.
Kreps, Sarah. 2020. *Social media and international relations*. Cambridge University Press.
Kumar, Raksha. 2022. Not quite the Arab Spring: How protestors are using social media in innovative ways. *Reuters Institute*, December 6. https://reutersinstitute.politics.ox.ac.uk/news/not-quite-arab-spring-how-protestors-are-using-social-media-innovative-ways.
Libicki, Martin C. 2011. The strategic uses of ambiguity in cyberspace. *Military and Strategic Affairs* 3 (3): 3–10.
Lin, Herbert, and Amy Zegart (Hrsg.). 2019. *Bytes, bombs, and spies: The strategic dimensions of offensive cyber operations*. Brookings Institution Press.

MacAskill, Ewen, Julian Borger, Nick Hopkins, Nick Davies, and James Ball. 2013. GCHQ taps fibre-optic cables for secret access to world's communications. *Guardian*, June 21. https://www.theguardian.com/uk/2013/jun/21/gchq-cables-secret-world-communications-nsa.

Machangama, Jacob. 2022. The real threat to social media is Europe. *Foreign Policy*, April 25. https://foreignpolicy.com/2022/04/25/the-real-threat-to-social-media-is-europe/.

Mahan, Alfred T. 2011. *The influence of sea power upon history, 1660–1783*. CreateSpace Independent Publishing Platform.

Maheshwari, Sapna, and Amanda Holpuch. 2023. Why countries are trying to ban TikTok. *New York Times*, August 16. https://www.nytimes.com/article/tiktok-ban.html.

Metz, Sam. 2021. Nevada tech company asks to withdraw 'Innovation Zones' plan. *AP News*, October 8. https://apnews.com/article/technology-nevada-blockchain-legislature-a84007f-8d5894a8411e915f3eab2c5e5.

Mueller, Milton L. 2017. *Will the internet fragment? Sovereignty, globalization and cyberspace*. Wiley.

Mueller, Robert S. III. 2019. *Report on the investigation into Russian interference in the 2016 presidential election – Volume I of II*. Washington, DC: US Department of Justice.

Mueller, Milton L. 2020. Against sovereignty in cyberspace. *International Studies Review* 22 (4): 779–801.

Osiander, Andreas. 2001. Sovereignty, international relations, and the Westphalian myth. *International Organization* 55 (2): 251–287.

Pearson, Frederic S. 1974. Foreign military interventions and domestic disputes. *International Studies Quarterly* 18 (3): 259–290.

Ruy, Donatienne. 2020. Did Russia influence Brexit? *CSIS*, July 21. https://www.csis.org/blogs/brexit-bits-bobs-and-blogs/did-russia-influence-brexit.

Schmitt, Michael N. (Hrsg.). 2017. *Tallinn manual 2.0 on the international law applicable to cyber warfare*, 2. Aufl. Cambridge University Press.

Schneier, Bruce. 2015. *Data and goliath: The hidden battles to collect your data and control your world*. WW Norton & Company.

Shen, Yi. 2016. Cyber sovereignty and the governance of global cyberspace. *Chinese Political Science Review* 1: 81–93.

Shuker, Pnina, and Lev Topor. 2021. Russian influence campaigns against NATO in the Baltic region: Spread of chaos and divide et impera. In *The Russian Federation in global knowledge warfare*, 295–314. Cham: Springer.

The White House. 2022. A Declaration for the Future of the Internet, April 2022. United States of America. https://www.whitehouse.gov/wp-content/uploads/2022/04/Declaration-for-the-Future-for-the-Internet_Launch-Event-Signing-Version_FINAL.pdf.

Topor, Lev. 2022. *Phishing for Nazis: Conspiracies, anonymous communications and white supremacy networks on the Dark Web*. Routledge.

Topor, Lev, and Alexander Tabachnik. 2021. Russian cyber information warfare: International distribution and domestic control. *Journal of Advanced Military Studies* 12 (1): 112–127.

United Nations. 1945. *Charter of the United Nations, Chapter VII, Article 51*.

Wang, Anqi. 2020. Cyber sovereignty at its boldest: A Chinese perspective. *Ohio State Technology Law Journal* 16: 395.

Warf, Barney. 2015. The Hermit Kingdom in cyberspace: Unveiling the North Korean internet. *Information, Communication & Society* 18 (1): 109–120.

Wu, Timothy S. 1996. Cyberspace sovereignty – The Internet and the international system. *Harvard Journal of Law & Technology* 10: 647.

Kapitel 2
Cyberspace: Struktur, Funktionalität und Verwundbarkeiten

In diesem Kapitel erläutere ich, was das Internet ist, wie es aufgebaut ist, wie es funktioniert und welche Hauptverwundbarkeiten jede Ebene des Cyberspace aufweist („Cyberspace" und „Internet" werden hier synonym verwendet). Dies bildet die Grundlage für die Analyse in den folgenden Kapiteln, da ich die in diesem Kapitel behandelten Begriffe und Konzepte nutzen werde, um aufzuzeigen, wie Staaten ihre eigenen Cyberspaces kontrollieren. Der erste Teil dieses Kapitels bietet einen kurzen Überblick über die Geschichte des Internets, einschließlich seiner Ursprünge in den amerikanischen ARPANET-Projekten, einer Betrachtung gescheiterter Konkurrenzprojekte wie dem sowjetischen OGAS-Projekt sowie der verschiedenen Entwicklungsstufen des sich ständig weiterentwickelnden Internets, etwa dem Entstehen von miteinander verbundenen Netzwerken, der schrittweisen zivilen Nutzung für Kommunikation in den 1980er-Jahren mit E-Mails und USENET-Gruppen, dem Dotcom-Boom der 1990er-Jahre und der Konsolidierung und Verfeinerung des Internets – des Cyberspace – in den frühen 2000er-Jahren, was zur Entstehung von sozialen Medien und Künstlicher Intelligenz (KI) führte. Ich stelle zudem das Konzept der Top-Level-Domains (TLD) vor und erkläre, dass selbst die Rechte an Domains wie *.gov* oder *.ru* stark umkämpft sind.

Im zweiten Teil dieses Kapitels präsentiere ich den Aufbau des Cyberspace aus einer semi-technischen und sozialpolitischen Perspektive. Die TCP/IP- und OSI-Modelle des Internets werden eingeführt und erläutert. Anschließend wird das Vier-Ebenen-Modell des Cyberspace vorgestellt, das den Cyberspace als bestehend aus einer Infrastrukturebene, einer logischen Ebene, einer Informations-(Daten-)Ebene und einer Nutzerebene beschreibt. Diese drei Modelle werden miteinander verglichen und erläutert. Die weltweiten Internetkabelverbindungen sind in Abb. 2.1 und 2.2 dargestellt. Abb. 2.1 zeigt die globale Verbreitung von Untersee- und Landverbindungen, und Abb. 2.2 liefert ein Beispiel für ein isoliertes Land, Nordkorea, das keine öffentlich sichtbaren Verbindungen besitzt – obwohl einige Experten es für wahrscheinlich halten, dass es, abgesehen von Satellitenverbindungen, mit einigen wenigen chinesischen Kabeln mit sehr begrenztem Zugang verbunden ist.

L. Topor, *Cyber-Souveränität*, https://doi.org/10.1007/978-3-032-09326-4_2

Abb. 2.1 Weltkarte der Untersee-Glasfaserkabel und Landverbindungen (terrestrisch). Grau kennzeichnet Untersee-Glasfaserkabel, Blau kennzeichnet Landverbindungen. (Quelle: Infrastructure Connectivity Map, International Telecommunication Union)

Abb. 2.2 Verbindungen mit Nordkorea. Grau kennzeichnet Untersee-Glasfaserkabel, Blau kennzeichnet Landverbindungen. (Quelle: Infrastructure Connectivity Map, International Telecommunication Union)

Der dritte Teil dieses Kapitels beschäftigt sich mit Macht und Kontrolle. Zwei Fragen werden gestellt: Wer betreibt das Internet? Und wem gehört das Internet? In diesem Abschnitt gebe ich einen Überblick über die wichtigsten Akteure, die den Cyberspace kontrollieren, überwachen und regulieren – Akteure wie souveräne Staaten, aber vor allem internationale Regulierungsorganisationen und Unternehmen, die gemeinsam das Internet-Ökosystem bilden. Dazu gehören Organisationen wie ICANN, die Internet Engineering Task Force (IETF) und das Internet Architecture Board (IAB), die Internationale Fernmeldeunion (ITU) und viele andere. Auch Unternehmen spielen eine bedeutende Rolle und fungieren mitunter als Stellvertreter. Unternehmen entwickeln und stellen Infrastruktur, Plattformen und Clouds, Dienste und soziale Medien bereit. Prominente Beispiele sind Microsoft, Apple, Telegram, DanceByte (TikTok) und viele weitere, wie Lumen Technologies, Cogent Communications, Rostelecom und China Telecom. Nicht alle Akteure kontrollieren jeden Aspekt des Cyberspace. Einige kontrollieren Namensgebung und Adressierung, andere Entwicklung und Standards, manche konzentrieren sich auf Dienste und wieder andere auf Richtlinien und Bildung; gemeinsam bilden sie das Internet-Ökosystem.

Im letzten Teil dieses Kapitels, vor dem Fazit, stelle ich die wichtigsten sozialpolitischen Bedrohungen und Verwundbarkeiten des Cyberspace vor und erläutere sie. Dazu zählen nicht nur die Bedrohung durch Cyberangriffe von Staaten, sondern auch individuelle Datenschutzbedenken hinsichtlich fairer Informationsnutzung, staatlicher Überwachung, Zensur und die Schwierigkeit, online zwischen Fakten und Fiktion zu unterscheiden – die Auswirkungen von Des-/Misinformation, algorithmischen Verzerrungen und der Manipulation von Nutzern durch Plattformen. Weitere Probleme sind Online-Belästigung und Mobbing sowie die digitale Kluft – der ungleiche Zugang zu und die Nutzung des Cyberspace zwischen verschiedenen sozioökonomischen Gruppen und Regionen. Diese sozialpolitischen Bedrohungen werden in vielen Fallstudien dieses Buches ausführlich erläutert und diskutiert, insbesondere in den Kap. 4 und 5; in diesem Kapitel werden sie jedoch angesprochen, um einen Punkt zu verdeutlichen: Ein rechtsfreier Cyberspace kann ein gefährlicher Raum sein.

2.1 Eine kurze Geschichte des Internets

Wir alle, vor allem jene Menschen in den Industrieländern, aber nicht ausschließlich diese, nutzen das Internet, um zu konsumieren, zu erstellen und zu teilen. Doch wie kommunizierten Menschen vor dem Internet? Im Allgemeinen hatten Menschen verschiedene Möglichkeiten, Informationen zu erhalten und zu teilen, also zu kommunizieren. Abgesehen von der Zeit der Rauchzeichen, des Hornblasens und öffentlicher Bekanntmachungen im Dorfzentrum standen den Menschen Postdienste und/oder Kuriere sowie Print- und Radiokommunikation zur Verfügung. Im Wesentlichen handelt es sich dabei um Methoden der Massenkommunikation oder der Fernkommunikation. Die Merkmale einiger

Kommunikationsmethoden werden in diesem Kapitel noch näher erläutert; im Allgemeinen jedoch haben die Entwicklung und die zunehmende Erschwinglichkeit von Personal Computern und anderen Geräten sowie das Internet – das Netzwerk der Netzwerke – es Menschen auf der ganzen Welt erstmals ermöglicht, einfach und nahezu verzögerungsfrei miteinander zu kommunizieren, mit geringerer Wahrscheinlichkeit, dass Dritte „mitlesen“. Schon vor dem Internet wurden Methoden zur Sicherstellung von Authentizität und Vertraulichkeit beim Versand von Briefen per Kurier oder Post genutzt. So wurden Briefe beispielsweise mit einem persönlichen Wachssiegel verschlossen, um die Identität des Absenders zu bestätigen, und der Empfänger konnte erkennen, ob der Brief gelesen oder manipuliert worden war, wenn das Siegel gebrochen war.[1] Heute verfügen wir natürlich über Verschlüsselung sowie persönliche Signaturen und Zertifikate, um Nachrichten zu authentifizieren und privat zu halten.

Drahtgebundene und drahtlose Kommunikationsmethoden wie Funk oder Signale wurden seit dem späten 19. Jahrhundert von zivilen und militärischen Diensten in Ländern wie Russland, China, England und anderen Industriestaaten genutzt. Ein weiteres, einzigartiges Merkmal des Internets ist jedoch, dass Informationen gespeichert werden können, im Gegensatz zu einer Funkwelle, die nur verfügbar ist, solange sie sich zwischen Sender und Empfänger im Raum bewegt. Sobald eine Nachricht empfangen wurde, ist die Welle verschwunden (es sei denn, die Nachricht wurde auf einem dritten Gerät aufgezeichnet und gespeichert). Ein weiteres Merkmal des Internets ist, dass es ein dezentralisiertes und verteiltes Netzwerk ist. Zumindest war dies in der frühen Konzeption und Theorie so. Zwar ist das Internet tatsächlich nicht darauf ausgelegt, ein Zentrum zu haben, doch besitzt es ein Gravitationszentrum, die Vereinigten Staaten von Amerika, wie die historische Entwicklung des Internets zeigt. Natürlich versuchen andere Weltmächte und Staaten, um mehr Kontrolle zu erlangen, mit diesem Status quo zu konkurrieren, wie ich im weiteren Verlauf dieses Buches erläutere.[2]

Das Internet ist zu unserer wichtigsten Kommunikationsplattform geworden; während Menschen, Organisationen und Staaten weiterhin Postdienste, Kuriere, Funk und andere Kommunikationsformen nutzen, ist das Internet die bequemste und schnellste Option geworden. Weltweit nutzen über fünf Milliarden Menschen das Internet, und die meisten besitzen Computer und/oder Smartphones.[3] Das Internet zählt zu den bahnbrechendsten Erfindungen der Menschheitsgeschichte und hat Kommunikation, Handel, Bildung und nahezu alle Bereiche des modernen Lebens revolutioniert. Seine Ursprünge lassen sich bis in die Mitte des 20. Jahrhunderts zurückverfolgen, als es aus einer Kombination technologischer Durchbrüche und visionärer Ideen entstand. In den 1960er-Jahren, während des Kalten Krieges, investierten die Vereinigten Staaten massiv in wissenschaftliche Forschung und Technologie. Das Konzept des Paketvermittelns, einer Methode zur

[1] Bedos-Rezak (2000).

[2] Topor (2022: 20–38), Leiner et al. (2009) und Ryan (2010).

[3] DataReportal (2023).

Übertragung elektronischer Daten in kleinen Paketen über ein Netzwerk, war ein entscheidender Durchbruch. Anfang der 1960er-Jahre schlug Paul Baran die Idee verteilter Kommunikationsnetzwerke vor, die die Grundlage für die Entwicklung des amerikanischen Advanced Research Projects Agency Network (ARPANET) bildete. Ab den 1960er-Jahren wurde das Internet von amerikanischen Forschern, Ingenieuren und der US-Regierung entwickelt. Diese Tatsache ist entscheidend, um den globalen Kampf um den Cyberspace zu verstehen, wie im weiteren Verlauf dieses Buches näher erläutert wird.[4]

Im August 1962 verfasste Joseph Carl Robnett Licklider vom Massachusetts Institute of Technology (MIT) eine Reihe von Memos, in denen er ein Konzept beschrieb, das er „Galactic Network" nannte. Dieses Netzwerk sollte Computer weltweit verbinden und es Menschen ermöglichen, von jedem Ort aus auf Daten und Programme zuzugreifen. Licklider, der erste Leiter des Computerforschungsprogramms bei der Defense Advanced Research Projects Agency (DARPA),[5] überzeugte seine Nachfolger Ivan Sutherland, Bob Taylor und Lawrence G. Roberts von der Bedeutung dieser Idee. Leonard Kleinrock vom MIT veröffentlichte im Juli 1961 eine Arbeit zur Paketvermittlungstheorie, die Roberts davon überzeugte, dass Kommunikation mittels Paketen anstelle von Schaltungen möglich war. 1965 verbanden Roberts und Thomas Merrill den TX-2-Computer in Massachusetts, um zu erforschen, wie Computer miteinander kommunizieren können. Dies waren entscheidende Schritte auf dem Weg zur Rechnervernetzung, die schließlich zum heutigen Internet führten.[6]

In den frühen Phasen der Computernetzwerke führte eine Gruppe von Forschern ein Experiment durch, bei dem zeitgeteilte Computer effektiv zusammenarbeiten konnten. Sie stellten jedoch fest, dass das leitungsvermittelte Telefonsystem für diese Aufgabe nicht ausreichend war. Dies führte zu der Erkenntnis, dass Paketvermittlung notwendig war. 1967 entwickelte Roberts einen Plan für das ARPANET, und 1969 wurde die erste Nachricht erfolgreich über das ARPANET zwischen der University of California, Los Angeles, und dem Stanford Research Institute übertragen.[7] Das ARPANET war ein dezentralisiertes Netzwerk, das darauf abzielte, die Kommunikationsresilienz im Falle eines Nuklearangriffs zu gewährleisten. Die entscheidende Innovation war die Entwicklung des Transmission Control Protocol (TCP) und des Internet Protocol (IP), zusammen bekannt als TCP/IP, die eine standardisierte Methode für die Datenübertragung und die Kommunikation zwischen verschiedenen Netzwerken etablierten. Ende 1969 waren vier Host-Computer miteinander verbunden und bildeten das erste ARPANET, was den Beginn des Internets markierte. Die Forschung zu Netzwerken umfasste

[4] Internet Society (1997).

[5] Die Defense Advanced Research Projects Agency (DARPA) ist eine Forschungs- und Entwicklungsbehörde des US-Verteidigungsministeriums und wurde am 7. Februar 1958 von Präsident Dwight D. Eisenhower gegründet.

[6] Internet Society (1997).

[7] Kleinrock (2019).

sowohl die Arbeit am zugrundeliegenden Netzwerk als auch an dessen Nutzungsmöglichkeiten. In den folgenden Jahren wurden viele weitere Computer an das ARPANET angeschlossen, und die Entwicklung eines funktional vollständigen Host-zu-Host-Protokolls sowie weiterer Netzsoftware wurde vorangetrieben.[8]

Im Dezember 1970 finalisierte die Network Working Group unter Leitung von S. Crocker das Network Control Protocol (NCP), das erste Host-zu-Host-Protokoll des ARPANET. Dadurch konnten Netzwerknutzer mit der Entwicklung von Anwendungen beginnen, als die ARPANET-Standorte zwischen 1971 und 1972 NCP implementierten. Im Oktober 1972 organisierte Bob Kahn eine äußerst erfolgreiche Demonstration des ARPANET auf der International Computer Communication Conference, was die erste öffentliche Präsentation dieser innovativen Netzwerktechnologie darstellte. Die erste „heiße" Anwendung, die elektronische Post, wurde im selben Jahr eingeführt, als Ray Tomlinson bei Bolt Beranek and Newman (BBN) im März die grundlegende Software zum Senden und Lesen von E-Mail-Nachrichten entwickelte. Im Juli erweiterte Roberts den Nutzen der Software, indem er das erste E-Mail-Programm schrieb, das Nachrichten auflisten, selektiv lesen, ablegen, weiterleiten und beantworten konnte. Über ein Jahrzehnt lang war E-Mail die bedeutendste Anwendung des Netzwerks und signalisierte den Aufstieg des „People-to-People"- oder „User-to-User"-Verkehrs, wie wir ihn heute im World Wide Web sehen. Die 1970er Jahre waren somit von bedeutenden Fortschritten bei Netzwerkprotokollen geprägt, die zur Etablierung der E-Mail als Mittel der elektronischen Kommunikation führten. Ray Tomlinsons Einführung des „@"-Symbols als Trennzeichen in E-Mail-Adressen war eine entscheidende Entwicklung dieser Zeit. Zudem wurde der Begriff „Internet" geprägt, um ein Netzwerk von Netzwerken zu beschreiben und so die vernetzte Natur der sich entwickelnden Technologie hervorzuheben.[9] In den 1980er-Jahren entstand eine weitere dezentrale Plattform: User Network oder USENET. USENET war ein Netzwerk aus Clients und Servern. Im Gegensatz zu den frühen E-Mails, die von einem einzelnen Nutzer an einen anderen gesendet wurden, konnten USENET-Nutzer Nachrichten, sogenannte Artikel, lesen oder posten oder Dateien austauschen. USENET war in Gruppen organisiert, und jede Diskussion war verschachtelt, wie wir es heute noch in Webforen oder Bulletin Boards sehen. Dies machte es zu einem bequemen Weg, Informationen zu verbreiten.[10]

Das ursprüngliche amerikanische ARPANET diente als Grundlage für die Entwicklung des Internets. Das Internet basierte auf dem Konzept, mehrere autonome Netzwerke mit unterschiedlichen Designs zu haben. Das ARPANET war das erste paketvermittelnde Netzwerk, aber das Internet umfasste bald auch andere Satelliten- und bodengestützte Paketfunknetzwerke. Das zentrale technische Konzept des Internets ist das Open-Architecture-Networking. Das bedeutet, dass Netzwerkanbieter jede beliebige Netzwerktechnologie wählen und sie über eine Metaebene,

---

[8] Internet Society (1997).

[9] Ebd.

[10] Siehe Hauben und Hauben (1997) sowie Pfaffenberger (2003).

die sogenannte „Internetworking-Architektur“, mit anderen Netzwerken verbinden können. Vor dieser Entwicklung war die Leitungsvermittlung die primäre Methode zur Verbindung von Netzwerken. Doch bereits 1961 zeigte Leonard Kleinrock vom MIT, dass Paketvermittlung effizienter war. Darüber hinaus ermöglicht das Internet weitere Optionen, wie spezielle Verbindungsvereinbarungen zwischen Netzwerken. Anstatt als gleichberechtigte Partner einen End-to-End-Service bereitzustellen, kann ein Netzwerk in einem Open-Architecture-Netzwerk als Bestandteil eines anderen fungieren. Jedes Netzwerk kann mit einer eigenen, einzigartigen Schnittstelle entworfen werden, um spezifische Nutzeranforderungen und Umgebungen zu erfüllen. Die Einbindung verschiedener Netztypen und deren geografische Reichweite ist im Allgemeinen nicht eingeschränkt, abgesehen von praktischen Begrenzungen. Auch andere Internetanbieter können in das Netzwerk eingebunden werden. Dieses Design macht das Internet theoretisch dezentralisiert.[11]

Ein weiterer bedeutender Moment war die Entwicklung des Atlantic Ocean Packet Satellite Communications Network (SATNET). Dieses frühe Satellitennetzwerk bildete ein erstes Segment des Internets und ermöglichte die Datenübertragung über Satelliten statt über Kabel. Es wurde von BBN Technologies unter der Leitung der Advanced Research Projects Agency (ARPA) umgesetzt. Das erste heterogene Computernetzwerk wurde 1973 implementiert, indem das ARPANET mit dem University College London verbunden wurde, woraus sich SATNET entwickelte. Die erste Demonstration des Transmission Control Program, das SATNET, das ARPANET und das Packet Radio Network (PRNET) verband, fand am 22. November 1977 statt und bildete das erste heterogen vernetzte Netzwerk der Welt. Dieses Ereignis war einzigartig, da es die Möglichkeit demonstrierte, verschiedene Netztypen miteinander zu verbinden, die jeweils auf unterschiedlichen Übertragungstechnologien basierten und unterschiedliche Schnittstellen, Paketgrößen, Kennzeichnungen, Konventionen und Übertragungsraten aufwiesen. Die erfolgreiche Verbindung dieser Netzwerke war ein bedeutender Meilenstein in der Entwicklung des Internets, da sie die Realisierbarkeit von Internetworking und des TCP-Protokolls für die Verbindung unterschiedlicher Netzwerktechnologien belegte.[12] Das Internet – im wahrsten Sinne ein globales Netzwerk von Netzwerken – war geboren.

Die 1980er-Jahre brachten weitere Fortschritte mit dem Aufkommen des World Wide Web, und in diesem Jahrzehnt begannen viele westliche und einige nicht-westliche Länder, Netzwerktechnologien zu nutzen. 1985 wurde das National Science Foundation Network (NSFNET) gegründet, um Projekte im Bereich Netzwerke zu koordinieren und zu entwickeln; es wurde von der amerikanischen National Science Foundation finanziert und blieb bis 1995 aktiv, wodurch es zur weiteren Entwicklung und zum Ausbau des amerikanischen Internet-Backbones aus Kabeln und Knotenpunkten beitrug. 1989 schlug Tim Berners-Lee, ein britischer Informatiker, ein System zum Informationsaustausch über ein „Web“ verknüpfter

[11] Ebd.

[12] Rajaraman (2022a, b).

Dokumente vor. 1990 entwickelte er den ersten Webbrowser und Webserver, wodurch Nutzer auf miteinander verknüpfte Websites über Hypertext-Links zugreifen und diese navigieren konnten. Die Möglichkeit, Informationen einfach zu teilen und abzurufen, markierte einen Wendepunkt in der Geschichte des Internets, da sie die Erstellung, Nutzung und Verbreitung von Informationen für alle öffnete.[13] Die 1990er-Jahre erlebten die Kommerzialisierung des Internets, was zu einem explosionsartigen Wachstum von Online-Geschäften und -Dienstleistungen führte. Die Einführung grafischer Webbrowser wie Netscape Navigator machte das Internet benutzerfreundlicher und für ein breiteres Publikum zugänglich. In dieser Zeit entstanden auch E-Commerce-Giganten wie Amazon und eBay, was das Potenzial des Online-Handels aufzeigte. Das späte 20. Jahrhundert erlebte den Dotcom-Boom, der von einer spekulativen Euphorie um internetbezogene Unternehmen geprägt war. Während diese Ära zur Gründung zahlreicher Start-ups und Innovationen führte, endete sie mit dem Platzen der Dotcom-Blase Anfang der 2000er Jahre, was den Zusammenbruch vieler Internetunternehmen zur Folge hatte.[14]

Die 2000er- und frühen 2010er-Jahre waren geprägt von der Konsolidierung und Verfeinerung der Internet-Infrastruktur und -Dienste. Die Entwicklung von Breitband- und Hochgeschwindigkeitsinternetverbindungen ermöglichte die Verbreitung multimedialer Inhalte und ebnete den Weg für Streaming-Dienste, Online-Gaming und soziale Medienplattformen. Der Aufstieg sozialer Medien, verkörpert durch Plattformen wie Facebook, Twitter und Instagram, veränderte grundlegend, wie Menschen online kommunizieren und sich vernetzen. Diese Plattformen erleichterten das Teilen persönlicher Erfahrungen, Meinungen und Medien und beeinflussten so verschiedene Aspekte von Kultur und Gesellschaft. Im Gegensatz zu Nutzer-zu-Nutzer-Interaktionen erlaubten soziale Medien es Menschen, uneingeschränkt – und in den Vereinigten Staaten unzensiert – Informationen an die breite Öffentlichkeit zu verbreiten. Darüber hinaus leitete das Aufkommen von Smartphones Ende der 2000er-Jahre eine neue Ära der Internetnutzung ein. Mobile Geräte ermöglichten es Einzelpersonen, unterwegs auf das Internet zuzugreifen, was zur Entwicklung mobiler Apps und responsiver Webdesigns führte. Dieser Wandel hatte erhebliche Auswirkungen auf Kommunikation, Unterhaltung und ganze Branchen. Gleichzeitig entstand das Konzept des Internet of Things (IoT), bei dem Alltagsgegenstände und Geräte mit dem Internet verbunden wurden, um Daten zu sammeln und auszutauschen. Diese Entwicklung führte zu Smart Homes, Wearable Technology und Fortschritten in Bereichen wie Landwirtschaft und Fertigung; allerdings brachte das IoT auch neue Bedenken hinsichtlich Datenschutz, Eigentum und Kontrolle mit sich, was jedoch Thema einer anderen Untersuchung ist.[15] Das Internet hat zudem die Entwicklung von Hochgeschwindigkeits- und Breitbandnetzen wie 5G, Plattformen wie Augmented

[13] Ebd.

[14] Ebd.

[15] Sharma et al. (2019).

Reality (AR) und Virtual Reality (VR) und natürlich die breite Nutzung von KI ermöglicht und vorangetrieben.[16]

2.2 Wettstreitende historische Entwicklungen des Internets

Wie der kurze historische Überblick in Abschn. 2.1 gezeigt hat, ist das Internet im Wesentlichen ein amerikanisches Projekt. Aber wie steht es um andere Großmächte wie Russland oder China? Haben sie nicht ihre eigenen Technologien entwickelt? Sie haben es tatsächlich versucht, sind jedoch in großem Maße gescheitert – zumindest bis ins 21. Jahrhundert. Natalia Konradova beschreibt, wie die Vorgeschichte des russischen Internets 1957 mit dem Start des Satelliten *Sputnik 1* begann, der auf Funkkommunikation basierte. Der offensichtliche Erfolg dieser Fernfunkkommunikation und dieses historischen technologischen Meilensteins im Allgemeinen veranlasste den amerikanischen Präsidenten Dwight D. Eisenhower 1958 zur Gründung von DARPA, und bis 1969 war das ARPANET gestartet, um Computer in den Vereinigten Staaten zu vernetzen. Allerdings wurde ein Jahrzehnt vor dem Start des ARPANET, nämlich 1959, der erste erfolglose Versuch einer Vernetzung vom Militäringenieur Anatoly Kitov in der Sowjetunion unternommen. 1962 folgte in der Sowjetunion ein zweiter Versuch: OGAS, das Nationale Automatisierte System für Berechnung und Informationsverarbeitung (aus dem Russischen ОГАС: Общегосударственная автоматизированная система учёта и обработки информации). Dies war ein Versuch, ein sowjetisches nationales Informationsnetzwerk zu schaffen, und ebenso wie der Erfolg von Sputnik 1 setzte es die Amerikaner unter Druck, weiter in das ARPANET zu investieren. OGAS wurde in den 1970er Jahren von der sowjetischen Regierung die Finanzierung verweigert und kam nicht voran.[17]

In den 1980e-r und 1990er-Jahren trat die Sowjetunion dem USENET-Netzwerk bei und begann, mit den Amerikanern zu korrespondieren. Es entstanden Newsgroups mit Bezug zur Sowjetunion, wie *talk.politics.soviet* und *soc.culture.soviet*. In den 1990er-Jahren, nach dem Zusammenbruch der Sowjetunion, als Webseiten sich verbreiteten und Internetnutzer von USENET zu Webseiten (Websites) wechselten, entstand die Domain *.ru* – Russland erhielt seine TLD am 7. April 1994. Russland registrierte auch einige offizielle Second-Level-Domains wie *.ac.ru*, *.gov.ru* , *.mil.ru* und andere. Das Koordinationszentrum für TLD RU war das offizielle Register. Von diesem Zeitpunkt an erlaubte das Russische Institut für öffentliche Netzwerke die Registrierung russischer Webadressen, was im Wesentlichen die Geburtsstunde des russischen World Wide Web bedeutete.[18]

---

[16] Kennedy et al. (2023).

[17] Konradova (2020).

[18] Ebenda.

In den 2000er-Jahren veränderte sich das Verhältnis zwischen der russischen Regierung und dem Internet. Während das Internet weiter wuchs und florierte, begann die Regierung, wie zuvor bei Radio, Print und Fernsehen, mehr Kontrolle darüber auszuüben. 2012 verabschiedete das russische Parlament ein Gesetz, das die staatliche Kontrolle über das Internet verstärkte. Das Gesetz wurde als Maßnahme gegen Kinderpornografie und illegale Inhalte eingeführt, verlieh der Regierung jedoch die Befugnis, eine schwarze Liste zensierter Websites und Dienste zu erstellen. 2014 verabschiedete die russische Regierung ein Gesetz, das Blogger mit großer Reichweite zur Registrierung bei den Behörden verpflichtete – ein Signal für den Beginn verstärkter staatlicher Überwachung.[19] Dies wird ausführlicher in Kap. 6 behandelt.

In der dritten aufstrebenden Macht, China, wurde das Internet Ende der 1980er-Jahre entwickelt und in den 1990er-Jahren eingeführt. Obwohl die erste E-Mail aus China 1987 verschickt wurde, erfolgte sie nicht über das TCP/IP-Netzwerk und zählt daher technisch nicht als Internetkommunikation. Dennoch war es ein erfolgreicher Versuch, der den Weg für die Internetnutzung ebnete, und am 28. November 1990 registrierte China die TLD *.cn* über das China Internet Network Information Center (CNNIC). China erhielt am 20. April 1994 offiziell die volle Internetfunktionalität, und im Januar 1995 begann das Ministerium für Post und Telekommunikation, der Öffentlichkeit Internetdienste bereitzustellen. Bis 1996/97 hatte China seine ersten Gesetze zur Kriminalisierung von Online-Aktivitäten erlassen – diese und der russische Fall werden in späteren Kapiteln behandelt.[20]

2.3 Die Struktur des Internets – Cyberspace

In den 1990er- und 2000er-Jahren war das von den Vereinigten Staaten entwickelte Internet vielen Ländern zugänglich gemacht worden. Interessanterweise wurde dieses von den USA finanzierte Projekt nicht nur engen Verbündeten, sondern weltweit, sogar Gegnern, zur Verfügung gestellt. Die Vereinigten Staaten hofften, damit Barrieren abzubauen und den freien Informationsfluss in und aus jedem Land zu ermöglichen. Der Erste Verfassungszusatz wurde nach außen projiziert – eine Idee, die nicht in jedem Land auf Begeisterung stieß, insbesondere nicht in Regimen wie Russland und China.

Wie in der kurzen Geschichte des Internets in Abschn. 2.1 beschrieben, ist das Internet ein Netzwerk von Netzwerken, das dazu konzipiert wurde, Menschen die Kommunikation und den Informationsaustausch zu ermöglichen. Ein Nutzer mit einem Computergerät kann sich mit einem anderen Nutzer mit einem solchen Gerät verbinden, und viele Geräte und Interaktionen zusammen schaffen

[19] Ebenda; Topor und Tabachnik (2021).

[20] Yang (2012) und Economy (2018).

Tab. 2.1 OSI-Modell und TCP/IP-Modell: ein Vergleich

	OSI-Modell	TCP/IP-Modell	Erklärung
Schicht	Anwendung	Anwendung	Mensch-Computer-Interaktionsschicht
	Darstellung		Datenpräsentation und Datenverschlüsselung
	Sitzung		Aufbau und Verwaltung von Sitzungen
Schicht	Transport	Transport	Übertragung von Daten
Schicht	Netzwerk	Internet	Netzwerk-Routing
Schicht	Datenverbindung	Netzwerk	Organisation der Daten in Frames
	Physikalisch		Übertragung von Bits durch Kabel

den Cyberspace. Aber wie sind sie eigentlich alle miteinander verbunden? Was ist Cyberspace? Die technische Struktur lässt sich anhand der TCP/IP-Architektur beschreiben, die im Rahmen des ARPANET-Projekts entwickelt wurde, sowie anhand des Open System Interconnection (OSI), das unter anderem vom Softwareingenieur Hubert Zimmerman in den 1970er-Jahren entwickelt und 1980 von der International Organization for Standardization (ISO) veröffentlicht wurde. Im Wesentlichen, wie in Tab. 2.1 dargestellt, unterteilen diese Modelle die Netzwerkstruktur in eine physische Schicht, eine logische Schicht, eine Anwendungsschicht und eine Benutzerschicht.[21]

Wie relevant ist die technische Struktur des Cyberspace für dieses Buch, das sich auf internationale Beziehungen und internationale Sicherheit konzentriert? Die Struktur des Cyberspace ist in späteren Kapiteln von großer Bedeutung, in denen ich zeige, wie Staaten jede der Ebenen kontrollieren, manipulieren und einschränken.[22] Staaten können die physischen Verbindungen kontrollieren, die in den Tab. 2.1 und 2.2 erläutert werden, Staaten können die Datenweiterleitung steuern, etwa indem sie ausgewählte Verbindungen blockieren oder ganze Bereiche abschalten, Staaten können Nutzer kontrollieren, indem sie festlegen, wann, wo und wie sie das Internet nutzen, und schließlich können Staaten sogar die Verschlüsselung kontrollieren. So verlangt Russland beispielsweise von vielen Diensten wie Apple, Google, Yandex und anderen, dass sie den russischen föderalen Sicherheitsbehörden ihre Verschlüsselungsschlüssel zur Verfügung stellen.[23] Auch die freien Vereinigten Staaten von Amerika haben versucht, Zugang zu den Schlüsseln für verschlüsselte Anwendungen und Geräte zu erhalten – solche Fälle werden in den folgenden Kapiteln erläutert.[24]

Im Wesentlichen besteht der Cyberspace, wie Yochai Benkler oder Nazli Choucri und David D. Clark erklären, aus vier Ebenen: der physischen Ebene, der logischen Ebene, der Informationsebene und der Ebene der Nutzer. Dies wird

[21] Russel (2013).

[22] Ebd.

[23] Moscow Times (2019).

[24] Rimer (2016) und Smith (2021).

Tab. 2.2 Soziale und technische Modelle des Cyberspace

	Vier-Ebenen-Modell	OSI-Modell	TCP/IP-Modell	Erläuterung
Ebene	Nutzer- und Informationsebene	Anwendung	Anwendung	Mensch-Computer-Interaktionsebene
		Darstellung		Datenpräsentation und Datenverschlüsselung
		Sitzung		Aufbau und Verwaltung von Sitzungen
Ebene	Logische Ebene	Transport	Transport	Übertragung von Daten
Ebene		Netzwerk	Internet	Netzwerk-Routing
Ebene	Physische Ebene	Datenverbindung	Netzwerk	Organisation von Daten in Frames
		Physisch		Übertragung von Bits durch Kabel

vergleichend in Tab. 2.2 dargestellt. Die physische Ebene ist die tatsächliche physische Infrastruktur und umfasst Glasfaserkabel, Knotenpunkte, Satelliten, Server, Computer und jegliche andere Hardware. Es folgt die logische Ebene, die auf der Infrastruktur aufbaut und als zentrales Nervensystem des Cyberraums fungiert – sie ist für das Routing der Daten verantwortlich. Sie leitet Informationen zu und von Clients und Servern. Die Informationsebene ist die eigentliche Information, die entweder dauerhaft oder temporär auf den Servern gespeichert und den Nutzern zugänglich gemacht wird; diese Ebene umfasst Text, Video, Audio, Bilder und jedes andere Datenformat. Die letzte Ebene ist die Ebene der Nutzer – gewöhnliche und harmlose Nutzer, die im Cyberspace Inhalte erstellen, konsumieren, sich austauschen und arbeiten, aber auch Nutzer, die böswillig und gefährlich sein können, wie Cyberkriminelle, staatliche Akteure oder Propagandaakteure. Konzeptionell lassen sich diese vier Ebenen in zwei Hauptebenen unterteilen: Die physische und die logische Ebene sind technisch, die Informations- und die Nutzerebene sind sozial.[25]

Der Großteil der Daten im Cyberspace wird über Untersee-Glasfaserkabel übertragen, während Satelliten hauptsächlich für Forschung und militärische Zwecke reserviert sind. So wie die frühen ARPANET-Verbindungen einen Computer mit einem anderen verbanden, ist das Internet heute die Verbindung vieler solcher Geräte. Eine von der ITU erstellte Karte, dargestellt in Abb. 2.1, zeigt die physische Infrastruktur, die die Welt verbindet, einschließlich Landkabeln und Untersee-Glasfaserkabeln. Um die Bedeutung der physischen Infrastruktur für Souveränität – oder Kontrolle – zu verdeutlichen, kann man Nordkorea betrachten. Abb. 2.2 zeigt, dass Nordkorea nicht sehr gut an den Cyberspace angebunden ist

[25] Benkler (2006: 23) und Choucri und Clark (2019: 33–65, 101–122).

und somit seine Bevölkerung nicht mit der globalen Arena verbunden ist.[26] Wie Haber und ich argumentiert haben, können einige Länder als „Internetblasen" bezeichnet werden, einfach weil sie nicht in einer Weise mit der Außenwelt verbunden sind, die einen Massenkonsum und eine breite Nutzung des Internets ermöglicht.[27]

2.4 Wer betreibt das Internet?

Obwohl der Cyberspace global ist, waren es die Vereinigten Staaten, die ihn entwickelt und eingeführt haben. Sie haben die physische Infrastruktur, das Routing, die Ports und Protokolle sowie allgemeine Netzwerkstandards entwickelt und verbreitet und haben die Nutzer – zumindest teilweise – ausgebildet, die überwiegend westlich konzipierte Hard- und Software verwendet haben und die – und das gilt bis heute – hauptsächlich westliche Websites, Suchmaschinen und soziale Medienplattformen nutzen. Darüber hinaus besitzen oder leasen die westlichen Unternehmen Microsoft, Google, Meta (Facebook) und Amazon den Großteil der Unterseekabel.[28] Dies könnte die Frage beantworten, wer all diese Kabel verlegt (siehe Abb. 2.1). Stand 2023 arbeiten Russland, China und andere daran, den Status quo herauszufordern. Im Bestreben, den Cyberspace wirklich global zu machen, sind jedoch einige internationale Organisationen unter amerikanischem Druck oder durch internationale und gegenseitige Vereinbarung entstanden.

Zu diesen Organisationen zählen ICANN, IETF und IAB, ITU, Regionale Internet-Registries (RIRs), die Internet Society (ISOC), das World Wide Web Consortium (W3C), das Network Information Center (NIC) und Ländercode-Manager, Content Delivery Networks (CDNs) und Internetdienstanbieter (ISPs) sowie nicht zuletzt Regierungen. Daneben entwickeln staatliche oder private Unternehmen und sogar zivilgesellschaftliche Organisationen (CSOs) Websites und Webanwendungen. Diese und andere Akteure bilden den Cyberspace oder, wie ISOC es nennt, das Internet-Ökosystem. Dieses Ökosystem wird in Tab. 2.3 dargestellt, die die Rollen der wichtigsten internetbezogenen Akteure beschreibt. Eine Beschreibung jeder einzelnen Entität folgt am Ende dieses Abschnitts.[29]

Wenn ein Land mehr oder weniger Kontrolle über den Cyberspace übernehmen möchte, muss es mit Dutzenden von Akteuren verhandeln, was Betrieb, Regulierung und Durchsetzung sehr schwierig macht. Daher kontrollieren Staaten den Cyberspace nicht – dies ist ein wichtiger Punkt, der die Forschung und Argumen-

---

[26] Karten bereitgestellt von der International Telecommunication Union (ITU) und aktualisiert bis Anfang 2023. Eine interaktive Karte mit weiteren Informationen finden Sie unter: https://bbmaps.itu.int/bbmaps/.

[27] Haber und Topor (2023).

[28] Brock (2023) und Satariano (2019).

[29] Internet Society (2022).

Tab. 2.3 Internet-Ökosystem – steuernde Akteure (Abkürzungen im Text erläutert)

Rolle	Akteure
Namensgebung und Adressierung	ICANN, RIRs, IANA/PTI, gTLDs, ccTLDs
Entwicklung offener Standards	ITU-T, spezialisierte Standardisierungsgremien (z. B. ISO), IETF, IAB, IRTF
Geteilte globale Dienste und Betrieb	Root-Server, Netzwerkbetrieb, IXP, Dienstanbieter und Anbieter, gTLDs, ccTLDs
Politikentwicklung auf lokaler, nationaler, regionaler und globaler Ebene	Regierungen, IGOs, Privatunternehmen, ISOC und SIGs
Bildung und Kapazitätsaufbau	Regierungen, Internet-Community und Nutzer, Universitäten und NRENs, ISOC
Nutzer	Einzelnutzer, Zivilgesellschaft, Regierungen, Organisationen, Dienstanbieter und Anbieter

tation dieses Buches prägt, da es einigen Ländern schwererfällt als anderen, mit Dutzenden, meist westlich geprägten Organisationen zu kooperieren. Länder wie Russland und China haben Organisationen wie ICANN wiederholt vorgeworfen, einer amerikanischen Agenda zu dienen, da ICANN selbst 1998 ein Ableger der US-Regierung war.[30] So hat beispielsweise die Ukraine kürzlich ICANN gebeten, russische Domains aus dem Internet zu entfernen – eine Bitte, die nicht erfüllt wurde, aber dazu diente, Druck auf Russland und seine Gesellschaft auszuüben.[31] Der russische Fall wird in späteren Kapiteln erläutert.

Da der Cyberspace von Dutzenden Akteuren betrieben wird, ist er tatsächlich verteilt und nicht zentralisiert. Da jedoch viele Vorstandsmitglieder von Organisationen wie ICANN, IANA, ITU und anderen aus dem Westen stammen, ist er wohl tendenziös. Ein interessanter Fall, der Fragen nach der Angemessenheit aufwarf, war der kolumbianische Einspruch bei ICANN gegen Amazon. Es stellt sich die Frage, ob die Domain *.amazon* dem Unternehmen Amazon.com Inc. gehören sollte oder ob sie besser dazu geeignet wäre, die indigenen Amazonas-Länder und -Völker Kolumbiens, Boliviens, Brasiliens, Ecuadors, Guyanas, Perus, Surinames und Venezuelas zu beschreiben. Die Amazon Cooperation Treaty Organization (ACTO) und die kolumbianische Regierung legten 2018 und 2019 offizielle Anträge auf Überprüfung bei ICANN ein, um die Zuweisung von *.amazon* an das amerikanische Unternehmen Amazon.com zu überdenken. Im Mai 2019 gelang es jedoch dem Unternehmen Amazon, über ICANN, sich gegen ACTO durchzusetzen.[32]

Die Individuen, Gruppen, Organisationen, Bewegungen, Regierungen, zwischenstaatlichen Organisationen (IGOs) und andere Akteure, die gemeinsam den Cyberspace steuern und gestalten, sind[33]:

---

[30] Klein (2002), ICANN (o. J.) und Selyukh (2014).

[31] Javers (2022) und Rieedel (2022).

[32] Siehe ICANN (2018, 2019) und Ho (2019).

[33] Internet Society (2022).

- Internet Corporation for Assigned Names and Numbers (ICANN): verantwortlich für die Verwaltung und Überwachung der Koordination des Domain Name Systems (DNS) des Internets sowie seiner eindeutigen Kennungen, wie Internetprotokoll-(IP-)Adressen. Sie ist eine gemeinnützige Gesellschaft zum öffentlichen Nutzen mit einer globalen Gemeinschaft von Teilnehmenden und beaufsichtigt die Internet Assigned Numbers Authority (IANA).
- Internet Assigned Numbers Authority (IANA): zuständig für die administrativen Aufgaben im Zusammenhang mit der DNS-Root, der Vergabe von Internetprotokoll-Adressen und anderen Ressourcen des Internetprotokolls. Die Aufgaben werden von Public Technical Identifiers (PTI) wahrgenommen, einer Tochtergesellschaft der Internet Corporation for Assigned Names and Numbers (ICANN).
- Internet Engineering Task Force (IETF): eine Organisation zur Standardisierung des Internets, die eine weltweite Gemeinschaft von Netzwerkdesigner:innen, Betreiber:innen, Anbietern und Forschenden einbindet, um offene Standards durch offene Prozesse zu entwickeln. Die IETF verabschiedet technische und organisatorische Hinweise sowie Spezifikationen zum Internet in Form der RFC-Dokumentenreihe. Die Internet Society unterstützt die IETF durch verschiedene Programme und die Gründung der IETF LLC – der administrativen Einheit, die die IETF, das Internet Architecture Board (IAB) und die Internet Research Task Force (IRTF) unterstützt.
- International Telecommunication Union (ITU): eine Sonderorganisation der Vereinten Nationen für Telekommunikation. Die ITU vergibt das globale Funkspektrum und Satellitenorbits (ITU-R), entwickelt technische Standards, die sicherstellen, dass Telekommunikationsnetze und -technologien nahtlos miteinander verbunden sind (ITU-T), und setzt sich für einen verbesserten Zugang zu IKT in unterversorgten Gemeinschaften weltweit ein (ITU-D).
- Internet Research Task Force (IRTF): fördert Forschung, die für die Weiterentwicklung des zukünftigen Internets relevant ist, indem sie fokussierte und langfristige Forschungsgruppen zu Themen wie Internetprotokolle, Anwendungen, Architektur und Technologie bildet. Die IRTF ergänzt die Arbeit der Internet Engineering Task Force (IETF).
- Internet Society (ISOC): eine gemeinnützige Organisation, die Menschen dazu befähigt, das Internet als positive Kraft zu erhalten: offen, global vernetzt, sicher und vertrauenswürdig. Über Mitglieder, Chapter, Interessengruppen und Partner ist sie das Zentrum des größten globalen Netzwerks von Menschen und Organisationen, die daran arbeiten, ein Internet für alle zu schaffen.
- Regionale Internet-Registries (RIRs): überwachen die Registrierung und Zuteilung von Internetnummernressourcen innerhalb einer bestimmten Region. Jede RIR ist Mitglied der Number Resource Organization (NRO), die als Koordinierungsstelle für die RIRs fungiert. Die fünf RIRs sind das African Network Information Centre (AFRINIC), das Asia-Pacific Network Information Centre (APNIC), das American Registry for Internet Numbers (ARIN), das Latin America and Caribbean Network Information Centre (LACNIC) und das Réseaux IP Européens Network Coordination Centre (RIPE NCC).

- World Wide Web Consortium (W3C): eine globale Gemeinschaft, in der Mitgliedsorganisationen, ein fest angestelltes Team und die Öffentlichkeit gemeinsam offene Standards für das Web entwickeln.
- Internet Exchange Points (IXPs): stellen physische Infrastruktur auf regionaler und nationaler Ebene bereit, die es Netzbetreibern ermöglicht, Internetverkehr zwischen ihren Netzen über gegenseitige Peering-Vereinbarungen auszutauschen. IXPs verbessern die Ausfallsicherheit, Stabilität, Effizienz und Qualität von Netzwerken.
- Content Delivery Networks (CDNs): geografisch verteilte Server und Rechenzentren, die als Knotenpunkte über das globale Internet-Backbone (Kabel) verteilt sind. Ziel der CDNs ist es, Inhalte so schnell und zuverlässig wie möglich an Nutzer:innen zu liefern, indem die Engpässe vermieden werden, die häufig durch umfangreichen Datenverkehr über Kabel entstehen.
- Country Code Top-Level Domains (ccTLDs) werden gemäß den Richtlinien des jeweiligen Landes oder Territoriums betrieben.
- Generic Top-Level Domains (gTLDs): Registries betreiben gesponserte und nicht gesponserte gTLDs gemäß den Richtlinien von ICANN.
- Infrastrukturbetreiber: Sie investieren in und bauen die physische Internetinfrastruktur, die es Netzbetreibern ermöglicht, Nutzer:innen Zugang zum Internet zu verschaffen. Dazu gehören Unternehmen, Organisationen und Konsortien, die Unterseekabel, terrestrische Netze, Satellitennetze, Mobilfunkmasten, Internet Exchange Points (IXPs), Content Delivery Networks (CDNs) und Rechenzentren errichten und betreiben.
- Internet Architecture Board (IAB): als Ausschuss der Internet Engineering Task Force (IETF) und als beratendes Gremium der Internet Society (ISOC) eingesetzt. Zu seinen Aufgaben gehören die architektonische Aufsicht über die Aktivitäten der IETF, die Überwachung und Berufung im Standardisierungsprozess des Internets, die Ernennung des Request-for-Comments-(RFC-)Editors sowie die Verwaltung der IETF-Protokollparameter-Register.
- Internet Governance Forum (IGF): wurde 2006 vom Generalsekretär der Vereinten Nationen einberufen und ist ein globales Multistakeholder-Forum für den Dialog zu Fragen der Internet-Governance. Das IGF funktioniert als ganzjähriger Prozess mit jährlichen Treffen und intersessionalen Aktivitäten. Dieser Prozess wird von der Multistakeholder Advisory Group und dem IGF-Sekretariat koordiniert. Das IGF hat mehrere nationale, regionale und Jugend-IGF-Initiativen hervorgebracht. Ihre gemeinsame Arbeit und Zusammenarbeit werden durch das IGF-Sekretariat unterstützt.
- Public Technical Identifiers (PTI): haben im Oktober 2016 die Aufgaben der Internet Assigned Numbers Authority (IANA) übernommen. PTI sind für die operativen Aspekte der Koordination der eindeutigen Kennungen des Internets verantwortlich, einschließlich der DNS-Root und der Internetprotokoll-(IP-)Adressierung, und pflegen viele der Codes und Nummern, die in Internetprotokollen verwendet werden, in Zusammenarbeit mit der Internet Engineering Task Force (IETF).

- Weitere Foren für politische Diskussionen: Dazu zählen unter anderen das European Internet Forum (EIF) und das World Economic Forum (WEF) sowie nationale Konsultationsforen und von Branchenverbänden und der Zivilgesellschaft initiierte Initiativen.
- Root-Server: veröffentlichen den Inhalt einer kleinen Datei, der sogenannten Root-Zonendatei, im Internet. Diese Datei steht an der Spitze einer hierarchisch verteilten Datenbank, dem Domain Name System (DNS), das von nahezu allen Internetanwendungen genutzt wird, um menschenlesbare Namen wie www.internetsociety.org in maschinenlesbare Namen zu übersetzen. Das Web, E-Mail und andere Internetdienste nutzen das DNS.
- Zwischenstaatliche Organisationen (IGOs) umfassen, aber beschränken sich nicht auf die Vereinten Nationen, regionale Organisationen wie die Afrikanische Union, die Asia-Pacific Telecommunity, die Caribbean Telecommunications Union, die Europäische Union und die Organisation Amerikanischer Staaten sowie politische Foren wie die Asia-Pacific Economic Cooperation und die Organisation für wirtschaftliche Zusammenarbeit und Entwicklung. Die jeweiligen Mitgliedsregierungen koordinieren über diese Organisationen Politiken im Bereich Telekommunikation und Internet.
- Organisationen und Initiativen der Internet-Community fördern, vermitteln und investieren in Interneterziehung und Kapazitätsaufbau. Zu den Organisationen zählen unter anderen die Regional Internet Registries (RIRs), die Internet Corporation for Assigned Names and Numbers (ICANN), das Network Startup Resource Center (NSRC), Internet Exchange Points (IXPs), Netzbetreiber, Anbieter und Technologieunternehmen. Zu den Initiativen gehören unter anderen der EQUALS Digital Skills Fund und die Mutually Agreed Norms for Routing Security (MANRS).
- Multilaterale Entwicklungsbanken und internationale Finanzinstitutionen stellen Mitgliedstaaten Finanzmittel und technische Unterstützung zur Verfügung, um den Zugang zum Internet und dessen Nutzung für die sozioökonomische Entwicklung zu fördern. Dazu gehört auch die Unterstützung von internetbezogenen Bildungs- und Kapazitätsaufbauinitiativen.
- Netzbetreiber sind Einzelpersonen und Organisationen, die die Netzwerkinfrastruktur verwalten, die Nutzer den Zugang zum Internet ermöglicht. Regionale und nationale Netzbetreibergruppen (NOGs) bieten Möglichkeiten zur Zusammenarbeit und zum Austausch für Betreiber.
- Spezialisierte Standardisierungsgremien konzentrieren sich auf spezielle Standards; einige spielen eine Schlüsselrolle im Internet. Zu diesen Organisationen zählen unter anderen das 3rd Generation Partnership Project (3GPP), das European Telecommunications Standards Institute (ETSI), Identity Commons, die IEEE Standards Association (Institute of Electrical and Electronics Engineers), ISO und ANSI (American National Standards Institute), das Liberty Alliance Project, die Organization for the Advancement of Structured Information Standards (OASIS), Open-Source-Communities und das W3C.

- Universitäten, akademische Einrichtungen und nationale Forschungs- und Bildungsnetzwerke (NRENs) spielen eine entscheidende Rolle bei der Ausbildung von Studierenden, Führungskräften und politischen Entscheidungsträgern zum Thema Internet. Sie entwickeln und demonstrieren zudem Hardware- und Softwarelösungen, die dem Internet zugutekommen.
- Dienstanbieter/Hersteller stellen Softwareanwendungen und Plattformen bereit, die die Bereitstellung von Inhalten und Diensten im Internet ermöglichen. Dazu zählen unter anderem Plattformen für die Entwicklung mobiler Apps, soziale Netzwerke, E-Commerce- und Zahlungsplattformen, Cloud-Service-Anbieter und Unternehmen im Bereich Cybersicherheit.
- Regierungen auf nationaler, bundesstaatlicher und lokaler Ebene sowie deren Regulierungsbehörden spielen eine Rolle bei der Festlegung von Politiken in Bezug auf das Internet, einschließlich Infrastrukturentwicklung und Zugang, Digitalisierung von Wirtschaft und Gesellschaft, Cybersicherheit sowie Daten- und Datenschutz.
- Nutzer umfassen Personen und Organisationen, die das Internet nutzen oder anderen Inhalte und Dienste im Internet bereitstellen.

2.5 Wem gehört das Internet?

Das Internet wurde von den Vereinigten Staaten entwickelt und ist seither von praktisch allen Ländern und Menschen weltweit übernommen worden. Wie im vorherigen Abschnitt beschrieben, wird es von internationalen Organisationen wie ICANN, IANA, ITU und vielen anderen reguliert und kontrolliert. Es gibt jedoch eine weitere Ebene der Kontrolle, die das gesamte Projekt wirtschaftlich wertvoll macht – den Privatsektor – und dieser ist ein wesentlicher Bestandteil des Internet-Ökosystems. Unternehmen, ob völlig unabhängig oder staatlich unterstützt, sind diejenigen, die das Internet tatsächlich betreiben, indem sie als Internetdienstanbieter (ISPs), Infrastrukturanbieter, Plattformanbieter und Dienstleister agieren. Unternehmen sind es, die das Internet im großen Maßstab ausgebaut und es profitabel gemacht haben, sodass es (im Westen) für fast alle erschwinglich wurde. Es ist nicht das Ziel dieses Buches, eine vollständige Liste von Unternehmen oder eine fundierte Analyse der Auswirkungen privater Unternehmen auf das Internet zu liefern. Dennoch ist das Verständnis der Rolle der Unternehmen, die die Kabel verlegen, Satelliten starten und soziale Medien sowie E-Commerce betreiben, ein wesentlicher Schritt zum Verständnis der Struktur des Internets: entwickelt von einem Land, übernommen und reguliert von vielen und betrieben von privaten Unternehmen.

Zu den wichtigsten amerikanischen Unternehmen zählen Amazon, Microsoft, Google (Alphabet), Meta (Facebook), IBM, Apple, Lumen Technologies, Cogent

Communications, AT&T, Starlink (SpaceX) und viele andere. Doch nicht nur die Vereinigten Staaten verfolgen einen kapitalistischen Ansatz im Umgang mit dem Internet. Auch Russland verfügt über große Technologieunternehmen, die jedoch unter der aufmerksamen Beobachtung des Kremls agieren. Einige davon sind Yandex, Rostelecom, Sberbank und VK (Mail.Ru). In China sind die innerstaatlichen Verhältnisse zwar stärker kommunistisch geprägt, doch die Unternehmen agieren kapitalistisch, etwa Tencent, Alibaba, Baidu, JD.com, TikTok (ByteDance), China Telecom, China Unicom und viele mehr. In Deutschland ist die Deutsche Telekom das größte Telekommunikationsunternehmen und eines der größten in der Europäischen Union. Orange ist ein französischer multinationaler Telekommunikationskonzern, und die BT Group, ein britisches multinationales Telekommunikationsunternehmen, ist der größte Festnetz-Telekommunikationsanbieter im Vereinigten Königreich und einer der größten in Europa.

Diese Unternehmen besitzen und betreiben eine Vielzahl von Internet-Infrastrukturen, darunter das Rückgrat des Internets mit Unterseekabeln, Satelliten, IXPs, Rechenzentren, Cloud-Infrastruktur und Plattformen, Dienste, soziale Medien und mehr. Sie spielen eine entscheidende Rolle beim Betrieb des Internets, und ihre Infrastruktur ist unerlässlich, um Inhalte und Dienste an Nutzer weltweit zu liefern. Während das Internet oft als öffentliches Gut betrachtet wird, ist die Realität, dass es größtenteils im Besitz privater Unternehmen ist und von diesen betrieben wird. Diese Unternehmen prägen das Internet und seinen Einfluss auf die Gesellschaft maßgeblich. Private Unternehmen haben das globale Internet tiefgreifend beeinflusst. Sie haben massiv in die Infrastruktur investiert, neue Technologien entwickelt und innovative Dienste geschaffen, die das Internet für Milliarden Menschen weltweit zugänglich gemacht haben. Beispielsweise besitzt fast jeder Internetnutzer im Westen ein Konto in sozialen Netzwerken, und die meisten Computer weltweit laufen mit Microsoft-Betriebssystemen.[34] Darüber hinaus haben private Unternehmen eine Schlüsselrolle bei der Gestaltung der Internet-Governance und -Regulierung gespielt, indem sie die Verbreitung von Meinungen ermöglichten, die politische Entscheidungsträger beeinflussen (wie etwa öffentliche Einflusskampagnen). Sie sind auch für das fortlaufende Wachstum und die Weiterentwicklung des Internets unerlässlich. Sie stellen die notwendigen finanziellen Ressourcen, das technische Know-how und die Innovationskraft bereit, um das Internet aktuell zu halten und zukünftige Herausforderungen zu bewältigen.[35]

Wie beeinflussen Unternehmen die internationale Sicherheit? Staaten fördern Unternehmen und nutzen sie als Stellvertreter. So verwendet beispielsweise die ganze Welt Microsoft-Betriebssysteme, die sozialen Medienplattformen von Facebook und TikTok, SMAs wie Telegram und WhatsApp und viele weitere Unternehmen. Selbst das bekannteste Dark Web – TOR, ein Produkt der US Navy – wird heute als gemeinnütziges Unternehmen betrieben. Einige Beispiele für die

[34] GlobalStats (o. D.).

[35] Europäische Kommission (2022).

Nutzung und den Missbrauch von Unternehmen durch Staaten im Internet werden in den Kap. 4 und 5 vorgestellt; ein besonders prominentes Beispiel ist jedoch die Einmischung in die US-Präsidentschaftswahlen 2016. In diesem Fall nutzte Russland soziale Medienplattformen wie Facebook, Twitter, YouTube, Instagram und weitere, um Propaganda zu verbreiten und die Wahlkampagne von Hillary Clinton zu schädigen, während gleichzeitig die Kampagne von Donald Trump gestärkt wurde. Dieses Beispiel wirft eine zentrale Frage für die amerikanische Demokratie im 21. Jahrhundert auf: Wer wählt einen Präsidenten – das Volk oder ausländische Einflussnehmer?[36]

Ein weiteres Beispiel, das ebenfalls später in diesem Buch ausführlicher behandelt wird, ist der SMA Telegram. Diese Messaging-Anwendung wurde von zwei russischen Brüdern – Nikolai und Pawel Durow – entwickelt und gewann rasch an Popularität aufgrund ihrer Sicherheitsfunktionen. Heutzutage ist Telegram jedoch auch bei Drogenhändlern, Waffenhändlern, anderen Kriminellen sowie Terroristen, Rassisten und Antisemiten beliebt. Ein bedeutendes Beispiel ist die Nutzung von Telegram sowohl durch rechtsextreme Gruppen als auch durch ausländische Einflussnehmer zur Organisation des Sturms auf das Kapitol am 6. Januar 2021 in den USA. Diese Gruppen nutzten Telegram, das Dark Web und viele weitere sichere und anonyme Plattformen, um den Angriff auf das Kapitol zu planen – vor allem, um der Überwachung durch Strafverfolgungsbehörden zu entgehen. Somit wurde ein ausländisches Unternehmen und eine Anwendung – Telegram – sowohl von inländischen Extremisten als auch von ausländischen Einflussnehmern (vermutlich aus den größten Gegenspielern der USA) genutzt.[37]

Unternehmen sind ein bedeutender Bestandteil des Internet-Ökosystems. Die globale Natur des Internets bedeutet, dass die Handlungen von Unternehmen in einer Region weitreichende Auswirkungen haben können. Grenzüberschreitende Datenströme, Anforderungen an die Datenlokalisierung und unterschiedliche regulatorische Rahmenbedingungen stellen sowohl für Unternehmen als auch für politische Entscheidungsträger Herausforderungen dar. Themen wie Datensicherheit, Datenschutz und Wettbewerb sind in dieser vernetzten Landschaft von größter Bedeutung. Die Dominanz einiger weniger großer Akteure, insbesondere in den Vereinigten Staaten, China, Russland und der Europäischen Union, wirft Bedenken hinsichtlich der Machtkonzentration und potenziell wettbewerbswidriger Praktiken auf – ebenso wie hinsichtlich der Frage, inwieweit solche Unternehmen und ihre Dienste als Stellvertreter genutzt werden können, um Einfluss auf die globale politische Sphäre zu nehmen und in diese einzugreifen.[38]

---

[36] Abrams (2019).

[37] Schwirtz (2021).

[38] Haber und Topor (2023).

2.6 Bedrohungen, Verwundbarkeiten und der soziopolitische Einfluss: Ein kurzer soziopolitischer Überblick

Der Cyberspace wird von Dutzenden Akteuren betrieben und ist nicht vollständig von Regierungen kontrolliert – zumindest nicht in gleichem Maße. Er ist dezentralisiert, und private Unternehmen haben oft die Oberhand gegenüber Regierungen und lokalen Gesetzen oder Normen. Zudem genießen Nutzer im Cyberspace große Freiheiten. Sie können anonym bleiben oder sich als andere ausgeben. Sie können schädliche Informationen oder Dateien verbreiten und lokale Vorschriften und Gesetze umgehen, da Regierungen den globalen Cyberspace nicht vollständig kontrollieren. Bevor wir zu den nächsten Kapiteln kommen, die stärker auf den Diskurs und die Perspektive der internationalen Beziehungen ausgerichtet sind, ist es wichtig, die Hauptgefahren des Cyberspace zu verstehen. Strategien und Taktiken der Cyberkriegsführung werden ausführlich in Kap. 4 behandelt; hier wird jedoch ein kurzer Überblick über die wichtigsten konzeptionellen Bedrohungen des Cyberspace gegeben. Das Internet ist zwar ein technologisches Wunderwerk, aber nicht immun gegen gesellschaftliche und politische Implikationen und umfasst, wie unter anderen Haber und ich oder Robinson und Jones beschreiben[39]:

- **Cybersecurity-Bedrohungen**: Die vernetzte Natur des Cyberspace setzt Einzelpersonen, Unternehmen und Regierungen verschiedenen Cyberbedrohungen aus, darunter Hacking, Datenlecks und Malware-Angriffe. Cyberangriffe können persönliche Informationen kompromittieren, kritische Infrastrukturen stören und zu finanziellen Verlusten führen. Diese Verwundbarkeiten resultieren aus der Offenheit des Internets und den Herausforderungen, robuste Sicherheitsmaßnahmen in einem weit verzweigten und komplexen Netzwerk aufrechtzuerhalten.
- **Datenschutzbedenken**: Die Möglichkeit, enorme Mengen persönlicher Daten im Cyberspace zu sammeln, zu speichern und zu analysieren, wirft erhebliche Datenschutzprobleme auf. Online-Plattformen und Dienste erfassen häufig Nutzerdaten für gezielte Werbung, Profilbildung und andere Zwecke, was potenziell die Datenschutzrechte von Individuen verletzt. Die Verbreitung von Überwachungstechnologien und staatlicher Kontrolle verschärft diese Bedenken zusätzlich.
  - **Staatliche Überwachung**: Massenüberwachungsprogramme können die Rechte der Bürger auf Privatsphäre und freie Meinungsäußerung verletzen und eine abschreckende Wirkung auf die Online-Kommunikation haben.
- **Desinformation und Fehlinformation**: Der Cyberspace hat die rasche Verbreitung von Desinformation und Fehlinformation ermöglicht, was häufig zur Verzerrung von Fakten, zur Polarisierung und zur Untergrabung des öffentlichen

[39] Ebd.; Robinson et al. (2015), Andress und Winterfeld (2013) sowie Benkler (2006).

Vertrauens führt. Die Leichtigkeit, mit der Informationen online geteilt werden können, kombiniert mit Echokammern und algorithmischen Verzerrungen, trägt zur Verbreitung falscher Narrative und Verschwörungstheorien bei.

- **Online-Belästigung und Cybermobbing**: Die Anonymität und Distanz im Cyberspace können zu Online-Belästigung, Cybermobbing und anderen Formen digitaler Gewalt führen. Das Fehlen von persönlicher Interaktion und Verantwortlichkeit in Online-Räumen kann solche Verhaltensweisen verstärken und sich negativ auf die psychische Gesundheit und das Wohlbefinden der Betroffenen auswirken.
- **Die digitale Kluft**: Die digitale Kluft bezeichnet den ungleichen Zugang zu und die Nutzung des Cyberspace zwischen verschiedenen sozioökonomischen Gruppen und Regionen. Diese Kluft kann die Chancen auf Bildung, Beschäftigung und gesellschaftliche Teilhabe beeinträchtigen und bestehende Ungleichheiten verschärfen.
- **Plattformmanipulation und algorithmische Verzerrung**: Online-Plattformen nutzen Algorithmen, um Inhalte zu kuratieren und Nutzererfahrungen zu personalisieren. Diese Algorithmen können jedoch unbeabsichtigt bestehende Vorurteile verstärken, was zu einer Polarisierung der Inhalte und zur Festigung extremistischer Ansichten führt. Zudem kann die Manipulation von Plattformen zu politischen oder kommerziellen Zwecken den öffentlichen Diskurs verzerren.
- **Staatliche Zensur**: Weltweit können Regierungen Inhalte im Cyberspace zensieren und den Zugang zu Informationen aus politischen oder ideologischen Gründen einschränken.
- **Verbreitung extremistischer Inhalte und Radikalisierung**: Der Cyberspace bietet eine Plattform für die Verbreitung extremistischer Ideologien und Propaganda. Online-Räume können von extremistischen Gruppen für Rekrutierung, Radikalisierung und die Planung gewaltsamer Handlungen missbraucht werden.
- **Wahleingriffe und politische Manipulation**: Die enorme Reichweite des Internets macht es anfällig für Wahleingriffe und politische Manipulation. Ausländische Akteure können soziale Medienplattformen nutzen, um Desinformation zu verbreiten, Zwietracht zu säen und die öffentliche Meinung in anderen Ländern zu beeinflussen.
- **Ethische Dilemmata neuer Technologien**: Mit der zunehmenden Integration neuer Technologien wie KI, Biotechnologie und VR in das Internet entstehen neue ethische Fragestellungen. Fragen der algorithmischen Verantwortlichkeit, der digitalen Überwachung und der potenziellen technologischen Diskriminierung müssen adressiert werden.

Die Bewältigung dieser Verwundbarkeiten erfordert einen Multi-Stakeholder-Ansatz, an dem Regierungen, Technologieunternehmen, zivilgesellschaftliche Organisationen und Einzelpersonen beteiligt sind. Das richtige Gleichgewicht zwischen Offenheit und Sicherheit, Datenschutz und Innovation sowie freier Meinungsäußerung und verantwortungsvollem Umgang mit Sprache zu finden, ist eine komplexe und fortlaufende Herausforderung, die gemeinschaftliche Anstrengungen und anpassungsfähige Lösungen erfordert. Es ist wichtig zu bedenken, dass einige Länder stärker auf Offenheit und Freiheit ausgerichtet sind, während andere mehr Wert auf Sicherheit legen.

2.7 Fazit

Dieses Kapitel hat einen umfassenden Überblick über das Internet gegeben, einschließlich seiner Struktur, Funktionsweise und Verwundbarkeiten, aus einer halbtechnischen und sozialpolitischen Perspektive. Das Internet hat sich seit seinen Ursprüngen im ARPANET-Projekt der 1960er-Jahre erheblich weiterentwickelt. Es ist von einem kleinen Netzwerk miteinander verbundener Computer zu einem globalen Netzwerk gewachsen, das Milliarden von Menschen und Geräten verbindet. Das Internet hat die Art und Weise, wie wir kommunizieren, lernen, arbeiten und spielen, revolutioniert. Es ist ein mächtiges Werkzeug, das die Welt in vielerlei Hinsicht verändert hat. Dennoch ist es wichtig, sich der Verwundbarkeiten des Internets und der Herausforderungen, die es mit sich bringt, bewusst zu sein. Indem wir diese Verwundbarkeiten und Herausforderungen verstehen, können wir daran arbeiten, das Internet für alle sicherer und gerechter zu machen.

Wie funktioniert das Internet also wirklich? Im einfachsten Sinne sendet eine Einzelperson oder eine Organisation irgendeine Art von Daten und verbindet sich mit einem ISP, sei es lokal oder national, der wiederum mit einem IXP und/oder Landkabeln und/oder Untersee-Glasfaserkabeln (oder Satelliten) verbunden ist, die über einen ähnlichen Weg in umgekehrter Richtung andere Länder verbinden – die Daten eines Nutzers reisen von den Kabeln und/oder dem IXP zu einem oder mehreren ISPs und erreichen schließlich ihr Ziel: einen anderen Nutzer. Zusammengefasst funktioniert das Internet, indem es Tausende einzelner Netzwerke auf verschiedene Weise miteinander verbindet, und der Weg, den die Daten eines Nutzers nehmen, um einen Nutzer in einem anderen Land zu erreichen, führt über unterschiedliche Netzwerke und Infrastrukturen, ermöglicht durch IXPs (die zwischen ISPs und CDNs koordinieren und vermitteln).

Die Struktur des Internets, die ich ab diesem Kapitel als „Cyberspace" bezeichnen werde, lässt sich technisch durch die TCP/IP- oder OSI-Modelle veranschaulichen, um jedoch die sozialpolitischen Aspekte und Implikationen zu untersuchen, ist das Vier-Schichten-Modell geeigneter und wird daher in den folgenden Kapiteln verwendet. In diesem Modell besteht der Cyberspace aus vier Schichten: der Infrastrukturschicht, der logischen Schicht, der Informations- bzw. Daten-Schicht und der Nutzerschicht. Jede Schicht weist eigene Verwundbarkeiten und Herausforderungen auf. Die Infrastrukturschicht ist das physische Fundament des Internets. Sie umfasst die Kabel, Router und andere Geräte, die Computer und Netzwerke verbinden. Die Infrastrukturschicht ist anfällig für physische Angriffe wie Kabelschnitte und Stromausfälle sowie für Cyberangriffe wie Denial-of-Service-Attacken. Die logische Schicht ist für das Routing des Datenverkehrs im Internet verantwortlich. Sie umfasst die Protokolle und Software, die es Geräten ermöglichen, miteinander zu kommunizieren. Die logische Schicht ist anfällig für Routing-Angriffe, die den Datenverkehr stören oder umleiten können. Die Informations- bzw. Daten-Schicht ist der Bereich, in dem Daten gespeichert und übertragen werden. Sie umfasst die Server, Datenbanken und andere Systeme, die Daten speichern und verarbeiten. Die Informationsschicht ist anfällig für Datenlecks, Malware-Angriffe und andere Cyberattacken. Die Nutzerschicht ist der Bereich, in dem Nutzer mit dem Internet interagieren. Sie umfasst die Anwendungen und Geräte, die Nutzer verwenden, um auf das Internet zuzugreifen, wie Webbrowser, E-Mail-Programme und soziale Medienplattformen. Die Nutzerschicht ist anfällig für Phishing-Angriffe, Social-Engineering-Attacken und andere Angriffe, die das Nutzerverhalten ausnutzen.

Zusätzlich zu diesen Herausforderungen steht das Internet auch vor einer Reihe neuer Herausforderungen, wie dem Aufstieg der KI. KI wird eingesetzt, um neue und ausgefeiltere Cyberangriffe zu entwickeln und um die öffentliche Meinung zu manipulieren und Desinformation zu verbreiten. Das Wachstum des IoT bringt ebenfalls neuartige Herausforderungen mit sich. Das IoT ist ein Netzwerk miteinander verbundener Geräte, die Daten sammeln und austauschen, und seine rasante Ausbreitung schafft neue Möglichkeiten für Cyberangriffe. Darüber hinaus kontrolliert eine Handvoll großer Technologiekonzerne einen immer größeren Anteil des Internet-Ökosystems. Diese Machtkonzentration wirft Bedenken hinsichtlich Wettbewerb und Innovation auf. Schließlich gibt es Bedenken bezüglich Satellitenkonstellationen wie Starlink, die geografische Grenzen umgehen und das Internet zugänglicher machen können. Es ist wichtig, all diese neuen Herausforderungen anzugehen, um sicherzustellen, dass das Internet eine sichere und offene Plattform für alle bleibt.

Zusammenfassend lässt sich sagen: Staaten haben den Cyberspace entwickelt. Durch internationale Organisationen wurde er global, und Unternehmen waren es, die ihn skalierten und in die breite Masse brachten. Heute liegt das Internet in jedermanns Handfläche. Aber wollen Staaten den globalen Einfluss des Internets auf ihrem eigenen Staatsgebiet? Die folgenden Kapitel werden diese Frage beantworten.

Literatur

Abrams, Abigail. 2019. Here's what we know so far about Russia's 2016 meddling. *TIME*, April 18. https://time.com/5565991/russia-influence-2016-election/.

Andress, Jason, and Steve Winterfeld. 2013. *Cyber warfare: Techniques, tactics and tools for security practitioners.* Elsevier.

Bedos-Rezak, Brigitte Miriam. 2000. Medieval identity: A sign and a concept. *The American Historical Review* 105(5): 1489–1533.

Benkler, Yochai. 2006. *The wealth of networks: How social production transforms markets and freedom.* New Haven, CT: Yale University Press.

Brock, Joe. 2023. U.S. and China wage war beneath the waves – over internet cables. *Reuters,* March 24. https://www.reuters.com/investigates/special-report/us-china-tech-cables/.

Choucri, Nazli, and David D. Clark. 2019. *International relations in the cyber age: The co-evolution dilemma.* MIT Press.
DataReportal. 2023. Digital around the world. https://datareportal.com/global-digital-overview.
Economy, Elizabeth C. 2018. The great firewall of China: Xi Jinping's internet shutdown. *Guardian,* June 29. https://www.theguardian.com/news/2018/jun/29/the-great-firewall-of-china-xi-jinpings-internet-shutdown.
European Commission. 2022. Digital Economy and Society Index (DESI), July 28. https://digital-strategy.ec.europa.eu/en/library/digital-economy-and-society-index-desi-2022#:~:text=The%20Digital%20Economy%20and%20Society,country%27s%20official%20language(s).
GlobalStats. n. d. Desktop operating system market share worldwide. https://gs.statcounter.com/os-market-share/desktop/worldwide/#monthly-202208-202209-bar.
Haber, Eldar, and Lev Topor. 2023. Sovereignty, cyberspace, and the emergence of internet bubbles. *Journal of Advanced Military Studies* 14(1): 144–165.
Hauben, Michael, and Ronda Hauben. 1997. *Netizens: On the history and impact of Usenet and the internet.* IEEE Computer Society Press.
Ho, Tara. 2019. Amazon wins ‚.amazon' domain name, aggravating South American region and undermining digital commons. *The Conversation,* June 21. https://theconversation.com/amazon-wins-amazon-domain-name-aggravating-south-american-region-and-undermining-digital-commons-118186.
ICANN. 2018. Request 18-10: The Amazon Cooperation Treaty Organization. *ICANN,* November 5. https://www.icann.org/resources/pages/reconsideration-18-10-acto-request-2018-11-29-en.
ICANN. 2019. Request 19-1: Colombian Government. *ICANN,* June 15. https://www.icann.org/resources/pages/reconsideration-19-1-colombian-request-2019-06-18-en.
ICANN. n. d. The history of ICANN. https://www.icann.org/history.
Internet Society. 1997. A brief history of the internet. https://www.internetsociety.org/wp-content/uploads/2017/09/ISOC-History-of-the-Internet_1997.pdf.
Internet Society. 2022. The internet ecosystem, July 2022. https://www.internetsociety.org/wp-content/uploads/2022/07/2022-Internet-Ecosystem-EN.pdf.
Javers, Eamon. 2022. Ukraine asked the internet's governing body to remove Russian sites. *CNBC,* March 1. https://www.cnbc.com/2022/03/01/ukraine-asked-icann-to-revoke-russian-domains-shut-dns-servers.html.
Kennedy, Brian, Alec Tyson, and Emily Saks. 2023. Public awareness of artificial intelligence in everyday activities. *Pew Research Center,* February 15. https://www.pewresearch.org/science/2023/02/15/public-awareness-of-artificial-intelligence-in-everyday-activities/.
Klein, Hans. 2002. ICANN and internet governance: Leveraging technical coordination to realize global public policy. *The Information Society* 18(3): 193–207.
Kleinrock, Leonard. 2019. The first message transmission. *ICANN,* October 29. https://www.icann.org/en/blogs/details/the-first-message-transmission-29-10-2019-en.
Konradova, Natalia. 2020. The rise of Runet and the main stages of its history. In *Internet in Russia: A study of the Runet and its impact on social life,* 39–61.
Leiner, Barry M., V.G. Cerf, D.D. Clark, R.E. Kahn, L. Kleinrock, D.C. Lynch, J. Postel, L.G. Roberts, and S. Wolff. 2009. A brief history of the Internet. *ACM SIGCOMM Computer Communication Review* 39(5): 22–31.
Moscow Times. 2019. Russia's Yandex pushes back against pressure to share encryption keys. *Moscow Times,* June 4. https://www.themoscowtimes.com/2019/06/04/russias-yandex-pushes-back-against-pressure-to-share-encryption-keys-2-a65870.
Pfaffenberger, Bryan. 2003. A standing wave in the web of our communications: Usenet and the socio-technical construction of cyberspace values. In *From Usenet to CoWebs: Computer supported cooperative work,* Hrsg. C. Lueg and D. Fisher. London: Springer.
Rajaraman, Vaishnavi. 2022a. A concise history of the internet – I. *Resonance* 27(11): 1841–1856.

Rajaraman, Vaishnavi. 2022b. A concise history of the internet – II. *Resonance* 27(12): 2045–2068.

Rieedel, Ann Cathrin. 2022. ICANN rejects Ukraine's request to block Russian Internet domains. *Friedrich Naumann Foundation,* March 28. https://www.freiheit.org/taiwan/icann-rejects-ukraines-request-block-russian-internet-domains.

Rimer, Sara. 2016. Will unlocking Apple's iPhone unlock a Pandora's box? *The Brick* (Boston University), March 15. https://www.bu.edu/articles/2016/unlocking-terrorist-iphone-cybersecurity/.

Robinson, Michael, Kevin Jones, and Helge Janicke. 2015. Cyber warfare: Issues and challenges. *Computers & Security* 49: 70–94.

Russel, Andrew L. 2013. OSI: The internet that wasn't. *IEEE Spectrum,* July 29. https://spectrum.ieee.org/osi-the-internet-that-wasnt.

Ryan, Johnny. 2010. *A history of the internet and the digital future.* Reaktion Books.

Satariano, Adam. 2019. How the internet travels across oceans. *New York Times,* March 10. https://www.nytimes.com/interactive/2019/03/10/technology/internet-cables-oceans.html.

Schwirtz, Michael. 2021. Telegram, pro-democracy tool, struggles over new fans from far right. *New York Times,* January 26. https://www.nytimes.com/2021/01/26/world/europe/telegram-app-far-right.html.

Selyukh, Alina. 2014. ICANN chief: Russia, China will not hijack Internet oversight. *Reuters,* April 2. https://www.reuters.com/article/ctech-us-usa-internet-domainnames-idCABREA311SE20140402.

Sharma, Neha, Madhavi Shamkuwar, and Inderjit Singh. 2019. The history, present and future with IoT. In *Internet of things and big data analytics for smart generation,* 27–51.

Smith, Adam. 2021. FBI can gain ‚limited' access to private WhatsApp and Apple iMessage conversations, document claims. *Independent,* November 30. https://www.independent.co.uk/tech/fbi-whatsapp-apple-imessage-icloud-access-b1966933.html.

Topor, Lev. 2022. *Phishing for Nazis: Conspiracies, anonymous communications and white supremacy networks on the Dark Web.* Routledge.

Topor, Lev, and Alexander Tabachnik. 2021. Russian cyber information warfare: International distribution and domestic control. *Journal of Advanced Military Studies* 12(1): 112–127.

Yang, Guobin. 2012. A Chinese Internet? History, practice, and globalization. *Chinese Journal of Communication* 5(1): 49–54.

Kapitel 3
Souveränität, Macht, internationale Sicherheit und das Fehlen internationalen Rechts

Wer kontrolliert den Cyberspace? In Kap. 2, der sich mit der Struktur des Cyberspace befasste, wurde deutlich, dass zwar der Westen, insbesondere die Vereinigten Staaten, den Cyberspace entwickelt und gefördert haben, er heute jedoch von vielen Akteuren kontrolliert wird. Es gibt internationale Organisationen, die für die Vergabe von Namen und Adressen zuständig sind, wie ICANN und IANA, sowie andere, die für Standardisierungen verantwortlich sind, wie der Sektor für Telekommunikationsstandardisierung der ITU und die IEFT. Solche Organisationen bestehen aus Mitgliedern vieler Länder oder aus vielen Mitgliedsländern; somit kontrollieren theoretisch die Staaten die Organisationen, die den Cyberspace gestalten und regulieren. Wenn wir jedoch davon ausgehen, dass jeder Staat souverän ist – und der Ausgangspunkt dieses Buches ist, dass Staaten nach Souveränität streben –, dann können wir schlussfolgern, dass eine Situation, in der andere Staaten in die Souveränität eines Landes eingreifen können, problematisch ist.

In diesem Kapitel präsentiere ich eine theoretische und praktische Betrachtung der Souveränität und ihrer europäischen Geschichte im Kontext der internationalen Beziehungen und der internationalen Sicherheit, wobei ich die Ausübung von Macht aus historischer und zeitgenössischer Perspektive betrachte. Während das Konzept der Souveränität seit jeher existiert und jeder Stamm, jedes Dorf, jedes Königreich und jedes Imperium bestrebt war, souverän zu sein, lässt sich die moderne Praxis souveräner Staaten auf den Westfälischen Frieden von 1648 und davor auf die Souveränitätstheorie des französischen Philosophen Jean Bodin in seinem Werk „Die sechs Bücher der Republik" von 1572 zurückverfolgen. Bodin und andere, wie die englischen Philosophen des 17. Jahrhunderts John Locke und Thomas Hobbes, ließen sich von der Souveränität der Stadtstaaten im antiken Griechenland inspirieren.

Im Folgenden werden in diesem Kapitel die Kriegsursachen anhand der sechs Hauptgründe erläutert, die Fredric S. Pearson vorgebracht hat. Anschließend wird

L. Topor, *Cyber-Souveränität*, https://doi.org/10.1007/978-3-032-09326-4_3

der Einsatz von Stellvertretern in der Kriegsführung erklärt und in das Konzept der Cyber-Proxy-Kriege überführt, die es Staaten ermöglichen, die Souveränität anderer zu untergraben und indirekt aggressive Handlungen und Konflikte zu führen. Ich stelle die Probleme und Grenzen des Völkerrechts in Bezug auf den Cyberspace dar und diskutiere auch nationale Gesetze zum Cyberspace und dessen Regulierung. Das Konzept der Macht in den internationalen Beziehungen wird ebenfalls erläutert und herangezogen, um weiter zu erklären, wie Hard, Soft, Smart und Sharp Power durch den Cyberspace genutzt und missbraucht werden.

Dieses Kapitel ist als Überblick über die internationalen Beziehungen verfasst und hat das zentrale Ziel, den Leserinnen und Lesern – insbesondere jenen ohne Hintergrund in internationalen Beziehungen, Politik und Geschichte – das Kernkonzept zu erklären, das unsere Welt seit Hunderten von Jahren antreibt: Souveränität. Im Verlauf des Kapitels integriere ich zudem Beispiele und Diskussionen aus dem Cyberspace, insbesondere die Frage, wie dieser die Souveränität schädigen kann, etwa durch Cyber-Proxy-Kriegsführung, eine Situation, in der ein Staat Souveränität verlieren kann, es aber schwierig ist, die Angriffe zuzuordnen. Der Hauptteil dieser Erklärungen wird jedoch in den Kap. 4 und 5 präsentiert, die sich mit den Strategien und Taktiken der Cyberkriegsführung sowie mit globalen Trends befassen.

3.1 Souveränität in den internationalen Beziehungen

Bevor wir uns dem Konzept der Souveränität in den internationalen Beziehungen zuwenden, möchte ich Ihnen eine Anekdote erzählen. Diese Anekdote handelt von jeder Familie, die das Glück hat, in einer eigenen Wohnung oder einem eigenen Haus zu leben. Die Geschichte geht so:John war ein stolzer Mann. Er liebte seine Familie und war äußerst beschützend gegenüber seinem Zuhause. Er war auch ein wenig kontrollsüchtig und mochte es nicht, wenn ihm jemand sagte, was er zu tun habe – besonders nicht in seinem eigenen Haus.

Eines Tages kam Johns Nachbar Charles zu Besuch. Charles war ein freundlicher und gutmeinender Mann, aber auch ein wenig neugierig. Er gab gerne Ratschläge, selbst wenn niemand danach fragte.

Als Charles durch Johns Haus ging, fiel ihm auf, dass John viel Unordnung in seiner Garage hatte. Er konnte nicht anders, als einen Kommentar dazu abzugeben.

„John", sagte er, „du solltest wirklich mal die Garage aufräumen. Das ist ein einziges Chaos."

John schätzte Charles' ungefragten Rat nicht. Er runzelte die Stirn und sagte: „Das ist meine Garage, Charles. Ich räume sie auf, wenn ich dazu bereit bin."

Charles war von Johns Ton überrascht. Er hatte ihn nicht beleidigen wollen.

„Ich will doch nur helfen", sagte er.

„Das weiß ich zu schätzen, Charles", erwiderte John. „Aber ich bin durchaus in der Lage, mich selbst um meine Garage zu kümmern."

Charles erkannte, dass er zu weit gegangen war. Er entschuldigte sich bei John und ging.

> John war froh, dass Charles gegangen war. Er mochte es nicht, wenn ihm jemand in seinem eigenen Haus Vorschriften machte. Er war der Souverän seiner Burg und wollte sie nach seinen Vorstellungen führen.
>
> Die Moral der Geschichte ist, dass jede Familie ihre eigene Art hat, Dinge zu tun. Es ist wichtig, die Souveränität von Familien in ihrem eigenen Zuhause zu respektieren. Nur weil man nicht mit der Art und Weise einverstanden ist, wie andere etwas tun, hat man noch lange nicht das Recht, ihnen Vorschriften zu machen.

Was lehrt uns diese kurze Anekdote? Dass einzelne Akteure den Wunsch oder das Bedürfnis haben, Entscheidungen selbst zu treffen und nach eigenem Ermessen zu handeln. Vereinfacht gesagt: Wenn Individuen souverän sind und Staaten aus Menschen mit ähnlicher Herkunft, Nationalität oder Religion bestehen, dann sind auch Staaten souverän.

Das Konzept der Souveränität ist ein grundlegendes und dauerhaftes Prinzip in Politik und internationalen Beziehungen. Es steht für die Autorität und Macht, die einer politischen Einheit – typischerweise einem Staat – verliehen ist, sich selbst ohne äußere Einmischung zu regieren. Die Idee der Souveränität in den internationalen Beziehungen ist folgende: Es gibt einen höchsten und letzten Herrscher, einen Aufseher oder eine Autorität, die einen unabhängigen Entscheidungsprozess und das Monopol auf die Anwendung von Gewalt besitzt. Die Entwicklung des Souveränitätsbegriffs lässt sich durch Jahrhunderte politischen Denkens und sich wandelnder globaler Dynamiken, geprägt von Krieg und Frieden, nachzeichnen. Souveränität, wie im Folgenden näher beschrieben, ist ein zentrales Konzept bei der ständigen Umgestaltung des internationalen Systems. Die Idee der Souveränität lässt sich bis ins mittelalterliche und frühneuzeitliche Europa zurückverfolgen, eine Zeit, die von der Vorherrschaft von Monarchien und Imperien geprägt war.[1]

Schon vor dem europäischen Zeitalter des Absolutismus im 17. und 18. Jahrhundert wurde Souveränität praktiziert. Souveränität reicht bis in die Anfänge der Menschheitsgeschichte zurück. Stämme und Stammesführer waren souverän; Königreiche, Imperien und sogar Stadtstaaten innerhalb von Imperien (wie im antiken Griechenland) besaßen Souveränität. In manchen Epochen der Menschheitsgeschichte galt Gott als souverän, und so herrschten seine Vertreter – ob Klerus oder Herrscher mit „göttlichem Recht" – als Souveräne. In dieser Zeit war die politische Autorität weitgehend in den Händen absoluter Herrscher zentralisiert. Zwei entscheidende Entwicklungen legten den Grundstein für die Idee der Souveränität: das göttliche Recht der Könige und später der Westfälische Frieden. Somit lässt sich die internationale Arena historisch und konzeptionell in die Zeit vor und nach dem Westfälischen Frieden einteilen.[2] Obwohl Wissenschaftler wie Andreas Osiander zu Recht argumentiert haben, dass Globalisierung und Industrialisierung eine große gegenseitige Abhängigkeit zwischen Staaten geschaffen und das westfälische Souveränitätsmodell geschwächt haben, handeln Staaten

[1] Hinsley (1986: 1–26, 27–44).

[2] Ebd.

dennoch weiterhin, um ihre Souveränität zu wahren – insbesondere wenn andere Staaten versuchen, diese zu untergraben.[3]

Die erste Idee von Souveränität, die man verstehen sollte, ist das göttliche Recht der Könige. Die Vorstellung, dass Monarchen ihre Autorität direkt von göttlichen Quellen, insbesondere von Gott, ableiten, war ein zentrales Element des antiken und mittelalterlichen politischen Denkens. Das Konzept des göttlichen Rechts der Könige besagte, dass Herrscher absolute Autorität besaßen und nur Gott gegenüber verantwortlich waren. Dieser Glaube legitimierte die Macht der Monarchen und bildete die Grundlage für das Konzept der Souveränität als höchste Autorität in einem Staat/Land.[4]

Ein gutes Beispiel für das göttliche Recht in der Praxis ist der europäische Absolutismus, insbesondere der französische Absolutismus, der eine Regierungsform in Frankreich vom 16. bis zum späten 18. Jahrhundert war und durch die uneingeschränkte Autorität des französischen Monarchen gekennzeichnet war. Die französischen Monarchen beanspruchten, durch göttliches Recht zu herrschen, was bedeutete, dass ihre Autorität von Gott stammte und keinen menschlichen Gesetzen unterlag. Der französische Absolutismus erreichte seinen Höhepunkt unter der Herrschaft von Ludwig XIV. (1643–1715). Ludwig XIV. war als „Ludwig der Große" oder der „Sonnenkönig" bekannt, weil er glaubte, das Zentrum des Universums zu sein und dass sich alles andere um ihn drehte. Ludwig XIV. zentralisierte die Macht in seiner eigenen Person und schuf einen prunkvollen Hof in Versailles, wo er den Adel kontrollieren und seinen Reichtum und seine Macht zur Schau stellen konnte.[5]

Mehrere Faktoren trugen zum Aufstieg des französischen Absolutismus bei. Ein Faktor waren die Religionskriege, die Frankreich im 16. Jahrhundert heimsuchten. Diese Kriege schwächten die französische Monarchie und führten zu dem Wunsch nach einer starken Zentralregierung, die Ordnung und Stabilität wiederherstellen konnte. Ein weiterer Faktor, der zum Aufstieg des französischen Absolutismus beitrug, war die zunehmende wirtschaftliche Macht der französischen Monarchie. Die französischen Monarchen konnten ihre Einnahmen durch Steuern und Zölle steigern, was es ihnen ermöglichte, eine große Armee und Bürokratie aufzubauen und so ihre Macht weiter zu festigen.[6]

Die zweite Idee von Souveränität, die es zu verstehen gilt, sind die Rechte der Nationen – der Staaten. Nachdem Klerus und Monarchien ihre Rechte verloren hatten, gewannen die Staaten diese. Der Westfälische Frieden, der den Dreißigjährigen Krieg (1618–1648) beendete, markierte einen Wendepunkt in der Entwicklung der Souveränität. Der Krieg wurde zwischen zwei Hauptparteien geführt. Die eine war die kaiserliche oder universalistische Partei, zu der die Kirche (das Heilige Römische Reich), der spanische König und die Habsburger Dynastie

[3] Osiander (2001).

[4] Sommerville (2015).

[5] Siehe allgemein Hatton (1976).

[6] Ebd.

unter der Führung von Ferdinand II. gehörten, die alle das Recht beanspruchten, die Christenheit (hauptsächlich christliche Länder in Europa, aber nicht ausschließlich) zu kontrollieren. Die andere Partei wurde als anti-imperialistisch oder partikularistisch bezeichnet und umfasste die Monarchien von Dänemark, den Niederlanden, Frankreich, die deutschen Fürstentümer und Schweden. Während die erste Partei, die Imperialisten, die Autorität über alle christlichen europäischen Monarchien beanspruchte, lehnten die Anti-Imperialisten diese Autorität ab und strebten Unabhängigkeit an.[7]

Zwischen dem 15. Mai und dem 24. Oktober 1648 wurden die Verträge von Münster und Osnabrück unterzeichnet, die den religiösen Konflikt beendeten. Während der Verhandlungen und nach der Unterzeichnung der Westfälischen Verträge, bekannt als „Westfälischer Frieden", wurden die Befugnisse des Heiligen Römischen Kaisers, zu dieser Zeit Ferdinand III., entzogen und auf die Anti-Imperialisten übertragen, die staatsähnliche Gebilde waren. Dieser Frieden etablierte das Prinzip der territorialen Souveränität und bestätigte, dass jeder Herrscher das Recht hatte, sein Territorium ohne äußere Einmischung – weder von anderen Herrschern noch von der Kirche (im europäischen Kontext) – zu regieren. Das westfälische System bereitete den Weg für das moderne System der Nationalstaaten und betonte die Vorrangstellung der Staaten in den internationalen Beziehungen.[8]

Nach dem Westfälischen Frieden begannen Gelehrte während des Zeitalters der Aufklärung im 17. und 18. Jahrhundert, die Konzepte und Ideen des modernen politischen Denkens zu entwickeln. Denker wie Jean Bodin, Thomas Hobbes, John Locke und Jean-Jacques Rousseau führten neue Vorstellungen über den Gesellschaftsvertrag, individuelle Rechte und die Begrenzung staatlicher Macht ein. Diese Konzepte hatten einen tiefgreifenden Einfluss auf die Entwicklung der Souveränität. Jean Bodin, ein französischer politischer Philosoph, wird oft die frühe Formulierung des Souveränitätsbegriffs zugeschrieben. In seinem Werk „Sechs Bücher über die Republik" von 1576 argumentierte er, dass Souveränität die absolute und unteilbare Macht ist, die dem Staat innewohnt, wodurch dieser zur höchsten Autorität sowohl in inneren als auch in internationalen Angelegenheiten wird. Bodins Ideen legten das Fundament für das moderne Verständnis von Souveränität. Er vertrat die Ansicht, dass Souveränität, um tatsächlich und wirksam zu sein, absolut, dauerhaft und ungeteilt sein müsse.[9]

Später beschrieb Thomas Hobbes in seinem grundlegenden Werk „Leviathan" (1651) den Naturzustand als einen von Krieg und Chaos geprägten Zustand. Hobbes schlug eine Gesellschaftsvertragstheorie vor, in der Individuen einen Teil ihrer natürlichen Rechte an eine souveräne Autorität (den Leviathan) abtraten, um im Gegenzug Sicherheit und Ordnung zu erhalten. Hobbes' Sichtweise des Staates als oberste Autorität trug dazu bei, das Konzept der Souveränität als zentrales Element der Staatlichkeit zu festigen, und er stellte den souveränen Staat nicht

[7] Siehe allgemein Parker (2006) und Wilson (2008a).

[8] Gross (1948) und Croxton (1999).

[9] Andrew (2011).

als einen dar, der versklavt, sondern als einen, der zumindest in gewissem Maße bereitstellt – nämlich Sicherheit.[10]

Im Jahr 1689 schrieb der englische Philosoph John Locke „Zwei Abhandlungen über die Regierung", in denen er für einen Gesellschaftsvertrag argumentierte, bei dem Individuen der Herrschaft eines Staates zustimmten. Er betonte die Bedeutung individueller Rechte, darunter Leben, Freiheit und Eigentum, und vertrat die Auffassung, dass die Autorität des Staates auf den Schutz dieser Rechte beschränkt sein sollte. Lockes Ideen trugen zur Vorstellung von Souveränität als einer durch die Rechte des Einzelnen begrenzten Macht bei.[11] Der Genfer Jean-Jacques Rousseau griff diese philosophische Debatte auf. Rousseaus Werk „Vom Gesellschaftsvertrag" von 1762 führte das Konzept der Volkssouveränität ein. Er argumentierte, dass die wahre Souveränität im kollektiven Willen des Volkes liege und der Staat Ausdruck des Gemeinwillens sein solle. Diese Idee, neben denen von Bodin, Hobbes und Locke, stellte das göttliche Recht der Könige infrage und legte das Fundament für die moderne Demokratietheorie.[12]

So führte der Wandel vom göttlichen Recht der Könige über den Westfälischen Frieden hin zu aufgeklärteren Vorstellungen über Herrschaftsmacht ab dem 19. Jahrhundert zu einem Aufstieg von Nationalismus und Souveränität in Europa, da jede Nation, die einst eine einzelne oder Teil einer Gruppe von Monarchien war, deren Mitglieder ähnliche religiöse, ethnische und kulturelle Merkmale besaßen, sich nun als berechtigt zu Unabhängigkeit und Souveränität unter den Nationen betrachtete. Dies kulminierte in den Revolutionen von 1848, auch bekannt als der Frühling der Völker, in dem es zu einer Reihe von Revolutionen in ganz Europa kam. Sie wurden ausgelöst durch wirtschaftliche Not, politische Unterdrückung und den Wunsch nach nationaler Einigung und demokratischen Rechten wie dem Volkswillen zur Selbstbestimmung. Die Revolutionen begannen im Januar 1848 in Palermo, Sizilien, und breiteten sich rasch nach Frankreich, Deutschland, Italien, Österreich und andere Teile Europas aus. Obwohl diese Revolutionen mit Repression beantwortet wurden und viele Monarchen an der Macht blieben, stellten sie einen Wendepunkt in der europäischen Geschichte dar. Sie führten zu der Verbreitung von (noch unterentwickelter) Demokratie und Nationalismus in ganz Europa. Sie zeigten jedoch auch, dass die alte Ordnung nicht bereit war, ihre Macht kampflos aufzugeben.[13]

Mit dem Aufkommen der Nationalstaaten wurde Souveränität zu einem zentralen Thema in den internationalen Beziehungen, da jedes neu entstandene Land den Wunsch hatte, seinen Nachbarn gleichgestellt und ebenso souverän zu sein. Auch der Nationalismus spielte eine bedeutende Rolle bei der Neugestaltung politischer Grenzen. Beispielsweise wurden die Einigungen in Italien 1861 und in Deutsch-

---

[10] Newey (2008: 106–124, 125–141).

[11] Locke (2013).

[12] Siehe allgemein Rousseau (2012: 153).

[13] Breuilly (2000).

land 1871 von nationalistischen Bewegungen getragen, die unabhängige und souveräne Nationalstaaten – heute als Länder bekannt – schaffen wollten. Nationalismus verstärkte einerseits die Idee der Souveränität, trug aber auch zu Konflikten bei, da Staaten um Territorium und Macht konkurrierten.[14]

Das 19. und 20. Jahrhundert markierten zudem das Zerbröckeln des europäischen Kolonialismus (der freilich in gewissem Maße in Form des Imperialismus fortbestand), was Fragen zur Souveränität in Bezug auf außereuropäische Regionen aufwarf. Die europäischen Kolonialmächte missachteten häufig die Souveränität indigener Völker, was zu Konflikten und Widerstandsbewegungen führte. Diese Epoche machte die Spannung zwischen der Souveränität der Kolonialherren und den Rechten der kolonisierten Bevölkerungen deutlich. Es schien, als strebe Europa Souveränität für europäische Nationen an, nicht aber für den Rest der Welt. Diese wichtige Debatte liegt jedoch außerhalb des Rahmens dieses Buches. Das Russische Reich brach nach der Russischen Revolution von 1917 und dem Kampf um die Abschaffung der Monarchie zusammen. Im fernen Amerika erlangten die Vereinigten Staaten 1776 ihre Unabhängigkeit, nachdem sie sich für souverän erklärt und der britischen Krone nicht mehr unterstellt hatten. Der Trend zu unabhängigen Nationen – Ländern – wurde weltweit populär.

Ein weiterer Wendepunkt im Konzept der Souveränität war die Zeit nach dem Zweiten Weltkrieg, die das Entstehen neuer internationaler Institutionen und die weitere Entwicklung der Souveränität erlebte. 1945, nach dem Ende des Zweiten Weltkriegs, wurde die Organisation der Vereinten Nationen gegründet, um Frieden und Sicherheit zu fördern; sie führte das Konzept der kollektiven Sicherheit ein, bei dem Staaten sich verpflichteten, gemeinsam Konflikte zu verhindern und den Weltfrieden zu wahren. Während die Vereinten Nationen die Souveränität ihrer Mitglieder – der einzelnen Länder – wahrten, führten sie auch das Prinzip der Schutzverantwortung (R2P) ein, das im Falle schwerer Gräueltaten Interventionen erlaubte. Dies wurde im Zuge des Holocausts durch Bewegungen wie „Nie wieder" und Persönlichkeiten wie Raphael Lemkin vorangetrieben, die sich für eine neue Staatengemeinschaft einsetzten, die Menschen schützen sollte. Weltweit wurde akzeptiert, dass Souveränität begrenzt ist, wenn Staaten den Schutz der Menschenrechte nicht gewährleisten. Diese Doktrin erlaubte in solchen Fällen internationale Interventionen.[15]

So begann das Prinzip der absoluten Souveränität nach dem Zweiten Weltkrieg in der Praxis zu erodieren. Menschenrechtsfragen, Umweltprobleme und die Weltwirtschaft führten zu einer zunehmenden gegenseitigen Abhängigkeit der Staaten. Die Vorstellung der „westfälischen Souveränität" mit ihrer absoluten Autorität wurde herausgefordert, als die Staaten immer stärker miteinander verflochten wurden. In der heutigen Welt, die von Globalisierung, technologischen Fortschritten und sich wandelnden geopolitischen Dynamiken geprägt ist, sieht sich das Kon-

[14] Schnee (2001) und Gellner (2015).

[15] Bellamy und Dunne (2016).

zept der Souveränität neuen Herausforderungen und Debatten gegenüber. Im 20. und insbesondere im 21. Jahrhundert hat die Globalisierung die Grenzen zwischen innerstaatlichen und internationalen Angelegenheiten zunehmend verwischt. Wirtschaftliche Verflechtungen, die Verbreitung von Informationen durch Printmedien, Radio, Fernsehen und natürlich das Internet sowie transnationale Themen wie der Klimawandel werfen Fragen darüber auf, inwieweit Staaten in einer globalisierten Welt Souveränität ausüben können. Darüber hinaus haben nichtstaatliche Akteure wie multinationale Konzerne und internationale Organisationen an Einfluss in den globalen Angelegenheiten gewonnen. Themen wie Cyberkrieg, Terrorismus und Pandemien unterstreichen die Notwendigkeit internationaler Zusammenarbeit und stellen die traditionelle Souveränität infrage.[16]

Zusammenfassend hat sich das Konzept der Souveränität im Laufe der Zeit erheblich gewandelt – von seinen frühen Wurzeln im göttlichen Recht der Könige und dem Westfälischen Frieden bis hin zu seiner modernen Auslegung als ein Prinzip, das globale Verflechtungen und humanitäre Anliegen berücksichtigen muss. Während Souveränität ein grundlegendes Element der internationalen Beziehungen bleibt, haben sich ihre Definition und ihr Umfang den Herausforderungen der Gegenwart angepasst und verändern sich weiterhin entsprechend menschlicher Bedürfnisse und technologischer Entwicklungen. In diesem Sinne will dieses Buch einen weiteren Wandel in der Geschichte oder Zukunft der Souveränität erklären. In der heutigen, globalisierten und vernetzten Welt prägt die Spannung zwischen staatlicher Souveränität und den Anforderungen der Weltgemeinschaft weiterhin den Diskurs über internationale Beziehungen. Das Konzept der Souveränität ist dynamisch und im Wandel begriffen und spiegelt die fließende Natur von Politik und internationalen Angelegenheiten wider. Wenn wir jedoch in die Zukunft blicken, ist klar, dass das Konzept der Souveränität ein zentrales Thema in Diskussionen über globale Governance, Sicherheit und Menschenrechte bleiben wird.[17]

Wie also sollten wir den sich wandelnden Begriff „Souveränität" im heutigen Zeitalter definieren? Um diese Zusammenfassung der Souveränität in den (westlichen) internationalen Beziehungen abzuschließen, kann Souveränität als die Fähigkeit eines Akteurs definiert werden, unabhängige Entscheidungen zu treffen – vor allem im eigenen Interesse – und unabhängig sowie ohne Einmischung oder Intervention anderer Akteure zu handeln. Aus dieser Definition lässt sich ableiten, was als Beeinträchtigung der Souveränität eines Akteurs gelten kann, und dies basiert natürlich weitgehend auf Robert A. Dahls Definition von Macht. Macht, so Dahl, ist die Fähigkeit, Dinge zu tun und andere zu kontrollieren, also andere dazu zu bringen, das zu tun, was sie sonst nicht tun würden.[18] Ist ein Akteur – ein internationaler Akteur – also mächtig genug, dann ist er souverän. Das führt uns jedoch zur nächsten Frage: Was genau ist Macht?

[16] Krasner (1999) und Bull (2012).

[17] Siehe allgemein Keohane (2002).

[18] Dahl (1957).

3.2 Macht und ausländische Interventionen

Macht ist, wie im vorherigen Abschnitt erwähnt, die Fähigkeit von A, B zu beeinflussen und B dazu zu bringen, zu handeln oder etwas zu tun, was es sonst nicht tun würde. Ist ein Land souverän, kann es sich bis zu einem gewissen Grad dem Einfluss anderer Länder und internationaler Akteure widersetzen. Wenn jedoch Länder versuchen, die Souveränität und Integrität anderer zu schädigen, brechen Konflikte und Kriege aus. Allerdings sind nicht alle Länder gleich in ihren Fähigkeiten, ihrem Wohlstand, ihrer Größe, ihrer militärischen Stärke und ihrem Einfluss.[19] Nicht alle Länder sind gleich mächtig. Aber was genau ist Macht, und wie steht sie im Zusammenhang mit Souveränität? Wir müssen zwischen der Macht eines Landes – insbesondere seiner herrschenden Partei(en) – zur Kontrolle und Regierung seiner Bevölkerung und der Macht eines Landes, seine Souveränität zu wahren und die Souveränität anderer Länder zu beeinflussen, unterscheiden. Obwohl ich in diesem Abschnitt zwischen innerstaatlicher und internationaler Macht als zwei verschiedene Konzepte unterscheide, sind sie in Wirklichkeit miteinander verflochten, und in den folgenden Kapiteln werde ich erläutern, wie.

Zunächst gibt es einen Unterschied zwischen der despotischen Macht eines Landes und seiner infrastrukturellen Macht. Despotische Macht ist die Fähigkeit eines Staates, seine Bürger zur Gefolgschaft zu zwingen. Sie beruht auf der Androhung oder Anwendung von Gewalt und kann genutzt werden, um abweichende Meinungen zu unterdrücken, Ungehorsam zu bestrafen und Ordnung aufrechtzuerhalten. Beispiele für despotische Macht sind ein Polizeistaat, der Folter und Einschüchterung einsetzt, um Kritiker zum Schweigen zu bringen, eine Militärdiktatur, die Ausgangssperren verhängt und die Bewegungsfreiheit einschränkt, oder ein totalitäres Regime, das die Medien zensiert und alle Aspekte des öffentlichen Lebens kontrolliert.[20] Wie in den folgenden Kapiteln ausführlicher beschrieben und erläutert wird, nutzen Länder das Internet, um despotische Macht auszuüben. So zensieren manche beispielsweise Online-Inhalte, andere schalten die Internetverbindung ganzer Regionen ab.

Infrastrukturelle Macht ist die Fähigkeit eines Staates, in die Gesellschaft einzudringen und seine Politik umzusetzen. Sie bezieht sich auf die Fähigkeit eines Landes, seine Gesellschaft durch den Ausbau und die Verwaltung von Infrastruktur zu regieren und zu beeinflussen. Sie bestimmt die Fähigkeit des Staates, Steuern zu erheben, Dienstleistungen bereitzustellen und wirtschaftliche Aktivitäten zu regulieren. Mit anderen Worten: Despotische Macht bedeutet Kontrolle, während infrastrukturelle Macht Einflussnahme bedeutet. Beispiele für infrastrukturelle Macht sind etwa Fälle, in denen eine Regierung Straßen und Schulen baut, Gesundheits- und Sozialdienste bereitstellt und Unternehmen reguliert, in denen ein

---

[19] Ebd.

[20] Mann (2008) und Lucas (1998).

Land Steuern erhebt und die Einnahmen zur Finanzierung öffentlicher Programme verwendet oder in denen eine Regierung Gesetze und Verträge durchsetzt und Sicherheit für ihre Bürger gewährleistet.[21] Wie in den folgenden Abschnitten und Kapiteln noch näher erläutert wird, wird das Internet ebenfalls genutzt, um infrastrukturelle Macht auszuüben, wenn Staaten es einsetzen, um Bürger zu beeinflussen und Dienstleistungen bereitzustellen.[22]

Wie sind diese Begriffe für das Konzept und die Argumentation dieses Buches relevant? Es sei an dieser Stelle erwähnt, dass einige Länder wie China, Russland, Nordkorea und Iran despotische Macht im Cyberspace nutzen. Sie setzen Zensur ein und zwingen ihre Bürger dazu, bei allem, was sie online tun, zweimal darüber nachzudenken, ob es den Staat beleidigen könnte. Andere Länder wie die Vereinigten Staaten, Israel, das Vereinigte Königreich und viele europäische Staaten üben infrastrukturelle Macht im Cyberspace aus. Das heißt, sie entwickeln und verwalten Internetdienste und andere technologische Dienstleistungen, indem sie in vielen Fällen eine offene Plattform für Unternehmen bereitstellen. Natürlich können Staaten sowohl despotische als auch infrastrukturelle Macht im Cyberspace nutzen, insbesondere innerhalb ihrer eigenen Cyber-Grenzen, sei es durch Nichteinmischung oder durch Regulierung und Zensur. In den meisten Fällen handelt es sich hierbei nicht um eine dichotome Skala, sondern um eine Grauzone, und einige Beispiele werden in den Kap. 5, 6 und 7 vorgestellt.

Es ist daher hervorzuheben, dass Staaten nicht ausschließlich despotische oder ausschließlich infrastrukturelle Macht nutzen. Beide Machtformen können innerhalb eines Staates koexistieren. Ein totalitäres Regime kann beispielsweise über ein hohes Maß an despotischer Macht verfügen, aber auch über einen erheblichen Grad an infrastruktureller Macht, da es in der Lage sein muss, in die Gesellschaft einzudringen, um sie zu kontrollieren. Schwache Staaten verfügen tendenziell über weniger infrastrukturelle Macht als starke Staaten. Das bedeutet, dass sie Schwierigkeiten haben, ihre Politik umzusetzen und Dienstleistungen für ihre Bürger bereitzustellen. Infolgedessen sind schwache Staaten eher darauf angewiesen, durch despotische Macht Kontrolle zu wahren. Stärkere und im Allgemeinen demokratische Staaten verfügen tendenziell über ein höheres Maß an infrastruktureller Macht als autoritäre Staaten. Dies liegt daran, dass demokratische Staaten in der Regel über eine starke Bürokratie und ein gut entwickeltes System öffentlicher Dienstleistungen verfügen. Daher sind demokratische Staaten eher in der Lage, ihre Politik umzusetzen und Dienstleistungen für ihre Bürger bereitzustellen, ohne auf despotische Macht zurückgreifen zu müssen. Das Gleichgewicht zwischen despotischer und infrastruktureller Macht kann je nach Regimetyp und politischem Kontext variieren. Es ist jedoch wichtig, den Unterschied zwischen den beiden Machtformen zu verstehen, um analysieren und nachvollziehen zu können, wie Staaten agieren.[23]

[21] Ebd.

[22] Ebd.; Soifer und Hau (2008).

[23] Ebd.

Macht ist zudem ein zentrales Konzept im Bereich der internationalen Beziehungen. Macht ist die Fähigkeit, das Verhalten anderer zu beeinflussen, und sie ist für Staaten unerlässlich, um ihre außenpolitischen Ziele zu erreichen. Wir können vier Machtformen unterscheiden, mit denen Staaten andere beeinflussen, beeinträchtigen oder in sie eingreifen: Hard Power, Soft Power, Smart Power und Sharp Power. Wie in Kap. 4 zu den globalen Trends der Cyberkriegsführung beschrieben und erläutert, werden all diese Machtformen heute nicht nur auf traditionelle Weise, sondern auch durch neuartige Strategien und Taktiken der Cyberkriegsführung eingesetzt.

Hard Power ist die Fähigkeit, andere zu zwingen, das zu tun, was man will. Sie basiert auf militärischer Stärke, wirtschaftlichen Ressourcen und anderen greifbaren Vermögenswerten. Hard Power wird häufig eingesetzt, um Aggressionen abzuschrecken, Konflikte zu lösen und nationale Interessen zu schützen. Die Vereinigten Staaten nutzen beispielsweise ihre Hard Power, um eine globale Militärpräsenz aufrechtzuerhalten und ihren Einfluss weltweit zu projizieren. Hard Power ist ein zentrales Instrument der Staatskunst, und ihre Wirksamkeit lässt sich oft quantifizieren – in der Regel anhand militärischer und wirtschaftlicher Stärke. Die militärische Stärke einer Nation ist ein Paradebeispiel für Hard Power. Militärische Gewalt dient sowohl als Abschreckung als auch als aktives Instrument staatlicher Macht. Staaten mit ausgeprägten militärischen Fähigkeiten sind in der Lage, ihre Interessen zu verteidigen, ihren Einfluss im Ausland geltend zu machen und Druck auf andere auszuüben. In vielerlei Hinsicht bestimmen militärische Stärke und wirtschaftliche Macht weiterhin die globale Rangordnung. Wirtschaftliche Macht wird in der Regel anhand der Wirtschaftskraft eines Landes (vor allem seines Bruttoinlandsprodukts [BIP]) und seiner Wirtschaftspolitik gemessen. Wirtschaftlicher Einfluss ermöglicht es internationalen Akteuren, Sanktionen zu verhängen, Hilfe zu leisten oder Handel zu treiben, um ihre strategischen Ziele zu verfolgen. Chinas wirtschaftlicher Aufstieg und der Einsatz wirtschaftlicher Macht zur Beeinflussung der Nachbarländer verdeutlichen die Bedeutung dieser Form von Hard Power.[24]

Soft Power ist die Fähigkeit, andere zu überzeugen, das zu tun, was man will. Sie basiert auf immateriellen Werten wie Kultur, Werten und Ideen. Soft Power wird häufig eingesetzt, um Beziehungen aufzubauen, Kooperationen zu fördern und internationale Normen zu prägen. Im Gegensatz zur Hard Power wirkt Soft Power durch Anziehungskraft und Überzeugung statt durch Zwang. Die Vereinigten Staaten nutzen beispielsweise ihre Soft Power, um weltweit Demokratie und Menschenrechte zu fördern. Ein Beispiel für Soft Power ist Kultur. Kulturelle Diplomatie durch Medien, Bildung und Kunst ist ein zentrales Element von Soft Power. Der Einfluss Hollywoods auf die globale Popkultur und die Attraktivität amerikanischer Hochschulen sind Beispiele dafür, wie Kultur das globale Image und die Soft Power einer Nation prägen kann. Ein weiteres Beispiel ist ideelle Macht – die Macht der Ideen. Ideelle Soft Power ergibt sich aus der Fähigkeit

[24] Wilson III (2008b), Nye (1990) und Keohane (2002).

eines Landes, seine Ideen, Werte und politischen Systeme zu verbreiten. Die weltweite Attraktivität von Demokratie und Menschenrechten, die oft von westlichen Demokratien vertreten werden, zeigt die Wirkung dieser Form von Soft Power.[25] Darüber hinaus kann auch wirtschaftliche Macht soft sein. Wirtschaftliche Soft Power kann durch Entwicklungshilfe, Handelsbeziehungen und Entwicklungszusammenarbeit ausgeübt werden. Humanitäre Maßnahmen und wirtschaftliche Kooperationen können den Ruf eines Landes verbessern und positive internationale Wahrnehmungen fördern.[26]

Smart Power, ein von Joseph S. Nye entwickeltes Konzept, ist die Fähigkeit, Hard und Soft Power zu kombinieren, um außenpolitische Ziele zu erreichen. Es handelt sich um einen differenzierteren Machtansatz, der die Bedeutung von Zwang und Überzeugung gleichermaßen anerkennt. Smart Power wird häufig eingesetzt, um Koalitionen zu bilden, komplexe Probleme zu lösen und globale Kooperationen zu fördern. Staaten versuchen oft, ihre militärischen Fähigkeiten mit Elementen der Soft Power wie Diplomatie, Kulturaustausch und wirtschaftlichen Anreizen zu kombinieren, um ihre Ziele zu erreichen. Die Vereinigten Staaten nutzten beispielsweise Smart Power, um eine Koalition von Staaten für die Invasion des Irak 2003 zu bilden. In einem weiteren Beispiel hybrider Kriegsführung – dem russisch-ukrainischen Konflikt – setzte Russland sowohl harte militärische Macht als auch offensive Cyber-Operationen ein. Im größeren Kontext des Konflikts zwischen Russland und der NATO verbreitete Russland zudem Miss-/Desinformation, um seine harte militärische Macht zu ergänzen.[27]

Sharp Power ist die Fähigkeit, Informationen und die öffentliche Meinung zu manipulieren, um das Verhalten anderer zu beeinflussen. Dieses relativ neue Konzept ist in den letzten Jahren mit dem Aufkommen sozialer Medien und anderer digitaler Technologien entstanden. Wie ich (mit Tabachnik und Haber sowie Shuker) argumentiert habe, wird Sharp Power häufig eingesetzt, um Demokratie zu untergraben, Zwietracht zu säen und autoritäre Interessen in Form von „Fake News“ – also Miss-/Desinformationskampagnen – zu fördern. Russland wurde beispielsweise vorgeworfen, Sharp Power eingesetzt zu haben, um in die US-Präsidentschaftswahl 2016 einzugreifen. Sharp Power ist besonders wirksam, wenn sie von weniger demokratischen und weniger offenen Regimen eingesetzt wird, die Miss-/Desinformation in offenere Gesellschaften streuen können, sich selbst aber vor ähnlichen Aktionen schützen.[28]

Die hier beschriebenen vier Machtformen schließen sich nicht gegenseitig aus. Staaten können alle vier nutzen, um ihre außenpolitischen Ziele zu erreichen. Die am besten geeignete Machtform hängt jeweils von der konkreten Situation ab. Hard Power ist am effektivsten im Umgang mit Gegnern oder zur Abschreckung von Aggressionen. Sie kann jedoch auch kontraproduktiv sein, da sie Ressenti-

---

[25] Nye (2004, 2008). Siehe auch Mearsheimer (2014).

[26] Ruggie (1982).

[27] Nye (2023) und Shuker und Topor (2021).

[28] Topor und Tabachnik (2021), Haber und Topor (2023) und Shuker und Topor (2021).

ments und Feindseligkeit hervorrufen kann. Soft Power ist am wirkungsvollsten beim Aufbau von Beziehungen und der Förderung von Kooperationen. Sie kann jedoch weniger effektiv sein, wenn es um Gegner oder die Lösung komplexer Probleme geht. Smart Power ist der flexibelste und anpassungsfähigste Machtansatz, aber auch am schwierigsten effektiv umzusetzen. Sharp Power kann sehr wirksam sein, um die öffentliche Meinung zu beeinflussen und Demokratie zu untergraben, aber sie kann auch nach hinten losgehen und dem Ruf des Landes schaden.

Die Machtverteilung im internationalen System ist einem ständigen Wandel unterworfen. Der Aufstieg Chinas, Indiens und anderer aufstrebender Mächte sowie die anhaltenden Bemühungen Russlands, seine Position zu behaupten, fordern die Dominanz der Vereinigten Staaten heraus und führen zu einer multipolaren Weltordnung mit mehreren Machtzentren. Dadurch wird es für einen einzelnen Staat schwieriger, seine außenpolitischen Ziele allein durch Hard Power zu erreichen.[29] In dieser sich wandelnden Weltordnung greifen Staaten zunehmend auf Soft Power und Smart Power zurück, um ihre außenpolitischen Ziele zu erreichen. Soft Power ist unerlässlich, um Beziehungen aufzubauen und Kooperationen mit anderen Staaten zu fördern. Smart Power ist entscheidend, um die komplexen Herausforderungen des 21. Jahrhunderts zu meistern. Selbst Hard Power wird häufig über den Cyberspace eingesetzt, wie in Kap. 4 weiter ausgeführt, um einen Zustand der Unklarheit zu schaffen und Abschreckung zu verändern oder zu verstärken.[30]

3.2.1 Warum führen Staaten Krieg?

Das Verständnis, warum Staaten Krieg führen, ist ein entscheidender Aspekt der internationalen Beziehungen. Die Untersuchung der Beweggründe und Rechtfertigungen von Staaten, die in den Krieg ziehen, ist nicht nur Gegenstand akademischer Forschung, sondern auch für politische Entscheidungsträger von zentraler Bedeutung, die Konflikte verhindern oder steuern wollen. Es gibt verschiedene Perspektiven zu dieser Frage. In den frühen 1990er-Jahren, nach dem Zusammenbruch der Sowjetunion und dem zumindest *de jure* Ende des Kalten Krieges, argumentierten Samuel Huntington und andere, dass zukünftige Konflikte zwischen Menschen auf kulturelle Unterschiede zurückzuführen seien. Denn es gibt unbestreitbar kulturelle und religiöse Unterschiede zwischen verschiedenen Zivilisationen.[31] Obwohl Huntington überzeugende Argumente vorbringt und ich seinen Ausführungen in gewissem Maße zustimme, ist es wichtig zu wissen, warum Staaten vor dem Ende des Kalten Krieges Krieg führten und wie ihre Beweggründe mit Huntingtons Prognosen übereinstimmen.

---

[29] Siehe Kaplan (2019) und Radulescu et al. (2014).

[30] Nye (2016).

[31] Huntington (1993).

Was ist ein *casus belli* – ein Akt, der einen Krieg provoziert oder rechtfertigt? Staaten führen Krieg, um sich gegen eine reale oder wahrgenommene Bedrohung zu verteidigen. Manche Gründe sind altruistisch, wie humanitäre Hilfe und die R2P-Doktrin. Andere Gründe für Konflikte und Kriege sind eher egoistisch oder realistisch, wie das Bedürfnis nach mehr Ressourcen oder Land, oder um das regionale oder globale Machtgleichgewicht in einem Szenario zu verändern, in dem ein anderer Staat, der ein Gegner sein kann oder nicht, zu viel Macht erlangt hat. Staaten führen Krieg, um Kontrolle zu erlangen, und wie in Kap. 4 weiter ausgeführt wird, wollen sie Ressourcen, Akteure und Ergebnisse kontrollieren (die drei Messgrößen von Macht). Es gibt natürlich gerechte und ungerechte Kriege, wie Hugo Grotius feststellte. Diese kurze Übersicht befasst sich jedoch nicht mit der Frage der moralischen Rechtfertigung von Krieg, sondern vielmehr mit der Frage, warum Staaten in der Praxis Krieg führen.[32]

In diesem Zusammenhang schlug Frederic S. Pearson sechs Hauptgründe für Kriege und für ausländische Interventionen im Allgemeinen vor. Im Kontext der Souveränität führen Staaten Krieg oder greifen in die Angelegenheiten anderer ein und verletzen damit effektiv deren Souveränität, wenn sie Land oder Ressourcen erobern oder um diese konkurrieren, wenn sie Menschen außerhalb ihrer Grenzen schützen wollen, wenn sie ihre wirtschaftlichen Interessen schützen wollen, wenn sie militärische/diplomatische Interessen schützen oder vorantreiben wollen, wenn sie ihre Ideologie/Religion durchsetzen wollen und wenn sie das Machtgleichgewicht anpassen wollen. Krieg bricht also aus, wenn Souveränität verändert wird.[33]

Im Kontext dieses Buches, wie in Kap. 4 weiter erläutert wird, können auch Cyber-Aktionen zu Krieg und Konflikten führen, da alle von Pearson genannten Gründe durch Cyberangriffe und/oder Cyber-Influence-Kampagnen erreicht werden können, auch wenn ein virtueller Angriff/Cyberangriff nicht unter die Definition eines bewaffneten Angriffs in der Charta der Vereinten Nationen fällt. Aus genau diesem Grund nutzen Staaten häufig Cyberkrieg, um Gegner ohne den Einsatz von Gewalt anzugreifen, sodass die angegriffene Partei keinen gerechten Grund für Vergeltungsmaßnahmen hat.[34] Sie nutzen auch Stellvertreterkriege, um direkte Konflikte und Vergeltung zu vermeiden. Obwohl das Internet in den 1990er-Jahren explosionsartig an Nutzung und Popularität gewann, ist es den Vereinten Nationen als größtem internationalen Kollektiv bis zum Zeitpunkt des Schreibens (2023) nicht gelungen, das bestehende Völkerrecht zur Regulierung dieses Problems heranzuziehen. Es gibt kein internationales Recht, das auf den Cyberraum und Cyberkrieg anwendbar ist, abgesehen davon, dass für eine als gerecht angesehene Vergeltung zunächst der Ursprung eines Angriffs nachgewiesen werden muss – etwas, das in der aktuellen Struktur des Cyberspace äußerst schwierig zu erreichen ist.

---

[32] Siehe allgemein Brunstetter und O'Driscoll (2017) und Walzer (2015).

[33] Pearson (1974). In diesem Zusammenhang siehe auch Coyne und Mathers (2011).

[34] Siehe Artikel 51 der Charta der Vereinten Nationen.

3.2.2 *Cyber-Stellvertreterkriegsführung*

Wenn Staaten nicht direkt in einen Kampf eingreifen wollen, insbesondere Atommächte, die eine gegenseitige gesicherte Zerstörung (MAD) vermeiden möchten, kämpfen sie mit Stellvertretern. Stellvertreterkriege sind internationale Konflikte zwischen zwei Staaten, oft globale oder regionale Mächte, die auf dem Boden eines dritten Staates ausgetragen und als Konflikt über die inneren Angelegenheiten dieses dritten Staates oder als Krieg zwischen zwei oder mehr solcher Parteien getarnt werden. Das heißt, Großmächte kämpfen häufig unter Einsatz kleinerer und schwächerer Staaten, um die Souveränität des anderen nicht direkt zu verletzen. Die Arbeitskraft und Ressourcen des dritten Staates werden von den Mächten genutzt, um ihre eigenen Ziele und Strategien zu verfolgen.[35] Stellvertreterkriegsführung wird nicht nur durch die Nutzung und Ausnutzung eines dritten Staates betrieben, sondern auch durch die Nutzung internationaler Organisationen wie Terrorgruppen, Hackergruppen, krimineller Vereinigungen usw.

Indirektes Engagement kann in den meisten jüngeren Konflikten als bevorzugte strategische Option betrachtet werden, da diese Art von Stellvertreterkonflikt es Großmächten ermöglicht, die Konsequenzen einer direkten Konfrontation zu vermeiden. Wenn Staaten ihre Interessen, Ideologie und Risiken abwägen, tendieren sie dazu, eine Stellvertreterstrategie zu verfolgen.[36] Staaten in Konflikt, die versuchen, die Kontrolle eines anderen zu verändern oder selbst mehr Kontrolle zu erlangen, können sich in die inneren Angelegenheiten anderer Staaten oder internationaler Akteure einmischen, die Souveränität dieser Akteure beeinflussen und so einen direkten und riskanteren Konflikt vermeiden.

Der Kalte Krieg kann als eine Reihe von Stellvertreterkriegen betrachtet werden. Während des Kalten Krieges wollten die Vereinigten Staaten und die Sowjetunion, beide Supermächte mit nuklearen Fähigkeiten, weltweit mehr Macht und Einfluss gewinnen und gleichzeitig einen MAD-Atomkrieg vermeiden. So dient beispielsweise der Koreakrieg (1950–1953) als gutes Beispiel für einen Stellvertreterkrieg, da die Vereinigten Staaten die südkoreanische Regierung unterstützten, während die Sowjetunion die nordkoreanische Regierung unterstützte. Während des Vietnamkriegs (1955–1975) unterstützten die Vereinigten Staaten die südvietnamesische Regierung, während die Sowjetunion und China die nordvietnamesische Regierung unterstützten. Während des angolanischen Bürgerkriegs (1975–2002) unterstützten die Vereinigten Staaten die UNITA (Nationale Union für die vollständige Unabhängigkeit Angolas; aus dem Portugiesischen *União Nacional para a Independência Total de Angola*), während die Sowjetunion und Kuba die MPLA-Regierung (Volksbewegung zur Befreiung Angolas; aus dem Portugiesischen *Movimento Popular de Libertação de Angola*) unterstützten. Auch während des sowjetisch-afghanischen Krieges (1979–1989) trainierten und

---

[35] Deutsch (1964) und Mumford (2013: 1–10, 11–29).

[36] Ebd.

bewaffneten die Vereinigten Staaten und Pakistan die afghanischen *Mujahedeen,* während die Sowjetunion die afghanische Regierung unterstützte.[37]

In jüngerer Zeit, nach dem Kalten Krieg, gehören zu den bekanntesten Beispielen für Stellvertreterkriege der syrische Bürgerkrieg (seit 2011), in dem Iran, eine Regionalmacht, und Russland die syrische Regierung unterstützen, während die Vereinigten Staaten und ihre Verbündeten die syrische Opposition unterstützen; der jemenitische Bürgerkrieg (seit 2014), in dem Iran die Huthi-Rebellen unterstützt, während Saudi-Arabien und seine Verbündeten die jemenitische Regierung unterstützen; der erste libysche Bürgerkrieg (2011), in dem von der NATO unterstützte Rebellen die Regierung von Muammar Gaddafi stürzten, die von Russland und China unterstützt wurde; die russische Invasion in der Ukraine (seit 2022), in der die NATO, die Vereinigten Staaten und ihre Verbündeten die Ukraine unterstützen, während China und Iran Russland unterstützen (die Vorgeschichte dieses Stellvertreterkriegs reicht bis Anfang 2014 zurück).[38] Der verheerende Terroranschlag der Hamas-Terroristen auf Israel am 7.10., der größte Terroranschlag in einem westlichen Land seit dem 11. September, war ebenfalls Teil des Stellvertreterkriegs Irans gegen Israel und indirekt gegen die Vereinigten Staaten.[39]

Stellvertreterkriege von regionalen oder globalen Mächten werden auch im Cyberraum geführt – es ist eine dritte Domäne, die zudem einen nahezu unbemerkten Angriff ermöglicht. Cyber-Stellvertreterkriege sind also Konflikte zwischen zwei oder mehr ausländischen Mächten, die im Cyberraum oder unter Nutzung dieses Raums ausgetragen werden, getarnt als Handlungen nicht verwandter internationaler Akteure oder Einheiten und mit dem Ziel, einen internationalen Akteur oder dessen strategische Entscheidungen zu beeinflussen. Natürlich können sowohl der Angreifer als auch das Opfer Stellvertreter sein. Insbesondere im Cyberkrieg kann das Opfer eines Landes ebenfalls ein Stellvertreter sein – eine Social-Media-Plattform, ein Hosting-Unternehmen oder ein Unterhaltungsunternehmen.[40] Der angreifende Stellvertreter kann ein anderer Staat sein oder nur dessen IP-Adresse, eine Hackergruppe, finanziert oder nicht von einem Staat, oder ein Unternehmen, das dazu genutzt wird, diejenigen auszuspionieren, die seine Dienste, Software oder Hardware nutzen.

Ein prominentes Beispiel für einen Cyber-Stellvertreter ist die Hackergruppe Lazarus, die bekanntermaßen von Nordkorea finanziert wird und gegen westliche und amerikanische Behörden und Unternehmen eingesetzt wird. Eine weitere berüchtigte Gruppe ist die Sandworm-Gruppe, eine Hackergruppe mit Verbindungen zur russischen GRU-Nachrichtendienst-Einheit (dem Hauptnachrichtendienst der Streitkräfte der Russischen Föderation; aus dem Russischen Гла́вное управле́ние Генера́льного шта́ба Вооружённых сил Росси́йской Федера́ции).[41] Eine wei-

---

[37] Berman und Lake (2019).

[38] Ebd.

[39] Wintour (2023).

[40] Maurer (2018: 3–28), Krieg und Rickli (2018) und Schmitt und Vihul (2014).

[41] Siehe allgemein Greenberg (2019).

tere bekannte Gruppe ist die GhostSec-Gruppe, die hauptsächlich mit westlichen Staaten in Verbindung gebracht wird. Sie kämpfte gegen radikal-islamistische Websites, vor allem nach dem Terroranschlag auf Charlie Hebdo im Januar 2015; später begann sie, russische und iranische Ziele anzugreifen, nachdem Russland die Ukraine angegriffen hatte.[42] Es ist wichtig zu beachten, dass es schwierig sein kann, eindeutig festzustellen, welche Hackergruppen ausländische Stellvertreter sind. Das liegt daran, dass Hackergruppen oft anonym agieren und ausgefeilte technische Methoden nutzen, um ihre Spuren zu verwischen. Es gibt jedoch Hinweise darauf, dass eine wachsende Zahl von Hackergruppen von ausländischen Regierungen eingesetzt wird, um deren strategische Ziele zu erreichen.

Der Einsatz von Cyber-Stellvertretern durch ausländische Regierungen stellt die Cybersicherheit vor eine Reihe von Herausforderungen. Erstens erschwert er die Zuordnung von Cyberangriffen zu bestimmten Akteuren und damit die Rechtfertigung von Vergeltungsmaßnahmen gegen den „Auftraggeber" oder Betreiber eines Stellvertreters. Dies kann es erschweren, Regierungen für ihr Handeln zur Rechenschaft zu ziehen und künftige Angriffe abzuschrecken. Zweitens können Cyber-Stellvertreter für Angriffe eingesetzt werden, die unterhalb der Schwelle eines bewaffneten Konflikts liegen. Das kann es Regierungen erschweren, auf den Angriff zu reagieren, ohne den Konflikt zu eskalieren. Diese Situation, in der niemand zur Verantwortung gezogen werden kann, schafft einen Anreiz für Staaten, immer ausgefeiltere Cyberwerkzeuge zu entwickeln, um die von ihren Stellvertretern ausgeführten Angriffe zu verschleiern.[43]

3.3 (Ein Mangel an) Völkerrecht

Es gibt zwei Hauptprobleme im Zusammenhang mit dem Cyberspace und Akten des Cyberkriegs: Es existieren keine internationalen Gesetze und Normen, die auf Cyberkrieg anwendbar sind, und es gibt nur begrenzte Möglichkeiten, einen Angriff einem Staat zuzuordnen. Sofern nicht das Gegenteil bewiesen wird, bleibt der Angreifer virtuell, während das Opfer real ist. Zum Zeitpunkt des Schreibens bestimmt das Völkerrecht, wie etwa Artikel 51 der Charta der Vereinten Nationen, lediglich, welche physischen Handlungen physische Gegenmaßnahmen rechtfertigen. Es stellt sich die Herausforderung, zu bestimmen, wann eine Cyberhandlung als physische Handlung gilt, um eine Reaktion zu rechtfertigen und zu legitimieren. Was wäre eine legitime Reaktion auf Spionage oder Datenlecks? Was wäre eine legitime Reaktion auf die Verbreitung von Desinformation? Was wäre ein *jus ad bellum*?

Um das Fehlen internationalen Rechts im Bereich des Cyberkriegs vollständig zu verstehen, muss man die Natur des Völkerrechts begreifen. Das Völkerrecht ist

[42] Poireault (2023).

[43] Nye (2016).

ein System von Gesetzen und Normen, das die Beziehungen zwischen Staaten und anderen internationalen Akteuren regelt. Es basiert auf dem Prinzip der Souveränität, was bedeutet, dass alle Staaten gleichberechtigt und unabhängig sind, wie im ersten Abschnitt dieses Kapitels erläutert wurde. Das Völkerrecht entwickelt sich durch Verträge, Völkergewohnheitsrecht und allgemeine Rechtsgrundsätze. Im Hinblick auf Krieg und Konflikt wurden im Laufe der Zeit mehrere zentrale Prinzipien entwickelt. Erstens ist es Staaten untersagt, Gewalt gegen andere Staaten anzuwenden, außer zur Selbstverteidigung. Natürlich zeigt uns die Geschichte, dass dieses internationale Recht der Vereinten Nationen häufig gebrochen wird. Zweitens müssen Staaten zwischen Zivilisten und Kombattanten unterscheiden. Drittens müssen militärische Angriffe im Verhältnis zu den verfolgten militärischen Zielen stehen, und viertens müssen sie notwendig sein, um die angestrebten militärischen Ziele zu erreichen (Grundsatz der Notwendigkeit).[44]

Im Bereich der physischen Kriegsführung existieren mehrere internationale Gesetze (Verträge, Konventionen, Resolutionen usw.). Bei jedem Beispiel für internationales Recht hat jedes Land als unabhängiger und souveräner Staat die Prinzipien unterzeichnet und ihnen zugestimmt. Diese Rechtsinstrumente dienen dazu, bewaffnete Konflikte zu verhindern und zu regeln, Zivilisten zu schützen sowie den globalen Frieden und die Sicherheit zu fördern. Zu den bedeutendsten zählen (die angegebenen Daten sind die Inkrafttretensdaten, nicht die Entwurfsdaten):

1. **Charta der Vereinten Nationen (1945):** Die Charta der Vereinten Nationen ist das grundlegende Dokument des modernen Völkerrechts. Sie verbietet den Einsatz von Gewalt in den internationalen Beziehungen, außer zur Selbstverteidigung, oder wenn der Sicherheitsrat dies genehmigt. Sie etabliert die Vereinten Nationen als zentrale Institution zur Wahrung des internationalen Friedens und der Sicherheit. Praktisch alle anerkannten souveränen Staaten der Welt sind Mitglieder der Vereinten Nationen.[45]
2. **Genfer Konventionen (1949):** Die Genfer Konventionen bestehen aus vier Verträgen, die Standards für die Behandlung verwundeter und kranker Kombattanten, Kriegsgefangener und Zivilisten während bewaffneter Konflikte festlegen. Sie bestimmen auch die Schutzzeichen des Roten Kreuzes und des Roten Halbmonds. 1977 und 2005 wurden zusätzliche Protokolle hinzugefügt. Praktisch alle anerkannten souveränen Staaten der Welt haben diese Konventionen unterzeichnet.[46]
3. **Haager Konventionen (1899 und 1907):** Die Haager Konventionen regeln die Gesetze und Gebräuche des Krieges. Sie behandeln Themen wie die Behandlung von Kriegsgefangenen und den Einsatz bestimmter Waffentypen. Diese Gesetze leiteten das Zeitalter der Rüstungskontrolle ein. 13 Länder (von

[44] Greenwood (1987).

[45] Charta der Vereinten Nationen, 1945. https://www.un.org/en/about-us/un-charter.

[46] Die Genfer Konventionen und ihre Kommentare, Internationales Komitee vom Roten Kreuz, 1949. https://www.icrc.org/en/war-and-law/treaties-customary-law/geneva-conventions.

193 UN-Mitgliedern) haben diese Konventionen nicht unterzeichnet, darunter Länder wie Afghanistan, Tschad, Eritrea und Nordkorea.[47]

4. **Chemiewaffenübereinkommen (1997):** Dieses Abkommen verbietet die Herstellung, Lagerung, den Erwerb und den Einsatz von Chemiewaffen und deren Vorläufern. Ziel ist es, diese unmenschlichen Waffen und ihren möglichen Einsatz im Krieg zu beseitigen. Die Konvention wurde von den meisten UN-Mitgliedern unterzeichnet. Israel hat die Konvention unterzeichnet, aber nicht ratifiziert; Ägypten, Nordkorea und Südsudan haben sie überhaupt nicht unterzeichnet.[48]
5. **Biowaffenübereinkommen (1972):** Das Biowaffenübereinkommen hat 109 Unterzeichnerstaaten und verbietet die Entwicklung, Herstellung, den Erwerb und die Lagerung biologischer Waffen. Es soll den Einsatz biologischer Agenzien als Massenvernichtungswaffen verhindern.[49]
6. **Vertrag über die Nichtverbreitung von Kernwaffen (NVV; 1970):** Der NVV zielt darauf ab, die Verbreitung von Kernwaffen zu verhindern und die nukleare Abrüstung zu fördern. Er beruht auf drei Säulen: Verhinderung der Verbreitung von Kernwaffen, Förderung der Abrüstung und Ermöglichung friedlicher nuklearer Zusammenarbeit. Israel, Indien, Pakistan und Südsudan haben diesen Vertrag nicht unterzeichnet.[50]
7. **Übereinkommen über bestimmte konventionelle Waffen (CCW; 1983):** Das CCW ist eine Reihe von Abkommen, die den Einsatz bestimmter konventioneller Waffen regeln, darunter Landminen, Brandwaffen, blendende Laserwaffen und explosive Kriegsreste. Die Protokolle des CCW behandeln jeweils eine dieser Kategorien. Über 100 Staaten haben die meisten Protokolle unterzeichnet.[51]
8. **Römisches Statut des Internationalen Strafgerichtshofs (IStGH; 1998 und 2002):** Das Römische Statut schuf den IStGH, der für Einzelpersonen bei den schwerwiegendsten internationalen Verbrechen zuständig ist, darunter

[47] Konvention (II) betreffend die Gesetze und Gebräuche des Landkriegs und ihr Anhang: Vorschriften betreffend die Gesetze und Gebräuche des Landkriegs. Den Haag, 29. Juli 1899. https://ihl-databases.icrc.org/en/ihl-treaties/hague-conv-ii-1899; Konvention (IV) betreffend die Gesetze und Gebräuche des Landkriegs und ihr Anhang: Vorschriften betreffend die Gesetze und Gebräuche des Landkriegs. Den Haag, 18. Oktober 1907. https://ihl-databases.icrc.org/en/ihl-treaties/hague-conv-iv-1907. Siehe auch Hudson (1931).

[48] Chemiewaffenübereinkommen, Organisation für das Verbot chemischer Waffen, 1997. https://www.opcw.org/chemical-weapons-convention.

[49] Biowaffenübereinkommen, Büro der Vereinten Nationen für Abrüstungsfragen. https://disarmament.unoda.org/biological-weapons/.

[50] Vertrag über die Nichtverbreitung von Kernwaffen (NVV). Büro der Vereinten Nationen für Abrüstungsfragen. https://disarmament.unoda.org/wmd/nuclear/npt/.

[51] Das Übereinkommen über bestimmte konventionelle Waffen. https://disarmament.unoda.org/the-convention-on-certain-conventional-weapons/#:~:text=It%20was%20adopted%20on%2010,or%20to%20affect%20civilians%20indiscriminately.

Kriegsverbrechen, Verbrechen gegen die Menschlichkeit und Völkermord. Dieses Statut wurde von 123 Staaten unterzeichnet.[52]

9. **Waffenhandelsvertrag (2014):** Dieser Vertrag zielt darauf ab, den internationalen Handel mit konventionellen Waffen, einschließlich Kleinwaffen und leichten Waffen, zu regulieren, um deren Umleitung auf den illegalen Markt zu verhindern und menschliches Leid durch deren Missbrauch zu verringern. Über 100 Staaten haben diesen Vertrag unterzeichnet.[53]
10. **Übereinkommen über Streumunition (2008 und 2010):** Dieses Übereinkommen verbietet den Einsatz, die Lagerung, Herstellung und Weitergabe von Streumunition, die besonders für Zivilisten schwerwiegende humanitäre Folgen haben kann. Das Übereinkommen wurde von 112 Staaten ratifiziert und von weiteren 12 Staaten unterzeichnet.[54]
11. **Resolutionen des Sicherheitsrats der Vereinten Nationen:** Der Sicherheitsrat der Vereinten Nationen verabschiedet regelmäßig Resolutionen zur internationalen Sicherheit, einschließlich der Genehmigung militärischer Interventionen, der Verhängung von Sanktionen und der Einrichtung von Friedensmissionen.
12. **Internationaler Gerichtshof (IGH; 1945):** Der IGH ist Teil der Charta der Vereinten Nationen, und alle Staaten sind automatisch Vertragsparteien dieses Statuts. Er ist das Hauptrechtsprechungsorgan der Vereinten Nationen. Es ist das einzige ständige internationale Gericht mit Zuständigkeit für Streitigkeiten zwischen Staaten und behandelt unter anderem Fragen wie den Einsatz von Gewalt sowie territoriale, maritime und diplomatische Streitigkeiten.
13. **Seerechtsübereinkommen der Vereinten Nationen (UNCLOS; angenommen 1982, in Kraft seit 1994):** UNCLOS ist ein internationales Abkommen, das die Rechte und Pflichten von Staaten hinsichtlich der Nutzung der Weltmeere definiert. Es wurde 1982 angenommen und trat 1994 in Kraft. UNCLOS legt Leitlinien für verschiedene Aktivitäten auf den Meeren fest, darunter Hoheitsgewässer, Wirtschaftszonen, die Freiheit der Schifffahrt und mehr. Es regelt auch das Verhalten und die Bewegungen von Kriegsschiffen.[55] Dieses Übereinkommen behandelt auch Unterseekabel im Abschnitt über den Festlandsockel (Teil VI) und im Abschnitt über die Hohe See (Teil VII).

Die oben stehende, nicht abschließende Liste befasst sich mit Krieg, Menschenrechten und Rüstungskontrolle, und die meisten souveränen Staaten haben die meisten dieser Verträge und Konventionen unterzeichnet. Zusätzlich zu diesen Verträgen und Konventionen sind mehrere weitere internationale Rechtsnormen auf

---

[52] Das Römische Statut des Internationalen Strafgerichtshofs. https://www.icc-cpi.int/sites/default/files/RS-Eng.pdf.

[53] Der Waffenhandelsvertrag (ATT). https://thearmstradetreaty.org/treaty-status.html?templateId=209883.

[54] Das Übereinkommen über Streumunition. https://www.clusterconvention.org/states-parties/.

[55] Das Seerechtsübereinkommen der Vereinten Nationen. https://www.un.org/depts/los/convention_agreements/texts/unclos/unclos_e.pdf.

Krieg und internationale Sicherheit anwendbar. Zu diesen Rechtsnormen zählt das Völkergewohnheitsrecht, das sich durch die beständige Praxis der Staaten entwickelt hat, sowie allgemeine Rechtsgrundsätze wie das Verhältnismäßigkeitsprinzip und das Notwendigkeitsprinzip. Allerdings behandeln die oben genannten Verträge und Konventionen zwar konventionelle und nukleare Waffen, sie gehen jedoch nicht auf Cyberwaffen oder Cyberangriffe ein.

Die einzige Konvention, die indirekt, aber dennoch bedeutend mit dem Cyberspace in Verbindung steht, ist das Seerechtsübereinkommen der Vereinten Nationen (UNCLOS). Da etwa 95 % der weltweiten Internetverbindungen über Untersee-Glasfaserkabel verlaufen, sind die Fragen, wer diese verlegt, und die nach dem Wann und Wie von großer Bedeutung. So stellt beispielsweise Artikel 79 der Konvention fest: „Alle Staaten sind berechtigt, auf dem Festlandsockel gemäß den Bestimmungen dieses Artikels Unterseekabel und -pipelines zu verlegen.“ Artikel 112 geht noch weiter und bestimmt: „Alle Staaten sind berechtigt, auf dem Meeresboden jenseits des Festlandsockels Unterseekabel und -pipelines zu verlegen.“ Somit können Staaten – abgesehen von küstennahen Wirtschaftszonen – Kabel überall verlegen, auch zwischen Archipelstaaten (Inselgruppen). In unserem Zusammenhang, wie in den Kap. 6 und 7 näher ausgeführt, kann China somit Kabel in der Nähe Europas und der Vereinigten Staaten verlegen und umgekehrt. Lassen wir das Thema der Unterseekabel jedoch zunächst beiseite – wie ist der Stand des Völkerrechts in Bezug auf Cyberkrieg?

3.3.1 Völkerrecht: Der Stand des Cyberkriegs

Cyberkrieg ist eine neue und aufkommende Form der Kriegsführung, die das Völkerrecht vor erhebliche Herausforderungen stellt. Das traditionelle Völkerrecht wurde entwickelt, um Kriege in der physischen Welt zu regulieren. Es befasst sich nicht explizit mit Cyberkrieg, der im Cyberraum stattfindet. Dennoch argumentieren einige Wissenschaftler, politische Entscheidungsträger und Gruppen, dass bestehende Prinzipien des Völkerrechts auf den Cyberkrieg anwendbar sind. So könnte beispielsweise das Verbot der Gewaltanwendung gemäß Artikel 2(4) der Charta der Vereinten Nationen auf Cyberangriffe angewendet werden, die erhebliche Schäden an der Infrastruktur oder Wirtschaft eines Landes verursachen oder zu Verletzungen und dem Verlust von Menschenleben führen. Dieses Beispiel ist jedoch einzigartig, da kinetische Schäden leicht sichtbar sind.

Das bestehende Völkerrecht ist unzureichend, um die Herausforderungen des Cyberkriegs zu bewältigen, da Cyberangriffe oft schwer einem bestimmten Staat zuzuordnen sind und kein klarer Konsens darüber besteht, was einen verbotenen Cyberangriff darstellt. In den letzten Jahren wurden einige Fortschritte bei der Entwicklung neuer internationaler Gesetze, Normen und Abkommen zur Regelung des Cyberkriegs erzielt. So bietet das Tallinn Manual on the International Law Applicable to Cyber Operations, das 2013 veröffentlicht wurde, eine Reihe unverbindlicher Leitlinien für die Anwendung des Völkerrechts auf Cyberoperationen.

Im Jahr 2017 wurde dieses Handbuch aktualisiert und als Tallinn Manual 2.0 veröffentlicht. Dieses Handbuch ist zwar bedeutsam, aber unverbindlich, da es sich um eine akademische (und politikorientierte) Studie von Rechtsexperten darüber handelt, wie das Völkerrecht auf den Cyberspace und Cyberkrieg anwendbar ist.[56]

Mehrere internationale Verträge und Abkommen behandeln spezifische Aspekte des Cyberkriegs. Am bedeutendsten ist das Budapester Übereinkommen über Computerkriminalität von 2001 (in Kraft seit 2004), das darauf abzielt, nationale Gesetze zur Cyberkriminalität zu harmonisieren und die internationale Zusammenarbeit bei der Ermittlung und Verfolgung von Cyberkriminellen zu stärken. Cybermächte wie die Vereinigten Staaten, Israel, Estland, das Vereinigte Königreich, Deutschland, Frankreich und andere haben es unterzeichnet und akzeptiert, während Länder wie Russland, China und Iran dies nicht getan haben.[57]

Im Jahr 2010 richtete die Generalversammlung der Vereinten Nationen (UNGA) die Gruppe der Regierungsexperten (GGE) ein, um die Auswirkungen von Informations- und Telekommunikationstechnologien auf die Sicherheit zu untersuchen. Die GGE hatte den Auftrag, Empfehlungen für die Vereinten Nationen zu erarbeiten, wie Cyberbedrohungen begegnet werden kann. 2013 veröffentlichte die GGE einen Bericht, in dem eine Reihe gemeinsamer Elemente verantwortungsvollen staatlichen Verhaltens im Cyberspace identifiziert wurden. Im Juli 2015 bestätigte der GGE-Bericht, dass das Völkerrecht, insbesondere die Charta der Vereinten Nationen, auf den Cyberspace anwendbar ist. Die Gruppe von 20 Experten im GGE 2015, darunter Experten aus den Vereinigten Staaten, Russland, China, Deutschland, dem Vereinigten Königreich, Frankreich, Israel, Japan und anderen, schlug Normen für verantwortungsvolles Verhalten im Cyberspace vor, den sie als Bereich der Informations- und Kommunikationstechnologie (IKT) im Kontext der internationalen Sicherheit bezeichnen.[58] Sie entwickelten elf zentrale Empfehlungen, die später vom Cooperative Cyber Defence Centre of Excellence (CCDCOE) der NATO interpretiert wurden. Sie einigten sich darauf, dass Staaten souverän sind, dass Souveränität gleich ist, dass Streitigkeiten auf friedlichem Wege beigelegt werden sollten und dass Staaten auf Gewaltanwendung verzichten und die Menschenrechte achten sollten. Ebenso wurde die Notwendigkeit der Nichteinmischung in die inneren Angelegenheiten anderer Staaten betont – etwas, dessen sich viele der beteiligten Staaten schuldig gemacht hatten (z. B. die russische Einmischung in die US-Präsidentschaftswahlen 2016). Ihre Vorschläge wurden in zwei Kategorien unterteilt: Begrenzende Normen sowie Gute Praxis und positive Pflichten.[59]

---

[56] Siehe allgemein Schmitt (2017).

[57] Budapester Übereinkommen über Computerkriminalität. https://www.coe.int/en/web/cybercrime/the-budapest-convention.

[58] UN-Generalversammlung, A/70/174 Sitzung. https://documents-dds-ny.un.org/doc/UNDOC/GEN/N15/228/35/PDF/N1522835.pdf?OpenElement.

[59] Siehe 2015 UN GGE Report: Major Players Recommending Norms of Behaviour, Highlighting Aspects of International Law. NATO's Cooperative Cyber Defence Centre of Excellence (CCDCOE). https://ccdcoe.org/incyder-articles/2015-un-gge-report-major-players-recommending-norms-of-behaviour-highlighting-aspects-of-international-law/.

Begrenzende Normen

1. Staaten sollten nicht wissentlich zulassen, dass ihr Hoheitsgebiet für völkerrechtswidrige Handlungen unter Nutzung von IKT verwendet wird.
2. Staaten sollten keine IKT-Aktivitäten durchführen oder wissentlich unterstützen, die absichtlich kritische Infrastrukturen schädigen.
3. Staaten sollten Maßnahmen zur Sicherung der Lieferkette ergreifen und die Verbreitung bösartiger IKT sowie die Nutzung schädlicher versteckter Funktionen verhindern.
4. Staaten sollten keine Aktivitäten durchführen oder wissentlich unterstützen, die darauf abzielen, die Informationssysteme der Notfallteams (CERT/CSIRTS) eines anderen Staates zu schädigen, und sie sollten ihre eigenen Teams nicht für böswillige internationale Aktivitäten einsetzen.
5. Staaten sollten die Resolutionen der Vereinten Nationen achten, die mit Menschenrechten im Internet und dem Recht auf Privatsphäre im digitalen Zeitalter verbunden sind.

Gute Praxis und positive Pflichten

1. Staaten sollten zusammenarbeiten, um Stabilität und Sicherheit bei der Nutzung von IKT zu erhöhen und schädliche Praktiken zu verhindern.
2. Staaten sollten im Falle von IKT-Vorfällen alle relevanten Informationen berücksichtigen.
3. Staaten sollten überlegen, wie sie am besten bei Informationsaustausch, gegenseitiger Unterstützung und der Verfolgung terroristischer und krimineller Nutzung von IKT zusammenarbeiten können.
4. Staaten sollten geeignete Maßnahmen zum Schutz ihrer kritischen Infrastrukturen ergreifen.
5. Staaten sollten auf angemessene Hilfegesuche anderer Staaten reagieren, deren kritische Infrastruktur Ziel böswilliger IKT-Handlungen ist.
6. Staaten sollten eine verantwortungsvolle Meldung von IKT-Schwachstellen fördern und Lösungen hierfür teilen.

Der GGE von 2015 hat somit keine verbindlichen Gesetze oder Normen geschaffen, sondern lediglich einige Vorschläge unterbreitet, wie Staaten den Cyberspace nicht für kriegerische Zwecke nutzen sollten. 2017 konnte sich die GGE nicht auf einen abschließenden Konsensbericht einigen oder klare Vorschläge zur Schaffung und Regulierung von internationalem Recht im Cyberspace machen. Insbesondere China, Russland und Kuba stimmten keinen wirksamen Maßnahmen zu.[60]

Nach dem Scheitern der GGE bei der Cyberregulierung verabschiedeten die Vereinten Nationen im Dezember 2018 die Resolution A/RES/73/27 und initiierten die Open-Ended Working Group (OEWG) zu Entwicklungen im Bereich

[60] Henriksen (2019).

der Informations- und Telekommunikationstechnologien im Kontext der internationalen Sicherheit. Es ist wichtig zu betonen, dass die Resolution 73/27 rechtlich nicht bindend ist.[61] Die OEWG ist ein Forum für den zwischenstaatlichen Dialog und die Zusammenarbeit zu Fragen der Cybersicherheit. Sie wurde von der UNGA eingerichtet, um internationale Normen, Regeln und Prinzipien für verantwortungsvolles staatliches Verhalten im Cyberspace weiterzuentwickeln. Die OEWG steht allen Mitgliedstaaten der Vereinten Nationen offen, und ihre Arbeit wird durch die Ansichten einer Vielzahl von Akteuren, darunter Industrie, Wissenschaft und Zivilgesellschaft, beeinflusst. Sie tagt jährlich, um eine Reihe von Cybersicherheitsfragen zu diskutieren und zu verhandeln. In ihrer derzeitigen zweiten Phase (2021–2025) hat die OEWG vorgeschlagen, dass Staaten nicht wissentlich zulassen sollten, dass ihr Hoheitsgebiet für völkerrechtswidrige Handlungen im Cyberspace genutzt wird, keine absichtlichen Schäden an kritischer Infrastruktur anderer verursachen und bei der Reaktion auf Cybersicherheitsvorfälle zusammenarbeiten sollten. Die OEWG hat damit lediglich das übernommen, was bereits von der GGE vereinbart wurde, und nichts von normativer oder verbindlicher Natur hervorgebracht.

Die wichtigste GGE im Zusammenhang mit Cybersicherheit nahm 2015 ihre Arbeit auf, die OEWG wurde Ende 2018 beschlossen, und 2019 richtete die UNGA (A/RES/73/266) eine weitere, sechste, GGE ein. Sie bestand aus 25 Mitgliedstaaten, darunter Weltmächte wie die Vereinigten Staaten, Russland, China, das Vereinigte Königreich, Deutschland, Frankreich und Indien.[62] Die sechste GGE empfahl, dass Staaten davon absehen sollten, mit Cybermitteln vorsätzlich Infrastruktur oder essenzielle Dienste zu schädigen, dass sie bei der Cybersicherheit und im Kampf gegen Cyberkriminalität kooperieren, die Menschenrechte achten und Entwicklungsländer im Bereich Cybersicherheit unterstützen sollten. Somit unterschied sich die GGE von 2019 erneut nicht von der OEWG 2018 oder der GGE 2015, und keine dieser Initiativen war bindend.

Als Nächstes ist die Global Commission on the Stability of Cyberspace (GCSC) zu nennen, die 2017 mit Unterstützung des Hague Centre for Strategic Studies gegründet wurde. Sie war eine unabhängige, internationale Kommission zur Entwicklung von Vorschlägen für Normen, Regeln und Prinzipien zur Stärkung der internationalen Sicherheit und Stabilität sowie zur Förderung verantwortungsvollen staatlichen und nichtstaatlichen Verhaltens im Cyberraum. Die GCSC veröffentlichte ihren Abschlussbericht im November 2019 und beendete ihre Aktivitäten nach der Veröffentlichung der CyberStability Paper Series im Dezember 2021.[63] Die GCSC setzte sich aus Dutzenden von Expertinnen und Experten aus aller Welt zusammen, darunter Regierungsvertreter, Wissenschaftler, Wirt-

[61] Siehe UN A/RES/73/27. https://documents-dds-ny.un.org/doc/UNDOC/GEN/N18/418/04/PDF/N1841804.pdf?OpenElement.

[62] Siehe UN A/RES/73/266. https://documents-dds-ny.un.org/doc/UNDOC/GEN/N18/465/01/PDF/N1846501.pdf?OpenElement.

[63] Global Commission on the Stability of Cyberspace (2019).

schaftsführer und Vertreter der Zivilgesellschaft. Sie führte eine Reihe von Sitzungen und Workshops durch, um eine breite Palette von Interessengruppen zu ihren Vorschlägen zu konsultieren, und kam in ihrem Abschlussbericht zu dem Schluss, dass:

1. Staatliche und nichtstaatliche Akteure müssen Normen übernehmen und umsetzen, die die Stabilität des Cyberraums durch Zurückhaltung und die Förderung von Handlungsbereitschaft stärken.
2. Staatliche und nichtstaatliche Akteure müssen im Rahmen ihrer jeweiligen Verantwortlichkeiten und Begrenzungen angemessen auf Normverletzungen reagieren und sicherstellen, dass Normbrecher mit vorhersehbaren und spürbaren Konsequenzen rechnen müssen.
3. Staatliche und nichtstaatliche Akteure, einschließlich internationaler Institutionen, sollten ihre Anstrengungen verstärken, Personal auszubilden, Kapazitäten und Fähigkeiten aufzubauen, ein gemeinsames Verständnis für die Bedeutung der Stabilität des Cyberraums zu fördern und die unterschiedlichen Bedürfnisse der verschiedenen Parteien zu berücksichtigen.
4. Staatliche und nichtstaatliche Akteure sollten Informationen über Normverletzungen und deren Auswirkungen sammeln, austauschen, überprüfen und veröffentlichen.
5. Staatliche und nichtstaatliche Akteure sollten Communities of Interest einrichten und unterstützen, um die Stabilität des Cyberraums zu gewährleisten.
6. Die GCSC empfiehlt die Einrichtung eines ständigen Multi-Stakeholder-Engagement-Mechanismus zur Behandlung von Stabilitätsfragen, an dem Staaten, der Privatsektor (einschließlich der technischen Gemeinschaft) und die Zivilgesellschaft angemessen beteiligt und konsultiert werden.

Die GCSC bot einen besseren Rahmen als die von den Vereinten Nationen vorgeschlagenen GGEs und die OEWG, da sie zumindest in gewissem Maße den Einsatz von Proxys in den internationalen Beziehungen thematisierte. Sie empfahl, dass nicht nur Staaten (Länder) internationalen Cyber-Normen zustimmen sollten, sondern auch nichtstaatliche Akteure, zu denen internationale Organisationen, Unternehmen, die Zivilgesellschaft und sogar Hackergruppen und Terrorgruppen gehören könnten.[64]

Im Anschluss an Initiativen und Forderungen nach einem politischen Bekenntnis zum Cyberraum – sowohl international als auch länderspezifisch, wie die oben genannten, sowie von privaten Akteuren wie dem ursprünglichen Aufruf des Microsoft-Präsidenten zu einer „Digitalen Genfer Konvention" – ging Microsoft eine Partnerschaft mit der französischen Regierung ein, um ein rechtlich nicht bindendes Instrument zu schaffen, das sich auf die Ausarbeitung eines Kernbestands an Cyber-Normen für alle Akteure, einschließlich Staaten, Industrie, Zivilgesellschaft und Wissenschaft, konzentriert. So wurde der Paris Call im November 2018 anlässlich der Eröffnung des Internet Governance Forum und einen Tag nach

[64] Eggenschwiler (2020).

der Hundertjahrfeier des Endes des Ersten Weltkriegs ins Leben gerufen. Zum Zeitpunkt der Konferenz hatte der Paris Call die Unterstützung von über 67 Ländern, 358 Unternehmen und 139 zivilgesellschaftlichen Organisationen gewonnen. Bemerkenswert ist auch, dass diese Initiative die deutsche Initiative – die Siemens Charter of Trust vom November 2018 – in den Schatten stellte. Bis November 2023 wurde der Paris Call von 81 Ländern, 36 öffentlichen Autorisierenden, 390 Organisationen sowie 706 Unternehmen und privatwirtschaftlichen Akteuren unterstützt.[65] Der Paris Call brachte neun zentrale Prinzipien für den Cyberraum hervor, die wiederum nicht bindend waren. Staaten, Unternehmen, Organisationen und andere Akteure, die den Paris Call unterstützen, verpflichten sich zu:

1. Schutz von Individuen und Infrastrukturen: Vorbeugung und Wiederherstellung nach böswilligen Cyberaktivitäten, die Einzelpersonen und kritische Infrastrukturen erheblich, unterschiedslos oder systemisch bedrohen oder schädigen.
2. Schutz des Internets: Verhinderung von Aktivitäten, die absichtlich und erheblich die allgemeine Verfügbarkeit oder Integrität des öffentlichen Kerns des Internets beeinträchtigen.
3. Schutz von Wahlprozessen: Stärkung der Fähigkeit, böswillige Einflussnahme ausländischer Akteure auf Wahlprozesse durch Cyberaktivitäten zu verhindern.
4. Schutz geistigen Eigentums: Verhinderung des durch IKT ermöglichten Diebstahls von geistigem Eigentum, einschließlich Geschäftsgeheimnissen oder anderer vertraulicher Unternehmensinformationen, mit dem Ziel, Unternehmen oder dem kommerziellen Sektor Wettbewerbsvorteile zu verschaffen.
5. Nichtverbreitung: Entwicklung von Maßnahmen zur Verhinderung der Verbreitung von Schadsoftware und Praktiken, die Schaden anrichten sollen.
6. Sicherheit über den Lebenszyklus: Stärkung der Sicherheit digitaler Prozesse, Produkte und Dienstleistungen über deren gesamten Lebenszyklus und die Lieferkette hinweg.
7. Cyberhygiene (bezieht sich auf eine Reihe von „Best Practices“ zur Minimierung von Sicherheitsrisiken): Unterstützung von Maßnahmen zur Stärkung fortschrittlicher Cyberhygiene für alle Akteure.
8. Kein privates Hack-Back: Maßnahmen zur Verhinderung, dass nichtstaatliche Akteure, einschließlich des Privatsektors, für eigene Zwecke oder im Auftrag anderer nichtstaatlicher Akteure zurückhacken.
9. Internationale Normen: Förderung der breiten Akzeptanz und Umsetzung internationaler Normen für verantwortungsvolles Verhalten sowie vertrauensbildender Maßnahmen im Cyberraum.

Die Hauptstärke des Paris Call liegt in seiner Multi-Stakeholder-Orientierung. Er wird von einer breiten Basis unterstützt, die alle Regierungsebenen, die Industrie und die Zivilgesellschaft umfasst. Wie die GCSC und im Gegensatz zu den Initiativen der Vereinten Nationen GGE und OEWG richtet er sich auch an nichtstaatliche Akteure und signalisiert den Staaten, dass sie keine Proxys für internationale

[65] Siehe den Paris Call: https://pariscall.international/en/. Siehe auch Ruhl et al. (2020).

Einflusskampagnen im Cyberraum einsetzen sollen. Im November 2021 traten die Europäische Union und die Vereinigten Staaten dem Paris Call bei,[66] während u. a. Russland, China und Iran den Paris Call derzeit nicht unterstützen.

Während Staaten Gesetze zur Cyber- und Informationssicherheit in Form von lokalen Gesetzen und Vorschriften erlassen und spezielle Organisationen gegründet haben (z. B. der United States Digital Millennium Act, der California Consumer Privacy Act [CCPA], die Datenschutz-Grundverordnung [DSGVO] der Europäischen Union, die Gründung des United States National Institute of Standards and Technology [NIST], das russische Souveränitätsgesetz, das chinesische Cyberspace-Gesetz usw.), fällt es ihnen aus mehreren Gründen schwer, einen internationalen Konsens zu erzielen: die Schwierigkeit der Attribution, die unscharfe Schwelle für den Einsatz von Cyber-Tools und Gewalt sowie das Fehlen von Durchsetzungsmechanismen. Weitere Probleme, wie im Folgenden erläutert, sind beispielsweise die digitale Kluft zwischen entwickelten und weniger entwickelten Ländern.

Das Attributionsproblem ist eine der zentralen Herausforderungen im Bereich der Cyberkriegsführung. Die Herkunft eines Cyberangriffs zu bestimmen, ist oft komplex, da Angreifer ihre Identität mit verschiedenen Techniken verschleiern können. Dies erschwert es, Staaten oder Einzelpersonen nach internationalem Recht zur Verantwortung zu ziehen. So wurde beispielsweise der WannaCry-Ransomware-Angriff von 2017, der zahlreiche Länder betraf, erst nach umfangreichen Ermittlungen Nordkorea zugeschrieben (weitere Erläuterungen in Kap. 4).

Ein weiteres Problem ist das Fehlen einer klaren Schwelle. Die traditionelle Schwelle für den Einsatz von Gewalt im Völkerrecht ist für die Feinheiten der Cyberkriegsführung ungeeignet. Staaten engagieren sich zunehmend in Cyberoperationen, die unterhalb der Schwelle eines bewaffneten Konflikts liegen, wie etwa Spionage oder Wirtschaftsspionage, Datenlecks und die Verbreitung von Des- und Fehlinformationen. Dies führt zu Unklarheiten bei der Anwendung des Selbstverteidigungskonzepts, wie das Abkommen zwischen den Vereinigten Staaten und China von 2015 zeigt, in dem sie sich verpflichteten, keine cybergestützte Wirtschaftsspionage zu betreiben. US-Präsident Barack Obama und der chinesische Staatschef Xi Jinping vereinbarten, dass keine ihrer Regierungen Wirtschaftsspionage im Cyberraum durchführen oder dulden würde – ein Abkommen, das eine Hauptquelle bilateraler Spannungen adressieren sollte. In diesem Zusammenhang werden Regierungen selbst keine Cyber-Spionage betreiben, aber vermutlich werden Proxy-Hackergruppen dies tun.[67]

Schließlich mangelt es dem Völkerrecht an wirksamen Durchsetzungsmechanismen bei Cyber-Verstößen. Zwar kann der Sicherheitsrat der Vereinten Nationen Sanktionen oder andere Maßnahmen als Reaktion auf Cyberangriffe au-

[66] „The United States Supports the Paris Call for Trust and Security in Cyberspace", U.S. Department of State (10. November 2021). https://www.state.gov/the-united-states-supports-the-paris-call-for-trust-and-security-in-cyberspace/.

[67] Nakashima und Mufson (2015).

torisieren, doch steht er häufig vor politischen Blockaden, da die Großmächte, die ständigen Mitglieder des Sicherheitsrats – Russland, China, die Vereinigten Staaten, Frankreich und das Vereinigte Königreich – jeweils ein Vetorecht besitzen, mit dem sie Entscheidungen blockieren können, die sie für ungeeignet halten. Darüber hinaus zögern Staaten möglicherweise, rechtliche Schritte gegen Cyber-Akteure einzuleiten, da sie befürchten, dadurch ihre eigenen Cyber-Fähigkeiten offenlegen zu müssen. So haben die Vereinigten Staaten zwar einige Informationen über die angebliche russische Einmischung in die Präsidentschaftswahl 2016 veröffentlicht, sind jedoch nicht entschieden oder offen gegen Russland vorgegangen. Im Fall des SolarWinds-Cyberangriffs 2020, den die Vereinigten Staaten Russland zuschrieben, bestand das Problem darin, den Angriff direkt Russland zuzuordnen, und erneut ergriffen die Vereinigten Staaten keine entschiedenen Maßnahmen gegen Russland in der Öffentlichkeit (solche Cyberangriffe und weitere werden in Kap. 4 ausführlich behandelt).

3.3.2 *Erfolgreiche Regulierungsversuche: Europäische DSGVO, DMA, DSA*

Die Europäische Union steht an der Spitze der Regulierung des digitalen Raums, insbesondere in den Bereichen Datenschutz, Cybersicherheit und fairer Wettbewerb. Die Cybergesetze der Europäischen Union haben sich im Laufe der Zeit weiterentwickelt und spiegeln die sich ständig verändernde digitale Landschaft sowie die wachsende Bedeutung von Daten und Technologie wider. Es ist eine Herausforderung, internationale Normen und Gesetze für den Cyberraum zu etablieren, da das Internet global ist und die Rechtssysteme und Kulturen sehr unterschiedlich sind. Zwar gab es Bemühungen, internationale Abkommen zu Cybersicherheit und Datenschutz zu entwickeln, doch diese stießen, wie oben erläutert, auf zahlreiche Hindernisse. Dennoch hat die Europäische Union in Ermangelung internationaler Normen und Gesetze die Führung übernommen und eigene Cybergesetze entwickelt, wie die Datenschutz-Grundverordnung (DSGVO), den Digital Markets Act (DMA) und den Digital Services Act (DSA). Diese Gesetze haben die globale digitale Landschaft maßgeblich beeinflusst und werden dies voraussichtlich auch in den kommenden Jahren weiterhin tun.

Die Europäische Union ist eine politische und wirtschaftliche Union von 27 Mitgliedern mit gemeinsamer Geschichte, gemeinsamen Werten und Zielen. Es ist ihr gelungen, trotz der Souveränität und der unterschiedlichen Gesetze der einzelnen Mitgliedstaaten erfolgreiche Cybergesetze zu entwickeln – aus mehreren Gründen. Erstens verfügt die Europäische Union über eine starke Rechtstradition und ein Bekenntnis zur Wahrung der Grundrechte sowie über eine gemeinsame Kultur. Dies bildete die Grundlage für die Entwicklung von Cybergesetzen, die die Privatsphäre und Sicherheit der europäischen Bürger schützen. Zweitens ist die Europäische Union ein großer und mächtiger Markt, und ihre Gesetze haben erheblichen Einfluss auf Unternehmen, die in der EU tätig sind. Dies verschafft der EU ein starkes Verhandlungsmoment in internationalen Verhandlungen zur Cyber-Governance. Ihre Gesetze betreffen nicht nur die EU selbst, sondern auch jene, die mit der EU zusammenarbeiten und Handel treiben, und sie etablieren zudem ein Sanktionsregime, was auf eine mögliche zukünftige Entwicklung im Bereich des internationalen Cyberrechts hindeutet. Drittens ist die Europäische Union bereit, auch mit Nicht-EU-Staaten bei Cyberthemen zu kooperieren, selbst wenn kein Konsens über Normen und Prinzipien besteht. Dies hat dazu beigetragen, Vertrauen und Zusammenarbeit zwischen der EU und Nicht-EU-Staaten aufzubauen. Viertens, und am wichtigsten, ist die Europäische Union eine funktionierende Union von Staaten, die auf etablierten Verträgen basiert.[68]

Die Europäische Union begann mit der Regulierung des Cyberraums, als sich das Internet weltweit stark entwickelte und verbreitete, also bereits in den 1990er-Jahren. 1995 verabschiedete sie die Datenschutzrichtlinie der Europäischen Union (95/46/EG), ein wegweisendes Gesetz, das den Rahmen für den Datenschutz in der EU schuf. Ziel war es, die Privatsphäre des Einzelnen zu schützen, indem die Erhebung, Verarbeitung und Speicherung personenbezogener Daten geregelt wurde. Die Richtlinie führte zentrale Prinzipien wie Datenminimierung, Zweckbindung und Einwilligung ein, die bis heute Grundpfeiler des Datenschutzrechts sind. Im Jahr 2016, fast zwei Jahrzehnte nach der Datenschutzrichtlinie, verabschiedete die EU die DSGVO (2016/679). Die DSGVO bedeutete eine grundlegende Überarbeitung des Datenschutzrechts und spiegelte das Wachstum der digitalen Wirtschaft sowie die zunehmende Komplexität von Datenströmen wider. Die DSGVO führte strengere Anforderungen für Datenverantwortliche ein, stärkte die Rechte der Einzelnen und etablierte einen stärker harmonisierten Ansatz für den Datenschutz in der EU.[69]

Anschließend wurden DMA und DSA als Reaktion auf die wachsende Macht großer Online-Plattformen eingeführt. Die Europäische Union schlug den DMA und den DSA im Dezember 2020 vor, und die Regelungen traten im November 2022 in Kraft. Der DMA zielt darauf ab, die Gatekeeper-Macht großer Online-Plattformen wie Google, Amazon und Meta zu adressieren, indem er Verpflichtungen auferlegt, die einen Missbrauch ihrer Marktdominanz verhindern sollen. Der DSA hingegen zielt darauf ab, Online-Vermittler wie soziale Netzwerke und Online-Marktplätze zu regulieren, indem sie für die Inhalte und Aktivitäten auf ihren Plattformen stärker zur Rechenschaft gezogen werden.[70]

Diese Regelungen werden voraussichtlich erheblichen Einfluss auf die digitale Landschaft haben, das Verhalten großer Online-Plattformen prägen und die Rechte der Internetnutzer schützen. Die Entwicklung der europäischen Cybergesetze

---

[68] Buzan und Diez (1999) und Hodson et al. (2022).

[69] Li et al. (2019).

[70] Siehe Digital Markets Act (DMA), Europäische Kommission. https://digital-markets-act.ec.europa.eu/legislation_en; Digital Services Act (DSA), Europäische Kommission. https://digital-strategy.ec.europa.eu/en/policies/digital-services-act-package.

spiegelt das Engagement der Europäischen Union wider, die Privatsphäre, Sicherheit und Rechte ihrer Bürger im digitalen Zeitalter zu schützen. Von der Datenschutzrichtlinie über die DSGVO, DMA und DSA hat die EU versucht, den digitalen Raum so zu regulieren, dass Innovation gefördert, Verbraucher geschützt und grundlegende Werte gewahrt werden.[71] Die europäischen Cybergesetze sind ein bedeutender Schritt hin zur Entstehung entweder eines bislang unbekannten Regimes internationaler Normen und Gesetze oder von Cyberblöcken.

Ein weiteres Gesetz, das nach der Diskussion der europäischen Regelungen erwähnenswert ist, ist der kalifornische CCPA, der 2018 verabschiedet wurde. Es handelt sich um eine einzigartige und wegweisende Gesetzgebung, die den Einwohnern Kaliforniens umfassende Kontrolle über die von Unternehmen gesammelten personenbezogenen Daten einräumt. Obwohl sie nicht speziell auf den Cyberbereich abzielt, könnte sie andere US-Bundesstaaten dazu veranlassen, ihrem Beispiel in Fragen des (persönlichen) Datenschutzes im Cyberraum zu folgen. Im Allgemeinen gewährt der CCPA den Kaliforniern das Recht zu erfahren, welche Informationen über sie gesammelt wurden/werden, das Recht, diese Informationen löschen zu lassen, und weitere Rechte.[72]

3.4 Fazit

Cyberangriffe nehmen zu, da Staaten Stellvertreter nutzen, um andere Länder oder internationale Organisationen indirekt anzugreifen oder zu beeinflussen. Das Cybersicherheitsunternehmen CheckPoint schätzte, dass es 2022 etwa 38 % mehr globale Cyberangriffe gab als 2021. Da Cyberangriffe jedoch schwer nachzuverfolgen sind, ist es wahrscheinlich, dass der tatsächliche Anstieg noch größer war. Derzeit gibt es keine anwendbaren internationalen Normen oder Gesetze für den Cyberraum, die von den meisten Staaten, also den meisten UN-Mitgliedern, akzeptiert werden. Es existiert jedoch ein Cyberblock von 27 Staaten, die Europäische Union, die die DSGVO, den DMA und den DSA verabschiedet hat, um große Technologiekonzerne einzuschränken und ihre Bürger zu schützen.

Das Völkerrecht steht vor erheblichen Herausforderungen bei der wirksamen Regulierung der Cyberkriegsführung. Während bestehende Rechtsgrundsätze auf den Cyberbereich anwendbar sind, bestehen weiterhin Lücken und Unklarheiten. Der Bedarf an klaren Regeln zur Attribution, zur Schwelle für den Einsatz von Gewalt und zu wirksamen Durchsetzungsmechanismen ist offensichtlich. Da einige Großmächte von der Gesetzlosigkeit des Cyberraums profitieren, werden internationale Verträge und Sanktionsregime äußerst schwer zu realisieren sein. Dies

[71] Albrecht (2016), Blankertz und Jaursch (2021) und Ryan-Mosley (2023).

[72] Siehe California Consumer Privacy Act (CCPA), Office of the Attorney General, State of California Department of Justice (2018). https://oag.ca.gov/privacy/ccpa#:~:text=This%20landmark%20law%20secures%20new,them%20(with%20some%20exceptions)%3B.

ist bislang nur innerhalb bestehender internationaler Institutionen wie der Europäischen Union gelungen. Die Bewältigung dieser Herausforderungen ist entscheidend, damit das Völkerrecht in einer zunehmend vernetzten und digitalisierten Welt relevant bleibt.

Da sich die Cyberkriegsführung weiterentwickelt, müssen Staaten zusammenarbeiten, um den Rechtsrahmen für diesen Bereich zu entwickeln und zu stärken. Kooperation, Transparenz und die Entwicklung cyber-spezifischer Verträge und Abkommen sind entscheidende Schritte hin zu einem umfassenderen und durchsetzbaren System des Völkerrechts für die Cyberkriegsführung. Die internationale Gemeinschaft muss neue Strategien entwickeln, um der Bedrohung durch Cyber-Stellvertreter zu begegnen. Diese Strategien sollten die Verbesserung der Attribution einschließen. Regierungen und Cybersicherheitsunternehmen müssen in neue Werkzeuge und Techniken investieren, um ihre Fähigkeit zu verbessern, Cyberangriffe bestimmten Akteuren zuzuordnen. Dies wird dazu beitragen, Regierungen für ihr Handeln zur Rechenschaft zu ziehen und künftige Angriffe abzuschrecken. Allerdings wollen nicht alle Regierungen enttarnt werden.

Internationale Normen müssen weiterentwickelt werden. Die internationale Gemeinschaft muss neue Normen und Abkommen entwickeln, um den Einsatz von Cyber-Stellvertretern zu regeln. Diese Normen und Abkommen sollten darauf abzielen, das Risiko zu verringern, dass Cyberangriffe in bewaffnete Konflikte eskalieren. Doch auch hier gilt: Nicht alle Staaten streben solche internationalen Normen und Gesetze an. Diejenigen mit der größten Cybermacht – vor allem die Vereinigten Staaten, Russland, China und einige wenige andere – werden internationale Verträge und Sanktionsregime vermutlich ablehnen. Solche Entwicklungen würden nicht nur eine Bedrohung für die Souveränität der Staaten darstellen – da sie die Anforderungen anderer akzeptieren müssten –, sondern auch die Macht und die Fähigkeit der Staaten schwächen, die Messgrößen von Macht – Ressourcen, Akteure und Ergebnisse – zu kontrollieren.

Literatur

Albrecht, Jan Philipp. 2016. How the GDPR will change the world. *European Data Protection Law Review* 2: 287.

Andrew, Edward. 2011. Jean Bodin on sovereignty. *Republics of Letters: A Journal for the Study of Knowledge, Politics, and the Arts* 2(2): 80.

Bellamy, Alex J., und Tim Dunne. 2016. R2P in theory and practice. In *The Oxford handbook of the responsibility to protect,* Hrsg. Alex Bellamy and Tim Dunne, 3–17. Oxford University Press.

Berman, Eli, und David A. Lake (Hrsg.). 2019. *Proxy wars: Suppressing violence through local agents.* Cornell University Press.

Blankertz, Aline, und Julian Jaursch. 2021. What the European DSA and DMA proposals mean for online platforms. *Brookings Institute,* January 14. https://www.brookings.edu/articles/what-the-european-dsa-and-dma-proposals-mean-for-online-platforms/.

Breuilly, John. 2000. The revolutions of 1848. In *Revolutions and the revolutionary tradition—In the West 1560–1991,* Hrsg. David Parker, 109–131. Routledge.

Brunstetter, Daniel R., und Cian O'Driscoll (Hrsg.). 2017. *Just war thinkers: From Cicero to the 21st century.* Routledge.

Bull, Hedley. 2012. *The anarchical society: A study of order in world politics.* Bloomsbury Publishing

Buzan, Barry, und Thomas Diez. 1999. The European Union and Turkey. *Survival* 41(1): 41–57.

Coyne, Christopher J., und Rachel L. Mathers (Hrsg.). 2011. *The handbook on the political economy of war.* Edward Elgar Publishing.

Croxton, Derek. 1999. The peace of Westphalia of 1648 and the origins of sovereignty. *The International History Review* 21(3): 569–591.

Dahl, Robert A. 1957. The concept of power. *Behavioral Science* 2(3): 201–215.

Deutsch, Karl W. 1964. External involvement in internal war. In *Internal war, problems and approaches,* Hrsg. Harry Eckstein. New York, NY: Free Press of Glencoe.

Eggenschwiler, Jacqueline. 2020. Expert commissions and norms of responsible behaviour in cyberspace: A review of the activities of the GCSC. *Digital Policy, Regulation and Governance* 22(2): 93–107.

Gellner, Ernest. 2015. Nations and nationalism. In *Conflict after the Cold War,* 378–389. Routledge.

Global Commission on the Stability of Cyberspace. 2019. *Advancing CyberStability.* https://hcss.nl/wp-content/uploads/2019/11/GCSC-Final-Report-November-2019.pdf.

Greenberg, Andy. 2019. *Sandworm: A new era of cyberwar and the hunt for the Kremlin's most dangerous hackers.* Anchor.

Greenwood, Christopher. 1987. The concept of war in modern international law. *International & Comparative Law Quarterly* 36(2): 283–306.

Gross, Leo. 1948. The peace of Westphalia, 1648–1948. *American Journal of International Law* 42(1): 20–41.

Haber, Eldar, und Lev Topor. 2023. Sovereignty, cyberspace, and the emergence of internet bubbles. *Journal of Advanced Military Studies* 14(1): 144–165.

Hatton, Ragnhild Marie. 1976. *Louis XIV and absolution.* Macmillan Press.

Henriksen, Anders. 2019. The end of the road for the UN GGE process: The future regulation of cyberspace. *Journal of Cybersecurity* 5(1): 1–9.

Hinsley, Francis H. 1986. *Sovereignty,* 2. Aufl. Cambridge University Press.

Hodson, Dermot, Uwe Puetter, John Peterson, und Sabine Saurugger (Hrsg.). 2022. *The institutions of the European Union.* Oxford University Press.

Hudson, Manley O. 1931. Present status of the Hague Conventions of 1899 and 1907. *American Journal of International Law* 25(1): 114–117.

Huntington, Samuel. 1993. The clash of civilizations. *Foreign Affairs* 72(3): 22–49.

Kaplan, Robert D. 2019. *The return of Marco Polo's world: War, strategy, and American interests in the twenty-first century.* Random House.

Keohane, Robert Owen. 2002. *Power and governance in a partially globalized world.* Psychology Press.

Krasner, Stephen D. 1999. Globalization and sovereignty. In *States and sovereignty in the global economy,* 34–52.

Krieg, Andreas, und Jean-Marc Rickli. 2018. Surrogate warfare: The art of war in the 21st century? *Defence Studies* 18(2): 113–130.

Li, He., Lu Yu, und Wu He. 2019. The impact of GDPR on global technology development. *Journal of Global Information Technology Management* 22(1): 1–6.

Locke, John. 2013. Two treatises of government, 1689. In *The anthropology of citizenship: A reader,* Hrsg. Sian Lazar, 43–46. Wiley.

Lucas, John. 1998. The tension between despotic and infrastructural power: The military and the political class in Nigeria, 1985–1993. *Studies in Comparative International Development* 33: 90–113.

Mann, Michael. 2008. Infrastructural power revisited. *Studies in Comparative International Development* 43: 355–365.

Maurer, Tim. 2018. *Cyber mercenaries.* Cambridge University Press.

Mearsheimer, John. 2014. *The tragedy of great power politics,* updated Aufl. W. W. Norton & Company.
Mumford, Andrew. 2013. *Proxy warfare.* Cambridge: Polity Press.
Nakashima, Ellen, und Steven Mufson. 2015. U.S., China vow not to engage in economic cyberespionage. *Washington Post,* September 25. https://www.washingtonpost.com/national/us-china-vow-not-to-engage-in-economic-cyberespionage/2015/09/25/90e74b6a-63b9-11e5-8e9e-dce8a2a2a679_story.html#.
Newey, Glen. 2008. *Routledge philosophy guidebook to Hobbes and Leviathan.* Routledge.
Nye, Joseph S. 1990. Soft power. *Foreign Policy* 80: 153–171.
Nye, Joseph S. 2004. *Soft power: The means to success in world politics.* Public Affairs.
Nye, Joseph S. 2008. Public diplomacy and soft power. *The Annals of the American Academy of Political and Social Science* 616(1): 94–109.
Nye, Joseph S. 2016. Deterrence and dissuasion in cyberspace. *International Security* 41(3): 44–71.
Nye, Joseph S. 2023. Get smart: Combining hard and soft power. In *Soft power and great power competition: Shifting sands in the balance of power between the United States and China,* 63–66. Singapore: Springer Nature.
Osiander, Andreas. 2001. Sovereignty, international relations, and the Westphalian myth. *International Organization* 55(2): 251–287.
Parker, Geoffrey. 2006. *The thirty years' war.* Routledge.
Pearson, Frederic S. 1974. Foreign military interventions and domestic disputes. *International Studies Quarterly* 18(3): 259–290.
Poireault, Kevin. 2023. Hacker group GhostSec unveils new generation ransomware implant. *InfoSecurity Magazine,* Oktober 19. https://www.infosecurity-magazine.com/news/hacker-ghostsec-unveils-new/.
Radulescu, Irina Gabriela, Mirela Panait, und Catalin Voica. 2014. BRICS countries challenge to the world economy new trends. *Procedia Economics and Finance* 8: 605–613.
Rousseau, Jean-Jacques. 2012. *The major political writings of Jean-Jacques Rousseau: The two discourses and the social contract.* Translated und edited by John T. Scott. University of Chicago Press.
Ruggie, John Gerard. 1982. International regimes, transactions, and change: Embedded liberalism in the postwar economic order. *International Organization* 36(2): 379–415.
Ruhl, Christian, Duncan Hollis, Wyatt Hoffman, und Tim Maurer. 2020. *Cyberspace and geopolitics: Assessing global cybersecurity norm processes at a crossroads.* Carnegie Endowment for International Peace.
Ryan-Mosley, Tate. 2023. The internet is about to get a lot safer. *MIT Technology Review,* März 6. https://www.technologyreview.com/2023/03/06/1069391/safer-internet-dsa-dma-eu/.
Schmitt, Michael N. (Hrsg.). 2013. *Tallinn manual on the international law applicable to cyber warfare.* Cambridge University Press.
Schmitt, Michael N. (Hrsg.). 2017. *Tallinn manual 2.0 on the international law applicable to cyber warfare.* Cambridge University Press.
Schmitt, Michael N., und Liis Vihul. 2014. Proxy wars in cyberspace: The evolving international law of attribution. *Fletcher Securities Review* 1: 53.
Schnee, Walter. 2001. Nationalism: A review of the literature. *Journal of Political & Military Sociology* 29(1): 1–18.
Shuker, Pnina, und Lev Topor. 2021. Russian influence campaigns against NATO in the Baltic region: Spread of chaos and divide et impera. In *The Russian Federation in global knowledge warfare,* 295–314. Cham: Springer.
Soifer, Hillel, und Matthias Vom Hau. 2008. Unpacking the strength of the state: The utility of state infrastructural power. *Studies in Comparative International Development* 43: 219–230.
Sommerville, Johann P. 2015. Early modern absolutism in practice and theory. In *Monarchism and absolutism in early modern Europe,* 117–130. Routledge.
Topor, Lev, und Alexander Tabachnik. 2021. Russian cyber information warfare: International distribution and domestic control. *Journal of Advanced Military Studies* 12(1): 112–127.

Walzer, Michael. 2015. *Just and unjust wars: A moral argument with historical illustrations.* Hachette UK.

Wilson, Peter H. 2008a. The causes of the thirty years war 1618–48. *The English Historical Review* 123(502): 554–586.

Wilson III, Ernest J. 2008b. Hard power, soft power, smart power. *The Annals of the American Academy of Political and Social Science* 616(1): 110–124.

Wintour, Patrick. 2023. How Iran uses proxy forces across the region to strike Israel and US. *Guardian,* November 1. https://www.theguardian.com/global/2023/nov/01/how-iran-uses-proxy-forces-across-the-region-to-strike-israel-and-us.

Kapitel 4
Cyberkrieg: Globale Trends und Stellvertreterkriege

„Die Vereinigten Staaten sind am Ende des 20. Jahrhunderts sicherlich weniger mächtig als 1945."[1] Darüber hinaus stellte Joseph S. Nye 1990 fest, dass sich die Definitionen und Wahrnehmungen von Macht und sogar Sicherheit von der klassischen Anwendung harter Macht hin zu weicheren, aber mitunter weitaus effektiveren Machtformen zu verschieben begannen. Im 21. Jahrhundert wird Macht nun auch durch den Cyberraum projiziert, manchmal auf weiche, zu anderen Zeiten auf harte oder scharfe Weise. Nach dem Überblick über Souveränität in den internationalen Beziehungen in Kap. 3 wird in diesem Kapitel folgende Frage untersucht: Wie wird Macht mit und durch den Cyberraum in den internationalen Beziehungen projiziert? Die Ergebnisse dieses Kapitels bestätigen, dass die im Cyberkrieg und im Cyberraum allgemein eingesetzte Macht nicht nur weicher, sondern auch dynamischer ist, nicht an bestimmte Größen und Stärken gebunden ist und sowohl traditionelle, weiche als auch harte Macht ergänzen kann. Wenn Macht einst im Militär lag und später in traditioneller Diplomatie und Währung, so liegt sie heute in einer innovativen Währung: in cyberdiplomatischer, informationsbezogener, militärischer und wirtschaftlicher (DIME) Kriegsführung. Cyber DIME ist ein Begriff, der die Ausübung und Reflexion diplomatischer, informationsbezogener, militärischer oder wirtschaftlicher Maßnahmen durch den Cyberraum beschreibt.

Zur Beantwortung der Forschungsfrage und um die Situation in der Realität angemessen zu reflektieren, wird eine gemischte Methodik verwendet. Qualitative Analysen von sechs Cyberangriffen (Fallstudien) werden mit einer quantitativen Analyse von 500 bedeutenden Cybervorfällen kombiniert. Die Fallstudien umfassen die russische Einmischung in die US-Präsidentschaftswahl 2016, russische Desinformationskampagnen in Schweden um 2017, den russischen Cyberangriff auf das ukrainische Stromnetz 2015 und den nordkoreanischen WannaCry-Ransomware-Angriff von 2017 sowie den Cyberangriff 2020 auf das Unternehmen SolarWinds,

[1] Nye (1990, 153, Abs. 3).

L. Topor, *Cyber-Souveränität*, https://doi.org/10.1007/978-3-032-09326-4_4

mutmaßlich durch eine russische Hackergruppe. Ebenfalls enthalten ist die berüchtigte Stuxnet-Cyberwaffe, die angeblich von den Vereinigten Staaten und Israel gegen den Iran eingesetzt wurde (entdeckt 2010). Deskriptive Statistiken und Kreuztabellen werden anschließend verwendet, um 500 bedeutende Cybervorfälle zu analysieren. Ziel ist es, die Zusammenhänge zwischen Cyberkriegstaktiken, Maßnahmen der Macht in den internationalen Beziehungen, Tätertypen und Opfertypen aufzudecken.

Die Analyse macht deutlich, dass traditionelle Mächte wie die Vereinigten Staaten, das Vereinigte Königreich, Russland und China nicht nur weniger mächtig sind als während des Übergangs von harter zu weicher Macht, sondern dass ihre militärischen und wirtschaftlichen Fähigkeiten angesichts des Potenzials des Cyberraums und der Cyberkriegsführung in gewissem Maße erodieren. Mächtige Nationen werden verwundbarer und verlieren ihren internationalen Einfluss, da andere Staaten, nichtstaatliche Akteure und sogar Einzelpersonen Cyber DIME nutzen, um ihre Macht zu vervielfachen.

4.1 DIME: Elemente der Macht

Macht ist die Fähigkeit, Dinge zu tun und andere zu kontrollieren, andere dazu zu bringen, etwas zu tun, was sie sonst nicht tun würden.[2] Diese Fähigkeit wird oft mit dem Besitz bestimmter Ressourcen assoziiert: Territorium, Bevölkerung, natürliche Ressourcen, wirtschaftliche Größe und Stärke, militärische Macht und politische Stabilität. Ein neorealistischer Ansatz betont harte Macht, insbesondere die harte Macht von Staaten – wie militärische Macht –, während ein neoliberaler Ansatz weichere Macht betont, etwa diplomatischen, wirtschaftlichen und kulturellen Einfluss. In neueren Studien wird Smart Power als die Fähigkeit eines Akteurs gelobt, Elemente harter und weicher Macht zu kombinieren.[3] Darüber hinaus wurde Sharp Power 2017 von der National Endowment for Democracy sowie von Christopher Walker und Jessica Ludwig als eine Art von Macht definiert, die Nicht-Demokratien wie Russland oder China nutzen, um ihren Einfluss im Bereich der internationalen Sicherheit auszudehnen, indem sie die Asymmetrie zwischen echten Demokratien und weniger demokratischen oder nicht-demokratischen Staaten ausnutzen.[4] Im Kontext des Cyberraums, wie im nächsten Abschnitt und in diesem Kapitel insgesamt weiter ausgeführt, ist Cybermacht der Kampf um Kontrolle und Einflussnahme auf andere durch den Cyberraum.[5]

[2] Dahl (1957).

[3] Nye (2023), Wilson III (2008).

[4] National Endowment for Democracy (2017).

[5] Klimburg und Faesen (2020).

Im Cyberraum können weniger oder nicht-demokratische Länder weiche Macht, wie Einflusskampagnen, oder harte Macht, wie Cyberangriffe auf Infrastrukturen, gegen ihre Gegner einsetzen und sich gleichzeitig gegen ähnliche Versuche absichern. Das heißt, echte Demokratien mit freien politischen Plattformen sind anfälliger für ausländische Manipulationen und Einflussnahmen, während weniger oder nicht-demokratische Staaten ihre Cybergrenzen schließen oder Inhalte und Webseiten zensieren können.[6] Tatsächlich sind Russland und China dem Westen sowohl in Bezug auf Cyber-Einfluss als auch auf Cybersicherheit einen Schritt voraus.[7]

Traditionell haben Staaten ihre Macht in Kriegszeiten getestet – durch harte Macht. Beispielsweise wurden alle genannten Ressourcen während des Ersten und Zweiten Weltkriegs in der ersten Hälfte des 20. Jahrhunderts auf die Probe gestellt. In der zweiten Hälfte des 20. Jahrhunderts verlagerte sich die Definition, Ausübung und Darstellung von Macht dann zu einer weicheren Ausrichtung, wobei Technologie, Bildung und Wirtschaftswachstum betont wurden.[8] Ebenso gewinnt in vielen Teilen der Welt weiche Macht gegenüber traditioneller, harter Macht an Bedeutung, da die Normen des Einsatzes roher Gewalt abnehmen. Wie Thomas Ward formulierte: „Mäßigung ist dem Krieg nicht fremd."[9] Dennoch wird in anderen Teilen der Welt, wie dem Nahen Osten, militärische Macht weiterhin als essenziell für internationale Angelegenheiten betrachtet. Zudem waren Staaten traditionell die Hauptakteure mit erheblichem Einfluss in den internationalen Beziehungen und der internationalen Sicherheit, während Organisationen weniger und Einzelpersonen nahezu keinen Einfluss hatten. Im 21. Jahrhundert haben jedoch Einzelakteure und andere nicht-staatliche Akteure das Potenzial, die internationalen Beziehungen, die internationale Sicherheit und sogar den innerstaatlichen Sicherheitsstatus eines Staates maßgeblich zu beeinflussen. Die Handlungen von Edward Snowden,[10] der zahlreiche geheime amerikanische Überwachungsprogramme und zugehörige Dateien offenlegte, und Julian Assange,[11] Gründer von WikiLeaks, beweisen, dass selbst wenige Mausklicks und Leaks von Einzelpersonen enorme Auswirkungen auf die Politik haben können.

---

[6] Lutscher et al. (2020).

[7] Topor und Tabachnik (2021).

[8] Nye (1990).

[9] Ward (2001, 1).

[10] Edward Snowden ist ein amerikanischer „Whistleblower". Er veröffentlichte 2013 hochgradig geheime Informationen der National Security Agency (NSA), darunter mehrere geheime nationale Überwachungsprogramme. Die Vereinigten Staaten erhoben im selben Jahr strafrechtliche Anklage gegen Snowden, woraufhin er in Länder wie Hongkong und Russland floh. Während diese Zeilen geschrieben werden, ist Snowdens Aufenthaltsort weiterhin ein unbekannter Ort in Russland. Weitere Informationen siehe Snowden (2019).

[11] Julian Paul Assange ist ein australischer Investigativjournalist, der 2006 die Enthüllungsplattform WikiLeaks gründete. Die Plattform erlangte internationale Bekanntheit, als sie Leaks zum amerikanischen Krieg in Afghanistan und im Irak veröffentlichte. Im November 2010 eröffneten die Vereinigten Staaten eine strafrechtliche Untersuchung der Leaks nach dem Espionage Act von 1917. Weitere Informationen zum Fall siehe Leigh und Harding (2013).

DIME ist Macht. Wie im Department of Defense (DoD) Dictionary of Military and Associated Terms von 2019 definiert, wird nationale Macht durch DIME ausgeübt.[12] Verschiedene Variationen oder Verhältnisse zwischen diplomatischem, informationsbezogenem, militärischem und wirtschaftlichem Einfluss können unterschiedliche Machtformen hervorbringen. Im Allgemeinen werden Diplomatie und Information viel stärker mit weicher Macht assoziiert, während Militär und Wirtschaft Begriffe sind, die mit harter Macht verbunden werden.[13]

Es gibt drei Hauptansätze zur Messung von Macht in den internationalen Beziehungen: Kontrolle über Ressourcen, Kontrolle über Handlungen und Kontrolle über Ereignisse und Ergebnisse. Traditionell ist die Kontrolle über Ressourcen wie Militärgröße und Waffenanzahl, Energie- und Nahrungsreserven und sogar finanzielle Ressourcen ein Indikator für eine eher physische und empirische Macht.[14] Wie Rudolph J. Rummel Anfang der 1970er-Jahre vorschlug, können die Dimensionen von Staaten bewertet werden, und dieses Maß ist über die Zeit hinweg konsistent. Sofern ein Staat nicht kollabiert,[15] wird er wahrscheinlich ähnliche physische Ressourcen und Fähigkeiten beibehalten.[16]

Kontrolle über Handlungen ist einfach eine andere Formulierung von Robert Dahls Definition von Macht als die Fähigkeit von A, B dazu zu bringen, etwas zu tun, was er sonst nicht tun würde. Der Umfang von Macht und Einfluss eines Akteurs auf einen anderen ist begrenzt, und wenn A tatsächlich B beeinflussen kann, bedeutet das nicht, dass er auch C, D usw. beeinflussen kann. Interessanterweise kann im Kontext von Smart Power und asymmetrischen Konflikten A B mit harter Macht beeinflussen, aber B kann potenziell A mit weicherer oder intelligenterer Macht beeinflussen.[17] So gewinnen die Schwachen Kriege und große Nationen können kleine Kriege verlieren.[18]

Das dritte Hauptmaß für Macht in den internationalen Beziehungen ist die Kontrolle über Ereignisse und Ergebnisse. Nach der Logik der Rational-Choice-Theorie könnten Akteure in den internationalen Beziehungen andere Akteure oder Ressourcen kontrollieren wollen, um bestimmte Ergebnisse zu erzielen. Ein gewünschtes Ergebnis kann einen Akteur in mehreren Aspekten der internationalen Beziehungen und internationalen Sicherheit stärken, etwa in den Bereichen Sicherheit, Wirtschaft, Gesellschaft und Governance. Akteure verbinden ihre Handlungen mit bestimmten Ereignissen, die sie kontrollieren wollen. Die

---

[12] U.S. Department of Defense (2019, 106).

[13] Nye (2008).

[14] Hart (1976).

[15] Für dieses Kapitel und diesen Begriff gilt ein kollabierender Staat als einer, der einen bedeutenden Krieg verloren, eine Eroberung oder eine interne nationale oder Naturkatastrophe erlebt hat, wodurch seine politische und institutionelle Struktur vollständig zusammengebrochen ist.

[16] Rummel (1972).

[17] Dahl (1957).

[18] Hart (1976), Arreguin-Toft (2001), Mack (1975).

Ereignisse wiederum sind mit einem bevorzugten Ergebnis oder Ziel verbunden. Es ist daher unwahrscheinlich, dass ein Akteur ein gewünschtes Ergebnis erzielt, ohne zuvor die Kontrolle über Ereignisse zu erlangen.[19] Mehrere Gegenbeispiele werden in den nächsten Abschnitten gegeben; Cyber DIME, insbesondere die intelligente Nutzung von Diplomatie und Information, kann einem Akteur helfen, Ergebnisse zu erzielen, ohne tatsächliche Ereignisse zu kontrollieren – etwa durch Propaganda oder Fake News.

4.2 Diplomatie, Information, Militär, Wirtschaft: Theoretische und operative Definitionen

Diplomatie wird als eine wesentliche politische Aktivität in den internationalen Beziehungen definiert, deren Ziel es ist, die Interessen eines Akteurs ohne den Einsatz von Gewalt, Propaganda oder geltendem Recht zu sichern – das heißt, auf friedliche Weise durch Methoden der Verhandlung sowie internationale Abkommen, Verträge und Interessenvertretung.[20] Neben militärischer und wirtschaftlicher Stärke war Diplomatie ein entscheidender Faktor für den amerikanischen Sieg im Kalten Krieg. Heute, im Informationszeitalter, besteht Diplomatie nicht mehr nur aus Verhandlungen zwischen den Vertretern zweier oder mehrerer Staaten, sondern sie ist operativ öffentlich und wird im Cyberspace ausgeführt. In der heutigen Zeit ist Diplomatie öffentlich; sie ist der Versuch, die Herzen und Köpfe anderer zu gewinnen und zu formen – anderer Staaten, anderer Gesetzgeber und anderer Gesellschaften.[21] Darüber hinaus ist der eigentliche Kampf im Bereich der öffentlichen Diplomatie angesichts der enormen Menge an weltweit verfügbaren Informationen durch Kommunikationsmittel wie das Internet der Kampf um Aufmerksamkeit. Cyberdiplomatie ist eine aufkommende internationale Praxis, die versucht, eine cyber-internationale Gesellschaft zu konstruieren, indem sie die nationalen Interessen der Staaten mit den Dynamiken der Weltgesellschaft verbindet.[22]

Sowohl globale Akteure als auch die Wirtschaft betrachten Aufmerksamkeit mittlerweile als eine Form von Währung. Diplomatie und Information, die im nächsten Absatz definiert und diskutiert werden, leben beide von Aufmerksamkeit. Wer öffentliche und globale Aufmerksamkeit erhält, wird seine Ziele erreichen, während diejenigen mit größeren Problemen oder Herausforderungen, aber ohne öffentliche und globale Aufmerksamkeit, dies nicht gelingen wird.[23] Lanham und Merkoski schlagen vor, dass „Aufmerksamkeit zunehmend eine Form von Kapital

[19] Hart (1976).

[20] Berridge (2015, 1), Barston (2014, 1–13).

[21] Neumann (2003).

[22] Nye (2008), Barrinha und Renard (2017).

[23] Teixeira (2014).

ist. Einige Ökonomen argumentieren, dass Aufmerksamkeit tatsächlich eine parallele Wirtschaft darstellt, die auf einer virtuellen Währung basiert."[24]

Information wird als die Auflösung von Unsicherheit definiert. James Gleick beschreibt Information als Buchstaben, Nachrichten, Klänge, Bilder, Nachrichten, Anweisungen, Zahlen, Fakten, Signale und Zeichen – nahezu alles in unserem Leben, das uns bestimmtes Wissen vermittelt. In ihrer heutigen operativen Form sind IKT wie das Internet, E-Mails, Satelliten, Fernsehen, Mobiltelefone und sogar das IoT allesamt bedeutende Mechanismen, die jedem von uns die Grundlagen von Information bereitstellen.[25] Über Websites, Telefonanrufe und mehr erhalten wir Briefe, Nachrichten, Klänge, Bilder, Nachrichten, Anweisungen, Zahlen, Fakten, Signale, Zeichen und viele weitere Arten von Informationen. Unsere Gehirne können sogar Informationen aus Gerüchen extrahieren.[26]

Im internationalen Kontext ist es jedoch die Verantwortung jeder Seite, Informationen klug zu nutzen. Das heißt, die Seite, die Informationen verbreitet, muss diese an ihre strategischen Ziele anpassen, wie etwa im Fall russischer Propaganda und Fake News, die später behandelt werden. Die Seite, die Informationen empfängt und ihre Entscheidungen darauf stützt, muss diese überprüfen und verifizieren. Andernfalls könnten ausländische Akteure die Sicherheit der empfangenden Seite beeinflussen. Alle genannten Methoden und Plattformen können Informationen verbreiten, seien sie wahr, falsch oder unklar.[27] Diplomatie und Information, insbesondere die Kontrolle über diese Begriffe und die Fähigkeit, sie anzupassen, sind entscheidend für die Fähigkeit eines Staates, internationale Beziehungen und internationale Sicherheit zu beeinflussen.[28]

Militärische Angelegenheiten und Aktivitäten sowie die Kriegsführung werden traditionell anhand von Clausewitz' Definition von Krieg beschrieben: „Der Krieg ist also ein Akt der Gewalt, um unseren Gegner zu zwingen, unseren Willen zu erfüllen."[29] Darüber hinaus betont Clausewitz, dass das Ziel des Krieges die Entwaffnung des Gegners ist.[30] Quincy Wright und Louise Leonard Wright argumentieren, dass Krieg ein Konflikt zwischen politischen Gruppen, insbesondere souveränen Staaten, ist, der von Streitkräften beträchtlichen Ausmaßes über einen erheblichen Zeitraum geführt wird.[31] Obwohl die Diskussion darüber, was Krieg ist, durchaus interessant sein kann, wie Yehoshafat Harkabi in seinem Handbuch *War and Strategy* darlegt und erklärt, kann die moderne operative Definition sehr unklar sein.[32]

---

[24] Lanham und Merkoski (2008, 2).
[25] Gleick (2012, 7).
[26] Eriksson und Giacomello (2006), Porter et al. (2005).
[27] Carson (2019).
[28] Larson et al. (2009), U.S. Department of Defense (2019, 154).
[29] Clausewitz (1975, 75).
[30] U.S. Department of Defense (2019, 77).
[31] Wright und Wright (1983, 3–4, 103–105).
[32] Harkabi (1990).

Eine operative Definition von Krieg und Kriegsführung ist der Einsatz von Gewalt, jeglicher Gewalt, unabhängig von den eingesetzten Waffen.[33] Eine spezifischere Definition beinhaltet das Verbot der Androhung oder Anwendung von Gewalt. Artikel 2(4) der Charta der Vereinten Nationen besagt: „Alle Mitglieder [der Vereinten Nationen] unterlassen in ihren internationalen Beziehungen jede Androhung oder Anwendung von Gewalt, die gegen die territoriale Unversehrtheit oder die politische Unabhängigkeit eines Staates gerichtet ist oder sonst mit den Zielen der Vereinten Nationen unvereinbar ist.“[34] Das *Tallinn Manualon theInternational LawApplicable toCyber Warfare* stellt darüber hinaus ausdrücklich fest, dass Cyber-Operationen von Staaten oder deren Beauftragten ebenfalls als Anwendung von Gewalt definiert werden. Private Einzelpersonen oder Organisationen sind jedoch nicht eingeschlossen.[35] Die zweite Version des Tallinn Manual stellt fest, dass Cyber-Operationen und Spionage nicht eindeutig gegen das Völkerrecht verstoßen, wobei dies sehr vage bleibt: „Obwohl Cyber-Spionage durch Staaten in Friedenszeiten nicht per se gegen das Völkerrecht verstößt, könnten die Methoden, mit denen sie durchgeführt wird, dies tun.“[36]

Das Tallinn Manual weist ebenfalls darauf hin, dass der Begriff der Gewaltanwendung schwer zu fassen ist, aber einige Kriterien angewendet werden können, um zu bestimmen, ob Gewalt (oder deren Androhung) angewendet wurde. Diese Kriterien sind Schweregrad, Unmittelbarkeit, Direktheit, Eindringtiefe, Messbarkeit der Auswirkungen, militärischer Charakter, staatliche Beteiligung und vermutete Rechtmäßigkeit. Obwohl diese Kriterien weder abschließend noch bindend sind, sind sie sehr nützlich, um Cyber-Militärgewalt in diesem Kapitel zu definieren – auch für all jene, die sich allgemein mit Cyberkriegsführung beschäftigen.[37] Dennoch zeigen die verschiedenen, in den nächsten Abschnitten dieses Kapitels vorgestellten Fallstudien, dass selbst diese acht Kriterien oft unzureichend sind.

Schließlich wird Wirtschaft traditionell definiert als „das System von Handel und Industrie, durch das der Wohlstand eines Landes geschaffen und genutzt wird“.[38] Diese Definition vermeidet die ewige Debatte zwischen kapitalistischen und sozialistischen Wirtschaftssystemen. Die in diesem Kapitel gemeinte Wirtschaft ist überwiegend politisch – die Methodik der Ökonomie, angewandt auf die Analyse politischen Verhaltens und politischer Institutionen.[39] Staat und Markt existieren parallel und stehen in wechselseitiger Beziehung; diese Kombination schafft und definiert moderne politische Ökonomien.[40] Die operative Definition einer Wirt-

---

[33] Vereinte Nationen (1996, Abs. 39).

[34] Vereinte Nationen (1945, Kap. 1, Artikel 2).

[35] Schmitt (2013, 45–52).

[36] Schmitt (2017, 168).

[37] Ebd.

[38] Cambridge Dictionary, „Economy“ (o. J.), https://dictionary.cambridge.org/dictionary/english/economy.

[39] Weingast und Wittman (2008, 3).

[40] Gilpin (2016, 8).

schaft ist eine hierarchische Struktur, die aus einem dominanten Kern und einer abhängigen Peripherie besteht.[41] Interessanterweise stellt sich die Theorie der dualen Wirtschaft im Kontext von Cyber-DIME-Fragen umgekehrt dar. Während der erste Typ der Theorie der dualen Wirtschaft, die moderne und fortschrittliche Wirtschaft, einen Großteil der Welt antreibt, ist sie tatsächlich viel anfälliger für Cyberangriffe und -einflüsse als der zweite, traditionelle, nicht-moderne Typ der lokalen, autarken Wirtschaft. Weniger entwickelte, einfache Volkswirtschaften und Märkte sind somit weniger anfällig für Cyberangriffe und -einflüsse.[42]

Darüber hinaus würden klassische Realisten die Wirtschaft vermutlich als Soft Power einstufen, doch sogenannte Währungskriege sind sehr konkret und hart.[43] Seit Beginn des 21. Jahrhunderts beschuldigen sich Staaten gegenseitig, Währungskriege zu führen, Handelsabkommen zu verletzen und andere Formen wirtschaftlicher Aggression zu betreiben. Im Jahr 2010 warf Brasiliens Finanzminister Guido Mantega den Vereinigten Staaten vor, durch quantitative Lockerung und einen schwachen Dollar Währungskriege zu führen. Während der amerikanisch-chinesischen Handelsauseinandersetzungen von 2018–2020 erklärten chinesische Führungskräfte, dass die chinesische Währung als Waffe im Handelskrieg eingesetzt werden könne. Chinas Staatschef Xi Jinping drohte, die chinesische Währung zu schwächen, um westliche und amerikanische Importe und Exporte zu schädigen.[44] Ray Dalio, der Gründer des weltweit größten Hedgefonds Bridgewater Associates, behauptete im August 2019, dass China seine massiven US-Staatsanleihenbestände von etwa 1,11 Billionen US-Dollar als Waffe einsetzen könne. Der Handelskrieg könnte sich daher in seiner Komplexität und Gefährlichkeit weiter zuspitzen, da China und die Vereinigten Staaten sowohl im staatlichen als auch im privaten Bereich in einem Schuldner-Gläubiger-Verhältnis stehen.[45]

Ein weiteres besorgniserregendes Beispiel ist die Cyberkriminalität. Das Center for Strategic and International Studies (CSIS) kam in Zusammenarbeit mit McAfee zu dem Schluss, dass fast ein Prozent des globalen BIP, etwa 600 Milliarden US-Dollar im Jahr 2018, von Cyberkriminellen gestohlen wurde.[46] Bis Ende 2020 hatte die Cyberkriminalität fast eine Billion US-Dollar erbeutet. Darüber hinaus richtet Cyberkriminalität nicht nur finanziellen Schaden an; auch Effizienz, Produktivität, Markenimage und persönliche Moral gehen verloren.[47] Cyberkriminalität, die in staatliche Cyberangriffe, Einflussnahme und Ausbeutung umgewandelt und manipuliert wird, könnte potenziell die Fähigkeiten von Finanzdienstleistungen, insbesondere Zahlungssysteme und Börsenmärkte weltweit, stören.[48]

[41] Ebd., 93.
[42] Ebd., 66–67.
[43] Jervis (1994).
[44] Perlez und Stevenson (2019).
[45] Lee (2019).
[46] Lewis (2018).
[47] Smith und Lostri (2020).
[48] Mee und Schuermann (2018).

4.3 Cyberkrieg und Cyber DIME

Cyberkrieg ist der Einsatz von Cyberwaffen sowie anderen Cyber-Systemen und -Mitteln, um Verletzungen, Tod, Schaden, Zerstörung oder Einfluss auf internationale Akteure und/oder Objekte zu verursachen. Cyberkriegsakte können von Einzelpersonen, Organisationen, Unternehmen, Staaten, staatlichen Stellvertretern und sogar KI-Einheiten ausgeführt werden.[49] Cyberkrieg ist mittlerweile ein integraler Bestandteil umfassender nationaler Sicherheitsstrategien, und Staaten streben danach, ihre nationale Cybersicherheit zu stärken und ihre Cyberfähigkeiten in den internationalen Beziehungen und der internationalen Sicherheit abzusichern. Hinsichtlich der Cyberkriegsstrategie gibt es zwei Hauptansätze: einen revolutionären und einen evolutionären Ansatz. Der revolutionäre Ansatz betrachtet Cyberwaffen wie Angriffe mit Schadsoftware als eine „Revolution in militärischen Angelegenheiten“, ähnlich wie Seeleute einst die Entwicklung und den breiten Einsatz der Luftwaffe betrachteten – als etwas, das die Strategie und Macht von Staaten transformieren könnte. Der evolutionäre Ansatz sieht Cyberwaffen als eine taktische Entwicklung. Das heißt, militärische Angelegenheiten und Strategien haben sich nicht grundlegend verändert – Staaten streben weiterhin nach Macht und Einfluss in den internationalen Beziehungen und sind bereit, dafür zu kämpfen. Aus dieser Sicht ist die Hauptveränderung des Cyberkriegs nicht strategisch, sondern taktisch und technologisch: Ein Konflikt bleibt ein Konflikt, unabhängig von den eingesetzten Waffen – ob Gewehre, Bomben oder Schadsoftware.[50]

Die Nationale Cyberstrategie der Vereinigten Staaten vom September 2018 veranschaulicht den evolutionären Ansatz.[51] In ihren Zielen und Vorgaben ähnelt sie stark der Nationalen Sicherheitsstrategie der Vereinigten Staaten vom Dezember 2017.[52] Beide betonen vier zentrale strategische Säulen: (1) Schutz des amerikanischen Volkes, des Heimatlandes und der amerikanischen Lebensweise, (2) Förderung des amerikanischen Wohlstands, (3) Wahrung des Friedens durch Stärke und (4) Stärkung des amerikanischen Einflusses.

Obwohl die Taktiken, Methoden und Innovationen der Cyberkriegsführung revolutionär sein können, verfolgt selbst der Cyberstaat Israel einen evolutionären Ansatz. Im September 2017 veröffentlichte die Nationale Cyberdirektion des Büros des Premierministers ein Strategiepapier zur Cybersicherheit. Wie die amerikanische nationale Cyberstrategie konzentriert sie sich auf Offensive und Defensive, auf nationale Sicherheit und auf Einflussnahme in Fragen der internationalen Beziehungen und der internationalen Sicherheit. Es gibt drei israelische strategische Säulen, die jedoch weniger klar definiert sind als die amerikanischen. Sie

[49] Andress und Winterfeld (2013, 1–14).

[50] Valeriano et al. (2018, 1–21).

[51] The White House (2018).

[52] The White House (2017).

zielen darauf ab, Cyber-Robustheit zu bündeln sowie systemische Cyber-Resilienz und nationale Cyberabwehr zu entwickeln.[53]

China und Russland, die das Potenzial haben, eine strategische Bedrohung für die Vereinigten Staaten, Europa, Ostasien, den Nahen Osten und den Rest der Welt darzustellen, haben in den letzten Jahren ebenfalls ihre Cyberfähigkeiten betont und ausgebaut.[54] Das Vereinigte Königreich hat mit seiner Nationalen Cybersicherheitsstrategie ähnliche Vorschläge wie die Vereinigten Staaten und andere wichtige Akteure hinsichtlich Fähigkeiten und Sicherheitsaspekten gemacht.[55] Mitte 2019 kündigte die Europäische Union an, Cyber-Kriegsübungen durchzuführen, um sich auf russische und chinesische Cyberangriffe vorzubereiten, nachdem es zu einer Reihe mutmaßlicher russischer und chinesischer Cyberangriffe auf EU-Mitgliedstaaten gekommen war.[56] Der Iran ist ein wichtiger Verbündeter der russisch-chinesischen Cyberinitiativen, da er zu den westfeindlichsten Staaten in Westasien und im Nahen Osten zählt. Im Juli 2019 vereinbarten Iran und China eine Zusammenarbeit gegen „US-Unilateralismus und Hegemonie im IT-Bereich".[57] Darüber hinaus setzen Iran, Russland und China ihre Zusammenarbeit fort, um sich auf einen Cyberkrieg vorzubereiten, wobei jeder Akteur eigene strategische Interessen verfolgt, die den amerikanischen und westlichen Interessen in den internationalen Beziehungen und der internationalen Sicherheit entgegenstehen.[58]

Der Föderationsrat der Russischen Föderation hat in einem Dokument mit dem Titel „Konzept der Strategie der Cybersicherheit der Russischen Föderation" (Russisch: Концепция Стратегии Кибербезопасности Российской Федерации) die wachsende Bedeutung von Cyberkrieg, IKT und die Nutzung cyberbezogener Maßnahmen zur Ergänzung und Unterstützung anderer Handlungen im Bereich der internationalen Beziehungen hervorgehoben.[59] Russische Offizielle sind überzeugt, dass Moskau sich in einem andauernden existenziellen Kampf der internationalen Beziehungen befindet. Russische Militärs verwenden nicht den Begriff Cyberkrieg. Stattdessen wird Cyberkrieg im weiteren Rahmen der Informationskriegsführung konzeptualisiert, also in einem ganzheitlichen Ansatz, der Computer-Netzwerkoperationen, elektronische Kriegsführung, psychologische Operationen und Informationsoperationen umfasst.[60]

Daniel Ray Coats, der ehemalige Direktor der US-Geheimdienste, argumentiert, dass Russland eine sehr bedeutende Cyberbedrohung darstellt, insbesondere

[53] National Cyber Directorate (2017).
[54] Coats (2019).
[55] Dawda (2021).
[56] Bofey (2019).
[57] Doffman (2019).
[58] Coats (2019), Lindsey (2019).
[59] Committee of the Federation, o. J.
[60] Connell und Vogler (2016).

in Form von Spionage, Einflussnahme und Angriffen im Cyberraum.[61] Im August 2020 äußerte das United States Global Engagement Center (GEC) die Vermutung, dass Russland ein ganzes „Ökosystem“ aus Desinformations- und Propagandaplattformen geschaffen habe. Moskau nutzt Bots, Trolle sowie offizielle und inoffizielle Websites, um durch Desinformation Chaos in den Vereinigten Staaten und Europa zu stiften.[62] Darüber hinaus umfassen russische Cyberkriegsstrategien rechtliche und praktische Einschränkungen wie inländische Internetregulierung, Überwachung und Kontrolle. Dies verschafft der russischen Cyber-Souveränität einen Vorsprung gegenüber westlichen Gegnern, da die weniger regulierte, demokratischere Natur von Ländern wie den Vereinigten Staaten, dem Vereinigten Königreich oder Deutschland sie anfälliger für Cyberangriffe macht.[63]

Nach Angaben des NATO Cooperative Cyber Defence Centre of Excellence (CCDCOE) in Tallinn, Estland, umfasst das Arsenal der Cyberkriegstaktiken mehrere Maßnahmen: Spionage, Propaganda, Denial-of-Service (DoS), Datenmanipulation und Manipulation oder Sabotage von Infrastrukturen.[64] Diese Bedrohungen richten sich nicht nur gegen staatliche Datenbanken oder Personal Computer; sie können jedes vernetzte Objekt (d. h. IoT) effektiv schädigen, einschließlich Flugzeugen, Schiffen, Autos und kritischer Infrastruktur.[65] Tatsächlich können fliegende Flugzeuge ohne Raketen abgeschossen und Schiffe ohne Torpedos versenkt werden. Darüber hinaus kann ein Flugzeugpassagier mit einem Laptop oder sogar einem Tablet oder Smartphone ein Flugzeug ohne jegliche Waffen entführen. Dies kann sogar aus der Ferne geschehen. Die Flughafensicherheit kontrolliert nicht auf Schadsoftware, sondern nur auf Bomben und andere gefährliche Gegenstände.[66]

Wie erwähnt, ist Cyber DIME eine dynamische Währung. Auch wenn sie theoretisch als weichere oder intelligentere Macht im Vergleich zur traditionellen Hard Power qualifiziert werden kann, beweist die Tatsache, dass die Vereinigten Staaten, die Europäische Union, Russland, China und sogar andere, kleinere Staaten wie Israel Cyber DIME als innovative Erweiterung traditioneller Strategien der internationalen Beziehungen und internationalen Sicherheit betrachten, dass Cyber DIME dynamisch genug ist, sowohl Soft Power als auch Hard Power zu sein. Darüber hinaus kann sie, wie in den folgenden Abschnitten dieses Kapitels gezeigt wird, traditionelle Hard-Power-Anwendungen ergänzen. Die verschiedenen, vom CCDCOE genannten Taktiken lassen sich anhand der Kriterien des Tallinn Manual messen: Schweregrad, Unmittelbarkeit, Direktheit, Invasivität, Messbarkeit der Auswirkungen, militärischer Charakter, staatliche Beteiligung und vermutete

61 Coats (2019).
62 U.S. Department of State (2020).
63 Topor und Tabachnik (2021).
64 Geers (2008).
65 Maple (2017).
66 National Business Aviation Association (2016), Perez (2015).

Legalität.[67] Somit kann angenommen werden, dass jede der Taktiken (Spionage, Propaganda, DoS, Datenmanipulation und Infrastruktursabotage) sowohl als Ausübung von Soft Power als auch von Hard Power betrachtet werden kann.

4.4 Bedeutende Cyber DIME-Vorfälle

Es ist oft schwierig, das Verhalten von Gegnern in der Cyberkriegsführung zu verstehen; aus diesem Grund werden hier mehrere bedeutende Cyber-DIME-Vorfälle vorgestellt, bevor die globalen Trends analysiert werden. Die Taktiken, Methoden und Variationen von Cyber-DIME-Operationen (Angriffe und Einflussnahmen) sind vielfältig. Es wurden bedeutende Beispiele ausgewählt, die von Konkurrenten und Gegnern der Vereinigten Staaten und anderer liberaler westlicher Staaten etwa von Russland und Nordkorea verübt wurden. Allerdings sind es nicht nur nicht-westliche Länder, die den Cyberraum nutzen, und man kann davon ausgehen, dass gerade diejenigen, die den Cyberraum ursprünglich entwickelt haben, insbesondere die Vereinigten Staaten, ebenfalls stark in die Cyberkriegsführung investiert sind. Daher wird auch ein Fall westlichen Ursprungs untersucht. Die bedeutenden Vorfälle wurden aus einem Pool von 500 weltweiten Cyber-Operationen ausgewählt, gesammelt und veröffentlicht vom Center for Strategic and International Studies (CSIS)[68] , mit Unterstützung von drei israelischen Cyberkriegsführungsexperten.[69] Die Vorfälle werden unter Anwendung der zuvor in diesem Kapitel genannten Theorien und Messgrößen vorgestellt, analysiert und bewertet. Sie umfassen Fälle, die verschiedene Bereiche von DIME repräsentieren, wie einen diplomatie- und informationsbezogenen Vorfall, einen militärischen Vorfall und einen wirtschaftlichen Vorfall. Die Analysen zeigen, dass jeder Vorfall sowohl eine eigenständige Operation als auch eine ergänzende Maßnahme zu anderen Handlungen in den internationalen Beziehungen darstellt.

Im Verlauf der Analyse der Vorfälle und der globalen Trends werden Fragen zu Messgrößen, Kriterien und Taktiken gestellt: Wer hat die Cyber-Aktion initiiert und warum – war es ein Staat, ein staatlicher Proxy, eine Organisation, ein Unternehmen oder eine Einzelperson? Wer ist das Opfer? Was wurde durch den Vorfall erreicht – die Kontrolle über Ressourcen, Handlungen oder Ergebnisse und Ereignisse? War der Vorfall schwerwiegend, unmittelbar, direkt und invasiv? Hatte

---

[67] Siehe allgemein Schmitt (2013).

[68] „Significant Cyber Incidents", Center for Strategic and International Studies, https://www.csis.org/programs/technology-policy-program/significant-cyber-incidents

[69] Im August und September 2020 wurden in Tel Aviv, Israel, Interviews mit einem pensionierten Offizier des Nachrichtendienstes der Israelischen Verteidigungsstreitkräfte und einem leitenden Berater für Wettbewerbsintelligenz durchgeführt. Beiden Interviewten wurden die Forschungsergebnisse dieses Kapitels sowie der CSIS-Pool an Cyber-Operationen präsentiert. Sie nannten mehrere bedeutende Vorfälle aus dem Pool sowie einige weitere, die im Laufe des Kapitels kurz erwähnt werden.

er eine messbare Wirkung, einen militärischen Charakter, staatliche Beteiligung? Und war er mutmaßlich legal? Schließlich: Um welche Art von Vorfall handelte es sich im Allgemeinen – einen Akt der Spionage, Propaganda, DoS, Datenmanipulation oder Sabotage? Es ist auch wichtig zu betonen, dass die in diesem Abschnitt diskutierten Messgrößen, Kriterien und Taktiken weder vollständig erschöpfend noch für andere Cyber-DIME-Vorfälle bindend sind. Dennoch werden die wichtigsten Messgrößen, Kriterien und Taktiken isoliert und analysiert.

4.4.1 Russische Fake-News- und Einflussoperationen in Schweden

Ein bedeutendes Beispiel für Cyberdiplomatie, die Förderung von Werten und den Kampf um Online-Aufmerksamkeit ist der russische Versuch, die schwedische Politik und die innerstaatliche Entscheidungsfindung durch Informationskriegsführung, Propaganda und Fake News zu beeinflussen. Diese gefälschte Cyberdiplomatie steht in direktem Zusammenhang mit Russlands geopolitischem Ziel, Schweden von der NATO fernzuhalten (und in diesem Zusammenhang auch Finnland, das 2023 beigetreten ist), um so die westliche Präsenz und den Einfluss im Ostseeraum, Russlands Hinterhof, zu minimieren (Schweden trat im Jahr 2024 der NATO bei). Information ist für jede Handlung in den internationalen Beziehungen und der internationalen Sicherheit von entscheidender Bedeutung – sowohl für Soft-, Hard- als auch Smart-Power-Maßnahmen. Informationen können wahr, falsch oder sogar umstritten sein. In diesem Zusammenhang sind Information und Desinformation wirksame Werkzeuge zur Verfolgung der strategischen Ziele eines Landes in den internationalen Beziehungen und der internationalen Sicherheit. Wie im Folgenden dargestellt, ist Russlands Informationskriegsführung sowohl eine eigenständige Operation als auch eine Maßnahme, die traditionellere Ansätze wie U-Boot-Aufklärung und Einschüchterung ergänzt.[70] Darüber hinaus ist es völkerrechtlich nicht bindend und nicht illegal, Fake News zu verbreiten.

Die Ostseeregion folgt den geografischen Grenzen von Dänemark, Schweden, Finnland, Deutschland, Polen, Estland, Litauen, Lettland und Russland. Von den genannten Staaten, mit Ausnahme Russlands (da die NATO ursprünglich zur Eindämmung der Sowjetunion gegründet wurde), war Schweden lange Zeit kein NATO-Mitglied. In diesem Fall versuchte Russland, den Status quo der Isolierung Estlands, Lettlands und Litauens von anderen NATO-Mitgliedern in Europa aufrechtzuerhalten. Diese Teilung schwächt die NATO; daher hilft die Aufrechterhaltung des Status quo Russland bei seinen Strategien in den internationalen Beziehungen und der internationalen Sicherheit.[71]

---

[70] Henley (2017).

[71] Blank (1998).

Im Januar 2017 beschuldigte das Schwedische Institut für Internationale Angelegenheiten die Russische Föderation, im Rahmen einer koordinierten Propagandakampagne Fake News, gefälschte Dokumente und Desinformation eingesetzt zu haben, um die öffentliche Meinung und Entscheidungsfindung in Schweden zu beeinflussen. Laut dem Bericht des Schwedischen Instituts für Internationale Angelegenheiten war Russland schuldig, Dokumente und Interviews gefälscht, falsche Informationen in schwedischen, russischen und internationalen Mainstream-Medien über die russischen Nachrichtenagenturen RT und Sputnik verbreitet und eine Armee von Internet- und Social-Media-Trollen und -Bots betrieben zu haben, die schwedische Journalisten und Wissenschaftler ins Visier nahmen.[72] Angeblich wurden auch mehrere einflussreiche Twitter-Konten gehackt. All diese Bemühungen, die überwiegend als Cyber-Operationen stattfanden, sollten ein positiveres Bild Russlands und ein negativeres Bild des Westens bei der schwedischen Bevölkerung und den Entscheidungsträgern erzeugen.[73] Schwedens Premierminister Stefan Löfven erklärte, er könne „nicht ausschließen", dass Russland versuche, die Wahlen 2018 zu beeinflussen und das Ergebnis zu seinen strategischen Gunsten zu steuern.[74]

Als Vorsichtsmaßnahme gründeten fünf der größten schwedischen Medienplattformen eine Faktencheck-Kooperation, um die Überprüfung von Fakten zu intensivieren.[75] Im Januar 2018, vor den Reichstagswahlen im September 2018, argumentierte Anders Thornberg, ehemaliger Leiter des schwedischen Sicherheitsdienstes, dass die größte Bedrohung für die Sicherheit Schwedens Russland sei, das direkt gegenüber, auf der anderen Seite der Ostsee liegt. Er wies darauf hin, dass in den letzten Jahren russische U-Boote in den schwedischen Hoheitsgewässern der Ostsee gesichtet wurden – ein Versuch, Schweden und andere baltische Staaten einzuschüchtern. In diesem Fall ergänzten sich die Aktionen von U-Booten und Web-Bots gegenseitig. Thornberg betonte, dass eine seiner obersten Prioritäten darin bestehe, die schwedischen Wahlen vor russischem Einfluss und vor russischen Versuchen, Chaos in der schwedischen Politik zu stiften, zu schützen. Die russischen Einflussoperationen umfassten beispielsweise gefälschte Briefe über Waffengeschäfte mit der Ukraine, gefälschte Nachrichtenartikel über ehemalige Minister, falsche Anschuldigungen, dass Einwanderer eine Kirche vandalisiert hätten, usw. Die meisten dieser gefälschten Propagandainhalte wurden in sozialen Medien von Web-Bots und Trollen verbreitet. Wie Thornberg feststellte, bestand das Ziel nicht darin, einen bestimmten Standpunkt oder politischen Kandidaten zu fördern, sondern Chaos zu stiften.[76] Russland versuchte also, die Ergeb-

[72] Helmus et al. (2018).

[73] Kragh und Åsberg (2017).

[74] Henley (2017).

[75] Cederberg (2018).

[76] Corera (2018).

nisse in Schweden auf raffinierte Weise zu kontrollieren, indem es Schweden nicht erlaubte, die Kontrolle über innere Angelegenheiten selbst zu behalten.

Nach den Maßstäben des Tallinn Manual war die russische Propagandakampagne in Schweden nicht sehr invasiv und überwiegend indirekt. Die Messbarkeit der Auswirkungen ist äußerst problematisch – wie kann man Fake News effektiv messen? Zudem: Auch wenn Russland hinter der Kampagne stand, sind Sputnik und RT News formal unabhängige Organisationen, auch wenn sie unter russischer Leitung und Finanzierung agieren. Eine Propagandakampagne ist unmoralisch, aber legal. Das heißt, es verstößt nicht gegen das Völkerrecht, Fake News zu verbreiten, die manche sogar als konkurrierende Narrative bezeichnen.

4.4.2 Der russische Cyberangriff auf das ukrainische Stromnetz

Der russische Cyberangriff auf das ukrainische Stromnetz am 23. Dezember 2015 ist ein äußerst bedeutendes Beispiel für den Einsatz von Cyberkrieg, um einen Feind im Sinne von Clausewitz zum eigenen Willen zu zwingen. Diese Fallstudie ist aufgrund ihrer Raffinesse und der Vielzahl eingesetzter Taktiken wichtig: Spionage, DoS, Datenmanipulation und Sabotage. Es gilt zudem als der größte bekannte erfolgreiche Cyberangriff auf das Stromnetz eines Staates.[77] Schätzungsweise waren etwa eine Viertelmillion Ukrainer für mehrere Stunden ohne Strom. Der russische Cyberangriff kann sowohl als eigenständige Operation aufgrund seiner Schwere und Unmittelbarkeit als auch als eine Operation betrachtet werden, die andere, mit harter Macht verbundene Operationen unterstützte und ergänzte, da Russland Anfang 2014 mit „hybriden Kriegsführungsstrategien" in die Ostukraine einmarschiert war.[78] Die russischen Cyberangriffe setzten sich über die Jahre fort und umfassten einen weiteren bedeutenden Ransomware-Angriff namens NotPetya auf ukrainische Banken, das Stromnetz, Regierungsstellen und mehr.[79]

Der russische Cyberangriff auf das ukrainische Stromnetz war eine Advanced Persistent Threat (APT),[80] der darauf abzielte, die Air-Gap-Sicherheitsmaßnahmen (ein unabhängiges, nicht mit dem Internet verbundenes Netzwerk), die operative

[77] Kostyuk und Zhukov (2019).

[78] Greenberg (2017).

[79] Dawda (2021), Farmer (2018).

[80] Eine Advanced Persistent Threat (APT) ist ein ausgeklügelter und langanhaltender Cyberangriff, bei dem ein Angreifer unbemerkt Zugang zu einem Netzwerk erlangt, um hochsensible Daten zu stehlen, Spionage zu betreiben oder Störungen zu verursachen. APT-Angriffe zeichnen sich durch ihre kontinuierliche und verdeckte Vorgehensweise sowie durch den Einsatz fortschrittlicher Hacking-Techniken aus, um bestehende Sicherheitsmaßnahmen zu umgehen. Solche Angriffe werden hauptsächlich von Staaten oder staatlich unterstützten Gruppen durchgeführt.

Technologien (OT) wie Kraftwerke schützen, zu überwinden. Er bestand aus zwei Hauptphasen: der Aufklärungs-, Vorbereitungs- und Entwicklungsphase (Phase 1) und der Ausführungsphase (Phase 2).[81] Zusammen bilden diese Phasen eine grundlegende Cyber-Kill-Chain, die im Allgemeinen aus Aufklärung, Eindringen, Ausnutzung, Privilegienerweiterung, lateraler Bewegung, Verschleierung oder Anti-Forensik, DoS und Exfiltration besteht.[82] Das Hauptziel der Cyberoperation des russischen Geheimdienstes war es, effektiv die Kontrolle über die Supervisory Control and Data Acquisition (SCADA)-Systeme des ukrainischen Stromnetzes zu erlangen, was ihnen auch gelang. Es wird allgemein angenommen, dass sowohl NotPetya als auch die BlackEnergy-Malware bei diesem Angriff eingesetzt wurden.[83]

Die Kontrolle über SCADA ermöglichte es den Hackern, Sabotage zu betreiben, Manipulationen vorzunehmen und eine ordnungsgemäße Behandlung zu verweigern. Die Hacker übernahmen die Kontrolle über das ukrainische Energieunternehmen Kyiv Oblast, ein regionales Stromverteilungsunternehmen sowie über 30 weitere Umspannwerke. Sie sabotierten die Stromverteilung, was zu Ausfällen führte. Anschließend manipulierten sie die Benutzeroberfläche so, dass sie abweichende Informationen anzeigte. Das heißt, interne OT-Systeme waren von Problemen betroffen, aber die externe grafische Darstellung zeigte den Ingenieuren des Energieunternehmens andere Informationen. Vereinfacht gesagt: Man stelle sich vor, jemand legt Kartoffeln in den Ofen und stellt den Timer auf 45 Minuten bei 180 °C, aber tatsächlich läuft die Zeit doppelt so lange und die Temperatur beträgt 230 °C – das Ergebnis sind verbrannte Kartoffeln. Diese Manipulation führte zu großer Verwirrung und verzögerte die Reparaturmaßnahmen. Sie manipulierten zudem den Zeitplan der unterbrechungsfreien Stromversorgungssysteme (USV). Weitere Verwirrung stifteten die Hacker durch einen weiteren einfachen, aber cleveren Schachzug: Sie überfluteten die Kundendienst-Telefonleitungen des ukrainischen Unternehmens, sodass Kunden ihre Stromausfälle nicht melden konnten. Schließlich setzten die Hacker die KillDisk-Methode ein, um die Master-Boot-Sektoren der Systeme zu löschen, und sabotierten die Kommunikation zwischen Kraftwerken und Umspannwerken, was die Problemlösung zusätzlich erschwerte.[84] Wochen vor dem Cyberangriff hatte die Europäische Union die Sanktionen gegen Russland verlängert, während der ukrainische Widerstand und die Rhetorik gegen die russische Annexion und Aggression immer stärker wurden. Der Angriff passt äußerst gut in diesen Zeitrahmen und die Abfolge der Ereignisse. Russlands Antwort war ein Cyber-DIME.[85]

---

[81] Lee et al. (2016).

[82] Buckbee (2018).

[83] Lee et al. (2016).

[84] Ebd.

[85] Center for Strategic and International Studies (o. J.)

Nach den Maßstäben des Tallinn Manual war der russische Cyberangriff schwerwiegend, da er Hunderttausende Ukrainer betraf. Er war unmittelbar, und die Wirkung war sofort messbar – die Ukrainer hatten entweder Strom oder nicht. Die Handlung war militärischer Natur und ergänzte Russlands hybride Kriegsführung in der Ukraine. Der Cyberangriff könnte als illegal gewertet werden, wenn die Ukraine mit stichhaltigen Beweisen nachweisen könnte, dass Russland dahintersteckte.

4.4.3 Der nordkoreanische WannaCry-Ransomware-Angriff

Cyberangriffe auf Finanzinstitute, sowohl von Gegnern in den internationalen Beziehungen als auch von Cyberkriminellen durchgeführt, sind häufig durch finanzielle Anreize motiviert. Staaten versuchen in der Regel, die Wirtschaft anderer Akteure der internationalen Beziehungen zu beeinflussen, während Cyberkriminelle auf Gewinn aus sind. Banken, Börsen, andere Finanzunternehmen sowie Geldautomaten (ATMs) und Einzelpersonen können betroffen sein. Ein bedeutender finanzieller Cyberangriff war der WannaCry-Ransomware-Angriff Mitte 2017, der der nordkoreanischen Lazarus-Hackergruppe zugeschrieben wird. Dieser von Nordkorea geführte Angriff galt als allgemein und nicht gezielt gegen einen bestimmten Gegner Nordkoreas gerichtet. Staaten und große IT-Systeme waren die Hauptziele. Auch war er im finanziellen Umfang (bzw. Gewinn) und in seiner direkten Auswirkung eher gering.[86] Dennoch wurde er für die Analyse ausgewählt, da er einige einzigartige Merkmale aufweist, die für das weitere Verständnis und die Analyse von Cyber-DIME-Vorfällen wichtig sind: Er wurde von einem staatlich gesteuerten Proxy, einer Hackergruppe, durchgeführt und diente dazu, andere nordkoreanische Widerstandsaktivitäten zu finanzieren sowie Cyberfähigkeiten und globale Reaktionen zu testen.[87]

Der erste Ausbruch des WannaCry-Ransomware-Angriffs erfolgte im Mai 2017, und die Malware verbreitet sich weiterhin.[88] Ziel waren Computer mit älteren Versionen von Microsoft Windows. Die WannaCry-Ransomware ist im Wesentlichen ein Computerwurm,[89] der sich verbreitet und Geräte verschlüsselt. Um ein Gerät zu entschlüsseln, wurden die Opfer aufgefordert, ein Lösegeld von etwa 300 bis 600 US-Dollar zu zahlen. Die Ransomware nutzt den EternalBlue-

[86] Perlroth (2017).
[87] Bossert (2017), Carlisle (2017).
[88] Winder (2019).
[89] Ein Computerwurm ist ein eigenständiges Schadprogramm, das sich selbst repliziert, um sich über Netzwerke auf andere Geräte zu verbreiten.

Exploit und das DoublePulsar-Backdoor-Tool, die beide ursprünglich von der National Security Agency (NSA) verwendet und später von der Hackergruppe Shadow Brokers geleakt wurden. Nach dem Angriff im Mai 2017 veröffentlichte Microsoft einen Sicherheitspatch, um die Exploits zu beheben und die Ausbreitung der Ransomware zu verhindern. Im August 2017 stellten Geheimdienste weltweit fest, dass mehr als 140.000 US-Dollar von Bitcoin-Konten abgehoben worden waren, die mit dem WannaCry-Angriff in Verbindung standen.[90] Die nordkoreanische Raffinesse schaffte es, einen Cyber-DIME in einen echten „Dime" zu verwandeln.

Die Ransomware war scheinbar wahllos; sie betraf Privatnutzer, Unternehmen und Regierungen. Die Ransomware traf veraltete Betriebssysteme, da diese von Nutzern oder IT-Administratoren nicht gepflegt wurden. Dennoch war der Angriff durchdacht geplant und tatsächlich gezielt. Die Angreifer wussten im Voraus, dass Privatnutzer ihre Geräte häufiger aktualisieren als große Organisationen und staatliche IT-Systeme. Große IT-Systeme müssen gleichzeitig aktualisiert und gewartet werden, um ordnungsgemäß zu funktionieren, und die Wartungsarbeiten können Geschäfts- oder Regierungsabläufe verlangsamen. Da Privatnutzer in der Regel nur ein oder zwei Windows-Geräte besitzen, aktualisieren sie diese bei Bedarf. Hinzu kommt, dass Organisationslizenzen teuer sind und viele Regierungen weltweit die Betriebssysteme ohne Vertragsverlängerung nutzen. Mit diesen Fakten im Hinterkopf wussten die Angreifer genau, wen sie ins Visier nahmen. Staatliche, finanzielle und gesundheitsbezogene Informationen können nicht verschlüsselt bleiben, da sie zu wichtig sind. Die Angreifer gingen auf Nummer sicher.[91] Einer der schwerwiegendsten Infektionsfälle ereignete sich im Vereinigten Königreich, wo der National Health Service (NHS) dafür kritisiert wurde, veraltete IT-Systeme, darunter Windows XP – damals ein 17 Jahre altes Betriebssystem – zu verwenden, das anfällig für Cyberangriffe war. Die Auswirkungen waren gravierend und führten zur Absage von Tausenden lebensrettender Termine. Das IT-Update wäre teuer gewesen, aber sicherlich nicht so teuer wie der geschätzte Schaden von über 100 Millionen US-Dollar.[92]

Nach den Maßstäben des Tallinn Manual war der nordkoreanische Ransomware-Angriff schwerwiegend, da er Menschen den Zugang zu ihren eigenen Daten verweigerte. Dasselbe gilt für die Frage der Messbarkeit der Wirkung. Sie war unmittelbar. Was die Direktheit betrifft, könnte sie in beide Richtungen interpretiert werden, wobei die Analyse nahelegt, dass die Ransomware nur deshalb indirekt war, um ihre direkten Ziele zu verschleiern. Schließlich war der Ransomware-Angriff illegal, da er Menschen den Zugang zu ihren eigenen Daten verweigerte.

---

[90] Gibbs (2017).

[91] Dieser logische Prozess wurde von den zuvor in diesem Kapitel erwähnten Interviewpartnern beschrieben.

[92] Field (2018); Carlisle (2017).

4.4.4 Der SolarWinds-Cyberangriff: War es Russland?

Der im Dezember 2020 entdeckte SolarWinds-Cyberangriff war einer der größten, bedeutendsten und komplexesten Sicherheitsvorfälle in der jüngeren Geschichte der Cybersicherheit. Dieser Angriff, auch bekannt als SUNBURST oder Solorigate, trat als hochentwickelter Angriff auf die Lieferkette in Erscheinung, der sich gegen SolarWinds, einen führenden Anbieter von IT-Management-Software, richtete. Dabei wurde die Orion-Plattform von SolarWinds kompromittiert, ein weit verbreitetes Netzwerkmanagement-Tool. Cyberangreifer verschafften sich unbefugten Zugang zum Software-Build-System von SolarWinds und betteten einen bösartigen Code in Software-Updates ein, die unter den Kunden verbreitet wurden. Der Angriff wurde durchgeführt, indem heimlich eine bösartige Hintertür in den Software-Build-Prozess eingeschleust wurde, was dazu führte, dass manipulierte Updates an die Orion-Kunden von SolarWinds ausgeliefert wurden – darunter sehr große Unternehmen wie Microsoft und Deloitte sowie Regierungsbehörden in den Vereinigten Staaten und weltweit. Die Angreifer, von denen angenommen wird, dass es sich um russische Proxy-Hackergruppen mit den Namen APT29, Cozy Bear und The Dukes handelt, verschleierten ihre Aktivitäten, um eine Entdeckung zu vermeiden, sodass die kompromittierte Software über einen längeren Zeitraum unbemerkt betrieben werden konnte. Die Hintertür ermöglichte es den Angreifern, in zahlreiche prominente Organisationen und Regierungsbehörden einzudringen.[93]

Die Hacker haben vermutlich den Quellcode und Kundendaten analysiert, um ihr Ziel auszuwählen. Orion war die perfekte Wahl, da es das Kronjuwel der SolarWinds-Produkte darstellte, etwa 45 % des Unternehmensumsatzes ausmachte und eine privilegierte Stellung im Kundennetzwerk einnahm – es war mit vielen anderen Servern verbunden und kommunizierte mit ihnen. Die Hacker konnten diese Verbindungen kapern, um unbemerkt auf andere Systeme überzuspringen. SolarWinds war angeblich Russlands Zugangstor zu vielen anderen westlichen Unternehmen und Behörden.[94]

Die SolarWinds-Sicherheitsverletzung hatte weitreichende Auswirkungen und kompromittierte die Netzwerke verschiedener Organisationen, darunter mehrere US-Regierungsbehörden wie das Verteidigungsministerium, das Außenministerium, das Department of Homeland Security (DHS) und das Finanzministerium. Darüber hinaus waren auch private Unternehmen und multinationale Konzerne betroffen, was zu Besorgnis über die Offenlegung sensibler Daten und geistigen Eigentums führte. Unternehmen wie das Cybersicherheitsunternehmen

---

[93] Zetter (2023), Kumar (o. J.), US Government Accountability Office (2021), Alkhadra et al. (2021), Willett (2023).

[94] Ebd.

FireEye, die bereits erwähnten Microsoft und Deloitte sowie Intel und Cisco wurden alle kompromittiert und infiziert.[95]

Die Entdeckung des SolarWinds-Cyberangriffs löste in der Cybersicherheitsgemeinschaft Schockwellen aus und führte zu einer weltweiten Reaktion von Regierungen, Sicherheitsfirmen und betroffenen Organisationen. Die US-amerikanische Cybersecurity and Infrastructure Security Agency (CISA) erließ Notfallanweisungen und gab Empfehlungen zur Minderung der Auswirkungen des Angriffs. Das DHS richtete eine SolarWinds-Taskforce ein, um die Reaktion zu koordinieren und betroffene Organisationen zu unterstützen. Präsident Joe Biden unterzeichnete eine Executive Order zur Stärkung der Cybersicherheitsabwehr und zur Verbesserung der Reaktionsfähigkeit der Regierung.[96] Der SolarWinds-Cyberangriff diente als Mahnung für die sich wandelnde Natur von Cyberbedrohungen und die Notwendigkeit ständiger Anpassung. Angriffe auf die Lieferkette, bei denen Schwachstellen in Drittanbietersoftware ausgenutzt werden, um nachgelagerte Ziele zu kompromittieren, sind zunehmend ausgeklügelt und erfordern einen umfassenden Ansatz für Risikomanagement und Bedrohungsabwehr. Seither haben Organisationen verstärkt Zero-Trust-Sicherheitsmodelle eingeführt, bei denen davon ausgegangen wird, dass alle Systeme und Daten potenziell kompromittiert sind, und setzen nun gestaffelte Sicherheitskontrollen ein, um Angriffe abzuwehren, zu erkennen und darauf zu reagieren.

Wer war es und zu welchem Zweck? Während erste Einschätzungen auf staatlich unterstützte Akteure, insbesondere solche mit Verbindung zu Russland, hindeuteten, bleibt die Zuschreibung im Bereich der Cybersicherheit ein komplexer und fortlaufender Prozess, da es äußerst schwierig ist, direkte Beweise zu sammeln und Cyberangriffe zurückzuverfolgen. Verschiedene Cybersicherheitsexperten und Behörden analysieren den Angriff weiterhin, um die genauen Täter und Motive hinter dem Vorfall zu identifizieren. Wie erwähnt, wird angenommen, dass eine große Zahl von Ingenieuren und Hackern an der Durchführung dieses Angriffs beteiligt waren, was auf eine staatliche Unterstützung hindeutet. Gruppen wie APT29 (Cozy Bear) haben Spuren aus laufenden und früheren Angriffen hinterlassen, aber bislang wurden der Öffentlichkeit keine direkten und belastbaren Beweise für eine Verbindung dieses Angriffs zu Russland vorgelegt. Da der Angriff zudem keine umfangreichen Erpressungsforderungen enthielt, wird angenommen, dass das Hauptziel dieses Cyberangriffs Spionage war. Die Angreifer waren vermutlich daran interessiert, Informationen über eine Vielzahl von Zielen zu sammeln, darunter Regierungsbehörden, private Unternehmen und Betreiber kritischer Infrastrukturen, und versuchten, einen bösartigen Code in den kompromittierten Unternehmen und Behörden für eine spätere Nutzung zu verstecken. Durch die Kompromittierung der Orion-Software, eines von vielen der oben genannten Organisationen genutzten Netzwerkmanagementsystems, erhielten die

---

[95] Ebd.

[96] Ebd; Temple-Raston (2021).

Angreifer Zugang zu einer riesigen Menge sensibler Daten, darunter E-Mail-Kommunikation, Finanzunterlagen und geistiges Eigentum.[97]

Zusammenfassend stellt der SolarWinds-Cyberangriff derzeit einen bedeutenden Wendepunkt in der Entwicklung von Cyberbedrohungen dar – es war einer der größten bekannten Cyber-Spionageangriffe. Seine Auswirkungen waren in Regierungsbehörden, Unternehmen und globalen Cybersicherheitsstrategien spürbar. Der Vorfall verdeutlichte nicht nur die technischen Herausforderungen der Cybersicherheit, sondern auch die Schwierigkeiten bei der Zuschreibung und Vergeltung. Wie bei den vorherigen Fallstudien in diesem Abschnitt stellt sich die Frage, was ein Land tun kann, wenn es einen anderen Staat der Spionage verdächtigt, ohne dass kinetischer Schaden entstanden ist. Die Betrachtung des (fehlenden) Cyberrechts in Kap. 3 deutet auf mögliche Lösungen hin – Staaten können ihre Cyber-Grenzen schließen, Vergeltung üben und eine Eskalation des Konflikts riskieren oder ihre Sicherheit erhöhen und mit ähnlichen Mitteln reagieren: Hacking durch Proxys.

4.4.5 Russische Einmischung in die US-Präsidentschaftswahlen 2016

Die Präsidentschaftswahlen in den Vereinigten Staaten 2016 waren von einer beispiellosen Einmischung russischer Akteure geprägt, die Kontroversen auslöste und Bedenken hinsichtlich der Integrität des demokratischen Prozesses – und noch mehr hinsichtlich der Integrität eines durch soziale Medien beeinflussten Wahlsystems – aufwarf. Dies führte zu der einfachen Frage: Wer wählt den Präsidenten? Das Volk oder ausländische Einflussnehmer? Die Intervention bestand in erster Linie aus verdeckten Operationen, die darauf abzielten, die öffentliche Meinung zu beeinflussen, Desinformation zu verbreiten und die Systeme politischer Akteure zu hacken. Die Russen übten ihren Einfluss durch Manipulationen in sozialen Medien und Hacking aus, mit dem Ziel, das Wahlsystem und die Präsidentschaftskampagnen zu destabilisieren sowie öffentliches Chaos zu stiften.

Wie Sonderermittler Robert Mueller in seiner Untersuchung feststellte, basierend auf seiner Erfahrung als sechster Direktor des Federal Bureau of Investigations (FBI), nutzten russische Akteure insbesondere Facebook, Twitter und Instagram, um spaltende Inhalte und Des-/Fehlinformationen zu verbreiten. Einrichtungen wie die Internet Research Agency, eine russische Trollfabrik, die sich als Unternehmen ausgab, führten diese Bemühungen an und erreichten mit gezielter Propaganda Millionen von Amerikanern. Darüber hinaus hackten russische Geheimdienste, insbesondere der GRU, die E-Mails des Democratic National Committee (DNC) und des Wahlkampfteams von Hillary Clinton. Sie veröffentlichten sensible

[97] Ebd.

Informationen über WikiLeaks und andere Plattformen, um die Kandidatur von Hillary Clinton zu untergraben.[98] Ziel der russischen Intervention war es, Zwietracht zu säen, bestehende politische Spaltungen zu verstärken und das Vertrauen in demokratische Institutionen zu untergraben. Es kann angenommen werden, dass das eigentliche Ziel darin bestand, Clintons Kandidatur zu schädigen und Donald Trumps Wahlerfolg zu begünstigen.[99]

Die Verbreitung von Falschinformationen und spaltenden Inhalten über soziale Medien beeinflusste die öffentliche Meinung und verschärfte die politische Polarisierung. Während weiterhin über die direkten Auswirkungen auf das Wahlergebnis diskutiert wird, führte die Einmischung zu einer verstärkten Überprüfung der Wahlsicherheit und warf Fragen zur Legitimität des Wahlprozesses auf. Da jedoch keine internationalen Gesetze Russlands Handlungen vollständig illegal machten, wie in den vorangegangenen Kapiteln erläutert, entschied sich die US-Regierung für eine Vergeltung mit weichen Mitteln. Als Reaktion auf die Einmischung verhängte die US-Regierung Sanktionen gegen Russland, wies Diplomaten aus und leitete Maßnahmen zur Stärkung der eigenen Cybersicherheit und insbesondere der Sicherheit des Wahlprozesses ein. Zudem wurden mehrere Untersuchungen und Ermittlungen eingeleitet, darunter die Untersuchungen und Gerichtsverfahren von Sonderermittler Robert Mueller sowie Kongressuntersuchungen.[100]

Russland setzte „Sharp Power" ein, um das Ergebnis der US-Präsidentschaftswahl 2016 zu beeinflussen; dabei griff es in die Integrität und Souveränität der Vereinigten Staaten, insbesondere ihres Wahlsystems, ein. Allerdings hat Russland keine internationalen Gesetze direkt verletzt, da solche Gesetze nicht existieren. Mithilfe von Proxys verbreitete Russland Des-/Fehlinformationen und stiftete Chaos im Wahlprozess, untergrub Hillary Clinton und half, Donald Trump öffentlich zu machen. Das amerikanische Volk hat ihn tatsächlich gewählt, aber wer hat es – falls dies geschah – einer Gehirnwäsche unterzogen, und wie kann ein solcher Zusammenhang bewiesen werden? Bis heute wurden keine belastbaren Beweise vorgelegt. Viele Personen, Unternehmen und Organisationen wurden mit der Wahlbeeinflussung 2016 in Verbindung gebracht, aber sie alle waren Proxys, und Russland bestritt die Vorwürfe ohnehin. Da kein kinetischer Schaden entstand, konnte die US-Regierung nur milde reagieren, indem sie diejenigen sanktionierte, die sie für verantwortlich hielt.[101] Natürlich stellt sich damit erneut die Frage nach Zuschreibung und Abschreckung im Cyberraum. Kann ein Staat wegen „Fake News" Vergeltung üben? Und kann er sich dagegen widerstandsfähig machen? Diese Frage wird insbesondere in Kap. 5 untersucht.

---

[98] Siehe Mueller, Robert S. III, Band I, 2019; Mueller, Robert S. III, Band II (2019), Badawy et al. (2018).

[99] Ebd; Abrams (2019).

[100] Ebd.

[101] Nye (2016).

4.4.6 Stuxnet: Ein Angriff auf iranische Zentrifugen

Der Fall Stuxnet war ein Wendepunkt in den frühen Jahren der Cyberkriegsführung und markierte einen Paradigmenwechsel im Umgang der Staaten mit Konflikten im digitalen Raum. Dieser hochentwickelte Computerwurm, erstmals entdeckt im Jahr 2010, zielte mit beispielloser Präzision und Zerstörungskraft auf das iranische Nuklearprogramm ab. Sein Erfolg zeigte das Potenzial von Cyberwaffen, physischen Schaden an kritischer Infrastruktur zu verursachen. Obwohl viele Details noch unbekannt sind, wird geschätzt, dass Stuxnet auf die frühen 2000er-Jahre zurückgeht, als westliche Bedenken hinsichtlich der nuklearen Ambitionen Irans eine verdeckte Operation mit dem Codenamen Operation Olympic Games auslösten – eine gemeinsame Aktion der Vereinigten Staaten und Israels gegen das iranische Urananreicherungsprogramm. Das iranische Programm war ein entscheidender Schritt zur Entwicklung von Atomwaffen, ein Vorhaben, das bis heute andauert. Ursprünglich wurde die hochentwickelte Cyberwaffe Stuxnet eingesetzt, um Iran an der Entwicklung von Atomwaffen zu hindern und den Entwicklungsprozess zu untergraben, doch diente sie auch als Abschreckung und sendete eine klare Botschaft an Iran und andere Staaten, dass die Vereinigten Staaten und Israel nicht zögern würden, alle notwendigen Mittel einzusetzen, um solche Initiativen oder Entwicklungen zu verhindern.[102]

Es wird angenommen, dass die Entwicklung von Stuxnet ein Team hochqualifizierter Programmierer und Cybersicherheitsexperten erforderte, das mit der Aufgabe betraut war, eine Schadsoftware zu entwickeln, die in Irans vom Internet isolierte industrielle Kontrollsysteme (ICS) eindringen konnte – Netzwerke, die zur Abwehr von Cyberangriffen vom Internet getrennt sind. Die Komplexität des Wurms war beispiellos und erforderte ein tiefes Verständnis der Siemens-Software, des in den iranischen Zentrifugen eingesetzten Steuerungssystems, sowie die Fähigkeit, mehrere Zero-Day-Schwachstellen – zuvor unbekannte Softwarefehler – auszunutzen. Die Verbreitung erfolgte hauptsächlich über infizierte USB-Sticks und zielte auf Windows-basierte Systeme innerhalb der iranischen Nuklearanlagen. Nach der Installation replizierte sich der Wurm selbst und suchte gezielt nach Siemens-Steuerungssystemen, insbesondere nach den speicherprogrammierbaren Steuerungen (SPS), die die Zentrifugen steuerten. Das Hauptziel des Wurms war die Sabotage der Zentrifugen, indem er sie unregelmäßig rotieren ließ und letztlich zur Selbstzerstörung brachte. Dies wurde erreicht, indem die SPS-Software manipuliert und die Betriebsparameter der Zentrifugen auf subtile, aber zerstörerische Weise verändert wurden. Diese Sabotage verursachte erhebliche Schäden am iranischen Nuklearprogramm und verzögerte dessen Fortschritt schätzungsweise um zwei Jahre.

[102] Langner (2011), Kushner (2013), Farwell und Rohozinski (2011), Setton (2023).

Der Angriff löste zudem Besorgnis über die Verbreitung von Cyberwaffen aus, da die für Stuxnet eingesetzte Technologie und das Know-how in die Hände böswilliger Akteure gelangen könnten. Das Opfer von Stuxnet, Iran, verstärkte daraufhin seine Cybersicherheitsmaßnahmen und isolierte die mit seinem Nuklearprogramm verbundenen Netzwerke noch weiter. Interessanterweise führte der Cyberangriff, obwohl die Vereinigten Staaten und Israel eine Abschreckung Irans anstrebten, tatsächlich dazu, dass sich Iran mit Cyberwissen und -fähigkeiten ausstattete, um nicht nur defensive, sondern auch offensive Kapazitäten zu entwickeln und zurückzuschlagen. Seitdem nehmen iranische Cyberangriffe auf Israel und die Vereinigten Staaten stetig zu.[103]

Der Ursprung von Stuxnet ist weiterhin unklar, und Iran konnte keine direkte Verbindung zu den Vereinigten Staaten oder Israel herstellen, obwohl es diese öffentlich beschuldigte. Im Fall von Stuxnet, wie auch beim russischen Angriff auf das ukrainische Stromnetz, war physischer Schaden das Ziel – und wurde erreicht –, auch wenn es keine nennenswerten menschlichen Verluste gab. Dennoch werfen solche Fälle Debatten über die Schwelle von Cyberangriffen auf: Unter welchen Umständen und nach welchem Ausmaß an Schaden darf ein Staat mit kinetischen Mitteln, also mit Schusswaffen oder Bomben, Vergeltung üben? Obwohl Stellvertreterkriege im Golfgebiet und im Nahen Osten seither eine große Rolle spielen, hat Iran keinen direkt damit zusammenhängenden offenen Angriff unternommen.[104]

4.5 Cyber-DIME-Trends weltweit

Cyber-DIME-Kriegsführung ist eine fluide Währung. Darüber hinaus ist ihre Kapazität und Wirkung im Laufe der Jahre gewachsen. Jeden Monat werden Milliarden von Cyberangriffen von verschiedenen Akteuren der internationalen Beziehungen durchgeführt. Dennoch sind nicht alle dieser Angriffe für die akademische Analyse zugänglich und transparent genug. Um Cyberangriffe angemessen analysieren zu können, sind umfangreiche Informationen erforderlich. Aus diesen operativen Gründen wurde die öffentlich zugängliche Liste des CSIS mit über 500 Cyberangriffen für die Analyse ausgewählt. Im Folgenden werden die Vorfälle mithilfe beschreibender Statistik und einer Kreuztabellen-Methodik analysiert.

Jeder Cyberangriff wird in verschiedene Segmente unterteilt: Taktiken, Messung von Macht in den internationalen Beziehungen, Täter, Opfer und Datum (Monat und Jahr). Zunächst werden die wichtigsten Häufigkeiten von Vorfällen der Cyberkriegsführung dargestellt. Anschließend präsentiert die Kreuztabellenanalyse zentrale Trends und beantwortet die Frage, welche Taktiken am häufigsten von welchen Akteuren eingesetzt wurden, welche Taktiken am häufigsten zur

---

[103] Lyngaas (2023).

[104] Sen (2015), Dehghan (2011), Zetter (2015).

Tab. 4.1 Häufigkeit von Taktiken in der Cyber-DIME-Kriegsführung

Taktik	*N*	%
Datenmanipulation	1	0,2
Datenmanipulation, Manipulation/Sabotage	3	0,6
Denial-of-Service	12	2,4
Denial-of-Service, Manipulation/Sabotage	7	1,4
Spionage	120	24,0
Spionage, Denial-of-Service	1	0,2
Spionage, Manipulation/Sabotage	19	3,8
Allgemeine Hacking-Kampagne	207	41,4
Manipulation/Sabotage	117	23,4
Manipulation/Sabotage, Propaganda	2	0,4
Manipulation/Sabotage, Propaganda, Spionage	1	0,2
Propaganda	7	1,4
valide (keine Daten)	3	0,6
Summe	500	100,0

Tab. 4.2 Häufigkeit der Messung von Macht in den internationalen Beziehungen – Kontrolle worüber

Kontrolle über	*N*	%
Akteure	21	4,2
Akteure, Ergebnisse	15	3,0
Ergebnisse	8	1,6
Ressourcen	313	62,6
Ressourcen, Akteure	45	9
Ressourcen, Akteure, Ergebnisse	8	1,6
Ressourcen, Ergebnisse	1	0,2
valide (keine Daten)	89	17,8
Summe	500	100,0

Kontrolle welcher Messgrößen verwendet wurden und welche Taktiken am häufigsten gegen welche Akteure gerichtet waren.

4.5.1 Deskriptive Statistik

Die Tab. 4.1, 4.2, 4.3, und 4.4 zeigen die Häufigkeiten der Taktiken, Täter, Opfer und der Messung von Macht.[105] Wie dargestellt, war zwischen Mai 2006 und Dezember 2019 die am häufigsten eingesetzte Taktik eine allgemeine Hacking-Kampagne,

[105] Die im Text dargestellten Ergebnisse sind kumulativ. Die Analyse und die Art der Darstellung der Ergebnisse in den Tab. 4.1, 4.2, 4.3, und 4.4 sind zur besseren Präzision in Einzelwerte und Kombinationen von Werten unterteilt.

Tab. 4.3 Häufigkeit der Täter

Verübt durch	N	%
Unternehmen	1	0,2
Individuum	110	22,0
Individuum, Unternehmen	2	0,4
Individuum, Organisation	1	0,2
Organisation	4	0,8
Staat	164	32,8
staatlicher Proxy	57	11,4
Staat, staatlicher Proxy	1	0,2
valide (keine Daten)	160	32,0
Summe	500	100,0

Tab. 4.4 Häufigkeit der Opferarten

Opfertyp	N	%
Unternehmen	115	23,0
Unternehmen, Individuum	2	0,4
Unternehmen, Staat	13	2,6
Individuum	44	8,8
Individuum, Unternehmen, Staat	1	0,2
Organisation	43	8,6
Organisation, Unternehmen	1	0,2
Staat	244	48,8
staatlicher Proxy	9	1,8
staatlicher Proxy, Unternehmen	1	0,2
Staat, Unternehmen, Organisation	3	0,6
Staat, Individuum	7	1,4
Staat, Organisation	2	0,4
Staat, staatlicher Proxy	3	0,6
valide (keine Daten)	12	2,4
Summe	500	100,0

bestehend aus Phishing- und Targeting-Methoden. Die zweithäufigste Taktik war Manipulation/Sabotage. Die dritthäufigste Taktik war Spionage. Von den 500 Cyberangriffen wurden zudem 367 zur Kontrolle von Ressourcen und 89 zur Kontrolle von Akteuren eingesetzt. Acht Cyberangriffe zielten darauf ab, Ressourcen, Akteure und Ergebnisse gemeinsam zu kontrollieren.

Bezüglich der Täter und Opfer wurden 165 Cyberangriffe von Staaten verübt, also fast ein Drittel. Für 113 Vorfälle waren Individuen verantwortlich, und 58 Vorfälle wurden von staatlichen Proxys begangen. Organisationen führten 5 Cyberangriffe durch. Staaten waren in der überwiegenden Mehrheit der Fälle Opfer von Cyberangriffen, mit 273 Vorfällen, und Unternehmen waren in 136 Fällen betroffen. Individuen waren in 54 Fällen betroffen. Dieses Ergebnis stützt das

Argument, dass der nordkoreanische WannaCry-Ransomware-Angriff nicht ausschließlich auf Individuen abzielte.

4.5.2 Kreuztabellierung

Die Tab. 4.5, 4.6, und 4.7 zeigen die Zusammenhänge zwischen den Variablen. Tab. 4.5 stellt den Zusammenhang zwischen Taktiken und der Messung von Macht in den internationalen Beziehungen dar. Sie zeigt, welche Taktik überwiegend zur Kontrolle welcher Messgröße eingesetzt wurde. Tab. 4.6 stellt den Zusammenhang zwischen Taktiken und Tätertypen dar. Tab. 4.7 stellt den Zusammenhang zwischen Taktiken und Opferarten dar.[106]

Die am häufigsten eingesetzten Taktiken zur Kontrolle von Ressourcen waren allgemeine Hacking-Kampagnen, Manipulation/Sabotage und Spionage (Tab. 4.5). Zur Kontrolle von Akteuren setzten die Täter vor allem allgemeine Hacking-Kampagnen und Spionage ein. Um sowohl Akteure als auch Ressourcen zu kontrollieren, nutzten die Täter hauptsächlich Spionage als Taktik. Zur Kontrolle von Ergebnissen wurden vor allem DoS und Manipulation/Sabotage eingesetzt. Zur Kontrolle aller drei Bereiche – Ressourcen, Akteure und Ergebnisse – wurden allgemeine Hacking-Kampagnen verwendet.

Die verschiedenen Taktiken wurden von allen Akteursgruppen eingesetzt (Tab. 4.6). Staaten führten 63 von insgesamt 207 Vorfällen allgemeiner Hacking-Kampagnen durch. Einzelpersonen führten 45 allgemeine Hacking-Kampagnen aus. Von den 117 Vorfällen von Manipulation/Sabotage wurden 40 von Einzelpersonen begangen. Was die Spionage betrifft, so setzten Staaten diese Taktik 58-mal bei insgesamt 120 Vorfällen ein. Staatliche Stellvertreter nutzten vor allem allgemeine Hacking-Kampagnen und Spionagetaktiken.

Alle Opfergruppen waren von allen Taktikarten betroffen (Tab. 4.7). Von den 207 allgemeinen Hacking-Kampagnen richteten sich 111 gegen Staaten. 63-mal waren Unternehmen das Ziel. Manipulation/Sabotage richtete sich 53-mal gegen Staaten und 43-mal gegen Unternehmen. Spionage wurde 54-mal gegen Staaten und 25-mal gegen Unternehmen eingesetzt.

---

[106] Die Darstellung der Ergebnisse im Text sowie in den Tab. 4.5, 4.6, 4.7 unterscheidet sich von den oben präsentierten deskriptiven Statistiken. Sie werden isoliert dargestellt. Einzelwerte werden hervorgehoben, nicht Kombinationen von Werten.

Tab. 4.5 Zusammenhang zwischen Taktiken und Messung von Macht in den internationalen Beziehungen

Kontrolle über Taktik	Valide (keine Daten)	Akteure	Akteure, Ergebnisse	Ergebnisse	Ressourcen	Ressourcen, Akteure	Ressourcen, Akteure, Ergebnisse	Ressourcen, Ergebnisse	Summe
valide (keine Daten)	3	0	0	0	0	0	0	0	3
Datenmanipulation	0	0	0	0	0	1	0	0	1
Datenmanipulation, Manipulation/Sabotage	0	0	0	0	3	0	0	0	3
Verweigerung des Dienstes	2	0	1	0	6	1	1	1	12
Verweigerung des Dienstes, Manipulation/Sabotage	0	0	1	3	3	0	0	0	7
Spionage	4	8	1	0	**85**	20	2	0	**120**
Spionage, Verweigerung des Dienstes	0	0	0	0	0	1	0	0	1
Spionage, Manipulation/Sabotage	2	0	0	0	17	0	0	0	19
allgemeine Hacking-Kampagne	71	8	3	2	**104**	15	4	0	**207**
Manipulation/Sabotage	7	3	3	2	**95**	6	1	0	**117**
Manipulation/Sabotage, Propaganda	0	0	1	0	0	1	0	0	2
Manipulation/Sabotage, Propaganda, Spionage	0	0	0	1	0	0	0	0	1
Propaganda	0	2	5	0	0	0	0	0	7

Tab. 4.6 Zusammenhang zwischen Taktiken und Tätertypen

Verübt nach Taktik	Valide (keine Daten)	Unter-nehmen	Indivi-duum	Individuum, Unter-nehmen	Indivi-duum, Or-ganisation	Organi-sation	Staat	Staat-licher Proxy	Staat, staatlicher Proxy	Summe
valide (keine Daten)	2	0	0	0	0	0	1	0	0	3
Datenmanipulation	0	0	0	0	0	0	0	1	0	1
Datenänderung, Manipulation/Sabotage	1	0	0	0	0	1	1	0	0	3
Denial-of-Service	3	0	2	0	0	0	6	1	0	12
Denial-of-Service, Manipulation/Sabotage	1	0	2	0	0	0	4	0	0	7
Spionage	26	1	16	0	1	1	**58**	17	0	**120**
Spionage, Denial-of-Service	1	0	0	0	0	0	0	0	0	1
Spionage, Manipulation/Sabotage	4	0	3	1	0	0	7	4	0	19
allgemeine Hacking-Kampagne	70	0	**45**	1	0	1	**63**	26	1	**207**
Manipulation/Sabotage	50	0	**40**	0	0	0	20	7	0	**117**
Manipulation/Sabotage, Datenänderung	0	0	1	0	0	1	0	0	0	2
Manipulation/Sabotage, Dienstverweigerung	0	0	0	0	0	0	1	0	0	1
Manipulation/Sabotage, Spionage	2	0	1	0	0	0	3	1	0	7

Tab. 4.7 Zusammenhang zwischen Taktiken und Opferarten

Opferart-Taktiken	Valide (keine Daten)	Unternehmen	Unternehmen, Individuum	Unternehmen, Staat	Individuum	Individuum, Unternehmen, Staat	Organisation	Organisation, Unternehmen	Staat
valide (keine Daten)	3	0	0	0	0	0	0	0	0
Datenmanipulation	0	1	0	0	0	0	0	0	0
Datenmanipulation, Manipulation/Sabotage	0	1	0	0	0	0	0	0	2
Dienstverweigerung	0	5	0	0	0	0	2	0	4
Dienstverweigerung, Manipulation/Sabotage	0	1	0	0	0	0	1	0	5
Spionage	3	**25**	0	3	14	0	15	0	**54**
Spionage, Dienstverweigerung	0	0	0	0	1	0	0	0	0
Spionage, Manipulation/Sabotage	0	3	0	1	3	1	2	0	7
allgemeine Hacking-Kampagne	5	**36**	2	6	18	0	15	1	**111**
Manipulation/Sabotage	1	**43**	0	3	6	0	8	0	**53**
Manipulation/Sabotage, Propaganda	0	0	0	0	0	0	0	0	2
Manipulation/Sabotage, Propaganda, Spionage	0	0	0	0	0	0	0	0	1
Propaganda	0	0	0	0	2	0	0	0	5

Opfer-Typ-Taktiken	Staatlicher Proxy	Staatlicher Proxy, Unternehmen	Staat, Unternehmen, Organisation	Staat, Individuum	Staat, Organisation	Staat, staatlicher Proxy	Summe
gültig (keine Daten)	0	0	0	0	0	0	3
Datenmanipulation	0	0	0	0	0	0	1
Datenänderung, Manipulation/Sabotage	0	0	0	0	0	0	3
Denial-of-Service	0	0	0	1	0	0	12
Denial-of-Service, Manipulation/Sabotage	0	0	0	0	0	0	7
Spionage	3	0	1	1	1	0	**120**

(Fortsetzung)

Tab. 4.7 (Fortsetzung)

Opfer-Typ-Taktiken	Staatlicher Proxy	Staatlicher Proxy, Unternehmen	Staat, Unternehmen, Organisation	Staat, Individuum	Staat, Organisation	Staat, staatlicher Proxy	Summe
Spionage, Denial-of-Service	0	0	0	0	0	0	1
Spionage, Manipulation/Sabotage	1	0	0	1	0	0	19
Allgemeine Hacking-Kampagne	3	1	2	4	0	3	**207**
Manipulation/Sabotage	2	0	0	0	1	0	**117**
Manipulation/Sabotage, Propaganda	0	0	0	0	0	0	2
Manipulation/Sabotage, Propaganda, Spionage	0	0	0	0	0	0	1
Propaganda	0	0	0	0	0	0	7

4.6 Fazit

Wie wird Macht im globalen Kontext durch den Cyberraum projiziert? Cyber-DIME-Macht ist nicht nur weicher und dynamischer als traditionelle harte und weiche Macht, sondern sie ist auch nicht an eine bestimmte Größe oder Stärke gebunden und kann von internationalen Akteuren genutzt werden, um andere, traditionellere Operationen zu ergänzen. Die Hauptergebnisse bestätigen und erweitern das Argument von Herbert Lin und Amy Zegart, das besagt, dass offensive Cyber-Operationen in der Außenpolitik von Staaten sowie bei anderen internationalen Akteuren zunehmend an Bedeutung gewinnen.[107] Darüber hinaus werden globale Mächte verwundbarer und verlieren an internationalem Einfluss und Reichweite, da andere Staaten und sogar nicht-staatliche Akteure Cyber-DIME nutzen, um ihre Macht zu verstärken.

Cyber-DIME als Form der Machtausübung ist nicht revolutionär, sondern evolutionär. Die Hauptziele internationaler Akteure, vor allem der Staaten, haben sich in den letzten Jahrhunderten kaum verändert. Das heißt, die übergeordnete Strategie bleibt gleich, auch wenn sich die Taktiken ändern und durch Cyber-Fähigkeiten modernisiert werden. Internationale Akteure betrachten Cyberkrieg inzwischen als integralen Bestandteil der internationalen Beziehungen und der internationalen Sicherheitsstrategien. Theoretisch und praktisch lässt sich Cyber-DIME in weichere Macht (Diplomatie und Information) und härtere Macht (Militär und Wirtschaft) unterteilen. Es kann als harte Macht eingesetzt werden, wie der russische Cyberangriff auf das ukrainische Stromnetz zeigt. Ein weiteres Beispiel ist die nordkoreanische WannaCry-Ransomware-Kampagne, die de facto sowohl als erzwungener Crowdfunding-Mechanismus als auch als gezieltes finanzielles Cyberverbrechen fungierte.

Die dynamische und schwer fassbare Natur von Cyber-DIME bedeutet, dass die Zuschreibung von Handlungen ein zentrales Problem darstellt; sie schafft ein Opfer, ohne einen eindeutigen Täter zu benennen. Von den 500 analysierten Cybervorfällen ist die am häufigsten eingesetzte Taktik eine allgemeine Hacking-Kampagne, die in der Regel aus Phishing- und Targeting-Methoden besteht. Die zweithäufigste Taktik ist Manipulation/Sabotage, gefolgt von Spionage. Das Tallinn Manual stellt klar, dass Cyber-Spionage keinen eindeutigen Verstoß gegen das Völkerrecht darstellt. Targeting, Phishing, Spionage und Informationsbeschaffung sind, rechtlich gesehen, sehr vage. Darüber hinaus ist der Einsatz von Diplomatie und Information für Cyberkrieg, Propaganda und Desinformation überhaupt nicht illegal. Bots, Trolle und private Nachrichtenagenturen können globale Angelegenheiten beeinflussen, ohne gegen ein einziges internationales Gesetz zu verstoßen. Die Ergebnisse der Trendanalyse stimmen jedoch mit der traditionellen Theorie der Machtmessung in den internationalen Beziehungen überein: Von den 500 Cybervorfällen zielten 363 darauf ab, Ressourcen zu kontrollieren (wobei einige

[107] Lin und Zegart (2019).

auch andere Messgrößen ins Visier nahmen). 89 Vorfälle zielten auf die Kontrolle von Akteuren, und nur acht Cybervorfälle versuchten, alle drei Messgrößen – Ressourcen, Akteure und Ergebnisse – zu kontrollieren.

Cyber-Operationen nehmen zu, sei es in rein offensiver Form oder als Teil weicherer Versuche, die globale Arena zu beeinflussen. Staaten, nicht-staatliche Akteure und sogar Einzelpersonen agieren auf diesem virtuellen Spielfeld, um ihre strategischen Ziele zu erreichen. Basierend auf den in diesem Kapitel dargestellten Ergebnissen und Analysen lässt sich schließen, dass Akteure in der internationalen Arena aufgrund der schwer fassbaren und dynamischen Natur von Cyber-DIME-Maßnahmen ihre Cyber-Fähigkeiten und -Aktivitäten in naher Zukunft weiter ausbauen werden. Staaten – insbesondere internationale Großmächte – profitieren von dieser Situation, was ein Grund dafür ist, dass es keine internationalen Gesetze oder Normen gibt, die Cyber-Operationen regeln. Wie Tabachnik und ich ebenfalls argumentiert haben, entwickelt sich die Situation jedoch weiter.[108] Während einige Mächte wie die Vereinigten Staaten den Cyberraum weiterhin sich selbst überlassen, kontrollieren andere wie Russland und China ihre Cyberdomänen und blockieren Cyber-DIME-Maßnahmen gegen sich. Es ist anzunehmen, dass es nur eine Frage der Zeit ist, bis westliche Staaten Gegenmaßnahmen gegen Cyber-Operationen ergreifen – etwa durch lokale Cyberregulierung und Überwachung. So entstand in Israel in den letzten Jahren das Cybergesetz oder das sogenannte „Facebook-Gesetz", um Online-Missbrauch zu verhindern und gegen Miss- und Desinformation vorzugehen. Darüber hinaus werden Staaten vermutlich versuchen, nicht-staatliche Akteure und Einzelpersonen an der Nutzung von Cyber-DIME zu hindern, indem sie die Nutzung freier, privater, sicherer und anonymer Plattformen einschränken.

Literatur

Abrams, Abigail. 2019. Here's what we know so far about Russia's 2016 meddling. *TIME*, April 18. https://time.com/5565991/russia-influence-2016-election/.

Alkhadra, Rahaf, Joud Abuzaid, Mariam AlShammari, and Nazeeruddin Mohammad. 2021. Solar winds hack: In-depth analysis and countermeasures. In *12th International Conference on Computing Communication and Networking Technologies (ICCCNT)*, 1–7.

Andress, Jason, and Steve Winterfeld. 2013. *Cyber warfare: Techniques, tactics and tools for security practitioners*. Elsevier.

Arreguin-Toft, I. 2001. How the weak win wars: A theory of asymmetric conflict. *International Security* 26(1): 93–128.

Badawy, Adam, Emilio Ferrara, and Kristina Lerman. 2018. Analyzing the digital traces of political manipulation: The 2016 Russian interference Twitter campaign. In IEEE/ACM international conference on advances in social networks analysis and mining (ASONAM), 258–265. IEEE.

Barrinha, André, and Thomas Renard. 2017. Cyber-diplomacy: The making of an international society in the digital age. *Global Affairs* 3(4–5): 353–364.

[108] Topor und Tabachnik (2021).

Barston, R.P. 2014. *Modern diplomacy*. Routledge.

Berridge, G.R. 2015. *Diplomacy: Theory and practice*. New York: Palgrave Macmillan.

Blank, S. 1998. Russia, NATO enlargement, and the Baltic States. *World Affairs* 160(3): 115–125.

Bofey, D. 2019. EU to run war games to prepare for Russian and Chinese cyber-Attacks. *Guardian*, Juni 27. https://www.theguardian.com/technology/2019/jun/27/eu-war-games-prepare-russia-china-cyber-attacks.

Bossert, T.P. 2017. It's official: North Korea is behind WannaCry. *Wall Street Journal*, December 18. https://www.wsj.com/articles/its-official-north-korea-is-behind-wannacry-1513642537.

Buckbee, Michael. 2018. What is the cyber kill chain and how to use it effectively? *VARONIS Systems*, Juli 12. https://www.varonis.com/blog/cyber-kill-chain/.

Carlisle, D. 2017. Cybercriminals' finances under the microscope. *RUSI Commentary*, Mai 17. https://rusi.org/explore-our-research/publications/commentary/wannacry-ransomware-putting-cybercriminals-finances-under-microscope.

Carson, J. 2019. Fake news: What exactly is it – and how can you spot it? *Telegraph*, November 6. https://www.telegraph.co.uk/technology/0/fake-news-exactly-has-really-had-influence/.

Cederberg, G. 2018. Catching Swedish phish – How Sweden is protecting its 2018 elections. *Belfer Center for Science and International Affairs*. https://www.belfercenter.org/sites/default/files/files/publication/Swedish%20Phish%20-%20final2.pdf.

Center for Strategic and International Studies. o. J. The Ukrainian crisis timeline. http://ukraine.csis.org/#301.

Clausewitz, C. 1975. *On war*. New Jersey: Princeton University Press.

Coats, D.R. 2019. *Worldwide threat assessment of the US intelligence community*. Washington, D.C: Office of the Director of National Intelligence. Januar 29. https://www.dni.gov/files/ODNI/documents/2019-ATA-SFR---SSCI.pdf.

Connell, M. and S. Vogler. 2016. Russia's approach to cyber warfare. Center for Naval Analysis. https://apps.dtic.mil/dtic/tr/fulltext/u2/1019062.pdf.

Corera, G. 2018. Swedish Security Chief warning on fake news. *BBC*, Januar 4. https://www.bbc.com/news/world-europe-42285332.

Dahl, Robert A. 1957. The concept of power. *Behavioral Science* 2(3): 201–215.

Dawda, S. 2021. Exploring national cyber security strategies: Policy approaches and implications. *RUSI Occasional Paper*.

Dehghan, Saeed Kamali. 2011. Iran accuses Siemens of helping launch Stuxnet cyber-attack. *Guardian*, April 17. https://www.theguardian.com/world/2011/apr/17/iran-siemens-stuxnet-cyber-attack.

Doffman, Z. 2019. Cyber warfare threat rises as Iran and China agree 'united front' against U.S. *Forbes*, Juli 6. https://www.forbes.com/sites/zakdoffman/2019/07/06/iranian-cyber-threat-heightened-by-chinas-support-for-its-cyber-war-on-u-s/#1956945c42eb.

Eriksson, J., and G. Giacomello. 2006. The information revolution, security, and international relations: (IR) relevant theory? *International Political Science Review* 27(3): 221–244.

Field, M. 2018. WannaCry cyber attack cost the NHS £92m as 19,000 appointments cancelled. *Telegraph*, October 11. https://www.telegraph.co.uk/technology/2018/10/11/wannacry-cyber-attack-cost-nhs-92m-19000-appointments-cancelled/.

Farmer, B. 2018. Russia was behind 'malicious' cyber attack on Ukraine, Foreign Office says. *Telegraph*, Februar 15. https://www.telegraph.co.uk/news/2018/02/15/russia-behind-malicious-cyber-attack-ukraine-foreign-office/.

Farwell, James P., and Rafal Rohozinski. 2011. Stuxnet and the future of cyber war. *Survival* 53(1): 23–40.

Geers, K. 2008. Cyberspace and the changing nature of warfare. *Cooperative Cyber Defense Centre of Excellence*. https://ccdcoe.org/uploads/2018/10/Geers2008_CyberspaceAndTheChangingNatureOfWarfare.pdf.

Gibbs, S. 2017. WannaCry: Hackers withdraw £108,000 of bitcoin ransom. *Guardian*, August 3. https://www.theguardian.com/technology/2017/aug/03/wannacry-hackers-withdraw-108000-pounds-bitcoin-ransom.

Gilpin, R. 2016. *The political economy of international relations*. New Jersey: Princeton University Press.
Gleick, J. 2012. *The information: A history, a theory, a flood*. New York: Vintage Books.
Greenberg, A. 2017. How an entire nation became Russia's test lab for cyberwar. *WIRED*, Juli 20. https://www.wired.com/story/russian-hackers-attack-ukraine/.
Harkabi, Y. 1990. *War and strategy*. Ministry of Defense, Israel: Maarachot [Hebrew].
Hart, J. 1976. Three approaches to the measurement of power in international relations. *International Organization* 30(2): 289–305.
Helmus, T.C., E. Bodine-Baron, A. Radin, M. Magnuson, J. Mendelsohn, W. Marcellino, A. Bega, and Z. Winkelman. 2018. *Russian social media influence: Understanding Russian propaganda in Eastern Europe*. Santa Monica, CA: RAND Corporation. https://www.rand.org/pubs/research_reports/RR2237.html.
Henley, Jon. 2017. Russia waging information war against Sweden, study finds. *Guardian*, Januar 11. https://www.theguardian.com/world/2017/jan/11/russia-waging-information-war-in-sweden-study-finds.
Jervis, R. 1994. Hans Morgenthau, realism, and the scientific study of international politics. *Social Research* 61(4): 853–876.
Klimburg, A and L. Faesen. 2020. A balance of power in cyberspace. In *Governing cyberspace*, Hrsg. D. Broeders and B. van den Berg, 145–172.
Kostyuk, N., and Y.M. Zhukov. 2019. Invisible digital front: Can cyber attacks shape battlefield events? *Journal of Conflict Resolution* 63(2): 317–347.
Kragh, M., and S. Åsberg. 2017. Russia's strategy for influence through public diplomacy and active measures: The Swedish case. *Journal of Strategic Studies* 40(6): 773–816.
Kumar, Anil. o. J. Analysis of SolarWinds hack. *Cloud Control*. https://www.ecloudcontrol.com/analysis-of-solarwinds-hack/#:~:text=SolarWinds%20hack%20is%20considered%20to,compromised%20remains%20unknown%20even%20today.
Kushner, David. 2013. The real story of Stuxnet. *IEEE Spectrum* 50(3): 48–53.
Langner, Ralph. 2011. Stuxnet: Dissecting a cyberwarfare weapon. *IEEE Security & Privacy* 9(3): 49–51.
Lanham, R.A., and D.Merkoski. 2008. The economics of attention. *USC Annenberg School for Communication: The Norman Lear Center*, April 9. https://learcenter.org/pdf/EconofAttention.pdf.
Larson, Eric V., Richard E. Darilek, Daniel Gibran, Brian Nichiporuk, Amy Richardson, Lowell H. Schwartz, and Cathryn Q. Thurston. 2009. *Foundations of effective influence operations: A framework for enhancing army capabilities*. Santa Monica, C.A: RAND Arroyo Center.
Lee, Y.N. 2019. Ray Dalio says he wouldn't rule out China weaponizing its massive US Treasury holdings. *CNBC*, August 16. https://www.cnbc.com/2019/08/16/ray-dalio-china-could-weaponize-us-treasury-holdings-in-trade-war.html.
Lee, R.M., M.J. Assante, and T. Conway. 2016. Analysis of the cyber attack on the Ukrainian power grid. *E-ISAC, SANS*, März 18. https://ics.sans.org/media/E-ISAC_SANS_Ukraine_DUC_5.pdf.
Leigh, D., und L. Harding. 2013. *WikiLeaks: Inside Julian Assange's war on secrecy*. Guardian Faber Publishing.
Lin, Herbert, und Amy Zegart, Hrsg. 2019. *Bytes, bombs, and spies: The strategic dimensions of offensive cyber operations*. Brookings Institution Press.
Lindsey, N. 2019. The rise of the global cyber war threat. *CPO Magazine*, August 5. https://www.cpomagazine.com/cyber-security/the-rise-of-the-global-cyber-war-threat/.
Lewis, J.A. 2018. Economic impact of cybercrime – No slowing down. The Center for Strategic and International Studies. *McAfee*. https://www.csis.org/analysis/economic-impact-cybercrime.
Lutscher, P.M., N.B. Weidmann, M.E. Roberts, M. Jonker, A. King, und A. Dainotti. 2020. At home and abroad: The use of denial-of-service attacks during elections in nondemocratic regimes. *Journal of Conflict Resolution* 64(2–3): 373–401.
Lyngaas, Sean. 2023. Israel's cyber defense chief tells CNN he's concerned Iran could increase severity of its cyberattacks. *CNN*, November 6. https://edition.cnn.com/2023/11/06/politics/israel-cyber-defense-iran-concerns/index.html.

Mack, A. 1975. Why big nations lose small wars: The politics of asymmetric conflict. *World Politics* 27(2): 175–200.

Maple, C. 2017. Security and privacy in the internet of things. *Journal of Cyber Policy* 2(2): 155–184.

Mee, Paul, und Til Schuermann. 2018. How a cyber attack could cause the next financial crisis. *Harvard Business Review*, September 2018. https://hbr.org/2018/09/how-a-cyber-attack-could-cause-the-next-financial-crisis.

Mueller, Robert S. III. 2019a. Report on the investigation into Russian interference in the 2016 presidential election – Volume I of II. US Department of Justice, Washington DC.

Mueller, Robert S. III. 2019b. Report on the investigation into Russian interference in the 2016 presidential election – Volume II of II. US Department of Justice, Washington DC.

National Business Aviation Association. 2016. *Cyber security: Top flight department threats*. Juli 4. https://nbaa.org/aircraft-operations/security/cyber-security-top-flight-department-threats/.

National Cyber Directorate. 2017. *Israel national cyber security strategy – in brief*. Jerusalem, Israel. http://cyber.haifa.ac.il/images/pdf/cyber_english_A5_final.pdf.

National Endowment for Democracy. 2017. *'Sharp power': Rising authoritarian influence*. December 6. https://www.ned.org/events/sharp-power-rising-authoritarian-influence/.

Neumann, I.B. 2003. The English School on diplomacy: Scholarly promise unfulfilled. *International Relations* 17(3): 341–369.

Nye, Joseph S. 1990. Soft power. *Foreign Policy* 80: 153–171.

Nye, Joseph S. 2008. Public diplomacy and soft power. *The Annals of the American Academy of Political and Social Science* 616(1): 94–109.

Nye, Joseph S. 2016. Deterrence and dissuasion in cyberspace. *International Security* 41(3): 44–71.

Nye, Joseph S. 2023. Get smart: Combining hard and soft power. In Soft power and great power competition: Shifting sands in the balance of power between the United States and China, 63–66. Singapore: Springer Nature.

Perez, E. 2015. FBI: Hacker claimed to have taken over flight's engine controls. *CNN*, Mai 19. https://edition.cnn.com/2015/05/17/us/fbi-hacker-flight-computer-systems/index.html.

Perlez, J., und A. Stevenson. 2019. In trade war, China's hard-line stance risks economy. *New York Times*, August 6. https://www.nytimes.com/2019/08/06/world/asia/china-xi-jingping-trade.html.

Perlroth, N. 2017. More evidence points to North Korea in ransomware attack. *New York Times*, Mai 22. https://www.nytimes.com/2017/05/22/technology/north-korea-ransomware-attack.html.

Porter, J., T. Anand, B. Johnson, R.M. Khan, und N. Sobel. 2005. Brain mechanisms for extracting spatial information from smell. *Neuron* 47(4): 581–592.

Rummel, R.J. 1972. *The dimensions of nations*. Sage Publications.

Schmitt, Michael N. Hrsg. 2013. *Tallinn manual on the international law applicable to cyber warfare*. Cambridge: Cambridge University Press.

Schmitt, Michael N. Hrsg. 2017. *Tallinn manual 2.0 on the international law applicable to cyber warfare*. Cambridge: Cambridge University Press.

Sen, Ashish Kumar. 2015. Iran's growing cyber capabilities in a post-Stuxnet era. *Atlantic Council*, April 10. https://www.atlanticcouncil.org/blogs/new-atlanticist/iran-s-growing-cyber-capabilities-in-a-post-stuxnet-era/.

Setton, Keren. 2023. On the brink: Unpacking Israel's unilateral strike threat against Iran. *The Media Line*, Juni 6. https://themedialine.org/top-stories/israel-threatens-action-against-irans-nuclear-program-amid-war-drill/.

Smith, Z.M., und E. Lostri. 2020. The Hidden cost of Cybercrime. *McAfee*, Dezember 2020. https://www.mcafee.com/enterprise/en-us/assets/reports/rp-hidden-costs-of-cybercrime.pdf.

Snowden, E. 2019. *Permanent record*. Metropolitan Books.

Teixeira, T.S. 2014. *The rising cost of consumer attention: Why you should care, and what you can do about it*. Harvard Business School, Working Paper No. 14-055.

Temple-Raston, Dina. 2021. Biden order to require new cybersecurity standards in response to SolarWinds attack. *NPR*, April 29. https://www.npr.org/2021/04/29/991333036/biden-order-to-require-new-cybersecurity-standards-in-response-to-solarwinds-att.

The White House. 2017. *National security strategy of the United States of America*. https://www.whitehouse.gov/wp-content/uploads/2017/12/NSS-Final-12-18-2017-0905.pdf.

The White House. 2018. *National Cyber Strategy of the United States of America*. https://www.whitehouse.gov/wp-content/uploads/2018/09/National-Cyber-Strategy.pdf.

Topor, Lev, und Alexander Tabachnik. 2021. Russian cyber information warfare: International distribution and domestic control. *Journal of Advanced Military Studies* 12(1): 112–127.

United Nations. 1945. *Charter of the United Nations*. New York: United Nations.

United Nations. 1996. *Legality of the threat or use of nuclear weapons. Advisory opinion of 8 July 1996*. New York: United Nations.

U.S. Department of Defense. 2019. *DOD dictionary of military and associated terms*. Washington, D.C.: U.S. Department of Defense https://www.jcs.mil/Portals/36/Documents/Doctrine/pubs/dictionary.pdf.

U.S. Department of State. 2020. Pillars of Russia's disinformation and propaganda ecosystem. *Global Engagement Center*. https://www.state.gov/russias-pillars-of-disinformation-and-propaganda-report/.

US Government Accountability Office. 2021. SolarWinds cyberattack demands significant federal and private-sector response (infographic). April 22. https://www.gao.gov/blog/solarwinds-cyberattack-demands-significant-federal-and-private-sector-response-infographic.

Valeriano, B., B.M. Jensen, und R.C. Maness. 2018. *Cyber strategy: The evolving character of power and coercion*. New York: Oxford University Press.

Ward, Thomas. 2001. *The ethics of destruction: Norms and force in international relations*. Cornell University Press.

Wright, Q., und L.L. Wright. 1983. *A study of war*. Chicago and London: University of Chicago Press.

Weingast, B.R., und D.A. Wittman. 2008. *The Oxford handbook of political economy*. Oxford University Press.

Willett, Marcus. 2023. Lessons of the SolarWinds hack. In *Survival April–May 2021: Facing Russia*, 7–25. London: Routledge.

Wilson III, Ernest J. 2008. Hard power, soft power, smart power. *The Annals of the American Academy of Political and Social Science* 616(1): 110–124.

Winder, D. 2019. Infection hits French hospital like it's 2017 as ransomware cripples 6,000 computers. *Forbes*, November 20. https://www.forbes.com/sites/daveywinder/2019/11/20/infection-hits-french-hospital-like-its-2017-as-ransomware-cripples-6000-computers/#7c8b09d4576e.

Zetter, Kim. 2015. The NSA acknowledges what we all feared: Iran learns from US cyberattacks. *WIRED*, Februar 18. https://www.wired.com/2015/02/nsa-acknowledges-feared-iran-learns-us-cyberattacks/.

Zetter, Kim. 2023. The untold story of the boldest supply-chain hack ever. *WIRED*, Mai 2. https://www.wired.com/story/the-untold-story-of-solarwinds-the-boldest-supply-chain-hack-ever/.

Kapitel 5
Mis-/Desinformation und nationale Resilienz: Sind Länder immun gegen Fake News?

Nationale Resilienz ist im Allgemeinen die Fähigkeit oder Kapazität einer Nation, schwierigen Situationen oder schwierigen Zeiten standzuhalten und das innere Gleichgewicht, die Stabilität und die Funktionsfähigkeit wiederzuerlangen. Dies bezieht sich auf die Fähigkeit einer Nation, ihre Funktionsfähigkeit im wirtschaftlichen, politischen und strategischen (militärischen und diplomatischen) Sinne sowie im sozialen Sinne wiederherzustellen, wobei verhindert werden soll, dass gesellschaftliche Spaltungen zunehmen. Eine solche nationale Stabilität ist für Demokratien von entscheidender Bedeutung, da Beeinträchtigungen eines Landes zu einem Machtverlust führen und es weniger demokratisch und weniger liberal im Hinblick auf die Menschenrechte machen können.[1] Allerdings ist nationale Stabilität auch für autoritäre und weniger demokratische Staaten wichtig: Diktatoren und unterdrückerische Regierungen wollen inländische Kritik und Opposition vermeiden.

Aufbauend auf den Erkenntnissen und Einsichten der Kap. 3 und 4, insbesondere der Tatsache, dass Des- und Fehlinformationen völkerrechtlich nicht illegal sind und nicht die internationale Schwelle für einen direkten Kriegseinsatz erreichen, behandelt dieses Kapitel eine einfache, aber schwer fassbare Frage: Welche Auswirkungen haben Des- und Fehlinformationen, die heutzutage vor allem über den Cyberraum verbreitet werden, auf die nationale Resilienz in Demokratien wie den Vereinigten Staaten, dem Vereinigten Königreich, Deutschland oder Israel? Insbesondere konzentriere ich mich auf bestimmte Strategien und Taktiken der Cyberkriegsführung und bewerte die Auswirkungen auf die nationale Resilienz im Lichte verschiedener Faktoren. In diesem Kapitel betrachte ich ausschließlich Demokratien, da autoritäre Staaten jegliche Informationen, die sie als destabilisierend erachten – unabhängig davon, ob sie wahr oder falsch sind – häufig zensieren.

[1] Canetti et al. (2014).

L. Topor, *Cyber-Souveränität*, https://doi.org/10.1007/978-3-032-09326-4_5

Dieses Kapitel gliedert sich in drei Hauptteile, die jeweils unser Verständnis der nationalen Resilienz gegenüber Cyberkriegsführung im Allgemeinen und gegenüber Des-/Fehlinformationskampagnen, auch bekannt als „Fake News", im Besonderen vertiefen. Zunächst erläutere ich die Konzepte und Theorien politischer Kriegsführung, Einflusskampagnen und Propaganda, um den begrifflichen Rahmen für das Kapitel zu schaffen. Dies ist wichtig, da Nationen Des-/Fehlinformationskampagnen schon lange vor dem Cyberzeitalter eingesetzt haben. Während des Kalten Krieges verbreitete die Sowjetunion Lügen über den Westen, ebenso wie die Vereinigten Staaten solche Des-/Fehlinformationen über die Sowjetunion verbreiteten. Bereits zuvor, im Zweiten Weltkrieg, wurden solche Strategien und Taktiken sowohl von den Alliierten als auch von den Achsenmächten eingesetzt. Im Verlauf der Geschichte wurde Täuschung im Krieg durch Gerüchte, Radio und Printmedien genutzt. Heute erfolgt dies vor allem im Cyberraum.

Zweitens konzentriere ich mich auf das Konzept der „Sharp Power" in den internationalen Beziehungen, insbesondere darauf, wie weniger offene Staaten ihre internen Massenmedien streng kontrollieren, aber die Offenheit ihrer Gegner nutzen, um Chaos zu stiften. In diesem Abschnitt stelle ich mehrere Fälle aus den Vereinigten Staaten und dem Vereinigten Königreich vor, darunter die Wahlbeeinflussung 2016, die in Kap. 4 analysiert wurde, den Sturm auf das Kapitol am 6. Januar sowie die Brexit-Problematik im Vereinigten Königreich. Außerdem führe ich einige weniger bekannte Fälle aus Deutschland sowie den Fall Schwedens und der NATO an.

Drittens präsentiere ich den israelischen Fall ausführlicher, da Israel eine Regionalmacht und ein gefragter Akteur im Nahen Osten ist. Dieser Fall ist weniger bekannt, aber besonders interessant, da Israel ein westlicher Stellvertreter im Nahen Osten ist und ständigen kinetischen und Cyberangriffen durch Länder des Nahen Ostens und des Golfs ausgesetzt ist, die wiederum Stellvertreter anderer Großmächte, vor allem Russlands und Chinas, sind. Ich stelle Fälle von Des-/Fehlinformationen vor und diskutiere deren Auswirkungen auf die nationale Resilienz Israels. Im Fall Israels stellt sich die Frage, ob „Fake News" Entscheidungsprozesse, Wahlergebnisse und Fragen von Krieg und Frieden beeinflussen können. Interessanterweise beeinflussen Des-/Fehlinformationskampagnen in Form von Social-Media-Bots und -Trollen, gefälschten Medienberichten und Veröffentlichungen sowie Informationslecks die Wahrnehmung der Menschen und wirken sich so direkt und indirekt (etwa in Wahlzeiten oder in Schlüsselmomenten) auf die Wahrnehmungen und Entscheidungen von Entscheidungsträgern und Politikern aus. Wie in Europa, dem Vereinigten Königreich und den Vereinigten Staaten schaffen Des-/Fehlinformationskampagnen Chaos und sogar gesellschaftliche und politische Stagnation, die durch interne Machtkämpfe verursacht wird.

Obwohl Israel als „Cyber-Nation" gilt, bildet es keine Ausnahme – Des-/Fehlinformationskampagnen gegen Israel verursachen politische Auseinandersetzungen und verstärken gesellschaftliche Spaltungen, die wiederum zu internen Debatten führen und Israels Einfluss als Regionalmacht schwächen. Israel verfügt derzeit über ein gewisses inneres Gleichgewicht, selbst angesichts der anhaltenden

Debatten über die Justizreform 2023 und das Massaker vom 7. Oktober durch die Terrororganisation Hamas, das zum Israel-Hamas-Krieg 2023 (bekannt als „Eiserne Schwerter") führte. Dennoch schwächen Des-/Fehlinformationskampagnen die Stabilität und könnten sogar zu Chaos führen, das Israel zwangsläufig weniger demokratisch und weniger mächtig machen würde. Sie treiben die Menschen in Chaos und Angst. Ausländische Einflussgruppen, wie iranische Gruppen, versuchen ständig, gesellschaftliche Spaltungen in Israel zu vertiefen. Selbst Irans Stellvertreter Hisbollah kann die Auswirkungen erkennen – ihr Anführer Hassan Nasrallah argumentierte Anfang 2023, dass Israel seine schwerste Krise seit 75 Jahren durchlebe.[2]

5.1 Politische Kriegsführung, Propaganda und Einflusskampagnen

Politische Kriegsführung, Propaganda und Einflusskampagnen sind drei Begriffe, die vieles gemeinsam haben und auf den ersten Blick ähnlich erscheinen mögen. Es ist jedoch wichtig, die Unterschiede zwischen ihnen zu verstehen, insbesondere, welcher Begriff sich auf Mis-/Desinformationskampagnen bezieht, um nachvollziehen zu können, warum „Fake News" über den Cyberspace verbreitet werden und warum dies schlechte Nachrichten für die nationale Stabilität und Resilienz bedeutet. Im 21. Jahrhundert, im Zeitalter des Cyberspace, werden politische Kriegsführung, Propaganda und Einflusskampagnen über den Cyberspace mithilfe digitaler Massenmedien, sozialer Medien und anonymer Kommunikationsplattformen durchgeführt.[3] Vor dem Internet, während des Kalten Krieges, der Weltkriege und sogar noch früher, wurden politische Propaganda und Mis-/Desinformation durch Einflussagenten, Radio- und Printmedien und natürlich durch Gerüchte verbreitet. Doch ob online oder offline, die strategischen Ziele waren stets ähnlich: so viel Einfluss wie möglich auf einen Gegner oder ein gegnerisches Bündnis auszuüben, um diese weniger fähig und weniger mächtig zu machen.[4] Im Hinblick auf die in Kap. 3 und 4 genannten Machtmessungen zielen Mis-/Desinformationskampagnen darauf ab, die Entscheidungen und Handlungen von Akteuren sowie die Ergebnisse von Ereignissen zu beeinflussen.

Wie steht Politik im Verhältnis zum Krieg? Krieg ist politisch – wie Carl von Clausewitz bekanntlich feststellte, ist er eine „Fortsetzung der Politik mit anderen Mitteln". Folgt man dieser Logik, so ist, wenn Krieg eine Fortsetzung der Politik mit anderen Mitteln ist, (internationale) Politik die Fortsetzung des Krieges mit anderen Mitteln. Doch im späten 20. und frühen 21. Jahrhundert werden Kriege nicht mehr direkt zwischen Großmächten mit konventionellen kinetischen Mitteln

[2] Nasrallah greift Warnung von Herzog auf und sagt, Israel zerreiße sich selbst (2023).
[3] Shuker und Topor (2021), Zimdars (2022).
[4] Graham (2021), Shultz und Godson (1984, 1–5).

geführt, da sie sich rasch zu umfassenden Nuklearkonflikten ausweiten und uns alle der gegenseitig gesicherten Zerstörung (MAD) aussetzen könnten.[5] Kriege werden heute häufig indirekt geführt, entweder durch Stellvertreter, durch stellvertretende Mittel wie Massenkommunikation oder Cyberspace oder durch beides. Daher greifen globale und regionale Mächte oft zur „politischen Kriegsführung", die, wie George F. Kennan 1948 schrieb, wie folgt definiert ist:

> (...) der Einsatz aller einem Staat zur Verfügung stehenden Mittel, mit Ausnahme des Krieges, um seine nationalen Ziele zu erreichen. Solche Operationen (...) reichen von offenen Maßnahmen wie politischen Allianzen, wirtschaftlichen Maßnahmen und „weißer" Propaganda bis hin zu verdeckten Operationen wie der geheimen Unterstützung „freundlicher" ausländischer Elemente, „schwarzer" psychologischer Kriegsführung und sogar der Förderung des Untergrundwiderstands in feindlichen Staaten.[6]

Moderne politische Kriegsführung, die unterhalb der Schwelle des Krieges bleibt, ähnelt stark dem, was die Sowjets als „aktive Maßnahmen" bezeichneten, und besteht hauptsächlich aus offenen und verdeckten Maßnahmen, die darauf abzielen, einen strategischen Schritt eines Gegners zu destabilisieren – sei es ein internationaler Schritt oder eine innenpolitische Maßnahme, die direkte Auswirkungen auf internationale Angelegenheiten haben könnte. Offene Maßnahmen umfassen offizielle und inoffizielle Propagandakanäle sowie diplomatische Beziehungen – diese können als einfache Propaganda betrachtet werden. Zu den verdeckten Maßnahmen zählen vor allem verdeckte Propaganda, Mis-/Desinformation, der Einsatz von Einflussagenten zur Verbreitung einer Idee oder Politik, geheime Radio- und Printmedien sowie die Nutzung internationaler Tarnorganisationen als Stellvertreter.[7]

Propaganda umfasst die Verbreitung von Informationen für eine Sache, sei es zu Marketing- und Profitzwecken, für politische Kampagnen oder für strategische Zwecke im Zusammenhang mit Krieg und Frieden. Mitunter überschneiden sich die Ziele von Propaganda. Daher ist die Definition von Propaganda in diesem Kapitel wichtig. Laut Encyclopedia Britannica ist Propaganda die Verbreitung voreingenommener oder irreführender Informationen zur Förderung einer bestimmten Idee; sie kann in Form von Reden, Plakaten, Schriften, Videos, Aufnahmen, Social-Media-Posts usw. auftreten. Die durch Propaganda verbreiteten Botschaften können wahr oder falsch sein; entscheidend ist jedoch, dass Propaganda stets den Zweck verfolgt, eine bestimmte Idee zu fördern. Beispielsweise ist ein Werbespot für McDonald's oder Apple tatsächlich Propaganda.[8]

Einflusskampagnen werden als koordinierte, synchronisierte und kombinierte Anwendung diplomatischer, informativer, militärischer und wirtschaftlicher Fähigkeiten sowie anderer nationaler Kompetenzen in Zeiten des Friedens, des Krieges oder von Krisen definiert, um gezielt einen bestimmten Gegner oder eine Entität

---

[5] Sokolski (2004).

[6] Congressional Research Service (2023).

[7] Shultz und Godson (1984, 1–5), Robinson et al. (2018).

[8] Smith (2022).

strategisch zu beeinflussen. Einflusskampagnen zielen darauf ab, das Verhalten und die Entscheidungen ausländischer Zielgruppen zu beeinflussen und sie davon zu überzeugen, Positionen einzunehmen, die den Interessen der Initiatoren der Kampagne dienen. Der Unterschied zwischen politischer Kriegsführung und Einflusskampagnen besteht darin, dass sich Einflusskampagnen auf Informationen und deren Wahrnehmung durch gegnerische Gruppen konzentrieren – sie sind Teil des Repertoires der politischen Kriegsführung.[9]

Ein gutes Beispiel für eine Einflusskampagne war die sowjetische antizionistische Kampagne gegen Israel. Während des Kalten Krieges wurde Israel von der Sowjetunion als westlicher Stellvertreter im Nahen Osten wahrgenommen, weshalb die Sowjetunion auf ihr Arsenal aktiver Maßnahmen zurückgriff, um die Gegner Israels sowie neutralere und entferntere Staaten dazu zu bewegen, gegen das Land zu agieren oder es zumindest unter dem Dach der Vereinten Nationen abzulehnen. Zu diesem Zweck wurde antizionistische Propaganda, einschließlich antisemitischer Propaganda, in vielen Sprachen und über zahlreiche Plattformen erstellt, manipuliert und verbreitet. Die Sowjets förderten Filme, Vorträge, Artikel, Konferenzen, Radiosendungen und Fernsehübertragungen, um die Herzen und Köpfe anderer gegen Israel zu beeinflussen. Nach einigen schwierigen Anfangsjahren wurde die Existenz der jüdischen Nation zu einer unumstößlichen Tatsache, und die Sowjets, die Chaos stiften wollten, förderten massiv die palästinensische Erzählung durch die oben genannten Mittel, aber auch durch Einflussagenten – Personen oder Organisationen, die von verdeckten sowjetischen Kräften unterstützt wurden, um die palästinensische Idee auf Kosten der israelischen Idee zu verbreiten.[10] Neben der Unterstützung wichtiger palästinensischer Führer (wie Mahmoud Abbas) und israelischer Staatsbürger, die über Jahre hinweg extreme Ideen propagierten, unterstützte und förderte die Sowjetunion auch Terrororganisationen wie die Palästinensische Befreiungsorganisation.[11] Zwar wird der palästinensische Fall seit der Gründung des Staates Israel 1948 als hybrid – sowohl innen- als auch außenpolitisch – betrachtet, doch seine Bedeutung für die israelische Politik ist unübersehbar – eine Bedeutung, die so groß war, dass sie zur Ermordung eines Premierministers (Yitzhak Rabin, ermordet am 4. November 1994) und zu nationalem Chaos während der ersten und zweiten Intifada und darüber hinaus führte.

Heutzutage scheint es, als würde der palästinensische Fall, insbesondere der palästinensische Terror, von ausländischen Mächten als eine Art Dimmer genutzt, um Chaos zu stiften und den israelischen politischen Diskurs zu beeinflussen. Ein „Rechtsruck" führt zu mehr Anschlägen, ein „Linksrutsch" zu weniger. So kam es beispielsweise im Mai 2021, während Israel gegen eine ausländische Entität – Hamas – kämpfte, zu Ausschreitungen antizionistischer arabischer Gemeinschaften und sogar einiger jüdischer Anti-Zionisten gegen das israelische und

[9] Larson et al. 2009; Shuker und Topor (2021).

[10] Siehe als Beispiel: Solmar (1978). Siehe auch Tabarovsky (2019, 2023), Frankel (1972).

[11] Baker (2016).

jüdische Volk, Institutionen und Symbole. Solcher Terror wurde durch gefälschte Videos und Bilder angeblicher Todesfälle oder Verletzungen von Palästinensern durch Israel unterstützt. Viele davon stellten sich als gefälscht oder manipuliert heraus, schürten aber dennoch das Feuer.[12] Weitere aktuelle Beispiele für Propaganda werden in den folgenden Abschnitten vorgestellt, wobei der Schwerpunkt auf der Verbreitung von Mis-/Desinformation über digitale Medien und soziale Netzwerke liegt.

5.2 Mis-/Desinformation über den Cyberspace: Sharp Power

Freie und offene liberale Demokratien sind oft gut für die Menschen – für Menschenrechte und Meinungsfreiheit –, aber weniger geeignet für strategische Machtkämpfe zwischen globalen Rivalen. In diesem Abschnitt stelle ich das Konzept der Sharp Power im Cyberspace vor und erläutere, wie weniger offene Staaten wie Russland, China und Iran das Ungleichgewicht zwischen offenen und restriktiven Massenkommunikationssystemen zu ihrem Vorteil nutzen. Ich führe außerdem mehrere wichtige und bekannte Fälle der Ausübung solcher Sharp Power an, wie die Wahlbeeinflussung in den USA 2016, die in Kap. 4 behandelt wurde, den Sturm auf das Kapitol am 6. Januar in den USA, die Brexit-Frage im Vereinigten Königreich, den Fall Lisa in Deutschland sowie NATO-bezogene Desinformation in Schweden und im gesamten Baltikum. Diese Fälle werden anschließend mit dem israelischen Fall verglichen, den ich im Anschluss ausführlicher darstelle.

Sharp Power ist ein Ansatz in den internationalen Beziehungen, der Maßnahmen umfasst, um die Integrität unabhängiger Institutionen und Staaten zu zensieren oder zu manipulieren. Dies geschieht in der Regel durch autoritäre oder weniger offene Regime gegenüber offenen Systemen. Der Ansatz nutzt die Asymmetrie zwischen den freien Systemen liberaler Demokratien und den restriktiven Systemen autoritärer Regime aus, sodass letztere die freie Meinungsäußerung und die politische Integrität und Stabilität in Demokratien untergraben können, während sie gleichzeitig ihre eigene öffentliche Meinungsäußerung und Medienlandschaft vor unerwünschten Medien und Informationen – etwa demokratischen Appellen aus dem Ausland – abschirmen.[13]

Russland etwa schuf das RuNet-Projekt, um Moskau die Möglichkeit zu geben, Russland vom globalen Internet abzukoppeln und gleichzeitig interne Kommunikation und Dienste aufrechtzuerhalten. Es wurden zudem Gesetze gegen unerwünschte Informationen eingeführt, wie das Jarowaja-Gesetz und das „Souveräne-Internet“-Gesetz, wie von mir und Tabachnik analysiert. China

[12] Shalev (2022), Topor (2021), Creedon (2021).

[13] Walker (2018), Topor und Tabachnik (2021).

errichtete seine Große Firewall, die den Informationsfluss aus dem Ausland und ausländische Dienste wie soziale Medien einschränkt. Auch andere Länder wie Iran beschränken ihren Cyberraum. In den Vereinigten Staaten hingegen ist es aufgrund des First Amendment und Section 230 des United States Code rechtlich nicht möglich, die meisten ausländischen Informationsströme zu zensieren. Selbst im Extremfall des Sturms auf das Kapitol 2021, als Extremisten, angestachelt durch Verschwörungstheorien und ausländische Propaganda, randalierten und versuchten, die Kontrolle zu übernehmen, schalteten die USA weder Dienste noch das Internet ab, obwohl Hinweise darauf vorlagen, dass die Randalierer sich online, insbesondere über soziale Medien und SMAs wie Telegram, organisiert hatten.[14]

Da Printmedien und Radio im 21. Jahrhundert nun leichter eingeschränkt und manipuliert werden können und solche Plattformen in der Regel über Gatekeeper verfügen, haben Staaten erkannt, dass der Cyberspace die perfekte Plattform zur Verbreitung von Des-/Misinformation und Chaos ist. Schließlich ist das Internet weit zugänglich und offen, aber auch unterreguliert—es existiert kein anwendbares internationales Recht bezüglich des Cyberspace, wie ausführlich in Kap. 3 beschrieben. Das Internet, insbesondere soziale Medien, bieten Staaten ein Proxy-(virtuelles) Schlachtfeld, auf dem sie sich hinter einem Schleier der Anonymität verstecken können. Selbst wenn sich also ein Artikel oder Video als gefälscht herausstellt oder ein Social-Media-Nutzer ein Bot oder Troll ist, ist die Zuordnung forensisch schwierig.[15] Abschreckungsmechanismen gegen Cyberangriffe im Allgemeinen und Des-/Misinformation im Besonderen sind langsam, grob und ineffektiv. Vereinfacht gesagt: Es ist international nicht akzeptabel, harte Macht gegen scharfe Macht einzusetzen: Es ist international nicht akzeptabel, eine kinetische Waffe einzusetzen, geschweige denn, wegen eines Tweets einen Krieg zu beginnen.[16]

Des-/Misinformation ist eine Form der politischen Kriegsführung, wie in der Einleitung zu diesem Kapitel erläutert. Ein bekanntes Beispiel für Des-/Misinformation unter Einsatz scharfer Macht war die russische Einmischung in die US-Präsidentschaftswahlen 2016, bei der Russland darauf abzielte, politische Gräben in den Vereinigten Staaten zu vertiefen und die Computer amerikanischer Bürger und Wahlbehörden zu hacken. Russland, so das Fazit der Vereinigten Staaten, arbeitete zudem daran, das Vertrauen der Öffentlichkeit in demokratische Prozesse zu untergraben und Hillary Clinton zu schwächen. Dieser Fall wurde in Kap. 4 ausführlich dargestellt, wird hier jedoch erneut aufgegriffen, um auf einen gefährlichen Prozess hinzuweisen und eine Vergleichsbasis mit anderen Fällen zu schaffen. Der russische Hack der US-Präsidentschaftswahlen 2016 wirft Fragen zur Attribution und Abschreckung im Cyberspace auf, aber auch Fragen zur Demokratie im Cyberzeitalter. Wenn keine eindeutigen forensischen Verbindungen

[14] Topor und Tabachnik (2021), Haber und Topor (2023), Jeppesen et al. (2022).
[15] Topor (2022, 20–37).
[16] Nye (2016), Schmitt (2017).

zum Kreml bestehen, sondern nur zu Proxys (und dies ist weiterhin Gegenstand laufender Untersuchungen), kann dann eine Attribution gelingen? Können die Vereinigten Staaten mit nicht-cyberbasierten Mitteln Vergeltung üben, wenn kein kinetischer Schaden entstanden ist? Und haben wir im Zeitalter internationaler Social-Media-Plattformen und eines globalen, offenen Internets, das von Technologiekonzernen kontrolliert wird, überhaupt noch einen freien Willen bei der Wahl?[17]

In einem weiteren Beispiel aus den Vereinigten Staaten wurde vermutet, dass Russland, China und Iran hinter Einflusskampagnen standen, die die QAnon-Verschwörungstheorie und andere antisemitische und rassistische Verschwörungstheorien „bewaffneten", was letztlich zum Sturm auf das Kapitol am 6. Januar 2021 führte.[18] So nutzten Gegner der Vereinigten Staaten scharfe Macht, um vom grenzenlosen amerikanischen Internet zu profitieren. Die Ereignisse am 6. Januar 2021 markierten einen Wendepunkt in der zeitgenössischen amerikanischen Geschichte, als ein gewalttätiger Mob das US-Kapitol stürmte, die Zertifizierung der Wahlergebnisse unterbrach und versuchte, die Legitimation der Wahl von Präsident Joe Biden zu untergraben. Dieser beispiellose Vorfall, ausgelöst von Anhängern des damaligen Präsidenten Donald Trump, spielte sich vor dem Hintergrund politischer Polarisierung und verschärfter Rhetorik ab.[19]

Am Tag des Aufstands versammelte sich eine beträchtliche Anzahl von Personen, angestachelt durch Trumps Rhetorik, am Kapitol und durchbrach dessen Sicherheitsmaßnahmen. Die Randalierer zerstörten Eigentum, lieferten sich Auseinandersetzungen mit den Sicherheitskräften und unterbrachen den Zertifizierungsprozess, was Chaos verursachte und die Sicherheit der gewählten Vertreter gefährdete. Der physische Sturm auf das Kapitol führte zu zahlreichen Verletzten, Todesfällen und weit verbreiteter Verurteilung. Die Unruhen zeigten ein Zusammenwirken physischer und cyberbasierter Dynamiken. Die Rolle sozialer Medien bei der Organisation des Aufstands, der Verbreitung von Desinformation und der Verstärkung extremistischer Narrative war äußerst bedeutend; die Extremisten, die randalierten, nutzten Randplattformen wie Parlor und Gab sowie SMAs wie Telegram und Discord (eine Instant-Messaging-Anwendung), um das gesamte Ereignis zu organisieren. Online-Foren, einschließlich sozialer

---

[17] Kessler (2023).

[18] QAnon ist eine rechtsextreme, von Verschwörungstheorien getriebene politische Bewegung, die in den USA entstand. Sie basiert auf dem Glauben, dass eine Kabale satanistischer, kannibalistischer Kinderschänder einen globalen Kindersexhandelsring betreibt und gegen den ehemaligen Präsidenten Donald Trump konspiriert. QAnon-Anhänger glauben, dass Trump heimlich gegen diese Kabale kämpft und sie schließlich zur Rechenschaft ziehen wird. Die Theorie entstand 2017 in Online-Foren, als ein anonymer Nutzer namens „Q" begann, kryptische Nachrichten zu verbreiten, die angeblich Insiderinformationen über Trumps Kampf gegen die Kabale enthielten. QAnon-Anhänger griffen diese Nachrichten schnell auf und interpretierten sie als Beweise für eine umfassende Verschwörung. Siehe „QAnon" in der *Encyclopedia Britannica,* https://www.britannica.com/topic/QAnon; Cohen (2021).

[19] Gambino und Strauss (2021).

Medien, aber nicht auf diese beschränkt, spielten eine entscheidende Rolle bei der Mobilisierung und Koordination der Handlungen derjenigen, die am Aufstand teilnahmen oder ihn unterstützten. Mithilfe solcher Online-Plattformen gelang es den Randalierern, Überwachung zu umgehen und ihren Aufstand zu planen, während die Strafverfolgungsbehörden nahezu ahnungslos über das Ausmaß des Ereignisses blieben.[20]

Auf den ersten Blick mag es so erscheinen, als wäre der Sturm auf das Kapitol von inländischen Extremisten verübt worden, die mit dem Wahlergebnis unzufrieden waren. Es wurden jedoch Beweise für die Rolle ausländischer Akteure bei der Förderung von Verschwörungstheorien auf den oben genannten Social-Media-Plattformen und SMAs gefunden. Darüber hinaus erhielten einige Personen, die eine Schlüsselrolle bei der Organisation der Unruhen spielten, über 500.000 US-Dollar von ausländischen Personen, um ihre extremen Ideologien und Pläne zu unterstützen. Obwohl die Spuren der Geldgeber bis nach Europa zurückverfolgt werden konnten, wird weithin angenommen, dass hier verlängerte Proxys Russlands, Chinas und Irans am Werk waren.[21]

Der Fall des ausländischen Einflusses und der Nutzung des Cyberspace beim Sturm auf das Kapitol ist interessant und erschwert die Debatte über internationale Gesetze, die auf den Cyberspace anwendbar sind, da in diesem Fall physischer Schaden, Verletzungen und sogar Todesfälle auftraten. In früheren Fällen ausländischen Einflusses im Internet, wie bei der Kampagne zur Beeinflussung der US-Präsidentschaftswahlen 2016, beeinflusste ausländische Propaganda zwar das amerikanische Volk, aber es kam zu keinen physischen Schäden, Verletzungen oder Todesfällen. Im Fall des Kapitolsturms jedoch beeinflussten ausländische Mächte Personen, die später unter anderem wegen Mordes angeklagt wurden.[22] Kann ein solcher Fall als Aggressionsakt im Sinne der Charta der Vereinten Nationen betrachtet werden? Kann dies die Schwelle sein, deren Überschreitung eine Vergeltung rechtfertigt? Und falls die Vereinigten Staaten schließlich Vergeltung üben sollten, würde dies mit kinetischen, cyberbasierten oder hybriden Mitteln geschehen? Da es kein internationales Recht für den Cyberspace gibt, existiert keine klare Antwort. Im Fall der Präsidentschaftswahlen 2016 untergruben ausländische Kräfte den Beginn des Wahlprozesses, im Fall des Kapitolsturms untergruben ausländische Kräfte das Ende des Wahlprozesses—die abschließende Zertifizierung.

Darüber hinaus hatte der Sturm auf das Kapitol enorme Auswirkungen auf die nationale Resilienz der Vereinigten Staaten. Der Aufstand offenbarte tiefe politische Gräben zwischen Gruppen in den USA und warf Fragen zu grundlegenden demokratischen Verfahren wie dem Wahlprozess auf. Der Aufstand deutete sowohl dem amerikanischen Volk als auch den Behörden selbst an, dass die Institutionen, die die amerikanische Demokratie, Institutionen und Bevölkerung schützen sollen,

[20] Jeppesen et al. (2022), Yonker und Topor (2021), Thorbecke (2021).

[21] Cleave (2022), Dilanian (2022), Dilanian (2021).

[22] Siehe die Capitol Breach Cases beim US Attorney's Office of District of Columbia: https://www.justice.gov/usao-dc/capitol-breach-cases

unzureichend sind, da sie zu wenige Informationen über das Ausmaß und die Tiefe der Unruhen hatten und es ihnen nicht gelang, in kritischen Momenten schnell zu reagieren. Es vergingen Stunden, bis die Nationalgarde den lokalen Polizeikräften und Bundesbehörden zu Hilfe kam.[23] Darüber hinaus deuteten die Unruhen der Welt, insbesondere Rivalen wie Russland und China, an, dass die Vereinigten Staaten tatsächlich verwundbar sind. Es wurde deutlich, dass scharfe Macht funktioniert und dass soziale und ideologische Gräben in den USA weiter zunehmen. Meine Einschätzung ist, dass die Zukunft mehr solcher Unruhen und Proteste in den Vereinigten Staaten bereithält, zumindest solange keine rechtlichen und regulatorischen Maßnahmen gegen in- und ausländische Technologieunternehmen ergriffen werden.

Die Vereinigten Staaten sind nicht das einzige Land, das für solche Methoden politischer Kriegsführung anfällig ist. Im Fall des Brexit-Referendums im Vereinigten Königreich veröffentlichte die britische Regierung einen Bericht, in dem sie angab, nicht zu wissen, ob Russland in das Referendum eingegriffen habe; der Bericht stellt jedoch auch fest, dass Geheimdienste und Politiker nicht versucht hätten, die Angelegenheit zu untersuchen, da einige von ihnen den Austritt aus der Europäischen Union fördern wollten. Da Operationen scharfer Macht oft auf bestehenden sozialen und politischen Gräben basieren, schlagen britische Behörden und Forschungseinrichtungen wie das Center for Strategic and International Studies vor, dass es keine eindeutige Antwort auf die Existenz einer solchen Operation gibt.[24] Der US-Senat veröffentlichte jedoch einen Bericht, in dem nahegelegt wird, dass Russland britische Finanzgesetze zu seinem Vorteil genutzt haben könnte, um nicht-britische Unternehmen oder andere, die nicht im Vereinigten Königreich tätig waren, zu finanzieren, um die „Leave"-Kampagne zu fördern. Da einige Hunderttausend gefälschte Twitter-Konten pro „Leave" posteten, ist es plausibel anzunehmen, dass Russland und/oder ein anderes Land scharfe Macht einsetzten, um die EU auf diese Weise zu schwächen.[25]

Die ausländische Einflussnahme auf das Brexit-Referendum zeigte sich auf vielfältige Weise. Berichte deuteten auf mögliche Einmischung von mit Russland verbundenen Akteuren und anderen nicht-staatlichen Akteuren hin, die soziale Medien nutzten, um irreführende Informationen zu verbreiten. Auch hier spielte der Einsatz von Cyberplattformen zur Manipulation der öffentlichen Meinung eine entscheidende Rolle in der Brexit-Debatte. Cyber-Operationen, darunter die Verbreitung falscher Narrative und die Verstärkung spaltender Inhalte, nutzten Schwachstellen in den Algorithmen sozialer Medien aus, um gezielt bestimmte Bevölkerungsgruppen anzusprechen—ganz wie im amerikanischen Fall, sowohl 2016 als auch bei den Unruhen 2021. Diese Taktiken beeinflussten nicht nur das Ergebnis des Referendums, sondern schürten auch nach dem Brexit soziale

[23] Mazzetti und Broadwater (2021)

[24] Ruy (2020).

[25] Wintour (2018), „Putin's Asymmetric Assault on Democracy in Russia and Europe: Implications for U.S." (2018), Kirkpatrick (2017).

Unruhen. Im Anschluss an das Brexit-Referendum kam es im Vereinigten Königreich zu einem Anstieg von Protesten und Unruhen, die teilweise durch starke Emotionen und Meinungsverschiedenheiten über die Entscheidung ausgelöst wurden, aber dennoch gut organisiert waren, was darauf hindeutet, dass jemand sie geplant und finanziert hatte. Ausländische und inländische Akteure nutzten diese volatile Situation aus, indem sie Einflussstrategien auf Social-Media-Plattformen einsetzten, um Spannungen zu verschärfen, Desinformation zu verbreiten und störende Aktivitäten zu koordinieren, was die politische Landschaft weiter komplizierte.[26]

Das Referendum fand im Juni 2016 statt, und erst im März/April 2017 äußerte das britische Unterhaus, dass sein gesamter Ansatz ein Fehler gewesen sei:

> Das US-amerikanische und britische Verständnis von „Cyber" ist überwiegend technisch und auf Computernetzwerke ausgerichtet, während Russland und China einen kognitiven Ansatz verfolgen, der auf dem Verständnis der Massenpsychologie und der Ausnutzung von Individuen basiert. Wir loben die Regierung dafür, dass sie Cybersicherheit als ein zentrales Thema für das Vereinigte Königreich fördert.[27]

Natürlich war es nicht nur Russland, das von Brexit profitieren konnte. Globale Handelsabkommen würden nach dem Brexit neu verhandelt werden, und selbst die Vereinigten Staaten hatten einen gewissen Einfluss auf die Brexit-Frage. Dennoch wurde die nationale Resilienz beeinträchtigt – vor, während und insbesondere nach dem Brexit. Der ausländische Einfluss auf den Brexit wirft Fragen über die Demokratie im Vereinigten Königreich auf. Wie im amerikanischen Fall muss man fragen, wer abgestimmt hat – Bürger oder ausländische Akteure, die Herzen und Köpfe beeinflusst haben?[28]

Auch Kontinentaleuropa ist durch den Cyberraum anfällig für ausländische Des-/Misinformation. Im Januar 2016 verbreiteten russische Medien wie RT News, Sputnik und der Fernsehsender First Russian sowie soziale Mediengruppen auf Facebook und VK die Geschichte, dass ein 13-jähriges Mädchen von Migranten in Deutschland vergewaltigt worden sei. Die Geschichte, die zunächst von einer kleinen Website für russische Auswanderer in Deutschland veröffentlicht worden war, verbreitete sich wie ein Lauffeuer in russischsprachigen sozialen Medien und Medien. Die Erzählung wurde von pro-kremlnahen Medien und offiziellen russischen Medien verstärkt. Sogar der russische Außenminister Sergej Lawrow äußerte sich zweimal öffentlich besorgt über die angebliche Unfähigkeit der deutschen Polizei und Justiz, solche Fälle ernst zu nehmen, aufgrund politischer Korrektheit.[29]

Ein Hauptziel schien darin zu bestehen, fremdenfeindliche Stimmungen in Deutschland zu fördern, insbesondere gegenüber Menschen aus dem Nahen Osten. Indem Deutschland als unsicher und feindselig gegenüber Migranten dargestellt

---

[26] Ebd.

[27] UK House of Commons (2017).

[28] Cadwalladr und Graham-Harrison (2018), Cadwalladr (2017), Black et al. (2017).

[29] Janda (2016), Rinke und Carrel (2016), Meister (2016).

wurde, beabsichtigten die Urheber, bestehende Vorurteile und Spaltungen innerhalb der deutschen Gesellschaft zu verstärken. Ein weiteres mögliches Motiv war, die deutsche Regierung und ihr Management der Flüchtlingskrise zu diskreditieren. Durch die Darstellung Deutschlands als unfähig, seine eigenen Bürger zu schützen, sollte das Vertrauen der Öffentlichkeit in die Regierung und ihre Institutionen untergraben und fremdenfeindliche Stimmungen verstärkt werden. Darüber hinaus könnte die Kampagne als Warnung an andere europäische Länder gedient haben, die erwogen, Flüchtlinge aufzunehmen oder die Ukraine zu unterstützen. Durch die Hervorhebung der angeblichen Gefahren der Migration wollten die Urheber andere Staaten davon abhalten, ähnliche Maßnahmen zu ergreifen.[30]

Diese Geschichte diente auch dazu, Bundeskanzlerin Angela Merkel zu schwächen. „Die Flüchtlingskrise und der Fall Lisa haben es (Moskau) ermöglicht, Gruppen wie die russischsprachigen Deutschen stärker auszunutzen und mit den Ängsten und Unsicherheiten der Deutschen zu spielen", erklärte Stefan Meister von der Deutschen Gesellschaft für Auswärtige Politik. Tatsächlich versuchten rechtsextreme Gruppen und Aktivisten, insbesondere muslimischen Migranten zu schaden, und forderten den Rücktritt der Regierung Merkel.[31]

In diesem Fall nutzte Russland scharfe Macht und die Offenheit der deutschen Medien, um eine erfundene Geschichte zu verbreiten. Moskau nutzte zudem die russischsprachige Bevölkerung in Deutschland als Vehikel zur Verbreitung dieser Desinformation. Offizielle und halboffizielle Medien sowie anonyme Konten in sozialen Netzwerken berichteten über den Fall Lisa. Interessanterweise äußerte sich sogar, wie wir bereits sahen, der russische Außenminister zu dem Fall, was die propagierte Geschichte weiter stärkte, legitimierte und ihr Glaubwürdigkeit verlieh. Leider kann dieser Fall nach internationalen Normen nicht als illegal betrachtet werden, da es sich um eine berichtete Geschichte handelt. Könnte Deutschland gegen Fake News vorgehen? Offensichtlich kann eine Nachricht ohne Ursprung nicht als Schwelle für einen Krieg oder eine diplomatische Krise gelten. Der Fall Lisa ist eine Art von Geschichte, die in vielen Varianten in ganz Europa und in NATO-Mitgliedstaaten wie Polen, Litauen, der Ukraine und anderen Ländern verbreitet wird. Es wird angenommen, dass sie für jedes Land individuell angepasst und von russischen Stellvertretern verbreitet wird, um Unruhe zu stiften und Europa zu destabilisieren, indem gesellschaftliche Gräben zwischen Rechts und Links vertieft werden.[32]

Russland versucht nicht nur, die Europäische Union, sondern auch die NATO zu schwächen. So hat es beispielsweise in den an Russland grenzenden baltischen Staaten, in der Ukraine und in Georgien politische Kriegsführungsmethoden wie Einflusskampagnen mit Des-/Misinformation und andere Taktiken eingesetzt, um entweder Chaos in den Zielstaaten zu stiften oder politische Meinungen und Prozesse zu fördern, die vom Westen und von einer Zusammenarbeit mit der

[30] Ebd.; Sablina (2021).

[31] Ebd.

[32] Shuker und Topor (2021).

NATO abzurücken scheinen. Es wurden auch pro-russische Meinungen gefördert. Seit 2014 etwa verbreiten russische Medien wie RT und Sputnik sowie russischsprachige Facebook- und VK-Gruppen irreführende und falsche Informationen über eine mögliche schwedische Zusammenarbeit mit der NATO, um die schwedische Bevölkerung von einer Unterstützung abzubringen. Zu den von alternativen Medien und Bots in sozialen Netzwerken verbreiteten Inhalten zählen Behauptungen, dass die NATO Atomwaffen auf schwedischem Boden lagern könnte, dass die NATO von Schweden aus Russland angreifen würde und dass NATO-Soldaten schwedische Frauen vergewaltigen könnten, ohne eine Strafverfolgung befürchten zu müssen, da sie angeblich diplomatische Immunität genießen würden. Letzteres ist falsch, und die anderen Beispiele sind sehr irreführend. Dennoch hat Russland ähnliche Kampagnen in der gesamten baltischen Region, in der Ukraine, in Georgien und in anderen für Moskau interessanten Ländern gestartet. Im Januar 2017 beschuldigte das Schwedische Institut für Internationale Angelegenheiten Russland, im Rahmen einer koordinierten Propagandakampagne Desinformation zu verbreiten, um die öffentliche Meinung und Entscheidungsfindung in Schweden zu beeinflussen und die nationale Resilienz Schwedens zu verändern. Anders Thornberg, ehemaliger Leiter des schwedischen Sicherheitsdienstes SÄPO, argumentierte im Januar 2018, dass Russland versuche, Schweden zu beeinflussen, indem es Chaos in der schwedischen Politiklandschaft stifte, anstatt eine bestimmte Ideologie, einen Kandidaten oder eine Partei zu fördern.[33]

In einem weiteren Fall in Schweden beschuldigten schwedische Behörden Russland, Falschinformationen und Desinformation über Koranverbrennungen zu verbreiten. Die Schwedische Agentur für Psychologische Verteidigung, Teil des Verteidigungsministeriums, erklärte, dass die russischen staatlich kontrollierten Medien RT und Sputnik eine Reihe von Artikeln auf Arabisch veröffentlicht hätten, in denen fälschlicherweise behauptet wurde, die schwedische Regierung unterstütze Koranverbrennungen. Dies führte weltweit in der islamischen Welt zu Unruhen und Gewalt, viele schwedische Botschaften sahen sich Protesten und Vandalismus ausgesetzt. Auch in Schweden selbst kam es zu Unruhen, als muslimische Bürger gegen die angebliche Entscheidung der Regierung protestierten, Koranverbrennungen im Rahmen der schwedischen Meinungsfreiheit zuzulassen.[34] Schweden konnte nur so handeln wie die Vereinigten Staaten, das Vereinigte Königreich, Deutschland und andere Länder – indem es die Falschmeldungen widerlegte.

Zusammenfassend lässt sich sagen, dass scharfe Macht von nicht oder weniger offenen Staaten eingesetzt wird, um Zielstaaten zu beeinflussen, die offener sind, insbesondere im Hinblick auf Informationsfluss, Nutzung sozialer Medien und ähnliche Aspekte. Je offener die Massenkommunikation eines Landes ist, desto anfälliger ist es für Des-/Misinformation durch seine Gegner, aber auch durch seine Verbündeten.

---

[33] Ebd.

[34] Bryant (2023), Comerford (2023).

5.3 Fake News in Israel: Trends und Fälle

Israel ist seit seiner Gründung von Gegnern umgeben. Seit seiner Etablierung im Jahr 1948 (und sogar schon davor) haben diese und andere Akteure fortwährend versucht, den jüdischen Staat zu untergraben und seine Entscheidungen zu beeinflussen.[35] Es sind jedoch nicht nur die Nachbarstaaten, die versuchen, Israels Entscheidungen und die Meinungen seiner Bürger zu beeinflussen; als regionale Macht im Nahen Osten steht Israel ständig unter dem Einfluss anderer Regionalmächte wie Iran sowie globaler Mächte wie den Vereinigten Staaten, Russland und China. Da Israel jedoch eine liberale Demokratie ist, werden amerikanische und europäische Einflüsse nicht als Versuche gesehen, die Stabilität des Landes zu untergraben, sondern als diplomatischer Dialog zwischen Staaten. Israel genießt westliche Unterstützung und gleichzeitig profitiert der Westen davon, dass eine starke Demokratie Krieg, Völkermord und Menschenrechtsverletzungen in der Region bekämpft sowie Geheimdienstinformationen und Unterstützung für westliche Kräfte in der Region bereitstellt.

Israel ist zweifellos ein amerikanischer (und westlicher) Stellvertreter im Nahen Osten, und obwohl dies besonders während des Kalten Krieges zutraf, sind es die ideologischen Gemeinsamkeiten, die die israelisch-westlichen Beziehungen stark machen.[36] Der Westen betreibt gegenüber Israel keine politische Kriegsführung, sondern Propaganda. Im Gegensatz dazu betreiben Israels Gegner politische Kriegsführung und Einflusskampagnen, nicht bloß einfache Propaganda – sie nutzen Des- und Fehlinformationen, die in vielen Fällen auch altbekannten Antisemitismus beinhalten.[37]

Einfluss von Mächten wie Russland, China oder Iran wird von vielen Israelis nicht als unterstützend wahrgenommen, insbesondere weil diese Länder die meisten Gegner Israels stark unterstützen und die palästinensische Sache fördern, was Israels Existenzrecht als Staat direkt untergräbt.[38] Während westlicher Einfluss meist direkt ausgeübt wird, erfolgt russischer, chinesischer und iranischer Einfluss verdeckt, unter Anwendung von Strategien und Methoden, die den aktiven (sowjetischen) Maßnahmen ähneln. Solche Einflusskampagnen zielen nicht auf Verhandlungen ab, sondern darauf, gesellschaftliche und politische Spaltungen in Israel zu vertiefen und das Land zu destabilisieren – und damit auch den Westen zu schwächen. Die in diesem Abschnitt dargestellten Beispiele werfen eine entscheidende Frage auf: Kann Israel Des- und Fehlinformationskampagnen, die auf seine Destabilisierung abzielen, standhalten und kann es seine wirtschaftlichen, politischen, strategischen und gesellschaftlichen Funktionen bewahren oder wiedererlangen?

---

[35] Siehe allgemein Bregman (2016).

[36] Lipson (1996), Koplow (2011).

[37] Topor (2021b)

[38] Ebd.

Ein Beispiel für Einflussnahme auf Israel betrifft die russischsprachige Bevölkerung. Dieses Beispiel ist nicht zwangsläufig negativ und stellt auch keinen Akt politischer Kriegsführung dar; dennoch sind die über 1,2 Millionen russischsprachigen Bürger Israels anfällig für russischen Einfluss. Viele konsumieren russische Medien, lesen russische Zeitungen und Nachrichtenportale, bewegen sich auf russischen sozialen Netzwerken (wie Odnoklassniki oder VK), sind in russischsprachigen Gruppen auf Facebook (oder anderen sozialen Medien) oder in russischen Kanälen auf Telegram und WhatsApp aktiv und pflegen engen Kontakt zu russischsprachigen Freunden und Familienmitgliedern in anderen Ländern. Die Tatsache, dass die Zahl der russischsprachigen Bürger einen so bedeutenden Anteil an der Gesamtbevölkerung Israels ausmacht (etwa 9,6 Millionen Einwohner insgesamt, davon ca. 7,1 Millionen Juden), bedeutet, dass sie eine begehrte Identitätsgruppe mit erheblichem Einfluss auf Entscheidungen und Wahlen sind.[39]

Die russischsprachige israelische Bevölkerung konsumiert russische Online-Medien und wird daher mitunter von anderen Narrativen als den westlichen oder amerikanischen beeinflusst. Besorgniserregend ist jedoch, dass Russland dazu neigt, Einflusskampagnen zu initiieren, die gesellschaftliche Spaltungen vertiefen und in der Folge zu inneren Unruhen führen.[40] So liefen beispielsweise im Zusammenhang mit der Justizreform 2023 in Israel einige russische Narrative den amerikanischen entgegen, was die Bevölkerung spaltete und den Graben zwischen Rechts und Links vertiefte.[41] In solchen Fällen werden innere Unruhen nicht nur durch russische, sondern auch durch westliche Narrative verstärkt. Im Jahr 2019, also Jahre vor der Einleitung der Reform, wurde von Israel eine Anfrage an Russland gestellt, Moskau möge sich nicht in die israelischen Parlamentswahlen einmischen. Diese Bitte bezog sich auch auf zukünftige Wahlen und öffentliche Ereignisse. Der Kreml antwortete, man habe sich „nicht eingemischt, mische sich nicht ein und beabsichtige auch nicht, sich einzumischen".[42] Diese Art der Intervention ist jedoch keine bloße Propaganda, sondern ein Instrument politischer Kriegsführung. Ein weiteres Beispiel: Nach dem Terroranschlag am 7. Oktober 2023 haben Russland, China und Iran online Des- und Fehlinformationen verbreitet und die Terrororganisation Hamas unterstützt, auch mit Inhalten, die sich an russischsprachige Israelis richteten.[43]

Ein weiteres Beispiel für Einflussnahme auf Israel betrifft die arabische Bevölkerung, die für Einflussnahme aus dem Ausland – insbesondere aus anti-israelischen und antisemitischen Staaten, Terrororganisationen, Einflussagenten und Medien – empfänglich ist. Da arabische israelische Bürger etwa 21 % der Gesamtbevölkerung ausmachen (ca. 2 Millionen von insgesamt 9,6 Millionen) und einige

[39] Zentralamt für Statistik (2023).

[40] Shuker und Topor (2021).

[41] „What to Know About Israel's Judicial Reforms" (2023).

[42] Landau (2019); dies wurde in einem Interview mit einer ehemaligen Führungskraft des israelischen Sicherheitssektors bestätigt; Lerman (2023).

[43] Times of Israel (2023).

von ihnen anti-israelische oder antisemitische Weltanschauungen vertreten, verfügen sie über erheblichen politischen und tatsächlichen Einfluss. Im Mai 2021, während eines Konflikts zwischen Israel und der Terrororganisation Hamas, kam es in arabischen und gemischten Städten (u. a. Akko, Haifa, Jaffa, Lod und Ramla) zu gewalttätigen Ausschreitungen. Während der Unruhen bekundeten arabische Israelis ihre Unterstützung für die Hamas und griffen jüdische Bürger sowie israelische Sicherheitskräfte an. Die Ausschreitungen wurden von Iran, Hisbollah und Hamas über soziale Medien (z. B. Facebook, TikTok) und SMAs (z. B. Telegram, WhatsApp) koordiniert; entsprechende Inhalte wurden auch von Russland und China verbreitet. Die Unruhen führten zu Chaos und persönlicher Unsicherheit bei jüdischen Bürgern und vertieften die Kluft zwischen friedlichen arabischen und jüdischen Bürgern sowie zwischen Rechts und Links.[44]

Ein aktuelles Beispiel für Einflussnahme auf Israel war der iranische Einfluss auf die Justizreform. Im Sommer 2023 stellte der israelische Inlandsgeheimdienst fest, dass Online-Gruppen im Zusammenhang mit der Justizreform zur Gewalt aufriefen. Zudem deckte die israelische Desinformationswächterorganisation Fake Reporter ein Netzwerk von Dutzenden gefälschter Konten auf, die israelische Bürger zu illegalen Handlungen bei Anti- oder Pro-Reform-Demonstrationen (sowohl von links als auch von rechts) anstachelten. Diese Einflusskampagnen waren Teil des iranischen Arsenals politischer Kriegsführung, um Israel zu schwächen und seine Rolle als regionale Macht zu untergraben. Darüber hinaus wird auch Russland verdächtigt, solche Kampagnen durchzuführen, um die iranischen Bemühungen zu ergänzen. Das im Zusammenhang mit der Justizreform entstandene Chaos schwächte tatsächlich die israelische Solidarität und damit die gesamte israelische Sicherheit.[45]

Was den Terroranschlag der Hamas am 7. Oktober 2023 betrifft, so haben Russland und Iran diesen rasch genutzt, um in Israel bürgerliches Chaos zu stiften. Einige nutzen Facebook, andere TikTok oder Telegram, aber meistens waren es russische oder iranische Bots und Trolle, die solche Des- und Fehlinformationen über den Terroranschlag verbreiteten – nicht nur, um die israelischen Bemühungen im Kampf gegen die Hamas zu untergraben, sondern auch, um gesellschaftliche Unruhen und Chaos zu erzeugen.[46] Wie schon sowjetische antizionistische Kampagnen während des Kalten Krieges darauf abzielten, Israel als humanen und demokratischen Staat zu diskreditieren, so zielen auch heutige Einflusskampagnen, die zu Gewalt von links und rechts anstacheln, darauf ab, Israel als humanen und demokratischen Staat zu diskreditieren. Methoden, die bereits zur Beeinflussung der Vereinigten Staaten, des Vereinigten Königreichs, der Europäischen Union und der NATO eingesetzt wurden, werden nun – und das schon seit einigen Jahren – auch gegen Israel verwendet. Zudem haben Shuker und ich gezeigt, dass Russland

[44] Frenkel (2021); Jerusalem Center for Public Affairs (o. J.).

[45] Peleg et al. (2023), Barel (2023).

[46] „Russian Propagandists Use ToI logo and Brand to Propagate Fake News against Ukraine, Report Shows" (2023), Benjakob (2023).

russischsprachige Bevölkerungsgruppen nutzt, um seinen Einfluss in der Gesamtbevölkerung zu vermitteln und zu fördern; dies geschah und geschieht in Estland, Lettland, Litauen, Finnland, Schweden, der Ukraine und Georgien – und Israel ist gegen diese Bemühungen nicht immun.[47]

Ein besonders interessantes Beispiel, das mir auffiel, nachdem ich einige meiner Nachbarn darüber sprechen hörte, war die Angst und das Chaos, die sich in den Tagen nach dem Terroranschlag vom 7. Oktober ausbreiteten. Unmittelbar nach dem Anschlag entstand ein Gerücht unbekannten Ursprungs: Einige Bauarbeiter, hauptsächlich aus Gaza oder dem Westjordanland und in Israel wohnhaft, hätten Aufnahmen von Straßen, Gebäuden, Kindergärten und mehr gemacht, angeblich um Informationen für mögliche Anschläge zu sammeln. Dieses Gerücht verbreitete sich zu einer Zeit, als Hamas-Terroristen aus dem Gazastreifen eingedrungen waren und sich einige noch in Israel versteckten. Obwohl das ganze Land von Sicherheitskräften, Polizisten und Soldaten überflutet war, gerieten die Bürger in Panik, patrouillierten eigenständig auf den Straßen, trugen Waffen und verbarrikadierten ihre Umgebung. Zudem wurden einige gefälschte Bilder von arabischen Israelis, die angeblich den Terroranschlag vom 7. Oktober feierten, verbreitet, um die Kluft zwischen arabischen und jüdischen Bürgern zu vertiefen und jüdische Israelis zu Angriffen auf arabische Israelis zu ermutigen. Wie die israelischen Sicherheitsdienste feststellten, waren die Bilder jedoch entweder gefälscht oder irreführend; sie stammten nicht aus Israel und zeigten keine Araber. Das Gerücht über die Bauarbeiter war eine Form von Fehlinformation, die auf Gelegenheiten aufbaute, bei denen städtische Angestellte, Bauarbeiter oder Immobilienmakler Fotos von Gebäuden oder anderen Objekten gemacht hatten. Die Fehlinformation verbreitete ein enormes Chaos in israelischen Städten, und wie erwähnt, erfuhr ich selbst davon durch meine in Panik geratenen Nachbarn.[48]

Ehemalige und aktuelle Regierungs- und Sicherheitsbeamte, sowohl in Israel als auch im Ausland, haben angedeutet, dass Russland, China und Iran hinter solchen Einflusskampagnen stehen. Andere, wie führende Wirtschaftsvertreter, äußern sich noch deutlicher. So bemerkte Brad Smith, Präsident und Vizevorsitzender von Microsoft: „Wir sind sehr gut darin geworden, russische Kampagnen zu identifizieren, etwa als sie versuchten, die Menschen davon abzuhalten, sich gegen COVID impfen zu lassen.“ Er fügte hinzu: „Oder heute, wenn wir russische Desinformation im Nahen Osten sehen …, [aber] es gibt keinen gesellschaftlichen Konsens darüber, was Unternehmen tun sollten.“[49]

Unternehmen warten darauf, Gesetze und Vorschriften zu befolgen. Im israelischen Kontext – nach der Justizreform oder der Panik nach dem 7. Oktober – stellt sich die Frage: Was kann getan werden, und wie kann Israel reagieren? Offensichtlich haben solche Kampagnen gesellschaftliche Spaltungen vertieft und Israel geschwächt, doch ohne eindeutige Zuschreibung ist eine Gegenreaktion schwer zu rechtfertigen.

[47] Shuker und Topor (2021)
[48] „Auch die Iraner sind beteiligt: Die Fakes über arabische Bürger Israels“ (2023).
[49] „Microsoft Chief Says Russia Is Spreading Middle East Disinformation“ (2023).

5.4 Fazit

Nationale Resilienz bezeichnet die Fähigkeit eines Staates, schwierigen Situationen standzuhalten und nach Ereignissen wie Konflikten, Kriegen oder Katastrophen das innere Gleichgewicht, die Stabilität und die Funktionsfähigkeit wiederzuerlangen. Dies ist insbesondere für Demokratien von entscheidender Bedeutung, da eine Schädigung eines Staates zu einem Machtverlust sowie zu einem Rückgang von Demokratie und Menschenrechten führen kann. Dieses Kapitel konzentrierte sich auf die Auswirkungen von Desinformations- und Manipulationskampagnen, allgemein bekannt als „Fake News", auf die nationale Resilienz, insbesondere auf diese Entwicklungen im Cyberraum. Es folgt auf Kap. 4, das sich mit Cyberkrieg im Allgemeinen befasste, und kommt zu dem Schluss, dass die schwierigste Strategie zur Bekämpfung der Einsatz von „Sharp Power" im Cyberspace ist. Wie kann ein Land offen und frei bleiben und sich dennoch vor gefälschten oder unerwünschten Informationen schützen? Und wie kann ein Land auf den Schaden reagieren, der durch eine gefälschte Geschichte entstanden ist?

In diesem Kapitel habe ich die Konzepte und Theorien der politischen Kriegsführung, von Einflusskampagnen und Propaganda vorgestellt und dabei den Einsatz von Desinformation und Manipulation in verschiedenen Kontexten hervorgehoben. Zudem wurde das Konzept der „Sharp Power" in den internationalen Beziehungen diskutiert und anhand von Beispielen aus den Vereinigten Staaten, dem Vereinigten Königreich, Deutschland, Schweden und der NATO veranschaulicht. Diese wurden mit den Fällen von Desinformation und Manipulation in Israel im Jahr 2023 verglichen, die ausführlicher dargestellt wurden. Russland und/oder Iran setzten ähnliche Strategien und Taktiken in den Vereinigten Staaten, Europa und Israel ein, darunter die Ansprache russisch- oder arabischsprachiger Bevölkerungsgruppen zur Förderung alternativer Narrative sowie die Verbreitung gefälschten oder irreführenden Materials, das in jedem Fall darauf abzielte, gesellschaftliche Spaltungen zu vertiefen und Chaos zu stiften.

Israel, eine Regionalmacht im Nahen Osten, ist von Desinformations- und Manipulationskampagnen seiner Gegner betroffen, seien es andere Regionalmächte, Terrororganisationen oder globale Akteure. Diese Kampagnen beeinflussen die Wahrnehmungen und Entscheidungen der israelischen Bürgerinnen und Bürger und wirken sich ebenso auf politische Entscheidungsträger und Politiker aus. Sie säen Chaos und Panik in der Gesellschaft. Akteure, die Israel schaden oder seinen regionalen Einfluss schwächen wollen, führen Desinformations- und Manipulationskampagnen im Cyberspace durch – über Online- und soziale Medien. Solche Einflusskampagnen erzeugen Chaos und gesellschaftliche Stagnation und beeinträchtigen die Sicherheit Israels. Sie können auch zu einer negativen Wahrnehmung Israels führen, etwa im Zusammenhang mit der Justizreform oder insbesondere im Kontext der Vergeltungsmaßnahmen nach dem 7. Oktober.

Die Gegner Israels nutzen Desinformations- und Manipulationskampagnen hauptsächlich als Instrument in ihrem Arsenal politischer Kriegsführungsstrategien. So haben beispielsweise der Iran oder – wie gelegentlich angedeutet – Russland versucht, israelische Bürgerinnen und Bürger zu illegalem Handeln anzustiften; dies wurde im Zusammenhang mit der Justizreform 2023 aufgedeckt. Darüber hinaus haben diese internationalen Akteure auch die arabische Bevölkerung Israels im Mai 2021 zu gewalttätigen Ausschreitungen gegen jüdische Bürger angestachelt. Es wurde ebenfalls bekannt, dass diese Akteure versucht hatten, die Parlamentswahlen 2019 zu beeinflussen. Diese Formen ausländischer Einmischung kommen zu legaleren und akzeptableren Formen der Propaganda hinzu, wie etwa den Narrativen, die von russischsprachigen Bürgerinnen und Bürgern in Israel konsumiert werden (die nicht zwangsläufig falsch sind, auch wenn sie mitunter westlichen/amerikanischen Narrativen widersprechen – wobei diese Kluft zwischen amerikanischen und russischen Online-Informationen mitunter zu Konflikten führt).

„Fake News"-Kampagnen werden von internationalen Akteuren eingesetzt, um Israel zu beeinflussen und/oder herabzusetzen. Die entscheidende Frage ist jedoch: Welche Auswirkungen haben solche Desinformations- und Manipulationskampagnen auf die nationale Resilienz Israels? Leider schaden solche Kampagnen, die im schwer fassbaren Cyberspace durchgeführt werden, tatsächlich der nationalen Resilienz und dem regionalen Einfluss Israels. Desinformation und Propaganda im Cyberspace sind äußerst schwer nachzuverfolgen, da sie häufig auf Proxy-Benutzernamen, -Geräte und -Adressen zurückgreifen.

Ein Hinweis zum besonderen Fall Israels: Anfang und Mitte 2023 traten mehrere Probleme auf, die die Solidarität, Resilienz und militärische Stärke Israels beeinträchtigten, von denen einige durch die oben genannten Beispiele von Desinformation und Manipulation noch verschärft wurden. Erstens kam es aufgrund der verstärkten innergesellschaftlichen Debatte über die Justizreform zu einer Vertiefung der gesellschaftlichen Spaltungen, vor allem zwischen Linken (und der politischen Mitte) und Rechten, aber auch zwischen weniger religiösen und stärker religiösen jüdischen Bürgerinnen und Bürgern. Zweitens erklärten einige Reservisten, vor allem Piloten, Spezialkräfte und technisches Personal, dass sie dem Land während der Förderung der Justizreform den Dienst verweigern würden. Darüber hinaus äußerten sogar einige aktive Militärangehörige, dass sie dem Land möglicherweise den Dienst verweigern könnten. Obwohl die Zahl derjenigen, die tatsächlich den Militärdienst verweigerten, sehr gering war, verstärkte die mediale Berichterstattung deren Erklärungen, was die nationale Moral insgesamt beeinflusste.[50] Es wird weithin angenommen, dass der Terroranschlag vom 7. Oktober durch die Terrororganisation Hamas durchgeführt wurde, weil diese eine Schwäche in der israelischen Gesellschaft und Regierung wahrnahm. Tatsächlich führte der Terroranschlag der Hamas jedoch dazu, dass die israelischen Bürgerinnen und

[50] Kingsley und Bergman (2023).

Bürger enger zusammenrückten und Gräben zwischen religiösen und nicht-religiösen Bürgern sowie zwischen Juden, Arabern, Drusen und Beduinen überbrückt wurden. Offenbar haben Hamas, Iran und andere die Solidaritätswirkung ihres Terroranschlags nicht vollständig bedacht.[51]

Literatur

Baker, Peter. 2016. Soviet document suggests Mahmoud Abbas was a K.G.B. spy in the 1980s. *New York Times,* September 7. https://www.nytimes.com/2016/09/08/world/middleeast/mahmoud-abbas-israel-palestine-kgb.html

Barel, Ofir. 2023. Is Iran encouraging illegal acts in Israel over judicial reform?—opinion. *Jerusalem Post,* January 31. https://www.jpost.com/opinion/article-730207

Benjakob, Omer. 2023. Russian op pushes Gaza disinfo with spoofed Fox News site and 'deepfake' Israeli soldiers. *Haaretz,* November 20. https://www.haaretz.com/israel-news/security-aviation/2023-11-20/ty-article/.premium/deep-faked-soldiers-and-spoofed-websites-russian-campaign-pushes-gaza-disinformation/0000018b-ed5c-d36e-a3cb-fd5fadd90000

Black, James, Alexandra Hall, Kate Cox, Marta Kepe, and Erik Silfversten. 2017. *Defence and security after Brexit: Understanding the possible implications of the UK's decision to leave the EU—Compendium report.* Santa Monica, CA: RAND Corporation.

Bregman, Ahron. 2016. *Israel's wars: A history since 1947.* Routledge.

Bryant, Miranda. 2023. Russia spreading false claims about Qur'an burnings to harm Nato bid, says Sweden. *Guardian,* August 6. https://www.theguardian.com/world/2023/aug/06/russia-spreading-false-claims-about-quran-burnings-to-harm-nato-bid-says-sweden

Cadwalladr, Carole. 2017. The great British Brexit robbery: How our democracy was hijacked. *Guardian,* May 7. https://www.theguardian.com/technology/2017/may/07/the-great-british-brexit-robbery-hijacked-democracy

Cadwalladr, Carole and Emma Graham-Harrison. 2018. Revealed: 50 million Facebook profiles harvested for Cambridge Analytica in major data breach. *Guardian,* March 17. https://www.theguardian.com/news/2018/mar/17/cambridge-analytica-facebook-influence-us-election

Canetti, Daphna, Israel Waismel-Manor, Naor Cohen, and Carmit Rapaport. 2014. What does national resilience mean in a democracy? Evidence from the United States and Israel. *Armed Forces & Society* 40 (3): 504–520.

Central Bureau of Statistics. 2023. Population of Israel on the eve of 2023. December 29.

Chen, Hadassah. 2023. Judicial reform split Israel apart, Hamas's attack helped us find God—opinion. *Jerusalem Post,* November 26. https://www.jpost.com/opinion/article-775218

Cleave, Michelle. 2022. I was there Jan. 6: We need to counter foreign influence as well as address domestic division. *The Hill,* January 4. https://thehill.com/opinion/national-security/588079-i-was-there-jan-6-we-need-to-counter-foreign-influence-as-well-as/

Cohen, Zachary. 2021. China and Russia 'weaponized' QAnon conspiracy around time of US Capitol attack, report says. *CNN,* April 19. https://edition.cnn.com/2021/04/19/politics/qanon-russia-china-amplification/index.html

Congressional Research Service. 2023. *What is political warfare?* United States Congress, January 9.

Comerford, Ruth. 2023. Violent protests after Quran burning in Sweden. *BBC,* September 4. https://www.bbc.com/news/world-europe-66706937

[51] Chen (2023).

Creedon, James. 2021. 'Pallywood': Truth and falsehoods about the Israeli-Palestinian conflict. *France 24,* November 4. https://www.france24.com/en/tv-shows/truth-or-fake/20211104-pallywood-truth-and-falsehoods-amid-political-communications

Dilanian, Ken. 2021. FBI probing if foreign governments, groups funded extremists who helped execute Capitol attack. *NBC News,* January 17. https://www.nbcnews.com/politics/national-security/fbi-probing-if-foreign-governments-groups-funded-extremists-who-helped-n1254525

Dilanian, Ken. 2022. Trump administration has known for weeks that Iran, Russia hacked local governments, officials say. *NBC News,* October 22. https://www.nbcnews.com/politics/2020-election/trump-admin-has-known-weeks-iran-russia-hacked-local-governments-n1244309

Frankel, Jonathan. 1972. The Anti-Zionist press campaigns in the USSR 1969–1971: An internal dialogue? *Soviet Jewish Affairs* 2 (1): 3–26.

Frenkel, Sheera. 2021. Lies on social media inflame Israeli-Palestinian conflict. *New York Times,* May 14. https://www.nytimes.com/2021/05/14/technology/israel-palestine-misinformation-lies-social-media.html

Gambino, Lauren, and Daniel Strauss. 2021. Congress certifies Joe Biden as next president hours after storming of Capitol. *Guardian,* January 7. https://www.theguardian.com/us-news/2021/jan/06/congress-certify-election-biden-republicans-object

Gleefully picking up on Herzog warning, Nasrallah says Israel tearing itself apart. 2023. *Times of Israel,* February 16. https://www.timesofisrael.com/gleefully-picking-up-on-herzog-warning-nasrallah-says-israel-tearing-itself-apart/

Graham, Kirk Robert. 2021. *British subversive propaganda during the Second World War: Germany, national socialism and the political warfare executive.* London: Palgrave Macmillan.

Haber, Eldar and Lev Topor. 2023. Sovereignty, cyberspace, and the emergence of internet bubbles. *Journal of Advanced Military Studies* 14 (1): 144–165.

Janda, Jakub. 2016. The Lisa case: STRATCOM lessons for European states. Security Policy Working Paper No. 11. Federal Academy for Security Policy.

Jeppesen, Sandra, Henry Giroux, Michael Hoechsmann, Chenjerai Kumanyika, David VanDyke, and Miranda McKee. 2022. *The capitol riots: Digital media, disinformation, and democracy under attack.* Routledge.

Jerusalem Center for Public Affairs. n.d. The forces driving the Israeli Arab sector from the Galilee to the Negev. https://jcpa.org/an-in-depth-analysis-of-the-forces-driving-the-israeli-arab-riots-of-may-2021/

Kessler, Glenn. 2023. The truth about Russia, Trump and the 2016 election. *Washington Post,* May 17. https://www.washingtonpost.com/politics/2023/05/17/truth-about-russia-trump-2016-election/

Kingsley, Patrick and Ronen Bergman. 2023. Over 1,000 air reservists threaten to stop serving, as Israel's political crisis grows. *New York Times,* July 21. https://www.nytimes.com/2023/07/21/world/middleeast/israel-judicial-plan-reservists-netanyahu.html

Kirkpatrick, David. 2017. Signs of russian meddling in brexit referendum. *New York Times,* November 15, 2017. https://www.nytimes.com/2017/11/15/world/europe/russia-brexit-twitter-facebook.html

Koplow, Michael J. 2011. Value judgment: Why do Americans support Israel? *Security Studies* 20 (2): 266–302.

Landau, Noa. 2019. 'Russia doesn't interfere': Kremlin shrugs off Israeli warning on election meddling. *Haaretz,* January 9. https://www.haaretz.com/israel-news/elections/2019-01-09/ty-article/.premium/russia-doesnt-interfere-kremlin-denies-it-will-meddle-in-israels-election/0000017f-e938-df5f-a17f-fbfece180000

Larson, Eric V., Richard E. Darilek, Daniel Gibran, Brian Nichiporuk, Amy Richardson, Lowell H. Schwartz, and Cathryn Q. Thurston. 2009. *Foundations of effective influence operations: A framework for enhancing army capabilities.* Santa Monica, C.A: RAND Arroyo Center.

Lerman, Eran. 2023. Unusual American intervention in domestic Israeli issues: A problematic approach which needs calculated responses. *JISS,* July 17. [Hebrew]. https://jiss.org.il/he/lerman-the-unusual-american-intervention/

Lipson, Charles. 1996. American support for Israel: History, sources, limits. *Israel Affairs* 2 (3–4): 128–146.

Mazzetti, Mark, and Luke Broadwater. 2021. The lost hours: How confusion and inaction at the Capitol delayed a troop deployment. *New York Times,* February 21. https://www.nytimes.com/2021/02/21/us/politics/capitol-riot-security-delays.html

Meister, Stefan. 2016. The Lisa case: Germany as a target of Russian disinformation. *NATO Review,* July 25. https://www.nato.int/docu/review/articles/2016/07/25/the-lisa-case-germany-as-a-target-of-russian-disinformation/index.html

Microsoft chief says Russia is spreading Middle East disinformation. 2023. *Radio Free Europe Radio Liberty,* November 11. https://www.rferl.org/a/russia-middle-east-disinformation-microsoft-smith/32680667.html

Nye, Joseph S. 2016. Deterrence and dissuasion in cyberspace. *International Security* 41 (3): 44–71.

Peleg, Bar, Josh Breiner, and Omer Benjakob. 2023. Iran, Russia or both | A foreign influence operation to incite violence in Israel is reemerging. *Haaretz,* July 3. https://www.haaretz.com/israel-news/2023-07-03/ty-article/.premium/an-already-exposed-foreign-influence-operation-to-incite-violence-in-israel-is-reemerging/00000189-17fe-dcb5-a5df-57ffa4120000

Putin's asymmetric assault on democracy in Russia and Europe: Implications for U.S. 2018. National Security Committee on Foreign Relations, United States Senate, January 10. https://www.foreign.senate.gov/imo/media/doc/FinalRR.pdfc

Rinke, Andreas and Paul Carrel. 2016. German-Russian ties feel Cold War-style chill over rape case. *Reuters,* February 1. https://www.reuters.com/article/us-germany-russia-idUSKCN0VA31O

Robinson, Linda, Todd C. Helmus, Raphael S. Cohen, Alireza Nader, Andrew Radin, Madeline Magnuson, and Katya Migacheva. 2018. Modern political warfare: Current practices and possible responses. Rand Corporation.

Russia, China and Iran are backing Hamas online-report. 2023. *Times of Israel,* November 6. https://www.timesofisrael.com/russia-china-and-iran-are-backing-hamas-online-report/

Russian propagandists use ToI logo and brand to propagate fake news against Ukraine, report shows. 2023. *Times of Israel,* November 21. https://www.timesofisrael.com/liveblog_entry/russian-propagandists-use-toi-logo-and-brand-to-propagate-fake-news-against-ukraine-report-shows/

Ruy, Donatienne. 2020. Did Russia influence Brexit? *CSIS,* July 21. https://www.csis.org/blogs/brexit-bits-bobs-and-blogs/did-russia-influence-brexit

Sablina, Liliia. 2021. We should stop the Islamisation of Europe!: Islamophobia and right-wing radicalism of the Russian-speaking Internet users in Germany. *Nationalities Papers* 49 (2): 361–374.

Schmitt, Michael N. ed. 2017. *Tallinn manual 2.0 on the international law applicable to cyber warfare.* Cambridge: Cambridge University Press.

Shalev, A. Russel. 2022. Israel needs to talk about the Arab riots of May 2021. *Fathom,* March. https://fathomjournal.org/israel-needs-to-talk-about-the-arab-riots-of-may-2021/

Shuker, Pnina, and Lev Topor. 2021. Russian influence campaigns against NATO in the Baltic region: Spread of chaos and divide et impera. In *The Russian Federation in global knowledge warfare,* 295–314. Springer, Cham.

Shultz, Richard H. and Roy Godson. 1984. *Dezinformatsia: Active measures in Soviet strategy.* Pergamon-Brassey's International Defense Publishers.

Smith, B. Lannes, "Propaganda," *Encyclopedia Britannica,* October 6, 2022. https://www.britannica.com/topic/propaganda

Sokolski, Henry D., ed. 2004. *Getting MAD: A nuclear mutual assured destruction, its origins and practice.* Strategic Studies Institute, US Army War College.

Solmar, E.L. 1978. Protocols of the anti-Zionists. *Soviet Jewish Affairs* 8 (2): 57–66.

Tabarovsky, Izabella. 2019. *Soviet anti-Zionism and contemporary left antisemitism.* Fathom

Tabarovsky, Izabella. 2023. Mahmoud Abbas' dissertation. *Tablet Magazine,* January 18. https://www.tabletmag.com/sections/arts-letters/articles/mahmoud-abbas-soviet-dissertation

The Iranians are also involved: The fakes spread on Arab citizens of Israel. 2023. *Globes,* October 23. [From Hebrew: לארשי יחרזא םיברע לע םיצפומש םיקייפה :םיברועמ םינאריאה םג]. https://www.globes.co.il/news/article.aspx?did=1001460687

Thorbecke, Catherine. 2021. Social media companies restricting Trump accounts cite risk for violence. *ABC News,* January 13. https://abcnews.go.com/Technology/social-media-companies-restricting-trump-accounts-cite-risk/story?id=75176327

Topor, Lev. 2021a. Antizionist disinformation: Tips for Hanan Ashrawi. *Times of Israel Blogs,* December 5. https://blogs.timesofisrael.com/antizionist-disinformation-tips-for-hanan-ashrawi/

Topor, Lev. 2021b. The covert war: From BDS to de-legitimization to antisemitism. *Israel Affairs* 27 (1): 166–180.

Topor, Lev. 2022. *Phishing for Nazis: Conspiracies, anonymous communications and white supremacy networks on the Dark Web.* London: Routledge

Topor, Lev, and Alexander Tabachnik. 2021. Russian cyber information warfare: International distribution and domestic control. *Journal of Advanced Military Studies* 12 (1): 112–127.

UK House of Commons. 2017. Lessons learned from the EU Referendum—Twelfth Report of Session 2016–17.

Walker, Christopher. 2018. What is 'sharp power'? *Journal of Democracy* 29 (3): 9–23.

What to know about Israel's judicial reforms. 2023. *AJC,* June 13.

Wintour, Patrick. 2018. Russian bid to influence Brexit vote detailed in new US Senate report. *Guardian,* January 10. https://www.theguardian.com/world/2018/jan/10/russian-influence-brexit-vote-detailed-us-senate-report

Yonker, Carl and Lev Topor. (2021). The United States: Antisemites attack democracy. In *Antisemitism Worldwide—Report 2021,* 24–28. The Center for the Study of Contemporary European Jewry, Tel Aviv University

Zimdars, Melissa. 2022. Mis/Disinformation and social media. In *The social media debate,* 120–136. London: Routledge.

Kapitel 6
Sichere Cyber-Domänen (SCD): Ausgereifte Modelle

Im Verlauf dieses Buches, insbesondere in den Kap. 4 und 5, wurde deutlich, dass Länder, Organisationen und natürlich auch Einzelpersonen unter einer zunehmenden Zahl von Cyberangriffen leiden. Während einige Cyberangriffe offensichtlich sind, wie DoS, Datenmanipulation und Datenlecks, sind andere Cyberangriffe weniger offensichtlich – wie etwa Cyber-Mis-/Desinformationskampagnen zur Beeinflussung. Darüber hinaus gibt es keine international anwendbaren Gesetze, Vorschriften oder Normen für die Nutzung des Cyberspace, und da die forensische Attribution im Cyberspace sehr schwierig ist, können offene und uneingeschränkte Länder wie die Vereinigten Staaten, das Vereinigte Königreich, europäische Länder und Israel nicht direkt und offen Vergeltung üben, wenn sie mit Cyberangriffen konfrontiert werden, die von Stellvertretern ausgeführt werden. Das heißt, sie können es, und sie haben es auch getan, aber nicht innerhalb eines international anerkannten Rahmens. Zudem können sie nicht auf „Geschichten" reagieren, die online verbreitet wurden, selbst wenn diese gefälschten oder irreführenden Geschichten zu ziviler Panik oder Unruhen führen und das Wesen der Demokratie und des demokratischen Prozesses beeinträchtigen, wie in den Kap. 4 und 5 gezeigt wurde.

Wie die „Twitter-Revolutionen" von 2011 zeigten, sind jedoch nicht nur Demokratien im Online-Bereich verwundbar. Während dieser Revolutionen spielte die Rolle von Social-Media-Plattformen wie Twitter eine sehr bedeutende Rolle bei der Ermöglichung und Organisation verschiedener Aufstände und Proteste. Zu den wichtigsten Ereignissen, die mit den Twitter-Revolutionen von 2011 in Verbindung gebracht werden, zählen die ägyptische Revolution, die Unruhen in Moldawien 2009, die Proteste nach den iranischen Wahlen 2009–2010 und die tunesische Revolution. Diese Bewegungen zeigten die Macht der uneingeschränkten Nutzung sozialer Medien bei der Mobilisierung und Organisation von Protesten und Dissens im großen Maßstab.[1]

[1] Passini (2012).

L. Topor, *Cyber-Souveränität*, https://doi.org/10.1007/978-3-032-09326-4_6

Wie können Staaten reagieren, und sollte dieser rechtsfreie Zustand als Tatsache akzeptiert werden? Einige Länder werden die Regulierung von Plattformen verstärken und Unternehmen zur Verantwortung ziehen, während andere, vor allem in nicht-westlichen Teilen der Welt, einfach ihre Souveränität nutzen und ihre Cyber-Domänen schließen oder einschränken, indem sie ihre Cyber-Grenzen erhöhen. Auf diese Weise können sie viele Cyberangriffe verhindern, aber sie können auch gefälschte, irreführende oder einfach unerwünschte Informationen daran hindern, in ihr Land zu gelangen und ihre Bürger zu beeinflussen. Es stimmt, dass dadurch Menschenrechte, insbesondere die Meinungsfreiheit, beeinträchtigt werden und Bürger autoritärer Staaten noch mehr Freiheiten verlieren, wenn der Herrscher seine Kontrolle verschärft. Doch dieses Buch behandelt nicht die Menschenrechte, sondern das strategische Machtgleichgewicht zwischen souveränen Staaten.

Dieses Kapitel, das diese eingeschränkten Cyber-Domänen im Detail behandelt, wird vor dem Kapitel über weniger regulierte und weniger eingeschränkte Cyber-Domänen präsentiert, um einen klaren Punkt zu machen, insbesondere im Anschluss an die Diskussion in Kap. 5 über die Cyberangriffe und Einflusskampagnen, bei denen mächtige Länder wie die Vereinigten Staaten, das Vereinigte Königreich und Israel machtlos waren. Die Platzierung dieses Kapitels soll eine Alternative zu westlichen Modellen von Cyber-Domänen aufzeigen, die ich in diesem und den folgenden Kapiteln als Secure Cyber Domains (SCDs) bezeichne. Eine SCD ist eine Cyber-Domäne, die Cybersicherheit, Resilienz des Regimes oder Staates sowie Souveränität und Kontrolle priorisiert. Um diese Ziele zu erreichen, ist eine SCD eingeschränkt und hemmt den ständigen und freien Fluss von Informationen und Kommunikation.

In diesem Kapitel präsentiere ich mehrere Beispiele für geschützte, überwachte und regulierte Cyberspaces, wie das nordkoreanische Modell und die sich entwickelnden Modelle Russlands und Chinas. Ich analysiere auch Fälle wie Saudi-Arabien und Iran. Die Fallbeispiele und Analysen sind nicht als erschöpfende und umfassende historische, politische und rechtliche Darstellung einer bestimmten Cyber-Domäne gedacht; vielmehr sollen sie Indikatoren dafür sein, wie eine SCD aussieht und wie sie sich entwickelt. Darüber hinaus gehe ich auf einige Beispiele aus anderen Ländern wie Indien und Myanmar ein. Ich analysiere jedes Beispiel, indem ich die jeweilige Cyber-Domäne mit einer strukturierten Methode untersuche, die ich auch im folgenden Kapitel anwende – ich prüfe jeden Fall anhand der Struktur des Cyberspace, wie sie in Kap. 2 dargestellt ist: schichtweise. So untersuche ich in jedem Fall vier Schichten – die physische, logische, Informations- und Nutzerschicht – und gehe auf die rechtlichen und technischen Regelungen ein, die jede dieser Schichten einschränken. Das Hauptziel ist, einen Hinweis auf das Maß der Kontrolle eines Landes über seine Cyber-Domäne zu erhalten. Daher stelle ich zu jeder Schicht folgende Fragen:

- Physische Schicht: Beschränkt oder kontrolliert das Land regelmäßig seine physischen Verbindungen durch Design? Kann es die physische Schicht auf Abruf einschränken? Das heißt, hat das Land keine physischen Verbindungen oder kann es sich von der Außenwelt abkoppeln und dennoch ein Intranet aufrechterhalten?
- Logische Schicht: Beschränkt oder kontrolliert das Land regelmäßig seine Netzwerk-Gateways und -Routen? Das heißt, schaltet das Land das Internet in bestimmten Gebieten oder zu bestimmten Zeiten ab?
- Informationsschicht: Beschränkt oder kontrolliert das Land regelmäßig die Inhalte innerhalb seiner Grenzen? Das heißt, verbietet das Land die Verbreitung von allgemein vielfältigen und mitunter kritischen Inhalten, wie etwa Kritik an den Amtsträgern, dem Regime oder den Handlungen des Landes?
- Nutzerschicht: Beschränkt oder kontrolliert das Land regelmäßig die Art und Weise, wie seine Bürger und sogar Besucher das Internet nutzen? Das heißt, errichtet das Land technologische Barrieren, wie die verpflichtende Installation von Anwendungen, oder verbietet es die Nutzung bestimmter Anwendungen oder Dienste?

Die Antworten auf diese vier Fragen geben einen Hinweis auf das Maß der Kontrolle eines Landes über seine Cyber-Domäne. Ein Land, das den Cyberspace regelmäßig einschränkt und kontrolliert, wird als eingeschränkt definiert.

Eingeschränkte Internets, wie sie in diesem Kapitel beschrieben werden, wurden von mir und Eldar Haber als „Internetblasen" bezeichnet; jedes Land hat eine Blase, und einige sind stärker eingeschränkt als andere. Aufbauend auf Huntingtons Konzept des Kampfes der Kulturen sage ich, wie später in diesem Buch ausgeführt, voraus, dass sich solche einzelnen Blasen zu Cyberblöcken zusammenschließen werden (d. h. ein nordamerikanischer Block, ein europäischer Block, ein postsowjetischer Block, ein Nahost-Golf-Block usw.). Die Fälle Nordkorea, Russland, China, Saudi-Arabien und Iran wurden durch die Auswertung von Informationen der Nichtregierungsorganisationen Freedom House (siehe Tab. 1.1) und Access Now (siehe Kap. 1) ausgewählt. Während es viele Länder mit eingeschränktem Internetzugang gibt, konzentriere ich mich auf jene, die mit der amerikanischen und westlichen Kontrolle des Cyberspace konkurrieren, das heißt, ich fokussiere auf globale und regionale Mächte, da die Geschichte gezeigt hat, dass Mächte die globale Bühne bestimmen.

Nach dieser Einführung untersuche ich die Cyberspaces von Nordkorea, China, Russland, Iran und Saudi-Arabien und gehe zudem, in begrenztem Umfang, auf Indien und Myanmar ein. Anschließend fasse ich die wichtigsten Punkte zusammen und schließe dieses Kapitel ab. Die Erkenntnisse aus diesem und dem nächsten Kapitel (über freie Cyber-Domänen) werden in Kap. 8, dem letzten Kapitel dieses Buches, miteinander verglichen.

6.1 Nordkoreanischer Cyberspace

Autoritäre Regime stehen vor einem schwierigen Dilemma im Hinblick auf Telekommunikationsmittel wie das Internet (sowie Telefone und Satelliten); einerseits bieten zugängliche und verfügbare Kommunikationsmethoden eine Plattform für Modernisierung, Entwicklung und Wachstum. Andererseits können sie auch zu einem Kontrollverlust führen, da Menschen Informationen ausgesetzt werden, die sie dazu bewegen könnten, die Regierung zu kritisieren und sich ihr zu widersetzen. Jedes Land steht vor diesem Dilemma zwischen Freiheit, mit ihren Entwicklungschancen, und Kontrolle.[2]

Das nordkoreanische Kwangmyong („Heller Stern") ist ein stark eingeschränktes, inländisches Netzwerk und stellt eine einzigartige Fallstudie zur Informationskontrolle und zum Internetzugang dar. Anders als das globale Internet, das uns allen vertraut ist, gleicht Kwangmyong einem Intranet – es operiert innerhalb eines geschlossenen Systems, isoliert von der Außenwelt. Es ist eine Insel oder, wie Haber und ich es zuvor beschrieben haben, eine Blase. Wie in Kap. 2 näher ausgeführt, besteht diese Blase sowohl aus rechtlichen als auch technischen Rahmenbedingungen und umfasst vier Hauptschichten: Infrastruktur, logische Kontrolle, Information und Nutzer. Da das Kwangmyong-Intranet so stark eingeschränkt ist, ähnelt es einer völlig isolierten Blase. Wie in Abb. 2.2 gezeigt, besitzt Nordkorea keine offensichtlichen physischen Verbindungspunkte zur Außenwelt, zumindest keine, die der Öffentlichkeit bekannt sind (abgesehen von Satelliten). Eine aktuelle Untersuchung von WIRED und ein Bericht der gemeinnützigen Organisation PSCORE deuten darauf hin, dass Nordkorea chinesische und russische Verbindungspunkte nutzt, um sich mit dem globalen Netz zu verbinden.[3]

Bezüglich der Konnektivität stellt sich jedoch nicht nur die Frage, ob ein Land physische Verbindungen besitzt, sondern auch, ob es allen Nutzern erlaubt, sich mit der Außenwelt zu verbinden. Es ist wichtig zu betonen, dass diese Betrachtung der nordkoreanischen Blase sehr begrenzt ist; Nordkorea teilt nur sehr wenige Open-Source-Informationen mit der Außenwelt, daher wird diese Analyse zwangsläufig unvollständig bleiben.

Kwangmyong funktioniert als geschlossenes Intranet, das physisch vom globalen Internet getrennt ist und auf eine eigene interne Infrastruktur angewiesen ist. Es nutzt zudem eine veraltete Technologie, was bedeutet, dass die wenigen Verbindungen langsam und eingeschränkt sind. Auch wenn Details rar sind, deuten Berichte von Forschern, Analysten und Journalisten darauf hin, dass Nordkorea eine Kombination aus terrestrischen und Satellitenverbindungen nutzt, wobei Zugangspunkte vor allem in größeren Städten und staatlichen Institutionen konzentriert sind. Universitäten und ausgewählte Organisationen können ebenfalls Zugang

---

[2] Noland (2009).

[3] PSCORE (2023), Burgess (2023).

haben, während einzelne Bürger mit erheblichen Hürden konfrontiert sind. Obwohl die Verbindungen zur Außenwelt sehr begrenzt sind, wie im Folgenden gezeigt wird, erlaubt Nordkorea einigen Hundert oder Tausend Personen den Zugang zum globalen Netz – jedoch unter zeitlichen Beschränkungen und Überwachung. Der Name Kwangmyong wird daher in diesem Kapitel und im Folgenden sowohl für das Intranet als auch für Nordkoreas sehr begrenzte Verbindung zur Außenwelt verwendet.

Aus rechtlicher Sicht beruht die Existenz von Kwangmyong maßgeblich auf nordkoreanischer Gesetzgebung, die auf die Kontrolle von Informationen und die Einschränkung des Zugangs zu externen Einflüssen abzielt. Die sozialistische Verfassung der Demokratischen Volksrepublik Korea garantiert zwar Meinungs- und Pressefreiheit, räumt dem Staat jedoch auch das Recht ein, die Verbreitung von Informationen zu regulieren, die als schädlich für die gesellschaftliche Ordnung angesehen werden. Diese Unklarheit ermöglicht eine weite Auslegung der Verfassung und rechtfertigt die Zensurpraktiken von Kwangmyong. In Artikel 67 der sozialistischen Verfassung heißt es: „Der Staat garantiert die Bedingungen für die freie Betätigung demokratischer Parteien und sozialer Organisationen."[4] Darüber hinaus verabschiedete die Oberste Volksversammlung Nordkoreas im Dezember 2020 das Gesetz zur Ablehnung reaktionärer Ideologie und Kultur, das den Besitz und Konsum ausländischer Informationen verbietet, die entweder illegal von Beamten oder Familienmitgliedern Kim Jong Uns bereitgestellt werden oder von Bürgern und Ausländern, die von ihren Reisen ausländische Inhalte auf Speichermedien wie USB-Sticks mitbringen. Dieses Gesetz entstand nicht im luftleeren Raum, sondern baut auf bereits bestehenden Gesetzen und Vorschriften zu ausländischen Inhalten auf, die früher auf CDs, DVDs und sogar VHS-Kassetten eingeschmuggelt wurden. Solche Gesetze schränken die Internetnutzung und Inhalte streng ein. Sie ermächtigen die Behörden, Online-Aktivitäten zu überwachen, Websites zu blockieren und diejenigen zu bestrafen, die versuchen, unautorisierte Informationen abzurufen.[5]

Was können Nutzer abrufen? Laut dem Bericht von PSCORE besitzen einige Bürger Handgeräte und Computer, die Zugang zum Intranet haben, aber der Zugang zum globalen Netz ist begrenzt. Bürger müssen ein Genehmigungsverfahren durchlaufen, um eine Stunde Internetzugang zu erhalten; dieser Prozess kann einige Tage dauern und darf nicht häufig wiederholt werden. Nach der Genehmigung sitzt der Nutzer vor dem Computer, meist an einer Universität oder in einer staatlichen Einrichtung, und surft im Internet. Der Bildschirm friert alle fünf Minuten ein, und ein Bibliothekar oder ein anderer Staatsbeamter muss ihn entsperren, während er gleichzeitig die Inhalte überwacht. Die Regierung setzt verschiedene Gateway-Filtertechniken ein, darunter Deep Packet Inspection (DPI), DNS-Manipulation und andere Filtermethoden, um eine strenge Kontrolle über die Informationslandschaft zu gewährleisten. Dies schafft eine stark bereinigte

[4] Siehe die sozialistische Verfassung der Demokratischen Volksrepublik Korea (2014, Artikel 67).
[5] Williams (2021).

Online-Umgebung, die die Erzählung der Regierung verstärkt und den Zugang zu vielfältigen Perspektiven einschränkt. Jegliche Informationen, die als regierungskritisch oder westliche Werte fördernd gelten, werden streng zensiert.[6]

Wer sind die Nutzer, die Zugang zum Internet haben? Laut dem PSCORE-Bericht, der auf 24 persönlichen Interviews mit Überläufern und einer Umfrage unter 158 weiteren basiert, waren 63 % der Überläufer, die das globale Internet in Nordkorea nutzten, Studierende, 9 % Einzelhändler, 8 % Angestellte, 7 % Arbeiter, 4 % andere, 2 % Soldaten und 7 % ohne Beruf. Von denen, die das Internet nutzten, taten dies 61 % in Städten, 20 % in Kleinstädten, 14 % in Dörfern und 5 % in anderen Regionen. Laut einer Umfrage nutzte die Mittelschicht das Internet am häufigsten, 56,3 % der Nutzer gehörten dieser Schicht an, während 18,4 % der Oberschicht und 24,1 % der Unterschicht zuzurechnen waren. Ältere Menschen ab 60 Jahren nutzten das Internet selten (5 %), während 27 % der 18- bis 29-Jährigen, 31 % der 30- bis 39-Jährigen, 21 % der 40- bis 49-Jährigen und 16 % der 50- bis 59-Jährigen es nutzten. Insgesamt waren 70 % der Nutzer Frauen.[7]

Interessanterweise lebte die große Mehrheit (74,9 %) der Nutzer in den nördlichen Provinzen Ryanggang und Nord-Hamgyŏng, was darauf hindeutet, dass sie möglicherweise über geheime Verbindungen mit terrestrischen Leitungen Zugang zum Internet hatten, entweder über den regionalen Knotenpunkt Wladiwostok in Russland oder die Leitungen der chinesischen Stadt Baishan (insbesondere das Kabel von China Telecom zwischen Dunhua und Dandong, siehe Abb. 6.1, bereitgestellt von der Internationalen Fernmeldeunion [ITU]).[8]

Trotz der Einschränkungen gelingt es einigen Nutzern, die Zensur auf verschiedene Weise zu umgehen. USB-Sticks mit nicht-autorisierten Informationen werden aus dem Ausland eingeschmuggelt und auf dem Schwarzmarkt gehandelt. Darüber hinaus haben einige Nutzer Techniken entwickelt, um über Proxy-Server und andere geheime Methoden auf externe Websites zuzugreifen, und einige nutzen Radio und Satellitenfernsehen, um ausländische Informationen zu konsumieren. All dies zeigt das menschliche Bedürfnis nach Informationsfreiheit, trotz erheblicher Hindernisse.

Wenn wir also die vier Fragen zu den vier Schichten des Cyberspace aus der Einleitung betrachten, können wir dann schlussfolgern, dass der nordkoreanische Cyberspace eingeschränkt ist? Ja, das nordkoreanische Netzwerk ist stark kontrolliert, limitiert und eingeschränkt, wie in Tab. 6.1 zusammengefasst.

---

[6] PSCORE (2023), Chen et al. (2010).

[7] Ebd.

[8] Ebd.; Karten bereitgestellt von der Internationalen Fernmeldeunion (ITU) und aktualisiert bis Anfang 2023. Eine interaktive Karte mit weiteren Informationen finden Sie unter: https://bbmaps.itu.int/bbmaps/.

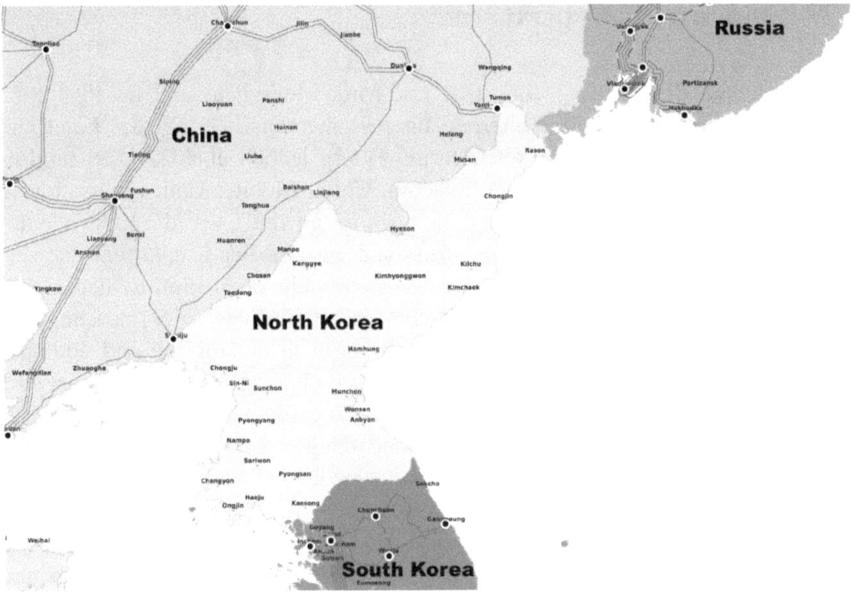

Abb. 6.1 Submarine und terrestrische Internetkabel rund um Nordkorea. (Quelle: Infrastruktur-Konnektivitätskarte, Internationale Fernmeldeunion. *Blaue Linien sind terrestrisch, dünne graue Linien in Meeren und Ozeanen sind Untersee-Glasfaserkabel, IXPs sind in grünen Kreisen dargestellt. **Beachten Sie, dass die Kabel und Knotenpunkte in dieser Abbildung keine direkte Verbindung zu Nordkorea haben)

Tab. 6.1 Einschränkung der Internetschichten in Nordkorea

Einschränkung der Netzwerkschicht	Antwort
Beschränkt oder kontrolliert das Land regelmäßig seine physischen Verbindungen durch Design? Kann es die physische Schicht auf Abruf einschränken?	Ja, das Land hat keine öffentlich zugänglichen Verbindungen zum globalen Internetnetz
Beschränkt oder kontrolliert das Land regelmäßig seine Netzwerk-Gateways und Routen?	Ja, selbst wenn Nutzer das Internet und nicht das Intranet nutzen, werden Websites und Inhalte blockiert und überwacht
Beschränkt oder kontrolliert das Land regelmäßig die Inhalte innerhalb seiner Grenzen?	Ja, Websites und Inhalte werden zensiert
Beschränkt oder kontrolliert das Land regelmäßig, wie seine Bürger und sogar Besucher das Internet nutzen?	Ja, Nutzer können das Internet und das Intranet nur in sehr begrenztem Umfang nutzen

6.2 Chinesischer Cyberspace

China hat eine Bevölkerung von etwa 1,43 Mrd. Menschen, und im Jahr 2022 nutzten 75,6 % von ihnen das Internet. Interessanterweise verfügt das Land laut ITU nur über 3 IXPs, laut Packet Clearing House jedoch über 27 IXPs, und es gibt rund 3500 ISPs (wobei China Telecom, China Mobile, China Education & Research Network und China Unicom die wichtigsten sind), was die Kontrolle des Internets erleichtert.[9] China ist neben Russland ein globaler Konkurrent der Vereinigten Staaten. Es konkurriert mit den USA um weltweiten Einfluss und Macht im Allgemeinen, insbesondere um wirtschaftlichen Einfluss. Die Tatsache, dass China Russland nicht nur geographisch, sondern auch ideologisch und diplomatisch viel näher steht, schwächt die Macht der Vereinigten Staaten.[10] China ist eine schnell wachsende Volkswirtschaft mit einem sich entwickelnden Militär und nuklearen Fähigkeiten, was das Land widerstandsfähiger gegenüber ausländischem, vor allem westlichem Druck macht. Eines der bedeutendsten Projekte der Kommunistischen Partei Chinas (KPCh) ist die Belt and Road Initiative (BRI), ein gewaltiges, von China geführtes Infrastrukturprojekt, das darauf abzielt, Asien mit Afrika und Europa durch ein Netzwerk aus Eisenbahnen, Straßen, Häfen und anderer Infrastruktur zu verbinden. Die 2013 von Präsident Xi Jinping ins Leben gerufene Initiative besteht aus zwei Hauptkomponenten: dem Wirtschaftsgürtel der Seidenstraße und der maritimen Seidenstraße des 21. Jahrhunderts. Die Initiative stößt sowohl auf Unterstützung als auch auf Ablehnung. Einige, wie die Vereinigten Staaten, sehen sie als Mittel Chinas, seinen wirtschaftlichen und politischen Einfluss auszuweiten, während andere sie als Möglichkeit betrachten, die „Infrastrukturlücke" zu schließen und das Wirtschaftswachstum in verschiedenen Regionen zu beschleunigen. Das Projekt gilt als eines der größten Infrastruktur- und Investitionsprojekte der Geschichte. Interessanterweise gibt es im Rahmen der BRI ein Nebenprojekt, das mit der digitalen Vorherrschaft der USA und des Westens konkurriert – die Digitale Seidenstraße (DSR).[11]

Die DSR ist ein zentrales Element der BRI und zielt darauf ab, Chinas technologische Reichweite und Einfluss auszubauen. Die 2015 gestartete DSR umfasst verschiedene Bereiche, darunter den Ausbau und die Verbesserung von Telekommunikationsnetzen, Fähigkeiten im Bereich künstliche Intelligenz, Cloud-Computing, E-Commerce, mobile Bezahlsysteme, Überwachungstechnologien, intelligente Städte und sogar Quantencomputer. Sie unterstützt zudem chinesische Exporteure, darunter prominente Technologieunternehmen wie Huawei. Die DSR ist Gegenstand intensiver geopolitischer und wirtschaftlicher Konkurrenz, wobei China sich strategische und wirtschaftliche Vorteile, insbesondere in Schwellen-

[9] Siehe „China" im DataHub der ITU: https://datahub.itu.int/data/?e=CHN; siehe auch „China" beim Packet Clearing House: https://www.pch.net/ixp/dir#!mt-filters=%7B%22ctry%22%3A%5B%22dropdown%22%2C%22%22%2C%22China%22%5D%7D.

[10] Siehe allgemein Attinà (2023), Ali (2022).

[11] Huang (2016), Mobley (2019), Greene und Triolo (2020).

ländern, sichern will. Allerdings hat China auch 5G-Technologien sowie andere Technologien und Dienstleistungen in die Vereinigten Staaten, das Vereinigte Königreich und nach Europa exportiert. Im Wesentlichen versucht China, die Welt in Bezug auf Infrastruktur, Routing, Dienstleistungen und Nutzbarkeit neu zu verdrahten und so mit der amerikanischen Vorherrschaft im Cyberspace zu konkurrieren.[12]

Im September 2023 veröffentlichte das Global Engagement Center (GEC), eine Behörde des US-Außenministeriums, die sich mit ausländischer Propaganda und Desinformation befasst, einen Bericht, der davor warnte, dass Pekings Informationskampagne letztlich die Entscheidungsfindung weltweit beeinflussen und amerikanische Interessen untergraben könnte. Dies folgte auf den Bericht vom August 2020 über russische Desinformationskampagnen. Sowohl Russland als auch China, so die amerikanischen Berichte, nutzen „Sharp Power", um Chaos zu stiften und staatliche sowie gesellschaftliche Resilienz und Solidarität zu untergraben. In diesem Zusammenhang ist eine der Hauptsorgen der Vereinigten Staaten, dass die BRI und die DSR es China ermöglichen könnten, die Vorherrschaft im Cyberspace von den USA zu übernehmen.[13] China nutzt die offenen und freien Massenkommunikationssysteme der Vereinigten Staaten und Europas, während es sich selbst vor solchen Gefahren schützt.[14]

Im eigenen Land kontrolliert China seinen Cyberraum. Es zensiert Inhalte und bevorzugt chinesische Technologie, sowohl Hardware als auch Software, gegenüber ausländischen Optionen. China hat eine „Große Firewall" (GFW) geschaffen, die ausländische Informationen blockiert. Die GFW ist Teil des größeren Golden Shield Project (GSP), einer Initiative, die von Deng Xiaoping, dem revolutionären Führer der Volksrepublik China (VR China) nach dem Tod von Mao Zedong 1976, vorangetrieben wurde. Deng Xiaoping pflegte zu sagen: „Wenn du das Fenster für frische Luft öffnest, musst du damit rechnen, dass auch ein paar Fliegen hereinkommen." Xiaoping meinte damit, dass jeder, der seine Türen für ausländische Informationen öffnet, auch unerwünschte Informationen erwarten muss; diese unerwünschten Informationen, ob wahr, manipuliert oder falsch, müssten behandelt werden, um das kommunistische Regime zu schützen.[15]

Die GFW und das GSP sind eine Kombination aus legislativen Maßnahmen und Technologien, die von der VR China seit den 1990er-Jahren zur Regulierung des Internets im Inland durchgesetzt wurden. Ihre Hauptaufgabe ist es, den Zugang zu ausgewählten ausländischen Webseiten zu blockieren und den grenzüberschreitenden Internetverkehr zu verlangsamen. Die GFW arbeitet, indem sie TCP-Pakete auf Schlüsselwörter oder sensible Begriffe überprüft und bei deren Erkennung den Zugang zu den Inhalten zensiert. Sie beschränkt auch den Zugang zu ausländischen Informationsquellen wie Websites, indem sie DNS und IPs

[12] Ebd.; Hillman (2021), Cheney (2019).

[13] Global Engagement Center (2023), Global Engagement Center (2020).

[14] Haber und Topor (2023).

[15] Shullman (2019).

blockiert, ausländische Internet-Tools und mobile Apps sperrt und ausländische Unternehmen verpflichtet, sich an inländische Vorschriften anzupassen, wie etwa die Pflicht, Daten in China zu speichern. Ziel der Firewall ist es, das chinesische Regime und, wie die KPCh argumentiert, die chinesische Bevölkerung zu schützen, indem der Zugang zu als unerwünscht, falsch oder sensibel eingestuften Themen verhindert wird, etwa zu den Namen von Regierungschefs, politischen Bewegungen oder religiösen Bewegungen. Dazu gehören Themen wie die Falun-Gong-Sekte, Fragen im Zusammenhang mit den Uiguren und natürlich die drei verbotenen T: das Massaker am Tiananmen-Platz, Tibet und Taiwan.[16] Darüber hinaus müssen Nutzer, um die meisten Dienste und Anwendungen nutzen zu können, auf anonyme Tools oder Pseudonyme verzichten; sie müssen sich stattdessen mit ihrer echten nationalen ID und Telefonnummer registrieren.[17] Neben der sozialen Kontrolle fungiert die GFW auch als eine Form des Handelsschutzes, indem sie es China ermöglicht, eigene Internetgiganten wie Tencent, Alibaba und Baidu zu entwickeln. Die GFW blockiert Facebook, Google, Twitter, Tinder, WordPress, Telegram, WhatsApp, YouTube, Netflix, die New York Times, die BBC, Wikipedia und sogar die deutsche DW News.[18]

Im November 1990 registrierte China seine *.cn*-Top-Level-Domain über das China Internet Network Information Center (CNNIC). Am 20. April 1994 erhielt China vollständige Internetfunktionalität, im Januar 1995 hatte das Ministerium für Post und Telekommunikation Internetdienste für die Öffentlichkeit freigegeben, und 1996–1997 erließ China seine ersten Gesetze, die Online-Aktivitäten unter Strafe stellten, wenn sie das Regime zu untergraben drohten. Anfang der 2000er-Jahre begann China, den Cyberspace intensiv zu blockieren und zu filtern. Im Dezember 2015 sagte Präsident Xi Jinping zur Eröffnung der zweiten Internetkonferenz des Landes: „Wir [China] sollten das Recht der einzelnen Länder respektieren, ihren eigenen Weg der Cyber-Entwicklung unabhängig zu wählen", und betonte zugleich, dass das Internet eine Form der Massenkommunikation sei, die wie jede andere reguliert und zensiert werden müsse. Jinping folgte dem von Xiaoping vorgezeichneten Weg, und seither werden Informationen, die das Regime als unerwünscht betrachtet, zensiert; diese Zensur wird mit dem Argument gerechtfertigt, sie sichere die innere Stabilität und Resilienz, die territoriale Integrität und Modernisierung und schütze das Wirtschaftswachstum.[19]

Im Dezember 2016 veröffentlichte China seine erste nationale Sicherheitsstrategie, in der festgehalten wird, dass es ohne Cybersicherheit keine nationale Sicherheit gibt. Sie bekräftigte, dass die Souveränität über Informationen ein wichtiger Bestandteil der staatlichen Souveränität ist. Das chinesische Cybersicherheitsgesetz vom Juni 2017 bildet die Grundlage der Cyberregulierung, er-

[16] Chepenko (2020), Zittrain und Edelman (2003).

[17] Qu (2021).

[18] Haber und Topor (2023), Gibson (2009).

[19] Yang (2012), Economy (2018).

gänzt durch weitere Gesetze und Richtlinien, die erlassen wurden, um die vollständige Kontrolle über das Internet zu gewährleisten – um die „Cyber-Souveränität“ der KPCh sicherzustellen. Die KPCh verfolgt sechs zentrale Ziele: Sie strebt wirtschaftliche Entwicklung durch den Cyberspace an, verbreitet pro-kommunistische Propaganda, betreibt inländische Zensur, nutzt Cyberangriffe, um Unmut über Handlungen ausländischer Mächte auszudrücken, entwickelt chinesische Cyber-Infrastruktur und -Fähigkeiten und fördert die inländische Überwachung.[20]

Obwohl China derzeit über ausländische Kabel, hauptsächlich amerikanischer, japanischer und französischer Herkunft, mit der Außenwelt verbunden ist, plant es, bestehende Verbindungen zu ersetzen oder zu ergänzen. So planen beispielsweise Chinas führende Telekommunikationsunternehmen – die China Telecommunications Corporation (China Telecom), China Mobile Limited und die China United Network Communications Group Co Ltd (China Unicom) – die Entwicklung eines 500-Millionen-Dollar-Unterseekabels, das Asien, den Nahen Osten und Europa verbindet, um einem ähnlichen, von den USA unterstützten Projekt Konkurrenz zu machen.[21] Darüber hinaus sind Nachbarländer wie Vietnam, die Mongolei und Nordkorea auf Verbindungen aus China angewiesen, und weitere Länder sind ebenfalls an Kabel angeschlossen, die durch chinesische Knotenpunkte verlaufen (siehe Abb. 6.2), beispielsweise die Kabel SEA-ME-WE 3 und 6 durch Südostasien, den Nahen Osten und Westeuropa.[22] Weltweit gibt es fast 1,4 Mio. Kilometer Glasfaserkabel, und China stellt sowohl deren Quantität als auch Qualität in Frage; Ende 2023 gab China bekannt, das weltweit schnellste Internetnetzwerk aufgebaut zu haben.[23]

Am 28. September 2023 veröffentlichte die Cyberspace Administration of China (CAC) ihre „Bestimmungen zur Regulierung und Förderung des grenzüberschreitenden Datenflusses“ (ein Entwurf zur öffentlichen Kommentierung) als Teil der „Maßnahmen zur Sicherheitsbewertung von Datenexporten“, die im Mai 2022 auf der 10. Sitzung des CAC für 2022 verabschiedet wurden. Anders als frühere Vorschriften, die den Eingang von Informationen beschränkten, zielt diese Regelung auf den Datenexport ab, indem sie den Export privater Informationen chinesischer Bürger ins Ausland einschränkt und Regeln dafür aufstellt, wann, wo und wie private Informationen exportiert werden dürfen.[24] Tatsächlich könnten diese Bestimmungen und Bewertungen im gesetzlosen Raum des Cyberspace, in dem es an Regelungen zum Schutz der Privatsphäre mangelt, nicht nur der Regierung, sondern auch den chinesischen Bürgern zugutekommen, indem sie die Maß-

[20] Siehe allgemein Chang (2014), Maranto (2020).

[21] Brock (2023), Gross et al. (2023).

[22] Details zu den Kabeln SEA-ME-WE 3 und 6 finden Sie hier: https://www.submarinenetworks.com/en/systems/asia-europe-africa/smw3, https://www.submarinenetworks.com/en/systems/asia europe-africa/smw6.

[23] Kelly (2023).

[24] „Provisions on Regulating and Promoting Cross-border Data Flows (draft for comments)“ (2023).

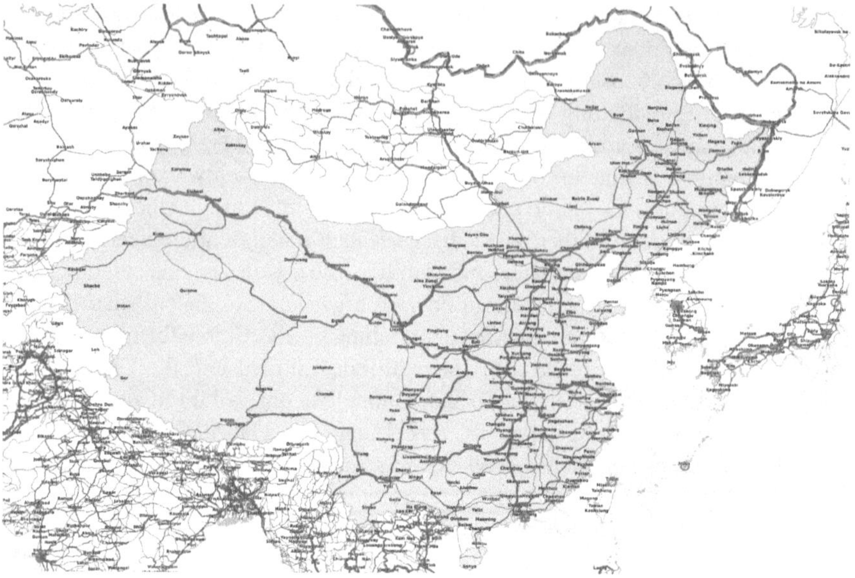

Abb. 6.2 Unterseeische und terrestrische Internetkabel sowie Internet-Austauschpunkte in und um China. (Quelle: Infrastructure Connectivity Map, Internationale Fernmeldeunion. * Blaue Linien sind terrestrisch, dünne graue Linien in Meeren und Ozeanen sind unterseeische Glasfaserkabel, IXPs sind in grünen Kreisen dargestellt. China ist grau hervorgehoben)

Tab. 6.2 Einschränkung der Internetebenen in China

Einschränkung der Netzwerkschicht	Antwort
Beschränkt oder kontrolliert das Land regelmäßig seine physischen Verbindungen durch Design? Kann es die physische Schicht auf Abruf einschränken?	Teilweise, obwohl China über ausländische Verbindungen verfügt, arbeitet es auch am Aufbau einer Infrastruktur, die ausländische Verbindungen ersetzen kann
Beschränkt oder kontrolliert das Land regelmäßig seine Netzwerk-Gateways und Routen?	Ja, China filtert Pakete, DNS und IPs und kontrolliert das Routing im Allgemeinen
Beschränkt oder kontrolliert das Land regelmäßig Inhalte innerhalb seiner Grenzen?	Ja, Websites, Dienste und Inhalte werden zensiert
Beschränkt oder kontrolliert das Land regelmäßig, wie seine Bürger und sogar Besucher das Internet nutzen?	Ja, Nutzer können hauptsächlich lokale Webseiten, Anwendungen und Dienste nutzen

nahmen – wenn auch nicht das Wesen – des Datenschutzes in China näher an die europäische DSGVO und weiter weg von den (fehlenden) amerikanischen Regelungen bringen.

Schließlich zeigt Tab. 6.2 zusammenfassend, dass der chinesische Cyberspace tatsächlich ein SCD ist, da China alle Ebenen des Cyberspace einschränkt und reguliert und chinesische Alternativen zu amerikanischen oder westlich geförderten Technologien und Diensten bereitstellt.

China hat eine eigene physische Infrastruktur sowie eigene Plattformen und Dienste entwickelt oder befindet sich derzeit in deren Entwicklung, ebenso wie rechtliche und normative Leitlinien für seine Bürger und Besucher, wie die chinesische Version des Internets zu nutzen ist. Dennoch haben sich ausländische Dienste und Unternehmen in China verbreitet. So haben beispielsweise Apple, Samsung und andere Technologiekonzerne einen bedeutenden Marktanteil in China, da ihre Produkte weiter entwickelt sind (oder waren?) als chinesische Alternativen. Viele bevorzugen ein iPhone oder einen Mac gegenüber einem Huawei; diese Präferenz verschiebt sich jedoch. Neben bedeutenden Entwicklungen von Technologieriesen wie Huawei hat die chinesische Regierung selbst begonnen, Anweisungen an Beamte zu erlassen, die die Nutzung von Geräten ausländischer Technologiekonzerne wie Apple- oder Samsung-Handys oder -Computern verbieten. Dieser Schritt könnte als Reaktion auf das amerikanische Verbot chinesischer Hardware, insbesondere von Huawei und ZTE, gedacht sein; dennoch wird er mit Nachdruck und im Laufe der Zeit zum Ersatz westlicher Geräte (und Dienste) in China führen und das chinesische Internet noch unabhängiger machen.[25]

6.3 Russischer Cyberspace

Das russische Internet, oft als RuNet bezeichnet, bietet ein interessantes Bild eines Cyberraums, der durch einzigartige rechtliche, technische und politische Dynamiken geprägt ist. Obwohl Russland ein wichtiger Rivale der USA und Europas ist, ist es stark mit dem „westlichen" Internet verbunden, allein in Moskau gibt es über 20 IXPs und Dutzende weitere im ganzen Land (insgesamt 43 IXPs). Die russische Bevölkerung ist überwiegend vernetzt; von den etwa 146 Mio. russischen Bürgern sind 90,4 % mit dem Internet verbunden (Stand 2022) und es gibt rund 7000 ISPs, die in Russland tätig sind. Darüber hinaus haben von diesen 146 Mio. Russen etwa 86,6 % einen Internetzugang zu Hause. Die Internetnutzung in Russland ist vergleichbar mit der in den Vereinigten Staaten, wo 91,8 % der rund 338 Mio. Bürger vernetzt sind, von denen 88,1 % zu Hause Zugang haben. Chinas 1,43 Mrd. Bürger sind weniger vernetzt: Nur 75,6 % von ihnen nutzen das Internet.[26] Russlands Gesamtverbindungsrate liegt damit deutlich über dem weltweiten Durchschnitt, der bei 66,3 % der Individuen liegt.[27]

---

[25] „China's iPhone Ban Accelerates Across Government and State Firms" (2023), Bartz und Alper (2022).

[26] Siehe „Russia" im DataHub der ITU: https://datahub.itu.int/data/?e=RUS; siehe auch „Russia" bei Packet Clearing House: https://www.pch.net/ixp/dir#!mt-filters=%7B%22ctry%22%3A%5B%22dropdown%22%2C%22%22%2C%22Russia%22%5D%7D.

[27] Ebd.

Im März 2000 war der größte Internetdienstanbieter in Russland das staatliche Unternehmen RELCOM (Reliable Communications). Gegründet 1990–1991, markierte das Unternehmen den Beginn einer massiven Welle der Internetnutzung in Russland (obwohl internationale Netzwerke bereits seit den 1980er-Jahren verfügbar waren und zuvor auch inländische Netzwerke entwickelt wurden, siehe Kap. 2). Die Unternehmen Demos und Russia On-line entstanden kurz darauf. RELCOM genoss einst eine nahezu monopolartige Stellung am Markt, doch bis 2003 wurde der ISP-Markt von fünf Anbietern dominiert, die etwa 84 % der Dienste kontrollierten; diese wiederum standen jedoch unter staatlicher Kontrolle.[28]

Die russische Internetaufsicht ist eine Regierungsbehörde namens Roskomnadzor, der Föderale Dienst für die Aufsicht im Bereich Kommunikation, Informationstechnologie und Massenmedien. Sie begann 2007–2008 mit verschiedenen föderalen Entscheidungen wie dem Föderalen Dekret Nr. 419 vom 2. Juni 2008 über „den Föderalen Dienst für die Aufsicht im Bereich Kommunikation und Massenkommunikation“ zu entstehen. Später erließ die Russische Föderation offiziell Vorschriften für Massenkommunikation, wie die Entscheidung Nr. 228 vom 16. März 2009, wodurch der heutige Roskomnadzor effektiv geschaffen wurde, der sich im Allgemeinen mit der Regulierung von Informationen auf Massenkommunikationsplattformen wie Fernsehen, Radio, Internet und mehr befasst.[29]

Tabachnik und ich argumentierten, dass die russischen Behörden den Cyberspace als politisches Instrument betrachten, das es ihnen ermöglicht, Cyber-Informationskriegsführung gegen ihre Gegner zu führen und gleichzeitig ähnliche Bedrohungen durch Gesetze und Vorschriften, die den Informationsfluss nach Russland kontrollieren, abzuwehren. Dies geschieht natürlich im Zuge der erfolgreichen Einschränkung und Zensur von Fernsehen, Radio und Zeitungen in den 2000er-Jahren sowie des früheren sowjetischen „Eisernen Vorhangs“ und ähnelt den chinesischen Bemühungen, ausländischen Einfluss zu blockieren. Tabachnik und ich stellten fest, dass sich die russischen Internetregulierungen in rechtlich-technologische und rechtlich-psychologische Beschränkungen unterteilen lassen.[30] Auf diese Weise kontrollieren die russischen Behörden alle Ebenen des Cyberspace: die physische und logische Ebene sowie die Ebenen der Information und der Nutzer. Das heißt, sie kontrollieren sowohl das Auto als auch den Fahrer.

Zu den rechtlich-technischen Beschränkungen zählen mehrere Gesetze. So erließ die Russische Föderation am 13. April 2005 das Dekret Nr. 214 „Über die Genehmigung der Regeln für die Organisation und Durchführung der Arbeiten

[28] Marcus (2004), Bulashova et al. (o. D.).

[29] Siehe „Statute on Roskomnadzor.“ The Federal Service for Supervision of Communications, Information Technology and Mass Media, Russische Föderation. https://eng.rkn.gov.ru/legal_information/.

[30] Topor und Tabachnik (2021).

zur obligatorischen Bestätigung der Konformität von Kommunikationsmitteln" (Änderungen an diesem Dekret erfolgten am 13. Oktober 2008), das die verpflichtende Installation eines Systems für operative und Ermittlungsmaßnahmen (SORM) durch Telekommunikationsdienstleister, einschließlich Internetanbieter, vorschreibt. Das SORM wurde vom Föderalen Sicherheitsdienst der Russischen Föderation bereitgestellt und ermöglichte es diesem sowie anderen Sicherheitsbehörden, die Kommunikationsmetadaten der Nutzer (wie den Datenverkehr) und Inhalte zu überwachen, einschließlich ihrer Web-Browsing-Aktivitäten, E-Mails, Telefonate, Nachrichten, Social-Media-Plattformen und mehr. Darüber hinaus verfügt SORM über DPI-Fähigkeiten, einen Filtermechanismus, der übertragene Daten inspiziert und nicht konforme oder unerwünschte Inhalte wie Spam, Viren oder unerwünschte Inhalte wie ausländische Websites blockiert – ähnlich wie Chinas GFW. Dieses System, SORM, ist eines der wichtigsten technologischen Instrumente bei der Umsetzung und Regulierung des Jarowaja-Gesetzes.[31]

Im Jahr 2012 verabschiedete das russische Parlament einstimmig ein Gesetz, das die staatliche Kontrolle über das Internet verstärkt. Das Gesetz wurde als Mittel zur Bekämpfung von Kinderpornografie und illegalen Inhalten eingeführt, verlieh der Regierung jedoch die Befugnis, eine schwarze Liste von Websites und Diensten zu erstellen, die zensiert wurden oder werden könnten. Yandex, LiveJournal, die russische Wikipedia und andere Websites kritisierten das Gesetz, und einige wurden umgehend abgeschaltet.[32] Im Jahr 2014 floh Pawel Durow, der Gründer der russischen Social-Media-Plattform VKontakte (VK), aus Russland nach einem schweren Konflikt mit Moskau, das versuchte, das Unternehmen im Zuge der Anfang 2012 auf VK organisierten regierungskritischen Proteste einzuschränken, zu kontrollieren und zu überwachen.[33]

Darüber hinaus ist das Jarowaja-Gesetz (russisch: Закон Яровой), benannt nach der stellvertretenden Vorsitzenden der russischen Staatsduma, ein Paket aus zwei russischen Bundesgesetzen (374-FZ und 375-FZ), das am 13. Mai 2016 verabschiedet und Anfang Juli 2016 von Präsident Wladimir Putin unterzeichnet wurde. Das Jarowaja-Gesetz zielt auf die Bekämpfung von Terrorismus und Extremismus ab, ist jedoch aufgrund seiner Auswirkungen auf Privatsphäre, Meinungsfreiheit und Internetzugang höchst umstritten. Unter anderem verpflichtet es Internetanbietern oder Inhaltsanbietern, Inhalte wie Sprachaufzeichnungen, Bilder, Texte und mehr zu speichern, und hat sichere Plattformen

[31] „Dekret der Regierung der Russischen Föderation vom 13. April 2005 Nr. 214." Ministerium für digitale Entwicklung, Russische Föderation [auf Russisch: Постановление Правительства РФ от 13 апреля 2005 г. N 214 «Об утверждении Правил организации и проведения работ по обязательному подтверждению соответствия средств связи» (с изменениями от 13 октября 2008 г.). https://digital.gov.ru/ru/documents/3034/?utm_referrer=https%3a%2f%2fwww.google.com%2f#tdocumentcontent.

[32] Elder (2012).

[33] Walker (2014).

(wie SMAs) gezwungen, den Behörden Dekodierungsschlüssel bereitzustellen.[34] Effektiv hat dieses Gesetz politische Kritik und Opposition gegen die Bundesregierung deutlich riskanter gemacht.

Eine der bedeutendsten Veränderungen, die Russland in Bezug auf sein „Verhältnis" zum globalen Internet vorgenommen hat, ist das Gesetz über das „souveräne Internet". Das Bundesgesetz Nr. 90-FZ (90-ФЗ) trat am 1. November 2019 in Kraft und zielte auf die Entwicklung eines internen Internetverkehrssystems ab. Nach Angaben der russischen Staatsduma wurde es entwickelt, um „den inländischen Internet-Sektor vor möglichen externen Bedrohungen zu schützen" (aus dem Russischen: закон призван обезопасить отечественный сегмент интернета от возможных внешних угроз).[35] Das Gesetz über das „souveräne Internet" schuf im Wesentlichen das RuNet, da es Russland ermöglichte, ein eigenes Routing-System – physisch und logisch –, eigene IXPs und sogar ein eigenes DNS-System zu entwickeln. In der Praxis erlaubt es Russland, sich vom globalen Netz zu trennen und dennoch ein funktionierendes Intranet aufrechtzuerhalten. Es verpflichtete zudem ausländische Unternehmen, nutzerbezogene Daten russischer Bürger auf russischem Boden zu speichern. Im Gegensatz zur chinesischen GFW, die bereits zu Beginn der Internetexpansion in China entwickelt wurde, ist das russische Gesetz ein Versuch, die bereits weit verbreitete und freie Internetnutzung in Russland nachträglich zu regulieren.

Darüber hinaus wurden weitere Regelungen, die Teil des Gesetzgebungsprozesses zum „souveränen Internet" waren, Mitte 2019 verabschiedet und vom Kreml am 2. Dezember 2019 angenommen. Sie traten am 1. Juli 2020 in Kraft. Das Gesetz Nr. 425-FZ (425-ФЗ) vom 2. Dezember 2019 macht russische Anwendungen auf Smartphones, Computern, Tablets usw. verpflichtend. Dieses Gesetz, das den Spitznamen „Anti-Apple-Gesetz" trägt, verpflichtet Technologieunternehmen, ihre Geräte mit vorinstallierten Anwendungen von Yandex und Mail.ru zu verkaufen. Apple stimmte der Installation dieser Anwendungen zu, um auf dem russischen Markt bleiben zu können.[36]

Rechtspsychologische Maßnahmen zur Kontrolle der Internetnutzung in Russland, die zwischen 2019 und 2022 veröffentlicht wurden, umfassen drei Haupt-

[34] „Bundesgesetz vom 6. Juli 2016 Nr. 374-FZ." Präsident Russlands, Russische Föderation [auf Russisch: Федеральный закон от 06.07.2016 г. № 374-ФЗ. О внесении изменений в Федеральный закон «О противодействии терроризму» и отдельные законодательные акты Российской Федерации в части установления дополнительных мер противодействия терроризму и обеспечения общественной безопасности]. http://kremlin.ru/acts/bank/41108.

[35] „Das Gesetz über den ‚souveränen RuNet': Antworten auf die wichtigsten Fragen." Staatsduma, Föderale Versammlung der Russischen Föderation (8. April 2021), [auf Russisch: Закон о «суверенном Рунете»: ответы на главные вопросы]. http://duma.gov.ru/news/51194/.

[36] „Bundesgesetz vom 2. Dezember 2019 Nr. 425-FZ ‚Über Änderungen von Artikel 4 des Gesetzes der Russischen Föderation Über den Schutz der Verbraucherrechte'. [auf Russisch: Федеральный закон от 02.12.2019 N 425-ФЗ „О внесении изменения в статью 4 Закона Российской Федерации" „О защите прав потребителей"]. https://wilmap.stanford.edu/sites/default/files/2020-05/Law%20on%20pre%20installation%20with%20Russian%20software.pdf; „Apple stimmt Berichten zufolge zu, russische Software auf Geräten vorzuinstallieren", *Radio Free Europe Radio Liberty,* 16. März 2021, https://www.rferl.org/a/apple-russia-iphone-software/31153385.html.

maßnahmen: die „Respektlosigkeitsgesetze" und das „Fake-News"-Gesetz (18. März 2019) (Gesetze 31-ФЗ [FZ], 30-ФЗ und 28-ФЗ) sowie das „Ausländische-Agenten"-Gesetz (426-ФЗ). Diese Gesetze ermöglichen es den Behörden, Personen mit Geldstrafen zu belegen oder zu inhaftieren, wenn ihre Online-Aktivitäten die Menschenwürde oder die öffentliche Moral verletzt oder die russische Regierung missachtet haben, sowie in Fällen, in denen der Nutzer von ausländischen Quellen finanziert wird – selbst scheinbar unabhängige Quellen wie YouTube betrifft das (falls ein Nutzer Einnahmen aus einem Online-Kanal/Publikation erhält). Diese Gesetze sind sehr vage formuliert, sodass die Behörden sie nach Belieben Moskaus auslegen können, und sie sind darauf ausgelegt, die Verbreitung von Informationen über Massenkommunikationsnetze, einschließlich des Internets, zu verhindern. Darüber hinaus erlaubt das „Fake-News"-Gesetz den Behörden, zu entscheiden, ob Informationen irreführend oder unerwünscht sein könnten, und unerwünschte Informationen einfach zu blockieren. Roskomnadzor ist dafür zuständig, die redaktionellen Einheiten (einer Social-Media-Plattform, einer Website usw.) über die unerwünschte Veröffentlichung zu benachrichtigen, und kann deren Entfernung verlangen.[37]

Russland fördert durch die Abschreckung ausländischer Unternehmen, Dienste und Websites auch eigene russische Angebote – Alternativen zu westlichen so-

[37] „Föderales Gesetz ‚Über Änderungen des Gesetzbuchs der Russischen Föderation über Ordnungswidrigkeiten' vom 18. März 2019 N 28-FZ (neueste Fassung)." (18. März 2019), [Auf Russisch: Федеральный закон „О внесении изменений в Кодекс Российской Федерации об административных правонарушениях" от 18.03.2019 N 28-ФЗ (последняя редакция)]. https://www.consultant.ru/document/cons_doc_LAW_320403/.
„Föderales Gesetz ‚Über Änderungen des Föderalen Gesetzes Über Maßnahmen zur Einflussnahme auf Personen, die an Verletzungen grundlegender Menschenrechte und -freiheiten, der Rechte und Freiheiten der Bürger der Russischen Föderation beteiligt sind' und Artikel 27 des Föderalen Gesetzes ‚Über das Verfahren für die Ausreise aus und die Einreise in die Russische Föderation' vom 04.03.2022 N 30-FZ (neueste Fassung)." (4. März 2022), [Auf Russisch: Федеральный закон „О внесении изменений в Федеральный закон" „О мерах воздействия на лиц, причастных к нарушениям основополагающих прав и свобод человека, прав и свобод граждан Российской Федерации" и статью 27 Федерального закона „О порядке выезда из Российской Федерации и въезда в Российскую Федерацию" от 04.03.2022 N 30-ФЗ (последняя редакция)]. https://www.consultant.ru/document/cons_doc_LAW_410885/; „Föderales Gesetz vom 18. März 2019 Nr. 31-FZ ‚Über Änderungen von Artikel 15–3 des Föderalen Gesetzes Über Information, Informationstechnologien und Informationsschutz'." (18. März 2019), [Auf Russisch: Федеральный закон от 18.03.2019 № 31-ФЗ „О внесении изменений в статью 15–3 Федерального закона" „Об информации, информационных технологиях и о защите информации". http://publication.pravo.gov.ru/Document/View/0001201903180031; „Föderales Gesetz vom 2. Dezember 2019 N 426-FZ ‚Über Änderungen des Gesetzes der Russischen Föderation Über Massenmedien' und des Föderalen Gesetzes ‚Über Information, Informationstechnologien und Informationsschutz'." (2. Dezember 2019), [Auf Russisch: Федеральный закон от 2 декабря 2019 г. N 426-ФЗ „О внесении изменений в Закон Российской Федерации" „О средствах массовой информации" и Федеральный закон „Об информации, информационных технологиях и о защите информации".].

zialen Netzwerken, Suchmaschinen, Websites und mehr. So ist VK die dominierende Social-Media-Plattform in Russland und bietet ähnliche Funktionen wie Facebook, etwa Newsfeeds, Profile, Gruppen und Messaging. Odnoklassniki („Klassenkameraden" auf Russisch) ist eine weitere beliebte Plattform, die sich auf das Wiederfinden alter Freunde und Familienmitglieder konzentriert. Anstelle von Google bietet Russland Yandex an. Die führende Suchmaschine des Landes bietet ähnliche Funktionalitäten wie Google, legt jedoch den Fokus auf russischsprachige Inhalte und lokale Ergebnisse. Yandex bietet zudem Yandex.Disk (Cloud), Yandex Maps und weitere Dienste an. YouTube wurde durch Rutube ersetzt, eine alternative Videoplattform. Im Bereich Messenger gibt es in Russland TamTam, das zwar Anwendungen wie Telegram nicht ersetzt hat, aber ein weiteres Beispiel für eine nicht-westliche Anwendung oder einen Dienst ist.[38] Die oben genannten Plattformen sind auch außerhalb Russlands verfügbar und stellen für russischsprachige Menschen weltweit attraktive Alternativen dar.

Russland ist das flächenmäßig größte Land der Welt, was es äußerst schwierig macht, eine flächendeckende Netzabdeckung zu entwickeln und gleichzeitig die Kontrolle über die physische Schicht – hauptsächlich die Untersee- und terrestrischen Kabel, die Russland mit dem Rest der Welt verbinden – aufrechtzuerhalten (siehe Abb. 6.3 und 6.4).[39] Die in den letzten Jahren von den russischen Behörden eingeführten technischen und psychologischen Gesetze dienen jedoch dazu, die Kontrolle über den Cyberspace zu verschärfen und diesen sicherer gegenüber Cyberangriffen und Cyber-Influence-Kampagnen zu machen. Mit seinen eigenen russischen Alternativen zu westlichen, vor allem amerikanischen Technologien und Diensten bietet Russland eine ganzheitliche Alternative zum westlichen Cyberspace. Wie in Tab. 6.3 zusammengefasst, ist Russland derzeit eine partielle Blase, die Verbindungen und Informationsfluss zulässt, während die Fähigkeit erhalten bleibt, den Cyberspace einzuschränken, zu kontrollieren oder sogar zu schließen.

[38] Beispiele für russische Technologien, Dienste und soziale Netzwerke finden Sie hier: VKontakte: https://vk.com; Odnoklassniki: https://ok.ru; Yandex-Suche und weitere Dienste: https://ya.ru; Rutube: https://rutube.ru; TamTam: https://tamtam.chat.

[39] Karten bereitgestellt von der International Telecommunication Union (ITU), aktualisiert bis Anfang 2023. Eine interaktive Karte mit weiteren Informationen finden Sie unter: https://bbmaps.itu.int/bbmaps/; siehe auch Karten von TeleGeography, eine interaktive Karte ist verfügbar unter: https://www.submarinecablemap.com/.

Abb. 6.3 Mit Russland verbundene Unterseekabel. (Quelle: Telegeography)

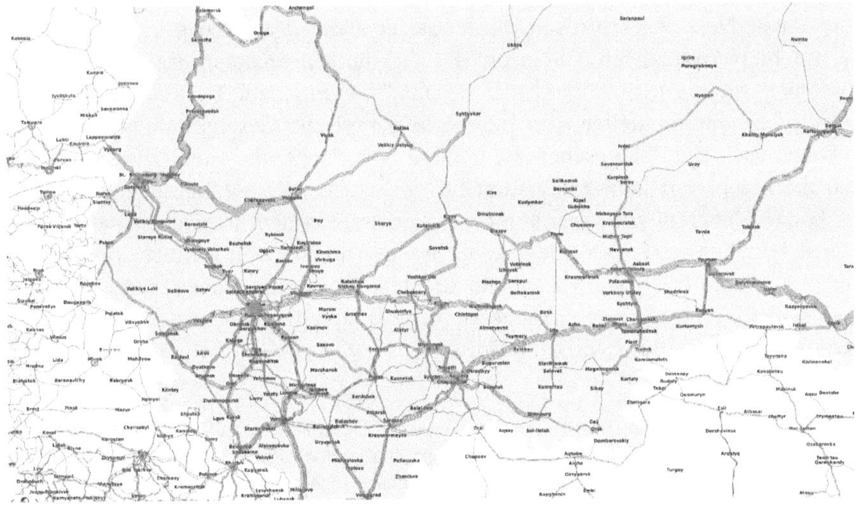

Abb. 6.4 Russische terrestrische Kabel und IXPs (um Westrussland und Moskau). (Quelle: Infrastructure Connectivity Map, International Telecommunication Union. * Blaue Linien sind terrestrisch, dünne graue Linien in Meeren und Ozeanen sind Untersee-Glasfaserkabel, IXPs sind in grünen Kreisen. Russland ist grau hervorgehoben)

Tab. 6.3 Einschränkung der Internetschichten in Russland

Einschränkung der Netzwerkschicht	Antwort
Beschränkt oder kontrolliert das Land regelmäßig seine physischen Verbindungen durch Design? Kann es die physische Schicht auf Abruf einschränken?	Teilweise. Russland verfügt über ausländische Verbindungen, arbeitet jedoch am Aufbau einer Infrastruktur, die ausländische Verbindungen ersetzen kann, und entwickelt eine Option, die es ermöglicht, sich vom globalen Netz abzukoppeln (das RuNet-Projekt)
Beschränkt oder kontrolliert das Land regelmäßig seine Netzwerk-Gateways und Routen?	Ja, Russland filtert Pakete, DNS und IPs und kontrolliert das Routing im Allgemeinen
Beschränkt oder kontrolliert das Land regelmäßig Inhalte innerhalb seiner Grenzen?	Ja, Websites, Dienste und Inhalte werden zensiert
Beschränkt oder kontrolliert das Land regelmäßig, wie seine Bürger und sogar Besucher das Internet nutzen?	Ja, obwohl Nutzer die meisten lokalen oder ausländischen Geräte, Plattformen und Dienste nutzen können, werden sie für Verstöße gegen informationsbezogene Gesetze (wie das „Fake-News"-Gesetz oder das Gesetz über ausländische Agenten) zur Rechenschaft gezogen

6.4 Iranischer Cyberspace

Die Islamische Republik Iran hat etwa 88,6 Mio. Einwohner, von denen 78,6 % das Internet nutzen. Im Jahr 2022 verfügte Iran über 9 IXPs und 97 ISPs (Angaben können variieren – siehe Fußnote).[40] Der Iran führte das Internet im Januar 1993 ein und war das zweite Land am Persischen Golf und im Nahen Osten, das an das globale Netz angeschlossen wurde; das erste Land war Israel. Anfangs waren die Internetverbindungen sehr begrenzt, und nur Universitäten traten dem Netzwerk bei. Anfang der 2000er-Jahre begann, wie Emerson T. Brooking und Suzanne Kianpour feststellen, das Internet die iranische Gesellschaft zu verändern – lange nach der Islamischen Revolution von 1979, die die iranische Politik und die Machtverhältnisse verändert hatte. Das Internet bot eine neue und weitreichende Plattform zur Verbreitung des Islams, was dem iranischen Regime zunächst vorteilhaft erschien; gleichzeitig bot es jedoch einen Zufluchtsort, in dem verbotene Ideen frei diskutiert werden konnten. Viele junge Iraner übernahmen das Web schnell, da es einen Rückzugsort vor dem strengen islamischen Regime bot.

---

[40] Siehe „Iran (Islamic Republic of)" im DataHub der ITU: https://datahub.itu.int/data/?e=IRN.
*Bitte beachten Sie, dass Angaben zum iranischen Cyberspace variieren können, da die ITU von 9 IXPs im Iran spricht, ITU-Karten und andere Karten jedoch nur 4–5 IXPs in Teheran, Maschhad, Täbris, Chuzestan und Schiras zeigen. Siehe ITU-Karte: https://bbmaps.itu.int/bbmaps/ sowie die Internet Exchange Map: https://www.internetexchangemap.com/ und die Packet Clearing House Map: https://www.pch.net/ixp/.
Siehe auch „Iran Launches 6th Internet Hub in Khuzestan Province", *Financial Tribune,* 28. Mai 2017, https://financialtribune.com/articles/economy-sci-tech/65386/iran-launches-6th-internet-hub-in-khuzestan-province#:~:text=Company%20of%20Iran."-,Internet%20Exchange%20Point,%2C%20Tabriz%2C%20Shiraz%20and%20Qom.

Bis 2001 gab es allein in Teheran 1500 Internetcafés, und das Bloggen wurde zu einem beliebten Trend – der erste Farsi-sprachige Blog wurde 2001 gestartet.[41]

Das Internet bot eine politische Alternative und wurde als Instrument für politische Reformen genutzt, mit dem Menschen – Politiker, Kleriker und andere – gegen das islamische Regime vorgehen konnten. Daher setzten iranische Gerichte 2001 rasch die Kontrolle über die ISPs durch und verpflichteten diese, Inhalte zu überwachen und zu zensieren. Am 7. November 2001 erklärte der Oberste Rat für die kulturelle Revolution, dass ISPs regierungs- und „anti-islamische" Websites von ihren Servern entfernen müssen und alle ISPs unter staatliche Kontrolle gestellt werden, so wie auch das Fernsehen und andere Informationskanäle kontrolliert werden. Im Januar 2002 wurde eine Liste verbotener und illegaler Webseiten erstellt.[42] Derzeit gibt es im Iran 97 Internetdienstanbieter, die als öffentliche Telefonnetze oder öffentliche Datennetze fungieren, darunter große Anbieter wie die Iran Telecommunication Company (ITC), die Mobile Communications Company of Iran (MCI) und die Telecommunications Infrastructure Company (TIC), eine staatliche Behörde, die IXPs besitzt und dem iranischen Ministerium für Informations- und Kommunikationstechnologie (ICT) untersteht.[43]

Im Jahr 2021 richtete Iran den Obersten Rat für den Cyberspace (SCC) ein, ein mächtiges iranisches Regierungsorgan, das durch ein Dekret des Obersten Führers Ayatollah Ali Khamenei gegründet wurde. Dieser Schritt übertrug die Kontrolle über das Internet stärker in die Hände religiöser Autoritäten. Der SCC legt die strategische Ausrichtung für den Cyberspace in Iran fest, einschließlich Inhaltsregulierung, Entwicklung der Internetinfrastruktur und internationale Zusammenarbeit. Er überwacht zudem das nationale Filtersystem, das den Zugang zu politisch sensiblen, illegalen oder „islamischen Werten widersprechenden" Websites blockiert. Natürlich befasst er sich auch mit der Cyberabwehr, da das iranische Regime 2010 durch den mutmaßlich israelisch-amerikanischen Computerwurm Stuxnet einen Rückschlag für sein Nuklearentwicklungsprogramm erlitt (siehe den Stuxnet-Fall in Kap. 4).[44]

Im November 2019 brachen im gesamten Iran weitverbreitete Proteste aus, nachdem die Treibstoffpreise plötzlich erhöht worden waren. Die Regierung reagierte mit dem Einsatz von Sicherheitskräften und verhängte strenge Internetbeschränkungen. Die Behörden drosselten die Internetgeschwindigkeit und schalteten schließlich für mehrere Tage den Zugang zum globalen Internet ab. Dieser Blackout schränkte die Kommunikation unter den Protestierenden stark ein und behinderte die Verbreitung von Informationen in die Außenwelt. Der Ausfall erschwerte es Aktivisten und Demonstrierenden, sich zu organisieren oder Informa-

[41] Brooking und Kianpour (2020).

[42] Rahimi (2003, 2007).

[43] Siehe Telecommunications Infrastructure Company (TIC) des Ministeriums für ICT im Iran: https://www.tic.ir.

[44] Siehe „Iran". Freedom on the Net, Freedom House (2023). https://freedomhouse.org/country/iran/freedom-net/2023.

tionen über das Ausmaß der Unruhen zu teilen. Solche Internetsperren traten auch 2020 sporadisch auf.[45] Am 16. September 2022 löste der Tod von Mahsa Amini, einer jungen Frau, die unter verdächtigen Umständen in Polizeigewahrsam starb, landesweite Proteste gegen das Ayatollah-Regime aus. Das iranische Regime reagierte mit massiver Zensur von sozialen Medien und Messenger-Anwendungen, um die Verbreitung von Informationen und die Organisation von Protesten zu verhindern; zudem wurde das mobile Internet abgeschaltet, da Mobiltelefone bei den Protesten genutzt wurden. Der Zugang zu Instagram, Telegram und anderen Plattformen wurde gestört, was die Fähigkeit der Protestierenden, Informationen über die Demonstrationen und die Umstände von Mahsa Aminis Tod zu koordinieren und zu verbreiten, erheblich einschränkte.[46]

Iran folgt den Beispielen Nordkoreas, Chinas und Russlands. Seit 2016 entwickelt es das Nationale Informationsnetzwerk (NIN) (Farsi: شبکه ملی اطلاعات, Shabake-ye Melli-ye Ettelā'āt). Das NIN ist ein Projekt, das darauf abzielt, einen separaten und staatlich kontrollierten Cyberspace innerhalb Irans zu schaffen. Seit Präsident Ebrahim Raisi 2021 an die Macht kam, hat das Ministerium für Informations- und Kommunikationstechnologie (ICT) die Entwicklung des NIN zur obersten Priorität erklärt. Im Februar 2023 gab das Nationale Zentrum für Cyberspace (NCC) bekannt, dass 86 % der operativen Ziele des NIN erreicht seien und dass Investitionen in die Glasfaserinfrastruktur und LTE-Mobilfunknetze fortgesetzt würden. Iran beabsichtigt auch, das Satelliteninternet zu kontrollieren, obwohl dieses nur einen Bruchteil der globalen und auch der inländischen Nutzung ausmacht. Im Februar 2021 kündigte das NCC an, einen eigenen satellitenbasierten Internetdienst als Gegenmaßnahme zu Diensten wie Starlink einzurichten, das ebenfalls Internet in Iran bereitstellt und möglicherweise der globale Dienst ist, den Menschen in autoritären Regimen ohne Internetzugang nutzen.[47]

Darüber hinaus kündigte der SCC am 6. September 2022 Pläne zur Entwicklung und Umsetzung des Gesetzes zum Schutz von Internetnutzern an, das mehr Kontrolle über Internet-Gateways unter die Aufsicht und den Betrieb von Regierungsstellen, den Streitkräften und der Geheimdienstorganisation der Islamischen Revolutionsgarde stellen wird. Nach diesem Gesetz müssen ausländische Technologieunternehmen, die im Iran tätig sind, Vertreter im Land benennen, mit der Islamischen Republik Iran bei Überwachungs- und Zensurbemühungen zusammenarbeiten und Steuern zahlen. Große Datenmengen und kritische Informationen wie Bürgerdaten müssen lokal in Iran gespeichert werden. Das Gesetz wird zudem die Nutzung von Virtual Private Networks (VPNs) und anderen Proxy-Me-

[45] Esfandiari (2019).

[46] Strzyżyńska (2022).

[47] „Iran“, Freedom on the Net.

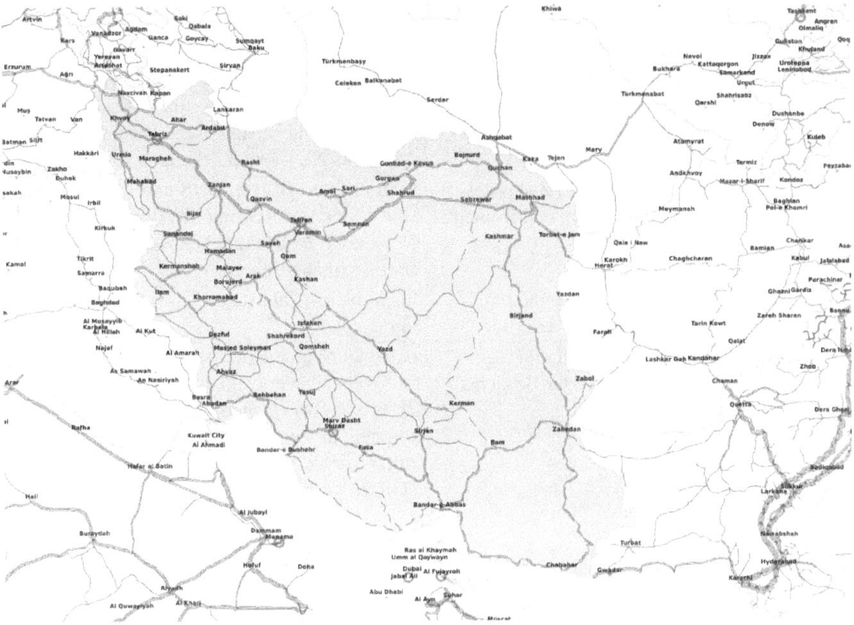

Abb. 6.5 Untersee- und terrestrische Internetkabel sowie Internet-Austauschpunkte in und um Iran. (Quelle: Infrastructure Connectivity Map, Internationale Fernmeldeunion. * Blaue Linien sind terrestrisch, dünne graue Linien in Meeren und Ozeanen sind Untersee-Glasfaserkabel, IXPs sind in grünen Kreisen. Iran ist grau hervorgehoben)

thoden wie verschlüsselten Messengern und dem amerikanischen Geheimdienstprojekt TOR Dark Web kriminalisieren.[48]

Wie in Abb. 6.5 zu sehen ist, ist Iran über Landkabel zu den Nachbarländern und über Untersee-Glasfaserkabel wie das Falcon-Submarine-Kabel, das Iran, Kuwait, Bahrain, Katar, die Vereinigten Arabischen Emirate, Indien, Sri Lanka, Jemen, Irak, Ägypten, Sudan, Saudi-Arabien, die Malediven und Oman verbindet, an das globale Netz angeschlossen. Alle Unterseekabel verlaufen durch den Persischen Golf, was diese Region für Iran nicht nur im Kontext des Handels, sondern auch für die Kommunikation von entscheidender Bedeutung macht.

Wie Russland und China fördert auch Iran die Entwicklung alternativer Technologien, Dienste und sozialer Medien. So ist Café Bazaar ein iranischer App-Store ähnlich Google Play; Soroush ist ein Messenger, der als Alternative zu Telegram und WhatsApp dienen soll; Snapp! ist ein iranisches Pendant zu Uber; Bamilo war eine iranische E-Commerce-Plattform, die etwa vier Jahre bestand

[48] „Iran: Menschenrechtsgruppen schlagen Alarm gegen drakonisches Internetgesetz" (Esfandiari 2022).

Tab. 6.4 Beschränkung der Internetebenen im Iran

Beschränkung der Netzwerkschicht	Antwort
Beschränkt oder kontrolliert das Land regelmäßig seine physischen Verbindungen durch Design? Kann es die physische Schicht auf Abruf beschränken?	Teilweise, Iran hat ausländische Verbindungen, arbeitet aber auch daran, eine Infrastruktur zu entwickeln, die ausländische Verbindungen durch das NIN-Projekt ersetzen kann
Beschränkt oder kontrolliert das Land regelmäßig seine Netzwerk-Gateways und Routen?	Ja, Iran filtert Pakete, DNS und IPs und kontrolliert das Routing im Allgemeinen. Es blockiert Websites und Dienste, die als unerwünscht angesehen werden
Beschränkt oder kontrolliert das Land regelmäßig Inhalte innerhalb seiner Grenzen?	Ja, Websites, Dienste und Inhalte werden zensiert
Beschränkt oder kontrolliert das Land regelmäßig, wie seine Bürger und sogar Besucher das Internet nutzen?	Ja, Nutzer können nur genehmigte Dienste und Websites verwenden und werden auch für Proxy-Browsing, das die Zensur umgehen könnte, zur Rechenschaft gezogen; es gibt einen Anreiz, keine VPNs oder Browser wie TOR zu nutzen

und Mitte 2019 eingestellt wurde, und Mozado ist eine weitere E-Commerce-Plattform, eine Alternative zu Amazon und eBay. Das iranische Regime hat den Zugang zu Facebook, Twitter und anderen sozialen Medienplattformen blockiert. Auch Video-Streaming-Plattformen wie Netflix sind gesperrt.[49] Wie in Tab. 6.4 gezeigt, bewegt sich das iranische Regime somit auf ein russisch-chinesisches Internetmodell zu, ein blockiertes Internet mit sehr begrenztem Zugang zum globalen Netz. Der SCC kontrolliert den iranischen Cyberspace, und das NIN-Projekt zielt darauf ab, ein funktionierendes „On-Demand“-Intranet zu schaffen, ähnlich wie das russische RuNet-Projekt.

6.5 Saudi-arabischer Cyberspace

Saudi-Arabien hat im Jahr 2022 eine Bevölkerung von etwa 36,4 Mio. Menschen, und laut Daten der ITU nutzen 100 % der Bevölkerung das Internet, verglichen mit 0,011 % im Jahr 1995 und 12,7 % im Jahr 2005. Nach Angaben der ITU gibt es 2 IXPs und 75 ISPs, wobei laut Nachrichten- und Medienberichten in den letzten Jahren weitere IXPs hinzugekommen sind.[50] Die Organisation Packet Clea-

[49] „Irans Kommunikationsminister sagt, ein Drittel der gesperrten Seiten sei ‚obszön‘“ (2023).

[50] Siehe „Saudi Arabia“ im ITU DataHub: https://datahub.itu.int/data/?e=SAU; Bannerman (2022).

ring House listet 6 IXPs in Saudi-Arabien auf.[51] Obwohl technische Informationen aus internationalen, offiziellen und wirtschaftlichen Quellen variieren, nutzt das Königreich das Internet seit Anfang 1993, wobei dies zunächst hauptsächlich zu wissenschaftlichen oder behördlichen Zwecken geschah. In dieser Hinsicht ähnelt es Ländern wie Iran und Israel, die sich ebenfalls Anfang der 1990er-Jahre anschlossen. Eine der ersten Verbindungen zum globalen Netz bestand an der King Fahd University of Petroleum and Minerals (KFUPM) in Dhahran. Die Verbindung am College of Computer Sciences and Engineering wurde zum Senden und Empfangen von E-Mails genutzt. Später stellte die King Abdulaziz City for Science and Technology (KACST), eine unabhängige Organisation, der KFUPM einen Internetzugang über eine 64-kbps-Leitung vom King Faisal Specialist Hospital and Research Center zur Verfügung. 1995 bemühte sich die KACST, weitere saudische Universitäten an das Internet anzuschließen, darunter auch Verbindungen über Satelliten.[52]

Universitäten, Krankenhäuser sowie militärische und staatliche Organisationen nutzten das Internet einige Jahre, bevor es der breiten Öffentlichkeit zugänglich gemacht wurde. Im März 1997 erließ der Ministerrat das Dekret Nr. 163, das der KACST die Verantwortung für die Einführung von Internetdiensten für die Öffentlichkeit übertrug. Die erforderlichen Qualifikationen für ISPs wurden von der KACST im Dezember 1998 bekanntgegeben, und die KACST arbeitete mit der Saudi Telecommunications Company (STC) zusammen, um die notwendigen Kommunikationsleitungen bereitzustellen. Das Unternehmen wurde im April 1998 zu diesem Zweck gegründet.[53] Zunächst war die STC der einzige ISP in Saudi-Arabien und leitete auch den saudi-arabischen Internetverkehr. Im Mai 2005 eröffnete Mobily, ein neues Unternehmen, den saudi-arabischen Mobilfunkmarkt, und im August 2008 trat das Unternehmen Zain als weiterer ISP in den Markt ein und begann ebenfalls mit der Bereitstellung von 4G-LTE-Diensten. Im selben Jahr startete Saudi Telecom die Einführung von 3G. Saudi-Arabien führte das Internet somit erst in großem Maßstab ein, als viele andere Länder bereits tief in E-Mails, Websites und die Anfänge sozialer Medien (Facebook wurde 2004 gegründet) eingebunden waren.[54]

Sobald das Internet für die Öffentlichkeit freigegeben war, begann das Königreich, den Informationsfluss einzuschränken, um zu verhindern, dass seine Bürger illegalen Informationen ausgesetzt werden, und natürlich, um unerwünschte Informationen zu blockieren. Die Open Net Initiative (ONI) testete in den Jahren 2002–2004 etwa 60.000 Websites und stellte eine erhebliche Blockierung von provokativer Kleidung, der Bahai-Religion, Themen im Zusammenhang mit dem

[51] Siehe „Saudi Arabia" bei Packet Clearing House: https://www.pch.net/ixp/dir#!mt-filters=%7B%22ctry%22%3A%5B%22dropdown%22%2C%22%22%2C%22Saudi%20Arabia%22%5D%7D.

[52] Al-Tawil (2001).

[53] Al-Hajery (2004).

[54] Alshahrani (2016).

Holocaust, kostenlosem Webhosting, oppositionellen politischen Gruppen und islamistischen Extremistenseiten fest. Die Initiative stellte fest, dass Saudi-Arabien Seiten zu schwulen/lesbischen/bisexuellen Themen, Sexualität, Frauenrechten, Israel, Politik und anderen Themen blockiert. Das Königreich blockiert nur wenige Websites im Zusammenhang mit Alkohol, den meisten Religionen oder Medien. Dieses Muster deutet darauf hin, dass ein begrenztes Filtersystem effektiver ist, wie die ONI schlussfolgerte.[55]

Da Saudi-Arabien keine moderne Verfassung besitzt, stützt es sich auf den Koran, um Gesetze und Orientierung zu erhalten. Im Jahr 2007 führte Saudi-Arabien das Anti-Cybercrime-Gesetz durch königlichen Erlass Nr. M/17 ein. Das Gesetz verbietet Inhalte, die die öffentliche Ordnung, religiöse Werte, die öffentliche Moral und die Privatsphäre beeinträchtigen, einschließlich Drogenkonsum, Pornografie, Glücksspiel und Terrorismus. Zuwiderhandelnde müssen mit Freiheitsstrafen von bis zu 10 Jahren und Geldstrafen von bis zu 5.000.000 Saudi-Riyal (Artikel 7) rechnen. Das Gesetz wird von der Communications, Space and Information Technology Commission (CST) und der National Cybersecurity Authority (NCA) durchgesetzt, die auch für internationale Zusammenarbeit und Sensibilisierungskampagnen im Zusammenhang mit Cyberkriminalität zuständig ist.[56] In den Jahren 2010 und 2011 veröffentlichte Saudi-Arabien neue Änderungen im Bereich Publikationen und Medien, die die Verbreitung von Nachrichten oder anderen Informationen ohne entsprechende Lizenz verbieten und auch das Schädigen des Rufs des Königs und religiöser Gelehrter untersagen.[57]

Die NCA Saudi-Arabiens wurde im Oktober 2017 durch königlichen Erlass gegründet. Sie fungiert als Regierungsbehörde für Cybersicherheit und hat sowohl regulatorische als auch operative Aufgaben. Das Hauptmandat der NCA ist es, die Sicherheit und Widerstandsfähigkeit des saudi-arabischen Cyberraums zu gewährleisten; sie arbeitet eng mit der nationalen Sicherheit, kritischen Infrastrukturen, vorrangigen Sektoren sowie staatlichen Diensten und Aktivitäten zusammen. Wie auf der Website der NCA angegeben, lautet die saudi-arabische Definition von Cybersicherheit: „Der Schutz von IT-Systemen und Netzwerken sowie von Systemen und Komponenten der Betriebstechnologien, einschließlich Hardware und Software, zusammen mit den damit bereitgestellten Diensten und den darin enthaltenen Daten, gegen unrechtmäßiges Hacken, Behinderung, Veränderung, Zugriff, Nutzung oder Ausbeutung."[58]

[55] Open Net Initiative (2004).

[56] Siehe „Anti-Cyber Crime Law". Ministry of Communications and Information Technologies, Saudi-Arabien. https://www.mcit.gov.sa/sites/default/files/2021-06/la_004_e_anti-cyber_crime_law%20%281%29.pdf.

[57] Siehe „Media policy in the Kingdom of Saudi Arabia". Ministry of Media [auf Arabisch: „السياسة الإعلامية في المملكة العربية السعودية"]. https://media.gov.sa/en/document-library.

[58] „About", National Cybersecurity Authority, https://nca.gov.sa/en/about.

Im September 2021 veröffentlichte die saudi-arabische Regierung das Datenschutzgesetz durch königlichen Erlass M/19, das im März 2023 geändert wurde. Das Gesetz regelt die Erhebung, Verarbeitung, Speicherung und Übermittlung von Daten. Es enthält jedoch auch eine Klausel, der zufolge die illegale Übermittlung personenbezogener Daten an ausländische Stellen zu einer strafrechtlichen Verurteilung und Haft führen kann. Darüber hinaus sind verschlüsselte Kommunikationsdienste in Saudi-Arabien verboten, sodass E2EE-Messaging-Anwendungen wie WhatsApp und Telegram oder das TOR-Darknet illegal sind.[59]

Das Sonderstrafgericht in Saudi-Arabien ist häufig für die Verhandlung von Cyberstraftaten oder Handlungen zuständig, die von den saudischen Behörden als illegal eingestuft werden. So wurde beispielsweise im Januar 2021 Salma al-Shehab, eine saudische Frau, die im Vereinigten Königreich studierte, während eines Heimaturlaubs in Saudi-Arabien festgenommen, weil sie Online-Posts unterstützte, die zu Reformen in Saudi-Arabien aufriefen. Sie wurde zu 34 Jahren Haft verurteilt.[60] In einem weiteren Fall verurteilte das Sonderstrafgericht in Saudi-Arabien Nourah bint Saeed al-Qahtani, eine saudische Frau, zu 45 Jahren Haft, weil sie das Internet „zur Zerstörung des sozialen Gefüges" genutzt und die öffentliche Ordnung durch die Nutzung des Internets beeinträchtigt habe. Die vollständigen Details ihrer Festnahme sind laut Guardian allerdings noch unklar.[61]

Saudi-Arabien ist gut mit der Außenwelt verbunden; Untersee-Glasfaserkabel wie SeaMeWe4 und das Middle East North Africa (MENA) Cable System/Gulf Bridge International verbinden das Königreich mit Europa, dem Nahen Osten und Afrika.[62] Wie in Abb. 6.6 zu sehen ist, ist Saudi-Arabien durch mehr als ein Dutzend Unterseekabel und durch Dutzende terrestrischer Kabel innerhalb des Landes verbunden. Im Gegensatz zum Iran, der ein restriktiveres Modell anstrebt, konzentriert sich Saudi-Arabien auf Filterung und, wie Tabachnik und ich bereits festgestellt haben, auf rechtlich-psychologische Maßnahmen, die Bürger zu konformem Verhalten anhalten, wie in Tab. 6.5 zusammengefasst.[63] Alle wichtigen Dienste und Plattformen sind in Saudi-Arabien zugänglich, darunter Facebook, Twitter, Telegram und weitere; jedoch können Nutzer häufig keine Kritik am Regime äußern. Saudi-Arabien ist daher nur teilweise eingeschränkt.

---

[59] Freedom House (2023)

[60] Kirchgaessner (2022).

[61] Kirchgaessner (2022).

[62] Siehe die interaktive Karte der ITU: https://bbmaps.itu.int/bbmaps/.

[63] Topor und Tabachnik (2021).

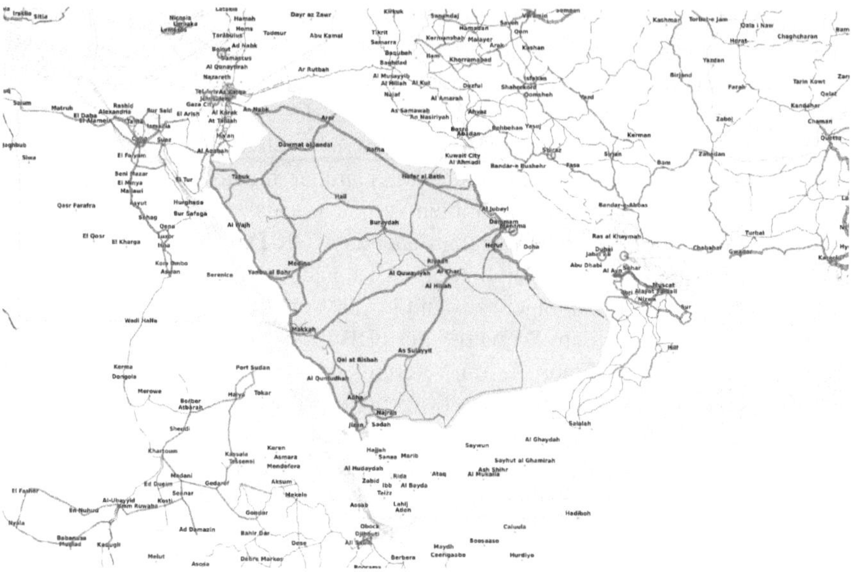

Abb. 6.6 Unterseeische und terrestrische Internetkabel sowie Internet-Austauschpunkte in und um Saudi-Arabien. (Quelle: Infrastructure Connectivity Map, Internationale Fernmeldeunion. * Blaue Linien sind terrestrisch, dünne graue Linien in Meeren und Ozeanen sind Untersee-Glasfaserkabel, IXPs sind in grünen Kreisen. Saudi-Arabien ist grau hervorgehoben)

Tab. 6.5 Einschränkung der Internet-Ebenen in Saudi-Arabien

Einschränkung der Netzwerkschicht	Antwort
Beschränkt oder kontrolliert das Land regelmäßig seine physischen Verbindungen durch Design? Kann es die physische Schicht auf Abruf einschränken?	Den Belegen zufolge wird der physische Bereich nicht stark eingeschränkt
Beschränkt oder kontrolliert das Land regelmäßig seine Netzwerk-Gateways und Routen?	Teilweise: Saudi-Arabien filtert Pakete, DNS und IPs und kontrolliert das Routing im Allgemeinen. Es blockiert Websites und Dienste, die als unerwünscht angesehen werden. Es gibt jedoch keine dokumentierten Hinweise auf Internetsperren
Beschränkt oder kontrolliert das Land regelmäßig Inhalte innerhalb seiner Grenzen?	Teilweise: Einige Websites sind eingeschränkt, wobei es sich dabei hauptsächlich um pornografische, drogenbezogene und LGBTQ+-Websites handelt
Beschränkt oder kontrolliert das Land regelmäßig, wie seine Bürger und sogar Besucher das Internet nutzen?	Teilweise: Die meisten Mainstream-Websites sind zugänglich, und nur Randseiten sind gesperrt

6.6 Abschaltungen: Internetbeschränkungen in Indien und Myanmar

Auch andere Länder setzen Internetbeschränkungen ein, wenn auch in geringerem Ausmaß. Tatsächlich wurde, wie im einleitenden Kapitel dieses Buches erwähnt, laut Access Now, der Organisation für digitale Rechte, das Internet im Jahr 2021 insgesamt 182-mal abgeschaltet, 129-mal im Jahr 2020, 213-mal im Jahr 2019 und 196-mal im Jahr 2018. Im Fall von Indien und Myanmar ist der Cyberspace nicht so stark reguliert und eingeschränkt wie in Russland, China und Iran und definitiv nicht so stark wie in Nordkorea. Dennoch schalten die Behörden in Indien und Myanmar die Verbindungen ab, wann immer sie der Meinung sind, dass der Kommunikations- und Informationsfluss die nationale Resilienz und den inneren Frieden gefährden könnte, auch wenn solche Abschaltungen die Menschenrechte beeinträchtigen. Access Now dokumentierte im Jahr 2021 insgesamt 106 Abschaltungen in Indien, während Myanmar das Internet 15-mal abschaltete und Iran sowie Sudan jeweils 5-mal. Die Abschaltungen sind nicht immer landesweit, sondern betreffen manchmal nur eine Stadt oder Provinz. Die Anzahl der Internetsperren pro Land ist in Tab. 6.6 dargestellt.[64]

Internetsperren sind in Ländern wie Indien und Myanmar ein wiederkehrendes Problem. In Indien hat die Regierung zahlreiche Internetsperren verhängt, wobei der Bundesstaat Jammu und Kashmir im Jahr 2021 85 Sperren erlebte und eine der längsten Sperren der Geschichte, die am 5. August 2019 begann und am 5. Februar 2021 endete, als Artikel 370 der Verfassung aufgehoben und die indische Verfassung selbst auf Jammu und Kashmir angewendet wurde. Die Menschen, die Unabhängigkeit forderten, randalierten. Darüber hinaus waren auch andere Orte, wie der Bundesstaat Manipur, nach kommunalen Auseinandersetzungen und regierungsfeindlichen Protesten von Internetsperren betroffen. Diese Sperren wurden als Reaktion auf Unruhen und öffentliche Proteste verhängt, um Gewalt zu verhindern.[65]

In Myanmar hat die Militärjunta Internetsperren als Instrument zur Unterdrückung des Widerstands und zur Ermöglichung von Menschenrechtsverletzungen eingesetzt. Die Junta schaltete das Internet mehrfach ab, um Widerstand zu unterdrücken und Gewalttaten zu vertuschen. Durch die Einschränkung des Zugangs zu unabhängigen Medien und Informationen schafft die Junta ein Informationsvakuum, in dem sie die Deutungshoheit erlangen und die öffentliche Meinung manipulieren kann. Gebiete, in denen bewaffnete Konflikte oder Widerstand herrschen, sind häufig von häufigeren und längeren Sperren betroffen, um Oppositionsgruppen zu schwächen und zu isolieren.[66]

---

[64] Access Now (2022).

[65] „Wiederherstellung der Internetdienste in Jammu und Kashmir: Eine Zeitleiste" (2021).

[66] „Offener Appell an alle internationalen Akteure: Tut mehr, um Internetsperren zu stoppen, die Brandstiftungen und Tötungen in Myanmar verschleiern" (2022).

Tab. 6.6 Internetsperren im Jahr 2021, laut Access Now

Region	Land	Anzahl der Sperren
Mittlerer Osten und Nordafrika	Jemen	2
	Syrien	2
	Sudan	5
	Palästinensische Autonomiebehörde	1
	Oman	1
	Jordanien	4
	Irak	2
	Iran	5
	Algerien	1
Lateinamerika und Karibik	Kuba	4
Afrika	Burkina Faso	1
	Tschad	2
	Republik Kongo	1
	Eswatini	2
	Äthiopien	3
	Gabun	1
	Niger	1
	Nigeria	2
	Senegal	1
	Südsudan	1
	Uganda	3
	Sambia	1
Osteuropa und Zentralasien	Russland	1
	Turkmenistan	2
	Usbekistan	1
	Tadschikistan	1
	Kasachstan	2
Asien-Pazifik	Afghanistan	1
	Bangladesch	2
	China	1
	Indien	106
	Indonesien	2
	Myanmar	15
	Pakistan	2

Die Gründe für Internetsperren in den beiden Ländern sind unterschiedlich, stehen jedoch häufig im Zusammenhang mit politischer Unruhe, kommunalen Auseinandersetzungen und den Bemühungen der Regierung, den Informationsfluss zu kontrollieren und Opposition zu unterdrücken. Laut Organisationen wie Access Now haben die Sperren erhebliche Auswirkungen auf die betroffenen Bevölkerungsgruppen, darunter die Behinderung des Zugangs zu wichtigen Informationen, der Kommunikation und wirtschaftlicher Aktivitäten. Die Häufigkeit und Dauer dieser Sperren hat Bedenken hinsichtlich ihrer Auswirkungen auf die Menschenrechte und die Meinungsfreiheit in beiden Ländern aufgeworfen.[67] Wie in Tab. 6.6 zu sehen ist, haben keine liberal-demokratischen Länder Internetsperren verhängt. Selbst nach massiven Ereignissen wie den Kapitol-Unruhen am 6. Januar in den Vereinigten Staaten, die weitgehend online organisiert wurden, hat Uncle Sam das Internet nicht abgeschaltet.

6.7 Fazit

Dieses Kapitel hat einen Überblick über mehrere bedeutende globale und regionale Mächte und ihre SCDs gegeben. Interessanterweise widersprechen einige der Schlussfolgerungen dieses Kapitels den Informationen, die im Global Cybersecurity Index (CGI) der ITU von 2020 präsentiert werden, der 193 Länder und eine Entität auf einer Skala der Cybersicherheit einordnet. Insbesondere vergibt der Index den Vereinigten Staaten eine perfekte Punktzahl von 100 (auf einer Skala von 0 bis 100), Russland erhält eine Cybersicherheitsbewertung von 98,06, China 92,53, Iran 81,07 und Saudi-Arabien 99,54 – die dritthöchste Punktzahl nach den Vereinigten Staaten und dem Vereinigten Königreich.[68]

Wie kann es also sein, dass die höchstbewerteten Länder unter ausländischem Einfluss leiden, der ihre demokratische Natur untergräbt, wie im Fall der ausländischen Einmischung in die amerikanischen Präsidentschaftswahlen 2016 oder beim Brexit? Ein Beispiel für die vom CGI der ITU erhobenen Daten betrifft rechtliche Maßnahmen; sie fragen: „Haben Sie materielles Recht zu illegalem Online-Verhalten?" Und sie stellen fest: „Materielles Recht bezieht sich auf alle Kategorien des öffentlichen und privaten Rechts, einschließlich Vertragsrecht, Sachenrecht, Deliktsrecht, Erbrecht und Strafrecht, die im Wesentlichen Rechte schaffen, definieren und regeln." In der Tat wirft dieses grundlegende Kriterium die Frage auf, warum die Vereinigten Staaten mit ihrem Abschnitt 230(c)(1) von Titel 47 des United States Code, der Anbietern Immunität vor Haftung gewährt, als sicherer eingestuft werden als Russland, China, Iran oder Saudi-Arabien, die alle eine Reihe von Gesetzen haben, die Unternehmen und Einzelpersonen für gefälschte oder unerwünschte Informationen zur Verantwortung ziehen.[69] Cybersicherheit ist der Schutz von Computersystemen und Netzwerken, nicht der Ausdruck der freien Meinungsäußerung, die natürlich ein zentrales Element der Menschheit ist, unabhängig von Cybersicherheitsmaßnahmen oder Regimetypen.

China, Russland, Iran, Saudi-Arabien und Nordkorea sind zwar nicht so demokratisch und frei wie die Vereinigten Staaten, das Vereinigte Königreich oder Israel, aber faktisch cybersicherer. Sie beschränken, entweder vollständig oder

[67] Ebd.; Rajvanshi (2023).

[68] Siehe „Global Cybersecurity Index 2020", *ITU* (Genf, 2023), https://www.itu.int/epublications/publication/D-STR-GCI.01-2021-HTM-E.

[69] Ebd.

teilweise, alle Ebenen des Cyberraums, wie in diesem Kapitel dargestellt wurde. Die physische Ebene, die logische Ebene, die Informationsebene und die Nutzerebene werden alle eingeschränkt, um sicherzustellen, dass das Internet so genutzt wird, dass es dem Regime nicht schadet. Solche Bereiche können daher als Secure Cyber Domains (SCDs) oder mit einem Begriff, den ich zuvor mit Haber geprägt habe, als „Internetblasen" bezeichnet werden.

Literatur

Ali, S. Mahmud. 2022. *The US-China-Russia triangle: An evolving historiography.* Berlin: Springer Nature.

Alshahrani, Hamed A. 2016. A brief history of the internet in Saudi Arabia. *TechTrends* 60 (1): 19–20.

Al-Hajery, E. 2004. *History of the internet in the Kingdom of Saudi Arabia* (In the Arabic). Riyadh: Al Obeikan.

Al-Tawil, Khalid M. 2001. The internet in Saudi Arabia. *Telecommunications Policy* 25 (8–9): 625–632.

Attinà, Fulvio. 2023. *China and world politics in transition: How China transforms the world political order.* Berlin: Springer Nature.

Bannerman, Natalie. 2022. LINX and stc Launch Two New IXPs in Saudi Arabia. *Capacity,* April 1, 2022. https://www.capacitymedia.com/article/29ws53zp0s648h8t1nxts/news/linx-and-stc-launch-two-new-ixps-in-saudi-arabia.

Bartz, Diane, and Alexandra Alper. 2022. U.S. Bans New Huawei, ZTE equipment sales, citing national security risk. *Reuters,* December 1, 2022. https://www.reuters.com/business/media-telecom/us-fcc-bans-equipment-sales-imports-zte-huawei-over-national-security-risk-2022-11-25/.

Brock, Joe. 2023. Exclusive: China plans $500 Mio. subsea internet cable to rival US-backed project. *Reuters,* April 6, 2023. https://www.reuters.com/world/china/china-plans-500-mln-subsea-internet-cable-rival-us-backed-project-2023-04-06/.

Brooking, Emerson T., and Suzanne Kianpour. 2020. Iranian digital influence efforts: Guerrilla broadcasting for the twenty-first century. *Iran and the Internet* (Atlantic Council, 2020), 11–14.

AQBulashova, Natlia, Dmitry Burkov, Alexey Platonov, and Alexey Soldatov. n. d. An internet history of Russia in 1990s. *Asia Internet History Projects.* https://sites.google.com/site/internethistoryasia/book1/an-internet-history-of-russia-in-1990s.

Burgess, Mat. The Bizarre Reality of Getting Online in North Korea. *WIRED,* June 8, 2023. https://www.wired.co.uk/article/internet-reality-north-korea.

Chang, Amy. 2014. Warring state: China's cybersecurity strategy. *Center for New American Studies,* December 2014.

Chen, Cheng, Kyungmin Ko, and Ji-Yong Lee. 2010. North Korea's internet strategy and its political implications. *The Pacific Review* 23 (5): 649–670.

Cheney, Clayton. 2019. China's Digital Silk Road: Strategic technological competition and exporting political illiberalism. *Issues & Insights* 19.

Chepenko, Daniel. 2020. Demystifying the Great Firewall of China. *Medium,* July 21, 2020. https://medium.com/mobile-asia/demystifying-the-great-firewall-of-china-22f4a97550cc.

China's iPhone Ban Accelerates Across Government and State Firms. *Bloomberg,* December 15, 2023. https://www.bloomberg.com/news/articles/2023-12-15/china-s-apple-iphone-ban-accelerates-across-state-firms-government?embedded-checkout=true.

Economy, Elizabeth C. 2018. The Great Firewall of China: Xi Jinping's internet shutdown. *Guardian,* June 29, 2018. https://www.theguardian.com/news/2018/jun/29/the-great-firewall-of-china-xi-jinpings-internet-shutdown.

Elder, Miriam. 2012. Russia adopts stringent internet control amid censorship concerns. *Guardian,* July 11, 2012. https://www.theguardian.com/world/2012/jul/11/russia-internet-censorship.

Esfandiari, Golnaz. 2019. Iran shuts down internet amid violent protests over gas-price hikes. *Radio Free Europe Radio Liberty,* November 18, 2019. https://www.rferl.org/a/iran-shuts-down-internet-amid-violent-protests-over-gas-price-hikes/30278936.html.

Esfandiari, Golnaz. 2022. Iran accused of secretly implementing controversial draft internet bill. *Radio Free Europe Radio Liberty,* September 9, 2022. https://www.rferl.org/a/iran-internet-bill-controversy-secretly-implementing/32026313.html.

Freedom House. 2023. Saudi Arabia: Freedom on the net. https://freedomhouse.org/country/saudi-arabia/freedom-net/2023.

Gibson, Charles. 2009. China's Facebook status: Blocked. *ABC News,* July 8, 2009. https://abcnews.go.com/theworldnewser/2009/07/chinas-facebook-status-blocked.html.

Global Engagement Center. 2020. *GEC special report: Russia's pillars of disinformation and propaganda.* US Department of State, August 2020. https://www.state.gov/russias-pillars-of-disinformation-and-propaganda-report/.

Global Engagement Center. 2023. *How the People's Republic of China seeks to reshape the global information environment.* US Department of State, September 28, 2023. https://www.state.gov/gec-special-report-how-the-peoples-republic-of-china-seeks-to-reshape-the-global-information-environment/.

Greene, Robert and Paul Triolo. 2020. Will China control the global internet via its Digital Silk Road? *The China Project,* May 8, 2020. https://thechinaproject.com/2020/05/08/will-china-control-the-global-internet-via-its-digital-silk-road/.

Gross, Anna, Alexandra Heal, Chris Campbell, Dan Clark, Ian Bott, and Irene de la Torre Arenas. 2023. How the US is pushing China out of the internet's plumbing. *Financial Times,* June 13. https://ig.ft.com/subsea-cables/.

Haber, Eldar, and Lev Topor. 2023. Sovereignty, cyberspace, and the emergence of internet bubbles. *Journal of Advanced Military Studies* 14 (1): 144–165.

Hillman, Jonathan E. 2021. *The Digital Silk Road: China's quest to wire the world and win the future.* Profile Books.

Huang, Yiping. 2016. Understanding China's belt & road initiative: Motivation, framework and assessment. *China Economic Review* 40: 314–321.

Iran: Human Rights Groups Sound Alarm against Draconian Internet Bill, Article 19 (March 17, 2022). https://www.article19.org/resources/iran-human-rights-groups-sound-alarm-against-draconian-internet-bill/.

Iran's Comms Minister Says a Third of Blocked Sites 'Obscene'. 2023. *Iran International,* July 28, 2023. https://www.iranintl.com/en/202307289603.

Kelly, Samantha M. 2023. China says it's built the world's fastest internet network. *CNN,* November 15, 2023. https://edition.cnn.com/2023/11/15/tech/china-launches-worlds-fastest-internet-network/index.html.

Kirchgaessner, Stephanie. 2022. Saudi woman Given 34-year prison sentence for using Twitter. *Guardian,* August 16, 2022. https://www.theguardian.com/world/2022/aug/16/saudi-woman-given-34-year-prison-sentence-for-using-twitter.

Kirchgaessner, Stephanie. 2022. Saudi woman jailed for 45 years over social media use, Says Group. *Guardian,* August 30, 2022. https://www.theguardian.com/world/2022/aug/30/saudi-woman-given-jail-sentence-for-social-media-use-says-human-rights-group.

Marcus, Alexander. 2004. The internet and democratization: the development of Russian internet policy. *Demokratizatsiya* 12 (4).

Maranto, Lauren. 2020. Who benefits from China's cybersecurity laws? *CSIS,* June 25, 2020. https://www.csis.org/blogs/new-perspectives-asia/who-benefits-chinas-cybersecurity-laws.

Mobley, Terry. 2019. The belt and road initiative. *Strategic Studies Quarterly* 13 (3): 52–72.

National Cybersecurity Authority. n. d. About. https://nca.gov.sa/en/about.

Noland, Marcus. 2009. Telecommunications in North Korea: Has Orascom made the connection? *North Korean Review* 62–74.

Open Call to All International Actors: Do More to Stop Internet Shutdowns Shrouding Torchings and Killings in Myanmar. *Access Now,* June 23, 2022. https://www.accessnow.org/press-release/statement-against-myanmar-shutdowns/.

Open Net Initiative. 2004. Internet filtering in Saudi Arabia in 2004. https://opennet.net/studies/saudi.

Passini, Stefano. 2012. The Facebook and Twitter revolutions: Active participation in the 21st century. *Human Affairs* 22 (3): 301–312.

Provisions on Regulating and Promoting Cross-border Data Flows (draft for comments). *China Law Translate,* September 28, 2023. https://www.chinalawtranslate.com/en/draft-data-export-rule-revisions/.

PSCORE. 2023. *Digital hostages—Internet freedom in North Korea.* http://pscore.org/internet-freedom/.

Qu, Tracy. 2021. China updates rules on real-name registration online in crackdown on schemes to revive banned user accounts. *South China Morning Post,* October 27, 2021. https://www.scmp.com/tech/policy/article/3153887/china-updates-rules-real-name-registration-online-crackdown-schemes.

Rahimi, Babak. 2003. Cyberdissent: The internet in revolutionary Iran. *Middle East* 7 (3): 102.

Rahimi, Babak. 2007. The politics of the internet in Iran. In *Media, Culture and Society in Iran,* 53–72. London: Routledge.

Rajvanshi, Astha. 2023. How internet shutdowns wreak havoc in India. *TIME,* August 15, 2023. https://time.com/6304719/india-internet-shutdowns-manipur/.

Restoration of Internet Services in Jammu and Kashmir: A Timeline. 2021. *India Express,* February 5, 2021. https://indianexpress.com/article/india/jk-4g-internet-mobile-timeline-7176408/.

Shullman, David O. 2019. Protect the party: China's growing influence in the developing world. *Brookings Institute,* January 22, 2019. https://www.brookings.edu/articles/protect-the-party-chinas-growing-influence-in-the-developing-world/.

Socialist constitution of the Democratic People's Republic of Korea. 2014. Foreign languages Publishing House, Pyongyang, [North] Korea, Juche 103.

Strzyżyńska, Weronika. 2022. Iran blocks capital's internet access as Amini Protests Grow. *Guardian,* September 22, 2022. https://www.theguardian.com/world/2022/sep/22/iran-blocks-capitals-internet-access-as-amini-protests-grow.

The Return of Digital Authoritarianism—Internet Shutdowns in 2021. 2022. *Access Now* (April 2022). https://www.accessnow.org/wp-content/uploads/2022/05/2021-KIO-Report-May-24-2022.pdf.

Topor, Lev, and Alexander Tabachnik. 2021. Russian cyber information warfare: International distribution and domestic control. *Journal of Advanced Military Studies* 12 (1): 112–127.

Walker, Shaun. 2014. Founder of Vkontakte Leaves after dispute with Kremlin-linked owners. *Guardian,* April 2, 2014. https://www.theguardian.com/media/2014/apr/02/founder-pavel-durov-leaves-russian-social-network-site-vkontakte.

Williams, Martyn. 2021. North Korea intensifies war against foreign influence. *38 North,* November 10, 2021. https://www.38north.org/2021/11/north-korea-intensifies-war-against-foreign-influence/.

Yang, Guobin. 2012. A Chinese internet? History, practice, and globalization. *Chinese Journal of Communication* 5 (1): 49–54.

Zittrain, Jonathan, and Benjamin Edelman. 2003. Internet filtering in China. *IEEE Internet Computing* 7 (2): 70–77.

Kapitel 7
Verwundbare Modelle von Cyber-Domänen

Wie in den Kap. 4 und 5 gezeigt wurde, sind Staaten sowohl gegenüber Cyberangriffen, die physischen oder finanziellen Schaden verursachen, als auch gegenüber scheinbar harmloseren Cyberangriffen verwundbar, die in der Regel nicht als offensiv oder illegal eingestuft werden können. Zu solchen Angriffen zählen Desinformations- und Einflusskampagnen ausländischer Akteure. Falsche Nachrichten und die Förderung anti-etatistischer Stimmungen können dazu führen, dass liberale und demokratische Werte, Institutionen und Strukturen zerfallen. Die Vereinigten Staaten litten während und nach jüngsten Wahlkämpfen unter solcher ausländischer Anstachelung, etwa während des Präsidentschaftswahlkampfs 2016 und nach dem Wahlsieg von Präsident Joe Biden 2020, als Extremisten das Kapitol stürmten. Das Vereinigte Königreich war von ausländischer Manipulation der öffentlichen Meinung im Zusammenhang mit dem Brexit betroffen. In Israel wurden nach dem Terroranschlag vom 7. Oktober Chaos, Angst und öffentliche Unruhe geschürt. In Deutschland dienten „Fake News“ dazu, den Graben zwischen Rechts und Links beim Thema Migration zu vertiefen. In Schweden wurden Falschmeldungen genutzt, um die öffentliche Meinung gegen eine NATO-Mitgliedschaft zu beeinflussen. In Frankreich protestierten die Gelbwesten gegen steigende Steuern, doch radikale Ideen wurden von ausländischen Akteuren, mutmaßlich Russland, verbreitet, und die Unruhen führten zu Vandalismus in enormem Ausmaß. Wenn Russland, China, Iran oder andere mit der westlichen Dominanz konkurrieren wollen, müssen sie keinen einzigen Schuss abfeuern – sie müssen nur Lügen verbreiten.

Autoritäre oder weniger demokratische Staaten beschränken häufig den Informationsfluss zu ihren Bürgern, indem sie das wichtigste Massenkommunikationsmedium unserer Zeit – das Internet – einschränken. Wie in Kap. 6 beschrieben, geschieht dies durch die Schaffung sicherer Cyber-Domänen (Secure Cyber Domains, SCDs). Die Begrenzung des Informationsflusses und die Schaffung von Anreizen, das Regime nicht zu kritisieren, verschaffen solchen Staaten einen strategischen Vorteil: Sie können „Sharp Power“ einsetzen, um andere zu beeinflussen, ohne selbst für

L. Topor, *Cyber-Souveränität*, https://doi.org/10.1007/978-3-032-09326-4_7

ähnliche Einflüsse verwundbar zu sein. Doch was definiert eine verwundbare Cyber-Domäne (Vulnerable Cyber Domain, VCD)? Eine VCD ist eine Cyber-Domäne, die freien Informationsfluss, Komfort und Benutzerfreundlichkeit (z. B. Zugang, Geschwindigkeit usw.) priorisiert, dabei jedoch Cybersicherheit, nationale Resilienz, Souveränität und öffentliche Ordnung kompromittiert. Informations- und Meinungsfreiheit sind wichtige Werte, können aber auch das Erstarken dunkler Kräfte und dunkler Zeiten begünstigen – das nationalsozialistische Deutschland ist ein prominentes Beispiel.

In diesem Kapitel stelle ich verschiedene Modelle von VCDs vor. Viele Staaten verfügen über verwundbare Cyber-Domänen; ich konzentriere mich jedoch auf jene Länder, die entweder weltweit führend im Cyber- und Technologiebereich sind oder über bedeutende indirekte Macht und Einfluss verfügen, sei es global oder regional. Die ausgewählten Fälle umfassen die Vereinigten Staaten, die das Internet, wie wir es heute kennen, entwickelt haben und die Mehrheit der damit verbundenen Aspekte kontrollieren, sowie das Vereinigte Königreich, das als Verbündeter der USA strategisch mit diesen kooperiert und sowohl Sprache als auch Werte teilt. Israel ist ein weiterer interessanter Fall, da es das einzige liberal-demokratische Land im Nahen Osten und der einzige US-Verbündete in dieser Region ist, der sowohl strategische als auch kulturelle Werte teilt. Israel ist zudem von autoritären Regimen umgeben, die sehr restriktive Cyber-Domänen besitzen und mit denen es in Konflikt steht oder stand – dies macht Israel zu einem besonders interessanten Fall, da es angesichts von Konflikten und Kriegen ein hohes Maß an nationaler Resilienz bewahren muss.

Neben diesen drei Fällen wird die Europäische Union als Ganzes betrachtet. Die Europäische Union ist ein besonders interessanter Fall, da sie keine souveräne Entität mit einer eigenen souveränen Cyber-Domäne ist, sondern ein Staatenbund, dessen Mitglieder ähnliche Werte und strategische Ziele teilen; gegenwärtig kann man von einem europäischen Cyberblock sprechen. Die Europäische Union hat gemeinsame Regelungen für den Cyberraum und die Bürger ihrer Mitgliedstaaten entwickelt: den Cybersecurity Act, die DSGVO, den DSA und den DMA, um nur einige zu nennen. Dies, zusammen mit der Tatsache, dass sich europäische Bürger innerhalb der EU frei bewegen, niederlassen und arbeiten können, schafft eine Art Cyberblock. Die Stärke der Europäischen Union liegt in ihrer Einheit; sie muss ihren Cyberraum als Ganzes schützen, da ein Angriff auf ein einzelnes Mitglied auch andere betreffen kann. Beispielsweise haben Fragen im Zusammenhang mit Migration, insbesondere Desinformation darüber, bereits strategischen und innenpolitischen Schaden verursacht.

Methodisch verwende ich, wie in Kap. 6, eine strukturierte Analyse, die auf dem Aufbau des Cyberraums basiert, um die Cyber-Domänen der oben genannten Länder zu untersuchen – ich analysiere die physische Schicht des Cyberraums, die logische Schicht, die Informationsschicht und die Nutzerschicht. Anschließend werden die Fälle miteinander verglichen. In Kap. 8 präsentiere ich die Schlussfolgerungen dieser Studie und erläutere das Entstehen von Cyberblöcken in den internationalen Beziehungen, seien es geografische, wirtschaftliche oder politische

Cyberblöcke, basierend auf dem Vergleich und der Analyse der Fälle in diesem Kapitel und in Kap. 6.

Das Hauptziel dieses Kapitels ist es, Hinweise auf das Maß an Kontrolle und Souveränität eines Landes über seine Cyber-Domäne aufzudecken, insbesondere im Hinblick auf Einflussnahme und Informationsfluss. Die Fallstudien sind nicht erschöpfend, sondern zielen darauf ab, solche Hinweise zu finden. Daher werden dieselben Fragen zur Regulierung des Cyberraums gestellt wie im vorherigen Kapitel:

- Physische Schicht: Beschränkt oder kontrolliert das Land regelmäßig seine physischen Verbindungen durch Design? Kann es die physische Schicht auf Abruf einschränken? Das heißt: Hat das Land keine physischen Verbindungen oder kann es sich vom Rest der Welt abkoppeln, aber ein Intranet aufrechterhalten?
- Logische Schicht: Beschränkt oder kontrolliert das Land regelmäßig seine Netz-Gateways und Routen? Das heißt: Schaltet das Land das Internet in bestimmten Regionen oder zu bestimmten Zeiten ab?
- Informationsschicht: Beschränkt oder kontrolliert das Land regelmäßig die Inhalte innerhalb seiner Grenzen? Das heißt: Verbietet das Land die Verbreitung von allgemein vielfältigen und mitunter kritischen Inhalten, wie z. B. Kritik an Amtsträgern, dem Regime oder dessen Handlungen?
- Nutzerschicht: Beschränkt oder kontrolliert das Land regelmäßig die Art und Weise, wie seine Bürger und sogar Besucher das Internet nutzen? Das heißt: Errichtet das Land technologische Barrieren wie die verpflichtende Installation von Anwendungen oder verbietet die Nutzung bestimmter Anwendungen oder Dienste?

Die Antworten auf diese vier Fragen geben einen Hinweis auf das Maß an Kontrolle eines Landes über seine Cyber-Domäne. Ein Land, das den Cyberraum nicht einschränkt und/oder kontrolliert, wird als strategisch verwundbar definiert.

Der Aufbau dieses Kapitels ähnelt dem des vorherigen; auf die Einleitung folgt eine Betrachtung der Cyber-Domänen der Vereinigten Staaten, des Vereinigten Königreichs, Israels und der Europäischen Union. Anschließend fasse ich die wichtigsten Punkte zusammen und schließe das Kapitel ab.

7.1 Der amerikanische Cyberraum

Die Entwicklungsgeschichte des ARPANET, eines weitgehend amerikanischen Projekts, das sich schließlich zum globalen Internet entwickelte, wie wir es heute kennen, wurde in Kap. 2 beschrieben. Diese Betrachtung des amerikanischen Cyberraums soll den aktuellen Stand der wichtigsten Regulierungsaspekte, insbesondere Fragen des Informationsflusses, darstellen und alle vier Schichten des Cyberraums untersuchen – wie in allen Fällen in diesem und im vorherigen Kapitel. Laut ITU und Stand 2022 gibt es etwa 338 Millionen amerikanische Bürger, von denen 91,8 % mit dem Internet verbunden sind. Rund 88 % der amerikanischen

Haushalte sind mit dem Internet verbunden, im Vergleich zu 65,7 % weltweit.[1] Auf der Datahub-Website der ITU sind keine Informationen zu US-amerikanischen ISPs und IXPs verfügbar; alternative Quellen wie die IXP Database (IXPDB) und Packet Clearing House liefern jedoch weitere Informationen: In den Vereinigten Staaten gibt es 221 IXPs, von denen sich die meisten in städtischen Gebieten befinden, während ländliche Regionen – wie auch in Russland – deutlich schlechter angebunden sind.[2]

Das amerikanische Internetprojekt, das in den 1960er-Jahren von DARPA und Forschern wie Joseph Carl Robnett Licklider geleitet wurde, hat sich zu einem großen, globalen Netz entwickelt. Im Oktober 1969 erfolgte die erste erfolgreiche Übertragung einer Nachricht über das ARPANET zwischen der University of California, Los Angeles, und dem Stanford Research Institute.[3] Das ARPANET war ein dezentralisiertes Netzwerk, das die Kommunikationsresilienz sicherstellen sollte; es wurde in den 1980er- und 1990er-Jahren von Forschungszentren und Universitäten weiterentwickelt, die dazu von der National Science Foundation Network angeregt und finanziert wurden. In den 1990er-Jahren wurde die amerikanische Allgemeinheit erstmals mit dem Internet vertraut, insbesondere durch den ersten Webbrowser, das World Wide Web, das 1990 von Tim Berners-Lee, einem Informatiker, eingeführt wurde.[4] Webbrowser machten das Internet wesentlich benutzerfreundlicher als frühe Versionen von E-Mails oder USENET (siehe Kap. 2).

Was die Arbeit „vor Ort" betrifft, waren private Unternehmen diejenigen, die am meisten zur Entwicklung des Internets beigetragen haben. Ein bedeutendes Beispiel ist die American Telephone and Telegraph Company (AT&T), die eine maßgebliche Rolle beim Aufbau des Rückgrats des amerikanischen Internets spielte. Der Einfluss von AT&T vor dem Internetzeitalter resultierte aus seiner Dominanz in der Telefonindustrie über die Bell Labs, die es dem Unternehmen bereits in den 1960er- und 1970er-Jahren ermöglicht hatten, Telefonsysteme und frühe Einwahl-Internetdienste für andere Unternehmen bereitzustellen. Weitere Unternehmen, die das Internet-Rückgrat in den Vereinigten Staaten verlegten, sind beispielsweise Verizon, Lumen Technologies (CenturyLink), Level 3 Communications (heute Teil von Lumen), Cogent Communications und andere. In den letzten Jahrzehnten sind unter anderen auch Meta (Facebook) und Google in das Rückgratgeschäft eingestiegen. Im 21. Jahrhundert sind die Vereinigten Staaten weitreichend vernetzt, insbesondere in städtischen Gebieten, während dies in ländlichen Regionen weniger der Fall ist (siehe Abb. 7.1 und 7.2).[5]

---

[1] Siehe „United States" auf ITUs DataHub: https://datahub.itu.int/data/?e=USA.

[2] Siehe die IXP Database: https://ixpdb.euro-ix.net/en/; siehe auch „United States" bei Packet Clearing House: https://www.pch.net/ixp/dir#!mt-filters=%7B%22ctry%22%3A%5B%22dropdown%22%2C%22%22%2C%22United%20States%22%5D%7D.

[3] Kleinrock (2019).

[4] W3 (o. D.).

[5] Hecht (2021) und Ball (2021).

Abb. 7.1 Untersee- und terrestrische Internetkabel sowie Internet-Austauschpunkte in und um die Vereinigten Staaten (ohne Alaska). *Quelle* Infrastructure Connectivity Map, Internationale Fernmeldeunion. * Blaue Linien sind terrestrisch, dünne graue Linien in Meeren und Ozeanen sind Untersee-Glasfaserkabel, IXPs sind in grünen Kreisen dargestellt. Die Vereinigten Staaten sind grau hervorgehoben

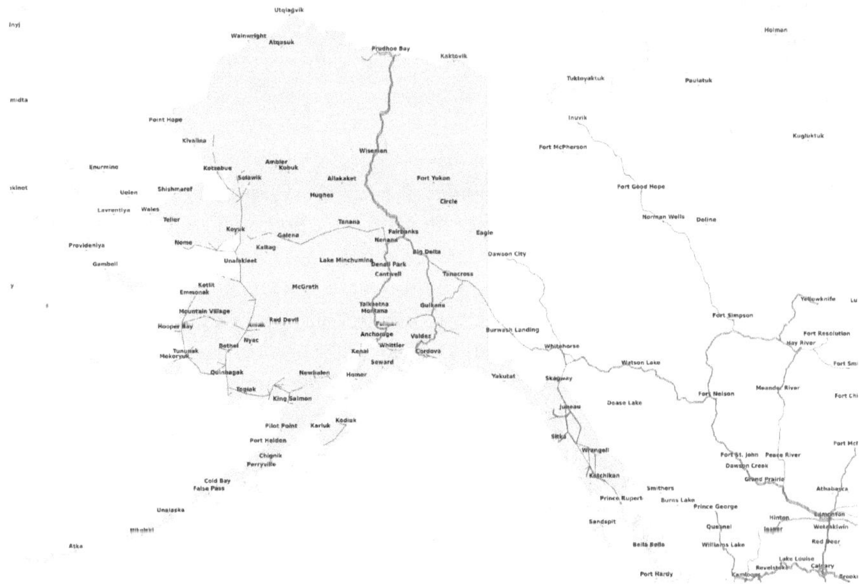

Abb. 7.2 Untersee- und terrestrische Internetkabel sowie Internet-Austauschpunkte in und um Alaska. *Quelle* Infrastructure Connectivity Map, Internationale Fernmeldeunion. * Blaue Linien sind terrestrisch, dünne graue Linien in Meeren und Ozeanen sind Untersee-Glasfaserkabel, IXPs sind in grünen Kreisen dargestellt. Alaska ist grau hervorgehoben

Kommerzielle Unternehmen, die Dienstleistungen anboten, entstanden in den Vereinigten Staaten in den 1980er- und 1990er-Jahren, insbesondere Unternehmen wie America Online (AOL), Netscape, Yahoo!, Amazon und eBay. Später begannen weitere Unternehmen, nicht nur in eigenständige Hard- und Software, sondern auch in cyberbezogene Dienstleistungen und Produkte zu investieren. In den 2000er-Jahren stieg Google als innovative Suchmaschine auf, die den Zugang zu Online-Informationen neu definierte und schnell zur weltweit beliebtesten Website wurde. Das explosive Wachstum der Internetunternehmen in den späten 1990er-Jahren, angetrieben durch Risikokapital und öffentliche Investitionen, demokratisierte den Internetzugang weiter und brachte ihn in die amerikanischen Haushalte. Mit zunehmenden Investitionen privater amerikanischer Unternehmen in den Online-Bereich wurde das Internet ein immer dominanterer Bestandteil des Alltags der amerikanischen Bürger, insbesondere mit dem Aufstieg der sozialen Medien ab 2004/5.[6] Laut dem Pew Research Center nutzten im Jahr 2005 etwa 7 % der Amerikaner im Alter von 18–29 Jahren soziale Medien, während es 2021 bereits 84 % dieser Altersgruppe waren – nahezu unabhängig von Ethnie, Geschlecht, Einkommen, Bildung oder Gemeinde. Tatsächlich ist das Internet im Jahr 2023 ein enorm bedeutender Bestandteil der amerikanischen Lebensweise.[7] Es ist jedoch nahezu vollständig offen und unreguliert. Dies ist auf den First Amendment und Section 230I(1) zurückzuführen, eine Bestimmung von Title 47 des United States Code, die als Teil des Communications Decency Act (CDA) von 1996, Titel V des Telecommunications Act von 1996, erlassen wurde und im Allgemeinen Online-Plattformen Immunität gewährt, die von Dritten generierte Inhalte bereitstellen. Sie gewährt Anbietern und Nutzern Immunität vor Haftung für die Verbreitung jeglicher Art von Informationen. Die Autoren von Section 230, die damaligen Abgeordneten Chris Cox (R-CA) und Ron Wyden (D-OR), wollten, dass Internetunternehmen und Plattformen sich selbst regulieren und anstößiges Material fernhalten, ohne befürchten zu müssen, für alles haftbar gemacht zu werden, was ihre Nutzer veröffentlichen.[8]

Was die Regulierung betrifft, so ist die Federal Communications Commission (FCC) eine unabhängige Bundesbehörde, die für die Regulierung des zwischenstaatlichen und internationalen Nachrichtenverkehrs per Funk, Fernsehen, Draht, Satellit und Kabel zuständig ist. Sie wurde durch den Communications Act von 1934 gegründet und besteht aus fünf Kommissaren, die vom Präsidenten ernannt und vom Senat bestätigt werden. Die Zuständigkeit der FCC erstreckt sich auf die 50 Bundesstaaten, Territorien, den District of Columbia und US-Besitzungen. Die Behörde ist die Hauptinstanz in den Bereichen Kommunikationsrecht, Regulierung und technologische Innovation in den Vereinigten Staaten. Zu ihren Aufgaben gehören die Entwicklung und Umsetzung von Regulierungsprogrammen,

[6] Ortiz-Ospina (2019).

[7] Pew Research Center (2021a); siehe auch Pew Research Center (2021b).

[8] Siehe „Telecommunications Act of 1996“, Federal Communications Commission. https://www.fcc.gov/general/telecommunications-act-1996; Siripurapu (2020).

die Bearbeitung von Lizenzanträgen, die Förderung der Entwicklung innovativer Dienstleistungen, die Durchführung von Untersuchungen und die Analyse von Beschwerden. Die Mission der FCC ist es, Konnektivität zu fördern und einen wettbewerbsfähigen Markt in der Kommunikationsbranche sicherzustellen. Die FCC ist auch für die Regulierung des Internet-Rückgrats zuständig und überwacht die Zuteilung des Funkspektrums, den Infrastrukturausbau und den Wettbewerb auf dem Telekommunikationsmarkt. Im Kontext der FCC ist die National Telecommunications and Information Administration (NTIA) eine Behörde innerhalb des US-Handelsministeriums, die als Hauptberaterin des Präsidenten in Fragen der Telekommunikations- und Informationspolitik fungiert.[9]

Der Computer Fraud and Abuse Act von 1986 wurde eingeführt, um computerbezogene Straftaten und einen unbefugten Zugriff auf Computersysteme zu bekämpfen.[10] In den Jahren 1987–1988 wurde der Computer Security Act von 1987 eingeführt. Dieses Bundesgesetz wurde erlassen, um die Sicherheit und den Datenschutz sensibler Informationen in föderalen Computersystemen zu verbessern. Es verlangte die Erstellung von Sicherheitsplänen für Computersysteme und die angemessene Schulung der Systemnutzer oder -eigentümer, wenn die Systeme sensible Informationen anzeigen, verarbeiten oder speichern. Außerdem wurde das National Institute of Standards and Technology (NIST) beauftragt, Standards für Mindestanforderungen zu entwickeln, und es wurden verpflichtende Sensibilisierungsschulungen für Bundesangestellte, die diese Systeme nutzen, vorgeschrieben.[11]

Nach dem CDA von 1996 wurde 1998 der Digital Millennium Copyright Act erlassen, der die Verbreitung urheberrechtlich geschützten Materials unter Strafe stellt und als Antwort auf digitale und Online-Piraterie gilt. Dennoch konnten Informationen weiterhin frei fließen, und erst 2015 wurde der Cybersecurity Information Sharing Act (CISA) eingeführt. CISA ist ein Bundesgesetz, das darauf abzielt, Cybersicherheitsmaßnahmen zu verbessern und den Austausch von Cyber-Bedrohungsindikatoren zwischen Bundes-, lokalen und privaten Stellen zu fördern. Ebenfalls 2015 verabschiedete die FCC die Open Internet Order, bekannt als Netzneutralität,[12] und stufte den Breitband-Internetzugang als Telekommunikationsdienst nach Title II des Communications Act von 1934 ein. Diese Neueinstufung ermöglichte es der FCC, Regeln zur Netzneutralität durchzusetzen,

[9] National Telecommunications and Information Administration (o. D.).

[10] Siehe H.R.4718 – Computer Fraud and Abuse Act of 1986, 99th Congress (1985–1986). https://www.congress.gov/bill/99th-congress/house-bill/4718.

[11] Siehe H.R.145 – Computer Security Act of 1987, 100th Congress (1987–1988). https://www.congress.gov/bill/100th-congress/house-bill/145#:~:text=Computer%20Security%20Act%20of%201987%20%2D%20Directs%20the%20National%20Bureau%20of,Bureau%20in%20implementing%20such%20standards.

[12] Netzneutralität ist das Prinzip, dem zufolge, der gesamte Internetverkehr gleich behandelt werden sollte (insbesondere durch Internetdienstanbieter, aber nicht nur), ohne Diskriminierung oder Bevorzugung bestimmter Inhalte, Dienste oder Websites.

die Internetdienstanbietern das Blockieren, Drosseln oder Priorisieren von Online-Inhalten untersagten. Im Jahr 2017 jedoch stimmte die FCC unter der Leitung des damaligen Vorsitzenden Ajit Pai für die Aufhebung der Open Internet Order, wodurch die Durchsetzung der Netzneutralität durch die Bundesregierung in den Vereinigten Staaten faktisch beendet wurde und der Druck sowie die Kontrolle durch den Bund von den privaten Unternehmen genommen wurden. Der ehemalige FCC-Vorsitzende Ajit Pai betonte, dass es nicht Aufgabe der FCC sei, über die Netzneutralität zu entscheiden.[13]

Ein weiterer wichtiger Punkt ist die President's Commission on Critical Infrastructure Protection (PCCIP) von 1996, deren Bericht im Oktober 1997 veröffentlicht und als Executive Order 13010 unterzeichnet wurde. Es war der erste nationale Versuch, die neuartigen Verwundbarkeiten des Informationszeitalters anzugehen. Die Kommission war dafür verantwortlich, eine umfassende nationale Politik und Umsetzungsstrategie zum Schutz kritischer Infrastrukturen vor physischen und Cyber-Bedrohungen zu formulieren. Die PCCIP überprüfte gründlich die Schwachstellen und Bedrohungen, denen die Infrastrukturen des Landes ausgesetzt sind, bewertete die Risiken und diskutierte, wie die kritischen Grundlagen der Nation am besten geschützt werden können. Ihre Arbeit führte zu dem Bericht „Critical Foundations: Protecting America's Infrastructures", der sich auf den Schutz kritischer Infrastrukturen wie Energie, Banken, Finanzen und mehr konzentrierte.[14] Die Presidential Decision Directive 63 verlangt zudem von Bundesministerien und -behörden, Pläne zum Schutz ihrer kritischen Infrastrukturen zu erstellen.[15]

Im Jahr 2013 enthüllte Edward Snowden der Welt die amerikanische (und westliche) Internetüberwachung. Snowden machte die Existenz des PRISM-Programms öffentlich, eines Werkzeugs, das von der National Security Agency (NSA) der Vereinigten Staaten genutzt wurde, um private elektronische Daten von Nutzern großer Internetdienste wie Facebook, Google und Microsoft zu sammeln. Das Programm wurde durch den Foreign Intelligence Surveillance Act (FISA) von 1978 ermöglicht und unterstand der Aufsicht des United States Foreign Intelligence Surveillance Court, der im selben Jahr gegründet worden war (gemäß Section 702 des FISA).[16] Die geleakten Dokumente offenbarten, dass PRISM, der Codename eines geheimen NSA-Programms, der NSA ermöglichte, eine enorme

[13] Pai (2014).

[14] Siehe „Critical Foundations: Protecting America's Infrastructures", The Report of the President's Commission on Critical Infrastructure Protection, White House, Vereinigte Staaten von Amerika (Oktober 1997).

[15] Siehe „U.S. Department of Justice, Critical Infrastructure Protection", Report No. 01-01 (November 2000), U.S. Department of Justice. https://oig.justice.gov/reports/OBD/a0101.htm#:~:text=Presidential%20Decision%20Directive%20(PDD)%2063,for%20protecting%20their%20critical%20infrastructure.

[16] Siehe Section 702 in S.Amdt.5066 zu H.R.6304, 110. Kongress (2007–2008), FISA Amendments Act von 2008. https://www.congress.gov/bill/110th-congress/house-bill/6304.

Menge an Internetkommunikation zu sammeln – nicht nur von ausländischen Akteuren, sondern auch von amerikanischen Bürgern. Dies löste Bedenken hinsichtlich des Umfangs des Programms und möglicher Verletzungen verfassungsmäßiger Rechte aus.[17]

Die Enthüllungen über PRISM lösten eine bedeutende öffentliche Debatte über staatliche Überwachung und Datenschutzrechte aus, warfen aber auch Fragen zu den Auswirkungen in anderen Ländern auf, in denen amerikanische Technologiekonzerne tätig sind. Die größten Technologieunternehmen der Welt sind in vielen Ländern präsent, und zahlreiche amerikanische Verbündete wie Deutschland, Frankreich und Brasilien äußerten Kritik am Ausmaß der durch Snowden aufgedeckten amerikanischen Überwachung. Die deutsche Bundeskanzlerin Angela Merkel erklärte beispielsweise berühmt: „Ausspähen unter Freunden, das geht gar nicht."[18] Microsoft hatte bereits seit 2007 mit den Vereinigten Staaten kooperiert, gemäß Section 702 des FISA. Yahoo folgte 2008, Google, Facebook und PalTalk traten 2009 bei, YouTube kam 2010 hinzu, Skype und AOL 2011, und Apple schloss sich 2012 an.[19]

Weitere internetbezogene Regulierungen in den Vereinigten Staaten umfassen bundesstaatliche (d. h. nicht bundesweite) Regelungen wie den California Consumer Privacy Act (CCPA), der 2018 unterzeichnet wurde und am 1. Januar 2020 in Kraft trat (siehe Kap. 3). Der CCPA gewährt Einwohnern Kaliforniens das Recht zu erfahren, welche Daten über sie gesammelt wurden/werden, das Recht, diese Informationen löschen zu lassen, und weitere Rechte.[20] Der Electronic Communications Privacy Act von 1986 (ECPA, der sowohl den Electronic Communications Privacy Act als auch den Stored Wire Electronic Communications Act umfasst) „schützt drahtgebundene, mündliche und elektronische Kommunikation während der Übertragung, während sie unterwegs ist und wenn sie auf Computern gespeichert wird. Das Gesetz gilt für E-Mails, Telefongespräche und elektronisch gespeicherte Daten." Es wurde erlassen, um unbefugten staatlichen Zugriff auf private elektronische Kommunikation zu verhindern.[21]

Darüber hinaus regelt der Children's Online Privacy Protection Act, der im Oktober 1998 verabschiedet wurde und im April 2000 in Kraft trat, die Online-Erhebung und Nutzung personenbezogener Daten von Kindern unter 13 Jahren. Er gilt für kommerzielle Websites und Online-Dienste, die entweder auf Kinder unter 13 Jahren ausgerichtet sind oder tatsächlich wissen, dass sie personenbezogene

[17] Shubber (2013) und Geiger (2018).

[18] Waterfield (2013).

[19] Shubber (2013), Chen (2017) und Weinstein (2014).

[20] Siehe California Consumer Privacy Act (CCPA), Office of the Attorney General, State of California Department of Justice (2018). https://oag.ca.gov/privacy/ccpa#: :text=This%20landmark%20law%20secures%20new,them%20(with%20some%20exceptions)%3B.

[21] Siehe Electronic Communications Privacy Act of 1986 (ECPA), 18 U.S.C. §§ 2510–2523. U.S. Department of Justice, Office of Justice Programs. https://bja.ojp.gov/program/it/privacy-civil-liberties/authorities/statutes/1285.

Daten von Kindern unter 13 Jahren erheben.[22] Weitere Regulierungsbehörden, die an der Internetregulierung beteiligt sind, sind die Federal Trade Commission, die einheitlich übernommenen bundesstaatlichen Gesetze, bekannt als Uniform Commercial Code, der Lanham Act (der Internetpiraterie bekämpft) und natürlich der United States Code, sofern dieser für die Internetnutzung relevant ist.

Eine bedeutende Entwicklung erfolgte 2018 mit dem Cybersecurity and Infrastructure Security Agency Act, der „den Homeland Security Act von 2002 dahingehend ändert, dass die National Protection and Programs Directorate des Departments of Homeland Security in die Cybersecurity and Infrastructure Security Agency umbenannt wird“. Das Gesetz schuf und erweiterte die Cybersecurity and Infrastructure Security Agency (CISA), die für die Koordination von Cybersicherheitsprogrammen zum Schutz vor böswilligen Cyberaktivitäten, einschließlich solcher im Zusammenhang mit industriellen Kontrollsystemen, verantwortlich ist. Außerdem wurde das United States Computer Emergency Readiness Team (US-CERT), das seit 2003 aktiv war, sowie das National Cybersecurity and Communications Integration Center integriert, das die Cybersicherheit zwischen Regierung und Privatsektor koordinierte.[23]

Eine der bedeutendsten Regulierungen erfolgte Ende 2022, als die FCC auf Grundlage des Secure and Trusted Communications Networks Act von 2019 und des Secure Equipment Act von 2021 beschloss, chinesische Kommunikationsausrüstung zu verbieten. Diese Gesetze gaben der FCC die Befugnis, Unternehmen den Verkauf von kommunikationsbezogener Ausrüstung und Dienstleistungen aufgrund nationaler Sicherheitsrisiken, einschließlich der Angst vor Wirtschaftsspionage und möglicher Sabotage, zu untersagen. Kritiker merkten an, dass diese Maßnahmen nicht nur als Reaktion auf nationale Sicherheitsrisiken, sondern auch im Zuge des Handelskriegs zwischen den Vereinigten Staaten und China ergriffen wurden. Unabhängig von den Gründen verbot die FCC Kommunikationsausrüstung der Unternehmen Huawei Technologies, ZTE Corporation, Hytera Communications, Hangzhou Hikvision Digital Technology und Dahua Technology (sowie deren Tochtergesellschaften und Partnerunternehmen).[24] Der Secure and Trusted Communications Networks Act von 2019 und der Secure Equipment Act von 2021 markieren meines Erachtens einen bedeutenden Wendepunkt, da die Vereinigten Staaten begannen, unerwünschte Ausrüstung und Dienstleistungen offen und energisch zu verbieten – im Gegensatz zu ihrer bislang marktorientierten Regulierungshaltung.

[22] Siehe Children's Online Privacy Protection Rule. 16 CFR Part 312 RIN 3084–AB20. Federal Trade Commission. https://www.ftc.gov/legal-library/browse/rules/childrens-online-privacy-protection-rule-coppa.

[23] Siehe U.S. Department of Homeland Security (o. D.) und Miller et al. (2021).

[24] Siehe H.R.4998 – Secure and Trusted Communications Networks Act of 2019, 116. Kongress (2019–2020). https://www.congress.gov/bill/116th-congress/house-bill/4998; Federal Communications Commission (o. D.).

Tab. 7.1 Einschränkung der Internet-Ebenen in den Vereinigten Staaten

Einschränkung der Netzwerkschicht	Antwort
Beschränkt oder kontrolliert das Land regelmäßig seine physischen Verbindungen durch Design? Kann es die physische Schicht auf Abruf einschränken?	Teilweise, die Vereinigten Staaten beschränken physische Verbindungen nicht regelmäßig; jedoch wurde 2022 bestimmte chinesische Ausrüstung verboten
Beschränkt oder kontrolliert das Land regelmäßig seine Netzwerk-Gateways und -Routen?	Nein, die logische Schicht ist weitgehend unreguliert und wird vom Markt gesteuert
Beschränkt oder kontrolliert das Land regelmäßig Inhalte innerhalb seiner Grenzen?	Nein
Beschränkt oder kontrolliert das Land regelmäßig, wie seine Bürger und sogar Besucher das Internet nutzen?	Nein, jedoch können Personen für illegale Inhalte wie digitale Piraterie oder Kinderpornografie haftbar gemacht werden

Dementsprechend verfügen die Vereinigten Staaten über mehrere Regulierungsbehörden, wie die FCC und die NTIA, sowie über verschiedene Gesetze und Vorschriften, etwa die FISA- und CISA-Gesetze, sowie Behörden wie die *andere* CISA, die das US-CERT betreibt, die alle für die Regulierung des Cyberspace verantwortlich sind. Daneben spielen Organisationen wie das American Registry for Internet Numbers, die internationale ICANN und amerikanische internetbezogene Unternehmen wie AT&T, Lumen Technologies, Google, Meta (Facebook), Apple, Microsoft und viele andere eine Rolle bei der Regulierung und Verwaltung des amerikanischen Cyberspace. Aufgrund von Section 230 und dem First Amendment ist die Regulierung auf Bundesstaatenebene in den Vereinigten Staaten sehr eingeschränkt, und die oben genannten Bundesbehörden und -rahmenwerke regulieren weitgehend Unternehmen, nicht die Nutzer. Allerdings haben sowohl Präsident Donald Trump als auch der ehemalige Präsident Joe Biden gefordert, Section 230 zu ändern, da diese es Unternehmen ermöglicht hat, sich der Selbstregulierung und der Bekämpfung von Hassrede sowie von Des- und Fehlinformationen zu entziehen. Die Vereinigten Staaten haben unter weitverbreiteter Hassrede und Des-/Fehlinformationen gelitten – und leiden weiterhin darunter. Rassismus und Antisemitismus im Internet florieren, spalten amerikanische Gemeinschaften und perpetuieren Hass[25] ; auch Des-/Fehlinformationen im Internet sind weit verbreitet, da ausländische Gegner mit scharfer Macht den Vereinigten Staaten schaden, wie in Kap. 4 und 5 (d. h. die Einmischung in die Präsidentschaftswahl 2016, die Pizzagate- und QAnon-Verschwörungstheorien, der Sturm auf das Kapitol, der zum Teil auch von inländischen Akteuren vorangetrieben wurde, COVID-19-bezogene Verschwörungen und mehr) exemplarisch zeigen. Wie Tab. 7.1 zusammenfasst, regulieren die Vereinigten Staaten den Cyberspace nicht ausreichend: Sie verfügen über eine VCD.

[25] Siehe allgemein Topor (2022).

7.2 Der britische Cyberspace

Das Vereinigte Königreich war einer der frühesten Netzwerkpartner der Vereinigten Staaten. Das amerikanische ARPANET-Projekt übertrug erstmals im Oktober 1969 Daten in das Vereinigte Königreich (obwohl bereits 1968 Daten zwischen Norwegen, den Vereinigten Staaten und dem Vereinigten Königreich übertragen wurden). 1971 wurde eine Nachricht vom Vereinigten Königreich in die Vereinigten Staaten gesendet, 1973 übermittelte das University College London Daten nach Kalifornien, und die vollständige Nutzung von ARPANET wurde mit der Zusammenführung von SATNET, ARPANET und PRNET im November 1977 erreicht. 1984 erfolgte eine weitere Entwicklung: Das Joint Academic Network (JANET) wurde gegründet und versorgt heute über 18 Millionen Nutzer. 1985 wurde die *.uk*-Domain geschaffen. Die britische Öffentlichkeit erhielt in den 1990er-Jahren Zugang zum Internet, als das Unternehmen Pipex der erste kommerzielle ISP wurde und Einwahlzugänge anbot. Die entscheidende Phase für den Internetzugang im Vereinigten Königreich war etwa 1994–1997, als die Popularität des World Wide Web sprunghaft anstieg und Dienste wie E-Mail, Web-Browsing und grundlegende Online-Inhalte wie Zeitungen für die breite Öffentlichkeit zugänglicher wurden. In dieser Zeit begann die Internetnutzung an Fahrt zu gewinnen, und immer mehr Menschen begannen, die vielfältigen Möglichkeiten des Internets zu erkunden und zu nutzen. Bis 2005 verfügte bereits die Hälfte der Haushalte im Vereinigten Königreich über einen Internetzugang.[26]

Nach Angaben der ITU und Stand 2022 leben im Vereinigten Königreich etwa 67,5 Millionen Menschen, von denen 96,7 % mit dem Internet verbunden sind. Rund 95,2 % der Haushalte im Vereinigten Königreich sind ans Internet angeschlossen.[27] Das Vereinigte Königreich verfügt über mehrere IXPs. Zu den bekanntesten zählen der London Internet Exchange (LINX), der Ende 1994 gegründet wurde, London Access Point (LONAP), IXManchester, IXCardiff, IX-Scotland und der Manchester Network Access Point (MaNAP). Während die ITU die Anzahl der IXPs im Vereinigten Königreich nicht explizit angibt – ebenso wie im amerikanischen Fall –, legen alternative Datenbanken wie die Packet Clearing House Organisation und die IXP-Datenbank nahe, dass es im Vereinigten Königreich 30 IXPs gibt, wobei LINX einer der größten IXPs weltweit ist.[28]

Das Internet im Vereinigten Königreich wird durch mehrere einschlägige Gesetze reguliert, wobei ich hier – wie in den anderen Fällen – die wichtigsten und nicht eine vollständige Liste präsentiere. Die zentralen Gesetze und Vorschriften im Zusammenhang mit dem Internet im Vereinigten Königreich decken

---

[26] Belam (2015).

[27] Siehe „United Kingdom" im DataHub der ITU: https://datahub.itu.int/data/?e=USA.

[28] Siehe die IXP-Datenbank: https://ixpdb.euro-ix.net/en/; siehe auch „United Kingdom" bei Packet Clearing House: https://www.pch.net/ixp/dir#!mt-filters=%7B%22ctry%22%3A%5B%22drop-down%22%2C%22%22%2C%22United%20Kingdom%22%5D%7D.

verschiedene Bereiche ab, darunter Datenschutz, Online-Privatsphäre, Cybersicherheit und digitale Rechte. Gesetze und Vorschriften zur Regulierung des Internets entstanden mit der zunehmenden Nutzung des Internets in den 1990er- und 2000er-Jahren, doch eines der ersten Gesetze war der Copyright, Designs and Patents Act 1988, der sich auch in gewissem Maße mit der Nutzung urheberrechtlich geschützten Materials im Internet befasste.[29] Der Computer Misuse Act wurde im Oktober 1990 verabschiedet und war die erste zentrale Gesetzgebung, die den unbefugten Zugriff auf Computersysteme und -daten sowie die Beschädigung oder Zerstörung solcher Systeme und Daten unter Strafe stellte.[30]

Zwei weitere zentrale Gesetze wurden 1985 und 1994 erlassen und führten zur Gründung des Government Communications Headquarters (GCHQ). Der Interception of Communications Act 1985 gewährte der Regierung das Recht, Postkommunikation und später auch andere Arten öffentlicher Telekommunikation abzufangen, und der Intelligence Services Act 1994 etablierte de facto das GCHQ und den Secret Intelligence Service, bekannt als MI6.[31]

Im Juli 2000 wurde der Regulation of Investigatory Powers Act 2000 (RIPA) eingeführt, um „Vorschriften für und über das Abfangen von Kommunikation, den Erwerb und die Offenlegung von Daten im Zusammenhang mit Kommunikation, die Durchführung von Überwachungsmaßnahmen, die Nutzung verdeckter menschlicher Informationsquellen sowie den Erwerb von Mitteln, mit denen durch Verschlüsselung oder Passwörter geschützte elektronische Daten entschlüsselt oder zugänglich gemacht werden können", zu erlassen. RIPA regelt die Befugnisse staatlicher Stellen zur Durchführung von Überwachungsmaßnahmen sowie zum Abfangen und Entschlüsseln von Kommunikation.[32] Anschließend wurden das Communications Act 2002 und das Communications Act 2003 vom Parlament eingeführt und traten am 25. Juli 2003 in Kraft. Neben Regelungen zu Internet-, Fernseh- und Rundfunkdiensten schufen diese Gesetze das Office of Communications (OFCOM) als Regulierungsbehörde, die elektronische Kommunikation überwacht, einschließlich Mobilfunknetze, Breitbandanbieter und Internetdienstanbieter. Zudem regulierte sie das elektromagnetische Spektrum (einschließlich mobiler Verbindungen und WLAN).[33]

---

[29] Siehe den Copyright, Designs and Patents Act 1988, HM Government, Vereinigtes Königreich. https://www.legislation.gov.uk/ukpga/1988/48/contents.

[30] Siehe den Computer Misuse Act 1990, HM Government, Vereinigtes Königreich. https://www.legislation.gov.uk/ukpga/1990/18/contents.

[31] Siehe den Interception of Communications Act 1985, HM Government, Vereinigtes Königreich. https://www.legislation.gov.uk/ukpga/1985/56/contents; den Intelligence Services Act 1994, HM Government, Vereinigtes Königreich. https://www.legislation.gov.uk/ukpga/1994/13/contents.

[32] Siehe Regulation of Investigatory Powers Act 2000, HM Government, Vereinigtes Königreich. https://www.legislation.gov.uk/ukpga/2000/23/contents.

[33] Siehe Office of Communications Act 2002, HM Government, Vereinigtes Königreich. https://www.legislation.gov.uk/ukpga/2002/11/introduction; Office of Communications Act 2003, HM Government, Vereinigtes Königreich. https://www.legislation.gov.uk/ukpga/2003/21/contents.

Anschließend wurden Ende 2003 die Electronic Communications (EC Directive) Regulations 2003, auch bekannt als Privacy and Electronic Communications Regulations, eingeführt. Dieses Gesetz setzte die ePrivacy-Richtlinie der Europäischen Union (Richtlinie 2002/58/EG) um und gewährte spezifische Datenschutzrechte im Zusammenhang mit elektronischer Kommunikation, einschließlich Vorschriften zu Werbeanrufen, E-Mails, SMS, Faxen, Cookies und zur Sicherung von Kommunikationsdiensten.[34]

Ein weiteres Gesetz wurde 2016 eingeführt, der Investigatory Powers Act 2016, bekannt als „Snooper's Charter". Er schafft einen neuen Rahmen für die Nutzung und Überwachung von Ermittlungsbefugnissen durch Strafverfolgungs-, Sicherheits- und Nachrichtendienste. Er regelt das Abfangen von Kommunikation, das Eindringen in Geräte sowie den Erwerb und die Speicherung von Kommunikationsdaten, insbesondere die massenhafte Sammlung von Kommunikationsdaten.[35]

Neben der Regulierung der Internetüberwachung hat das Vereinigte Königreich 2019 auch einen Vorschlag zum Umgang mit Online-Hass und Des-/Fehlinformationen vorgelegt: das Online Harms White Paper. Das im April 2019 veröffentlichte Papier skizziert Pläne zur Bekämpfung von Online-Schäden, wie illegale Inhalte, terroristische und extremistische Propaganda, Des-/Fehlinformationen durch ausländische Akteure, kriminalitätsbezogene Inhalte und mehr.[36] Weitere Gesetze wie der Digital Economy Act von 2017, der Data Protection Act von 2018 – der das Vereinigte Königreich an die europäische DSGVO anpasst –, der Consumer Rights Act von 2015, die Audiovisual Media Services Regulations von 2020 und der Telecommunications (Security) Act von 2021 zielten alle darauf ab, den britischen Cyberraum sicherer und widerstandsfähiger zu machen.[37] Diese Gesetze und Vorschriften sowie die Einrichtung des zwischenstaatlichen Digital Regulation Cooperation Forum sollen sicherstellen, dass das Internet verantwortungsvoll und sicher genutzt wird, die Rechte und die Privatsphäre

---

[34] Siehe Privacy and Electronic Communications (EC Directive) Regulations 2003, HM Government, Vereinigtes Königreich. https://www.legislation.gov.uk/uksi/2003/2426/regulation/6/made.

[35] Siehe Investigatory Powers Act 2016, HM Government, Vereinigtes Königreich. https://www.legislation.gov.uk/ukpga/2016/25/contents/enacted.

[36] Siehe Online Harms White Paper, Department for Digital, Culture, Media & Sport, Vereinigtes Königreich. https://www.gov.uk/government/consultations/online-harms-white-paper/online-harms-white-paper.

[37] Siehe Digital Economy Act 2017, HM Government, Vereinigtes Königreich. https://www.legislation.gov.uk/ukpga/2017/30/contents/enacted; Data Protection Act 2018, HM Government, Vereinigtes Königreich. https://www.legislation.gov.uk/ukpga/2018/12/contents/enacted; Consumer Rights Act 2015, HM Government, Vereinigtes Königreich. https://www.legislation.gov.uk/ukpga/2015/15/contents/enacted; Audiovisual Media Services Regulations 2020, HM Government, Vereinigtes Königreich. https://www.legislation.gov.uk/uksi/2020/1062/made; Telecommunications (Security) Act 2021, HM Government, Vereinigtes Königreich. https://www.legislation.gov.uk/ukpga/2021/31/contents/enacted.

der Einzelnen geschützt werden und gleichzeitig die Herausforderungen und Risiken im Zusammenhang mit Online-Aktivitäten adressiert werden.[38]

Der Online Safety Act (OSA) von 2023, der im Oktober 2023 in Kraft trat, ist ein weiteres bedeutendes Gesetz, das darauf abzielt, das Internet für Nutzerinnen und Nutzer im Vereinigten Königreich sicherer zu machen. Das Hauptziel des OSA ist es, Einzelpersonen, insbesondere Kinder, vor schädlichen Online-Inhalten zu schützen. Dazu zählen illegale Inhalte wie Hassrede, terroristische Inhalte und Darstellungen von Kindesmissbrauch sowie legale, aber schädliche Inhalte wie Cybermobbing, Desinformation und Inhalte, welche die Selbstverletzung fördern. Der OSA verpflichtet soziale Medienunternehmen zu neuen Schutzmaßnahmen für Kinder und gibt Erwachsenen mehr Kontrolle über ihre Online-Erfahrung. Zudem erhält die Regulierungsbehörde OFCOM die Befugnis, die Online-Sicherheit durch die Bekämpfung illegaler Inhalte und schädlicher Aktivitäten zu gewährleisten.[39] Interessanterweise haben Messaging-Anwendungen wie WhatsApp, Telegram und Signal sowie Internet- und Social-Media-Unternehmen wie Meta, Google, Twitter und Wikipedia Bedenken geäußert und vor der Verabschiedung des Gesetzes sogar die Option der Nichtbefolgung in den Raum gestellt, da es die Überwachung zur Pflicht macht und Verschlüsselung und Privatsphäre dem Sicherheitsaspekt unterordnet. Dies wurde natürlich auch von Russland und China getan, die Internet- und Social-Media-Unternehmen eingeschränkt haben (siehe Kap. 6).[40]

Das Vereinigte Königreich ist Teil der englischsprachigen Five Eyes Alliance und ein Knotenpunkt für Glasfaserkabel und Internetknotenpunkte (IXPs), die die Welt verbinden (siehe Abb. 7.3). Es bekennt sich somit zur westlichen Vorherrschaft, sei es im Bereich der Geheimdienste, des Handels oder beider Bereiche. In Anlehnung an die Vereinigten Staaten hat es daher ebenfalls ein Verbot für chinesische Cyber-Technologie angekündigt. Obwohl das Verbot nicht absolut ist, hat die britische Regierung Huawei aus Sicherheitsgründen wegen möglicher staatlicher Einflussnahme vom Ausbau der 5G-Netze ausgeschlossen. Die Entscheidung wurde vor allem durch Druck aus den Vereinigten Staaten beeinflusst.[41]

Zusammenfassend gesagt, hat das Vereinigte Königreich Gesetze und Vorschriften zur Regulierung des Cyberraums erlassen. Die Regulierung wird von mehreren Behörden unterstützt und die Gesetze werden durchgesetzt, darunter OFCOM als Hauptregulierungsbehörde für die Kommunikationsbranche. Sie reguliert Fernsehen, Radio, den Cyberraum und andere Kommunikationsdienste. Eine weitere wichtige staatliche Stelle ist das Information Commissioner's Office,

---

[38] Siehe Digital Regulation Cooperation Forum, Information Commissioner's Office, Vereinigtes Königreich. https://ico.org.uk/about-the-ico/what-we-do/digital-regulation-cooperation-forum/; siehe auch Schlesinger (2022).

[39] Siehe Online Safety Act 2023, HM Government, Vereinigtes Königreich. https://www.legislation.gov.uk/ukpga/2023/50/enacted.

[40] Guest (2023) und Spectator (2024).

[41] Perrigo (2020).

Abb. 7.3 Untersee- und terrestrische Internetkabel sowie Internetknotenpunkte im und um das Vereinigte Königreich. *Quelle* Infrastructure Connectivity Map, International Telecommunication Union. * Blaue Linien sind terrestrisch, dünne graue Linien in Meeren und Ozeanen sind Untersee-Glasfaserkabel, IXPs sind in grünen Kreisen dargestellt. Das Vereinigte Königreich ist grau hervorgehoben

eine unabhängige Behörde, die Informationsrechte wahrt und den Datenschutz für Einzelpersonen fördert. Das Department for Digital, Culture, Media & Sport ist ein Regierungsministerium, das für Digitalpolitik, Telekommunikation und die Kreativwirtschaft zuständig ist. Es spielt eine Rolle bei der Gestaltung des regulatorischen Rahmens für das Internet und digitale Dienste sowie bei der Entwicklung einer Politik, die zu Online-Sicherheit, Datenschutz und Cybersicherheit führt. Das Home Office ist für Fragen der Sicherheit, Einwanderung und Strafverfolgung zuständig. Es wirkt an der Entwicklung einer Politik, die sich mit Cybersicherheit, Terrorismusbekämpfung und der Verhinderung von Online-Schäden beschäftigt, sowie entsprechender Gesetze mit. Es arbeitet eng mit dem National Cyber Security Centre (NCSC) zusammen, das im Oktober 2016 im Rahmen der nationalen Cybersicherheitsstrategie des Vereinigten Königreichs gegründet wurde und die Cybersicherheitsbemühungen anführt, Unternehmen und Behörden berät und anleitet, wie sie sich vor Cyberbedrohungen schützen können. Es führt zudem Incident-Response-Operationen mit CERT-UK durch und kooperiert mit internationalen Partnern wie US-CERT.

Eine besonders mächtige Institution ist das GCHQ, die für Signalaufklärung und Informationssicherheit zuständige Nachrichtendienst- und Sicherheitsbehörde. Das GCHQ hört elektronische Kommunikation ab und schützt die kritische Infrastruktur des Vereinigten Königreichs sowohl vor Cyberangriffen als auch vor

Tab. 7.2 Beschränkung der Internet-Ebenen im Vereinigten Königreich

Beschränkung der Netzwerkschicht	Antwort
Beschränkt oder kontrolliert das Land regelmäßig seine physischen Verbindungen durch Design? Kann es die physische Schicht auf Abruf beschränken?	Teilweise, das Vereinigte Königreich beschränkt physische Verbindungen nicht regelmäßig; jedoch wurde 2020 chinesische Ausrüstung verboten
Beschränkt oder kontrolliert das Land regelmäßig seine Netzwerk-Gateways und Routen?	Nein, die logische Schicht ist weitgehend unbeschränkt und wird durch den Markt reguliert
Beschränkt oder kontrolliert das Land regelmäßig Inhalte innerhalb seiner Grenzen?	Teilweise, seit 2023 und durch den Online Safety Act (OSA) von 2023 werden schädliche Inhalte überwacht und reguliert
Beschränkt oder kontrolliert das Land regelmäßig, wie seine Bürger und sogar Besucher das Internet nutzen?	Teilweise, seit 2023 und durch den Online Safety Act (OSA) von 2023 werden schädliche Inhalte überwacht und reguliert und einzelne Nutzer können für die von ihnen verbreiteten Inhalte haftbar gemacht werden

Terrorismus. Letztlich können jedoch die Justizgerichte oder Gremien wie der Independent Reviewer of Terrorism Legislation über internetbezogene Sicherheitsfragen entscheiden. Im Anschluss an die Nationale Cybersicherheitsstrategie 2016–2021, die die wichtigsten Herausforderungen benannte, hat das Vereinigte Königreich die Nationale Cybersicherheitsstrategie 2022–2030 veröffentlicht, die darauf abzielt, das NCSC zu stärken und mehr Kontrolle über den Cyberspace zu etablieren (vor allem zu dessen Verteidigung).[42] Tatsächlich verfügt das Vereinigte Königreich nach Problemen wie dem ausländischen Einfluss auf den Brexit weiterhin über ein VCD, arbeitet jedoch in den letzten Jahren daran, mehr Kontrolle über den Cyberspace zu erlangen (siehe Tab. 7.2).

7.3 Der israelische Cyberspace

Israel gilt von vielen als „Start-up-Nation“ oder Hightech-Nation. Tatsächlich war Israel ein früher Anwender des vernetzten Internets. 1984 wurde ein begrenztes Netzwerk zwischen Universitäten in Israel geschaffen, die das israelische Inter-University Computation Center (IUCC) eröffnet hatten, und dem European Academic Research Network; dies baute auf einer bereits bestehenden Einzelverbindung zwischen der Hebräischen Universität Jerusalem und amerikanischen Universitäten

[42] Siehe die Nationale Cybersicherheitsstrategie des Vereinigten Königreichs 2016–2022 sowie die nachfolgende Strategie 2022–2030: National Cyber Security Strategy 2016 to 2021, HM Government, Vereinigtes Königreich. https://assets.publishing.service.gov.uk/media/5a81914de5274a2e8ab54ae9/national_cyber_security_strategy_2016.pdf; Government Cyber Security Strategy – Building a Cyber Resilient Public Sector, HM Government, Vereinigtes Königreich. https://assets.publishing.service.gov.uk/media/61f0169de90e070375c230a8/government-cyber-security-strategy.pdf.

auf, die seit 1982 bestand. Es wird weithin angenommen, dass die Israel Defense Force (IDF), das israelische Militär, sowie Nachrichtendienste die Idee solcher Netzwerke aufgegriffen hatten – wenn auch in sehr begrenztem Umfang. Nach der Einführung von Ländercode-Top-Level-Domains (ccTLDs) erhielt Israel 1985 die Endung .il, und am 8. November 1988 erhielt das IUCC eine rechtliche Lizenz zum Betrieb eines Netzwerks vom israelischen Kommunikationsministerium. Am 6. Juni 1991 wiesen die Ministerien für Industrie und Handel, Wissenschaft und Kommunikation das IUCC an, privaten Unternehmen den Anschluss zu ermöglichen. Dies ebnete den Weg für die Kommerzialisierung des Internets in Israel, und am 22. Mai 1994 wurde das Internet der Öffentlichkeit über drei kommerzielle Unternehmen zugänglich: Elron, Darcom und Netmanage (das später Elron aufkaufte). Kurz darauf, am 2. Juli 1996, nahm der einzige IXP in Israel, der Israeli Internet Exchange (IIX), den Betrieb auf. In den späten 1990er-Jahren traten israelische Universitäten sogar dem Internet2 bei, einem Netzwerk, das sich der Dienstgüte und nicht nur der Verfügbarkeit widmete.[43]

Seit dem Eintritt kommerzieller Unternehmen wuchs das israelische Internet enorm und wurde von der überwiegenden Mehrheit der Israelis rasch übernommen. Am 26. Oktober 2023 erhielt Israel sogar seine eigene hebräische ccTLD (.ישראל).[44] Nach Angaben der ITA und Stand 2022 gibt es in Israel etwa 9 Millionen Einwohner, von denen 90,3 % das Internet nutzen; 80 % der Haushalte verfügen über einen Internetzugang. Der IIX ist nach wie vor der einzige IXP Israels und wird von der Israel Internet Association betrieben. Wie in Abb. 7.4 zu sehen ist, ist Israel jedoch nur über Glasfaserkabel in der Nähe von Haifa und Tel Aviv mit dem Ausland verbunden (abgesehen von Satellitenkommunikation und begrenzten Landverbindungen nach Jordanien und Ägypten), was die Frage nach der zivilen Internet-Resilienz und der Nutzung im Falle möglicher großer Kriege aufwirft. Laut ISOC nutzen 97 % der Internetnutzer in Israel YouTube, 95 % WhatsApp und 90 % Facebook.[45]

Israelische Staatsbürger haben das Internet somit in großem Umfang übernommen – aber wer überwacht und reguliert es, um sicherzustellen, dass es ein widerstandsfähiges nationales Gut bleibt? In Bezug auf die Gesetzgebung regeln mehrere Gesetze die Internetnutzung, wobei zu berücksichtigen ist, dass Israel keine Verfassung besitzt. Zunächst bietet das Grundgesetz (Menschenwürde und Freiheit) von 1992 einen Rahmen, der anerkennt, dass israelische Staatsbürger tun und lassen dürfen, was sie wollen, solange sie anderen keinen Schaden zufügen. In Israel wird die Meinungsfreiheit im Allgemeinen durch das Oberste Gericht geschützt.[46] Bestimmte Inhalte werden durch die Macht der Verteidigungs-(Notstands-)Verordnungen von 1945 zensiert, die ein Überbleibsel des britischen Mandats sind, das

[43] Hank (2006) und Palter und Nussbacher (1999).

[44] ICANN (2023).

[45] Wiener und Stegman (2023).

[46] Siehe Grundgesetze, Knesset Israel. https://main.knesset.gov.il/en/activity/pages/basiclaws.aspx; siehe auch allgemein Israel Democracy Institute (o. J.).

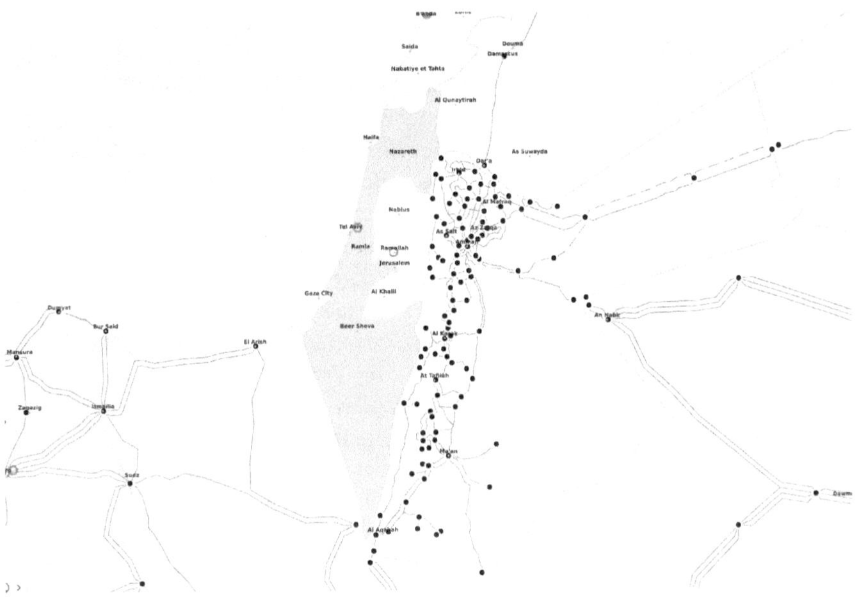

Abb. 7.4 Unterseeische Internetkabel und Internet-Austauschpunkte in und um Israel. *Quelle* Infrastructure Connectivity Map, International Telecommunication Union. * Blaue Linien sind terrestrisch, dünne graue Linien in Meeren und Ozeanen sind unterseeische Glasfaserkabel, IXPs sind in grünen Kreisen dargestellt. Israel ist grau hervorgehoben

zwischen 1920 und 1945 im Land Israel bestand. Diese Verteidigungs-(Notstands-) Verordnungen wurden als Gesetze übernommen und sind für die Internetzensur relevant.[47] Das Gerichtssystem, zusammen mit dem Büro des Generalstaatsanwalts und dem Justizministerium, hat die Befugnis, Online-Inhalte zu regulieren. Sie können den Zugang zu Websites zensieren und blockieren und Personen für Missbrauch zur Rechenschaft ziehen, gemäß den geltenden israelischen Gesetzen und einer angemessenen juristischen Auslegung. So ordnete beispielsweise das Bezirksgericht Tel Aviv Mitte bis Ende 2019 an, dass israelische Internetanbieter 1700 Websites mit illegalen pornografischen Inhalten sperren.[48] In einem weiteren Beispiel wurde die libanesische pro-iranische Website Al-Mayadeen (die als feindlich eingestuft wurde) auf Antrag des Kommunikationsministeriums gesperrt.[49] Ein weiteres relevantes Gesetz ist das Grundgesetz (Die Regierung), das 2001 erlassen und seither mehrfach geändert wurde; es kann im Falle von nationaler Sicherheitsrelevanz als auf den Cyberraum anwendbar interpretiert werden.[50]

[47] Tzur (1989).

[48] Times of Israel (2019).

[49] i24 (2023).

[50] Grundgesetz: Die Regierung, 5761-2001. Die Knesset [auf Hebräisch: חוק-יסוד: הממשלה [התשס"א]. https://main.knesset.gov.il/Activity/Legislation/Laws/Pages/LawPrimary.aspx?t=lawlaws&st=lawlawsbasic&lawitemid=2000040.

Bis 2017 zensierte Israel Inhalte und Nutzer auf Grundlage von Entscheidungen der Ministerien, die von einem Bezirksgericht oder Obersten Gericht aufgehoben werden konnten, sowie auf Grundlage der Verteidigungs-(Notstands-)Verordnungen von 1945. Es zensierte auch Inhalte und erließ weitere Beschränkungen auf Grundlage des Anti-Terror-Gesetzes 5776-2016.[51] Dann führte Israel am 26. Juli 2017 das Gesetz über die Befugnisse zur Verhinderung der Begehung von Straftaten durch die Nutzung einer Internetseite, 5777-2017 (Gesetz über die Befugnisse), ein, das am 26. September 2017 in Kraft trat. Das Gesetz ermächtigt einen vom Präsidenten des Bezirksgerichts zu diesem Zweck ausgewählten Bezirksrichter, auf Antrag eines Staatsanwalts eine Anordnung zu erlassen, den Zugang zu einer Website ganz oder teilweise einzuschränken, wenn festgestellt wird, dass die Einschränkung zur Verhinderung einer Straftat notwendig ist.[52] Im Jahr 2023 war dieses Gesetz das einzige, das sich direkt auf das Internet bezog. Vor 2017 war ein weiteres relevantes Gesetz das Computergesetz von 1995, das am 25. Juli 1995 verabschiedet und 2012 geändert worden war. Es verbietet den unbefugten Zugriff auf Inhalte, Datenmanipulation und andere computerbezogene Straftaten.[53] Ein älteres, ebenfalls relevantes Gesetz ist das Gesetz zum Schutz der Privatsphäre, 5741-1981, das sowohl online als auch offline die Verletzung der Privatsphäre einer anderen Person ohne deren Zustimmung verbietet. Es legt zudem Richtlinien für den Schutz von Datenbanken fest.[54]

Im Bereich Cybersicherheit, Nachrichtendienste und Überwachung ermächtigen das Gesetz über den Allgemeinen Sicherheitsdienst, 5762-2002, und das Gesetz über geheime Überwachung, 5739-1979, die Israelische Sicherheitsbehörde (den Schabak), Inhalte auf Computern und anderen Geräten sowie Online-Inhalte, einschließlich Abhören und Überwachung des Netzwerkverkehrs – der Schabak operiert seit 1949 unter dem Dach der IDF. Der Schabak ist zudem beauftragt, Verschwörungen zur Manipulation kritischer Infrastrukturen abzuwehren.[55] Im Dezember 2023, nach dem Terroranschlag vom 7. Oktober auf Is-

---

[51] Anti-Terror-Gesetz, 5776-2016. Die Knesset [auf Hebräisch: חוק המאבק בטרור, התשע"ו-2016]. https://main.knesset.gov.il/activity/legislation/laws/pages/lawbill.aspx?t=lawreshumot&lawitemid=568876.

[52] Gesetz über die Befugnisse zur Verhinderung der Begehung von Straftaten durch die Nutzung einer Internetseite, 5777-2017 (Gesetz über die Befugnisse). Die Knesset [auf Hebräisch: חוק סמכויות לשם מניעת ביצוע עבירות באמצעותאתר אינטרנט, התשע"ז-2017]. https://main.knesset.gov.il/Activity/Legislation/Laws/Pages/LawPrimary.aspx?t=lawlaws&st=lawlaws&lawitemid=2020878.

[53] Computergesetz, 5755-1995 (geändert am 17. Juli 2012). Die Knesset [auf Hebräisch: חוק המחשבים (תיקון), התשע"ב-2012]. https://main.knesset.gov.il/activity/legislation/laws/pages/LawBill.aspx?t=LawReshumot&lawitemid=421693.

[54] Gesetz zum Schutz der Privatsphäre, 5741-1981. Die Knesset [auf Hebräisch: חוק הגנת הפרטיות, התשמ"א-1981]. https://main.knesset.gov.il/Activity/Legislation/Laws/Pages/LawBill.aspx?t=LawReshumot&lawitemid=147337.

[55] Gesetz über den Allgemeinen Sicherheitsdienst, 5762-2002. Die Knesset [auf Hebräisch: חוק שירות הביטחון הכללי, התשס"ב-2002]. https://main.knesset.gov.il/activity/legislation/laws/pages/lawprimary.aspx?t=lawlaws&st=lawlaws&lawitemid=2001389; Gesetz über geheime Überwachung, 5739-1979. Die Knesset [auf Hebräisch: חוק האזנת סתר, התשל"ט-1979]. https://main.knesset.gov.il/Activity/Legislation/Laws/Pages/LawPrimary.aspx?t=lawlaws&st=lawlaws&lawitemid=2000169.

rael und dem anschließenden Krieg zwischen Israel und der Terrororganisation Hamas, wurden weitere Änderungen an Gesetzen zum Cyberraum vorgenommen. So ermächtigt beispielsweise das Gesetz zur Genehmigung des Eindringens in Computerdateien zum Betrieb einer stationären Kamera (zeitlich befristete Anordnung – Eiserne Schwerter), 5784-2023, die israelischen Sicherheitskräfte, in Computerdateien einzudringen und Kameras zu nutzen.[56]

Neben der IDF und dem Schabak – sowie der israelischen Polizei, die sich mit Cyberkriminalität befasst – sind zwei weitere Institutionen für den Schutz und die Resilienz kritischer Infrastrukturen verantwortlich. Die erste ist der Nationale Sicherheitsrat (NSC), das Hauptorgan zur Koordinierung, Integration, Bewertung und Überwachung der nationalen Sicherheit, der 1999 als Teil des Büros des Premierministers gegründet wurde und durch gesetzliche Maßnahmen 2008 teilweise unabhängig wurde. Neben der Koordinierung von Sicherheit und Nachrichtendiensten ist er auch für strategische Planung und Krisenmanagement, einschließlich cyberbezogener Fragen, zuständig.[57] Die andere ist die Israelische Nationale Cyberdirektion (INCD); auf ihrer Website ist zu lesen: „Die Israelische Nationale Cyberdirektion ist die nationale Sicherheits- und Technologiebehörde, die für die Verteidigung des nationalen Cyberraums Israels sowie für den Aufbau und die Weiterentwicklung der Cyberkompetenz Israels verantwortlich ist."[58] Sie wurde 2011 als Nationales Cyberbüro gegründet. 2015 beschloss die israelische Regierung, das Cyberbüro parallel zur Nationalen Cybersicherheitsbehörde zu betreiben, und beide wurden schließlich im Dezember 2017 zur INCD zusammengeführt.[59]

Alle oben genannten Gesetze sowie einige weitere, die in dieser Übersicht nicht behandelt werden, tragen zum rechtlichen Rahmen bei, mit dem Israel das Internet reguliert. Das Ministerium für Industrie und Handel, das Ministerium für Wissenschaft und vor allem das Ministerium für Kommunikation sind die Regulierungsbehörden, die den Cyberspace und die Kommunikation im Allgemeinen regulieren. Im Bereich der Cybersicherheit arbeiten die IDF, der Schabak, der NSC und die INCD zusammen, um Cyber-Bedrohungen zu verhindern. Wie jedoch in den Kap. 4 und 5 veranschaulicht wird, ist der israelische Cyberspace sehr offen und unsicher, insbesondere für Bürgerinnen und Bürger, die häufig als Stellvertreter angegriffen werden, um sicherheits- und nachrichtenbezogene Ziele zu erreichen.

---

[56] Gesetz zur Genehmigung des Eindringens in Computerdateien zum Betrieb einer stationären Kamera (zeitlich befristete Anordnung – Eiserne Schwerter), 5784-2023. Die Knesset [auf Hebräisch: הביטחון הכללי לביצוע נייחת ופעולה בו (הוראת שעה – חרבות ברזל), התשפ"ד-2023 חוק הסמכת צבא הגנה לישראל ושירות חדירה לחומר מחשב המשמש להפעלת מצלמה]. https://main.knesset.gov.il/Activity/Legislation/Laws/Pages/LawBill.aspx?t=LawReshumot&lawitemid=2211682.

[57] Siehe das Gesetz über den Nationalen Sicherheitsrat 5768-2008. Die Knesset [auf Hebräisch: חוק המטה לביטחון לאומי, התשס"ח-2008]. https://main.knesset.gov.il/activity/legislation/laws/pages/lawbill.aspx?t=lawreshumot&lawitemid=263865.

[58] Siehe Israel National Cyber Directorate (o. J.).

[59] Unna (2019).

Tab 7.3 Einschränkung der Internetebenen in Israel

Einschränkung der Netzwerkschicht	Antwort
Beschränkt oder kontrolliert das Land regelmäßig seine physischen Verbindungen durch Design? Kann es die physische Schicht auf Abruf einschränken?	Nein, es kann physische Verbindungen nicht auf Abruf einschränken und muss dafür Gesetze erlassen
Beschränkt oder kontrolliert das Land regelmäßig seine Netzwerk-Gateways und Routen?	Nein, die logische Schicht ist weitgehend unreguliert und wird vom Markt bestimmt. Obwohl sie überwacht wird, hat dies keine Auswirkungen auf die Internetnutzung der Allgemeinbevölkerung
Beschränkt oder kontrolliert das Land regelmäßig Inhalte innerhalb seiner Grenzen?	Teilweise, es überwacht und reguliert nur schädliche Inhalte wie terroristisch unterstützte Inhalte und illegale Pornografie
Beschränkt oder kontrolliert das Land regelmäßig, wie seine Bürger und sogar Besucher das Internet nutzen?	Nein, es sei denn, sie verbreiten oder konsumieren schädliche Inhalte wie illegale Pornografie oder terrorismusbezogenes Material

Nach zivilen Unruhen in den Jahren 2021 und 2022 forderte sogar der israelische Polizeichef, Polizeikommissar Kobi Shabtai, die Abschaltung sozialer Medien als Mittel zur Eindämmung der Gewalt. „Wir sind ein demokratisches Land, aber es gibt Grenzen“, merkte er an und verwies darauf, dass von radikalen lokalen Akteuren oder böswilligen ausländischen Akteuren verbreitete Des- und Fehlinformationen gefährlich seien. Trotz Kritik aus der Zivilgesellschaft und von einigen Knesset-Mitgliedern an seiner Aussage äußerten selbst das eher linksgerichtete Israel Democracy Institute und das Institute for National Security Studies Bedenken hinsichtlich der zunehmenden Verbreitung von „Fake News“. [60] Israel verfügt über keine rechtlichen Mittel, um mit Des- und Fehlinformationen umzugehen (siehe Kap. 5). Wie in Tab. 7.3 zusammengefasst, kann der israelische Cyberraum als VCD betrachtet werden, da die zivilen Internetverbindungen Israels sehr fragil sind (es existieren nur zwei Hauptverbindungen) und ausländische U-Boote bereits in der Nähe dieser Kabel gesichtet wurden. [61]

7.4 Der europäische Cyberblock

Die ITU unterteilt die Welt in Regionen: Afrika, die arabischen Staaten, Asien und den Pazifik, GUS, Europa und Amerika. In Europa leben etwa 448 Millionen Menschen, von denen 89,5 % das Internet nutzen (Stand 2022), und 87,6 % der Haushalte haben zu Hause Zugang. Im Vergleich dazu hat Afrika eine geschätzte

[60] Joffre (2022); siehe auch INSS (2019) und Altshuler Shwartz und Brun (2019).
[61] i24 (2019).

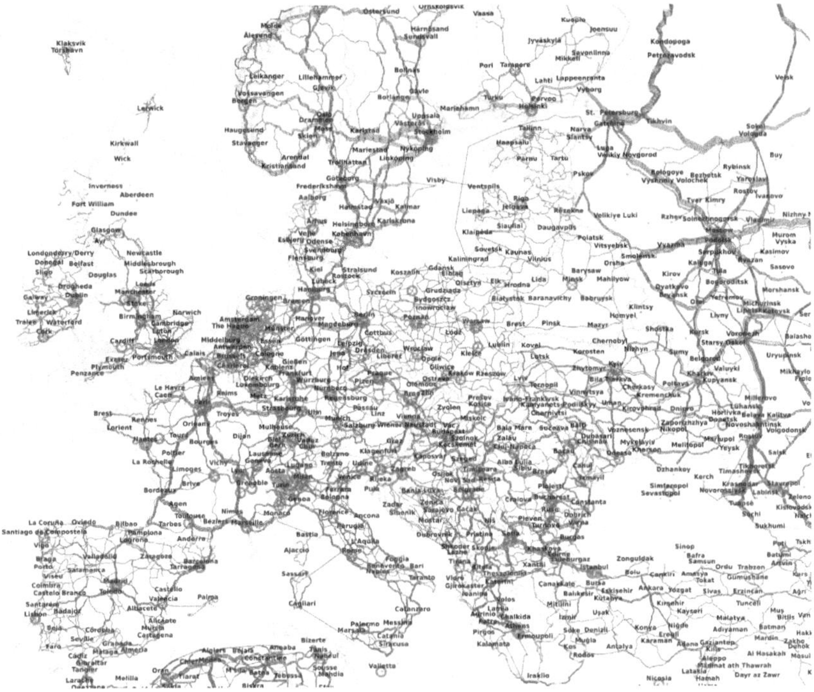

Abb. 7.5 Submarine und terrestrische Internetkabel sowie Internet-Austauschpunkte in und um Europa. * Blaue Linien sind terrestrisch, dünne graue Linien in Meeren und Ozeanen sind Unterseekabel aus Glasfaser, IXPs sind in grünen Kreisen dargestellt

Bevölkerung von 1,3 Milliarden, aber nur 39,7 % nutzen das Internet.[62] Nach Angaben des Packet Clearing House gibt es in Europa 396 IXPs, mehr als die 269 IXPs im asiatisch-pazifischen Raum und die 257 IXPs in Nordamerika (siehe Abb. 7.5).[63] Europa ist eines der Hauptziele sowohl amerikanischer als auch russisch-chinesischer Propaganda, einschließlich Des- und Fehlinformationen, da es ein globales wissenschaftliches, wirtschaftliches und politisches Zentrum ist, das, wenn es geeint auftritt, mit den Vereinigten Staaten, Russland und China konkurrieren kann.[64]

Der europäische Cyberspace ist ein komplexes Ökosystem, das sich über verschiedene Länder erstreckt, von denen jedes zur Gesamtfunktionalität und Zugänglichkeit beiträgt. Dieser Abschnitt beleuchtet einige rechtliche und technische Aspekte des europäischen Internets, mit Fokus auf die vier Ebenen: Infrastruktur, logische Schicht, Information und Nutzer. Darüber hinaus werden die

[62] Siehe „Europe" im DataHub der ITU: https://datahub.itu.int/data/?e=5.

[63] Siehe „Internet Exchange Directory" beim Packet Clearing House: https://www.pch.net/ixp/dir.

[64] Shuker und Topor (2021) und Zimdars (2022).

aufgrund von Datenschutzbedenken auferlegten Beschränkungen des europäischen Internets sowie die wichtigsten Gesetze und Vorschriften, die seine Nutzung regeln, hervorgehoben. Wie in den vorherigen Fällen ist diese Übersicht nicht abschließend, sondern soll einen entscheidenden Punkt verdeutlichen: das allmähliche Entstehen eines begrenzten Cyberblocks. Während das europäische Internet im Allgemeinen Meinungsfreiheit gewährt, bestehen bestimmte Einschränkungen. Regierungen und Regulierungsbehörden haben Maßnahmen zur Bekämpfung von Cyberkriminalität und Terrorismus sowie zum Schutz der nationalen Sicherheit, der Privatsphäre, des Handels und des Urheberrechts ergriffen. Inhalte, die als illegal oder schädlich eingestuft werden, unterliegen der Entfernung, und die Bekämpfung von Fake News und Hassrede ist ein fortlaufender Prozess, insbesondere da Europa anfällig für amerikanische, russische und chinesische Des- und Fehlinformationskampagnen ist. Selbst amerikanische Unternehmen werden mit Milliardenstrafen in US-Dollar belegt, wenn sie gegen die europäischen Cybervorschriften verstoßen.

Die Europäische Union hat ihren Ursprung in der Zeit nach dem Zweiten Weltkrieg und verfolgte das vorrangige Ziel, die wirtschaftliche Zusammenarbeit zu fördern und weitere Konflikte in Europa zu verhindern. Der Vorläufer der Europäischen Union war die Europäische Gemeinschaft für Kohle und Stahl (EGKS), die 1951 durch den Vertrag von Paris von den sechs Gründungsmitgliedern Belgien, Frankreich, Italien, Luxemburg, den Niederlanden und Westdeutschland gegründet wurde. Ziel der EGKS war es, die Kohle- und Stahlindustrien der Mitgliedstaaten zu integrieren. Der Integrationsprozess setzte sich mit der Unterzeichnung der Römischen Verträge 1957 fort, durch die die Europäische Wirtschaftsgemeinschaft (EWG) und die Europäische Atomgemeinschaft gegründet wurden. Die EWG strebte die Schaffung eines gemeinsamen Marktes an, indem Handelshemmnisse zwischen den Mitgliedstaaten schrittweise abgebaut wurden. Im Laufe der Jahre erweiterte sich die Europäische Union sowohl hinsichtlich der Mitglieder als auch der Kooperationsbereiche. Der Vertrag von Maastricht, unterzeichnet am 7. Februar 1992, markierte einen bedeutenden Meilenstein in der Entwicklung der Europäischen Union. Er führte zur Schaffung der EU als politischer und wirtschaftlicher Union und zur Einführung der Einheitswährung Euro. Der Vertrag legte auch den Grundstein für eine gemeinsame Außen- und Sicherheitspolitik. Nachfolgende Verträge, wie der Vertrag von Amsterdam (1997), der Vertrag von Nizza (2001) und der Vertrag von Lissabon (2007), erweiterten die Kompetenzen und das institutionelle Gefüge der Europäischen Union weiter. Insbesondere der Vertrag von Lissabon, der den Vertrag von Maastricht und den Vertrag von Rom änderte, zielte darauf ab, die Effizienz und demokratische Rechenschaftspflicht der Europäischen Union zu stärken.[65]

Die Europäische Union agiert auf supranationaler Ebene, das heißt, sie verfügt über eine gewisse Autorität über die nationalen Regierungen ihrer Mitgliedstaaten hinaus. Die Institutionen der Europäischen Union, darunter die Europäische Kom-

[65] Siehe Dedman (2006) und Europäische Union (o. D.).

mission, das Europäische Parlament und der Europäische Gerichtshof (EuGH), spielen eine entscheidende Rolle bei der Entscheidungsfindung und der rechtlichen Auslegung. Wie auf der offiziellen Website des Europäischen Parlaments ausgeführt wird: „Die Mitgliedstaaten der Europäischen Union haben sich im Zuge ihrer EU-Mitgliedschaft darauf geeinigt, einen Teil ihrer Befugnisse in bestimmten Politikbereichen auf die EU-Institutionen zu übertragen.“[66] Die Europäische Union verfügt somit über mehrere zentrale Institutionen, die an der Politikgestaltung beteiligt sind, insbesondere in Bezug auf den Cyberspace. Dazu zählen das Europäische Parlament, die Europäische Kommission, der Rat der Europäischen Union, Europol – die Agentur der Europäischen Union für die Zusammenarbeit auf dem Gebiet der Strafverfolgung –, die Agentur der Europäischen Union für Cybersicherheit (ENISA) und weitere.

Rechtlich und politisch ist die Macht in der Europäischen Union verteilt. Jedes Mitgliedsland hat eigene Gesetze und Vorschriften sowie nationale Sicherheits- und Cybersicherheitsinteressen. Darüber hinaus teilt die Europäische Union ihre Kompetenzen zwischen dem Europäischen Parlament, der Europäischen Kommission, dem Rat der Europäischen Union und weiteren Institutionen auf. Die rechtliche und politische Komplexität der Europäischen Union verdient eine eigene Untersuchung; dennoch gibt es einige zentrale Gesetze, Vorschriften und Institutionen, die gemeinsam den europäischen Cyberblock regulieren. Insbesondere sind dies der European Cybersecurity Act, die DSGVO, der DSA und der DMA, die ePrivacy-Richtlinie sowie die Richtlinie über Netz- und Informationssysteme (NIS-Richtlinie).

Die DSGVO, der DSA und der DMA wurden in Kap. 3 eingeführt und diskutiert; im weiteren Sinne jedoch verabschiedete die Europäische Union im Jahr 2016 – nach den ePrivacy- (2002) und Datenschutzrichtlinien (2003) – die Datenschutz-Grundverordnung (DSGVO) (2016/679). Diese Verordnung regelt, wie die personenbezogenen Daten von Einzelpersonen in der Europäischen Union verarbeitet und übermittelt werden dürfen. Die DSGVO gilt für Organisationen, die personenbezogene Daten von Bürgern oder Einwohnern der Europäischen Union verarbeiten oder diesen Waren oder Dienstleistungen anbieten, selbst wenn sich die Organisationen nicht in der Europäischen Union befinden. Die Verordnung schreibt strenge Anforderungen an den Datenschutz und die Datensicherheit vor, und bei Nichteinhaltung drohen erhebliche Geldbußen. Ziel der DSGVO ist es, die Datenschutzgesetze in Europa zu harmonisieren und die Grundrechte der Einzelnen im digitalen Zeitalter zu stärken.[67] Darüber hinaus traten im November 2022 mit dem Digital Services Act (DSA) und dem Digital Markets Act (DMA) zwei bedeutende Gesetzgebungen der Europäischen Union in Kraft. Der DSA befasst sich mit schädlichen und illegalen Waren, Dienstleistungen und Online-Inhalten und ersetzt die E-Commerce-Richtlinie. Ziel ist es, einen sichereren digitalen

[66] Europäisches Parlament (o. D.).

[67] Li et al. (2019).

Raum zu schaffen und die Grundrechte der Nutzer zu schützen. Der DMA hingegen konzentriert sich in erster Linie darauf, einen fairen und wettbewerbsfähigen digitalen Markt zu fördern, insbesondere für große Anbieter digitaler Dienstleistungen. Er legt klare Regeln für große Online-Plattformen fest und soll gleiche Wettbewerbsbedingungen für alle digitalen Unternehmen schaffen, unabhängig von deren Größe.[68]

Ein weiteres bedeutendes Gesetz ist der Cybersecurity Act der Europäischen Union, der 2019 verabschiedet wurde. Dies ist ein Eckpfeiler der Bemühungen der Europäischen Union, ihre Cybersicherheitsbereitschaft und -resilienz zu stärken, wobei der Schwerpunkt vor allem auf der Stärkung von ENISA und der Gewährung eines dauerhaften Mandats liegt. Damit wird die Rolle von ENISA als zentrale Anlaufstelle für Fachwissen und Unterstützung in Cybersicherheitsfragen in der Europäischen Union gefestigt. Zudem werden die Befugnisse von ENISA zur Bekämpfung von Bedrohungen ausgeweitet. Eine weitere wichtige Entwicklung war die Einführung eines EU-weiten Rahmens für die Cybersicherheitszertifizierung von Produkten, Dienstleistungen und Prozessen, der Standards zum Nutzen der Europäischen Union setzt.[69] Zur Stärkung des Cybersecurity Act schlug die Europäische Union zwei weitere Gesetze vor. Der Cyber Solidarity Act wurde im April 2023 vorgeschlagen, um die Reaktion auf Cyberbedrohungen in der gesamten Europäischen Union zu verbessern und den European Cybersecurity Shield zu initiieren. Der Cyber Resilience Act wurde im September 2022 vorgeschlagen, um Anforderungen für intelligente oder vernetzte Geräte festzulegen.[70]

Im Januar 2023 trat die Richtlinie über Netz- und Informationssysteme 2 (NIS2) 2022/2555 in Kraft und ersetzte die NIS-Richtlinie 2016/1148. Die NIS2-Richtlinie stellt ein zentrales Element im Cybersicherheitsrahmen der Europäischen Union dar. Sie zielt darauf ab, die Sicherheit kritischer Dienste in verschiedenen Sektoren zu verbessern, indem sie Mindestanforderungen an die Cybersicherheit für relevante Betreiber festlegt. Im Fokus stehen essenzielle Dienste wie der Energiesektor, Transport, Wasser, Gesundheitswesen, Postdienste, öffentliche Verwaltung und Abfallwirtschaft. Der Hauptunterschied zwischen den Richtlinien von 2016 und 2022/3 besteht in der Ausweitung des Geltungsbereichs und darin, dass Risikomanagement und Vorfallberichterstattung nun verpflichtend sind; zudem können Organisationen nun zur Verantwortung gezogen und sanktioniert werden, wenn sie nicht konform sind. NIS2 wird voraussichtlich eine globale Wirkung entfalten, wie es die DSGVO tat, da nun auch außereuropäische Akteure europäische Standards einhalten müssen, um Fuß zu fassen. Es könnte auch das globale Wettrüsten im Cyberraum verschärfen, da Staaten und nicht-staatliche

[68] Siehe Digital Markets Act (DMA), Europäische Kommission. https://digital-markets-act.ec.europa.eu/legislation_en; Digital Services Act (DSA), Europäische Kommission. https://digital-strategy.ec.europa.eu/en/policies/digital-services-act-package.

[69] Europäische Kommission (o. D.a).

[70] Europäische Kommission (o. D.b).

Akteure ständig nach neuen Wegen suchen, kritische Infrastrukturen anzugreifen und zu verteidigen.[71]

Mehrere Institutionen der Europäischen Union, die sich mit dem Cyberraum befassen (das Europäische Parlament, die Europäische Kommission, der Rat der Europäischen Union und Europol), werden in diesem Abschnitt aus Gründen des Umfangs nicht behandelt. Es gibt jedoch eine besondere Institution, die ihren Cyberraum neben der DSGVO, dem DSA und dem DMA sowie den Verordnungen der Europäischen Kommission schützt: ENISA konzentriert sich auf die gesamte Cybersicherheitslage der Europäischen Union. Sie wurde 2004 durch die Verordnung (EG) 460/2004 gegründet und durch den zuvor erwähnten Cybersecurity Act gestärkt. ENISA trägt zur Cyberpolitik der Europäischen Union bei, erhöht die Vertrauenswürdigkeit von IKT-Produkten, -Dienstleistungen und -Prozessen durch Cybersicherheitszertifizierungssysteme, arbeitet mit Mitgliedstaaten und EU-Organen zusammen und hilft Europa, sich auf Cybersicherheitsherausforderungen vorzubereiten. 2011 wurde innerhalb von ENISA das Computer Emergency Response Team für die Europäische Union (CERT-EU) eingerichtet; dieses permanente Team reagiert auf Informationssicherheitsvorfälle und Cyberbedrohungen, die die Computersysteme aller EU-Institutionen, -Agenturen und -Organe betreffen, ähnlich wie die amerikanischen und britischen CERTs.[72]

Abschließend lässt sich sagen, dass das europäische Internet eine reiche Geschichte hat, die bis in die frühen Tage des ARPANET zurückreicht; einige Länder wie Deutschland experimentierten bereits seit den 1980er-Jahren mit globaler Vernetzung, während andere wie Bulgarien erst in den frühen bis mittleren 1990er-Jahren hinzukamen. Europa spielte eine entscheidende Rolle bei der Entwicklung des World Wide Web, wobei die erste Website 1991 von Tim Berners-Lee erstellt wurde, als er am CERN in der Schweiz arbeitete (wenn auch nicht Teil der Europäischen Union). Seitdem hat Europa kontinuierlich zu Internettechnologien und -standards beigetragen. Die Erweiterung der Europäischen Union hat das Wachstum und die Integration des Internets in den Mitgliedstaaten beeinflusst.[73] Es handelt sich um einen besonders interessanten Fall, da er ein dynamisches und sich entwickelndes Netzwerk darstellt, das die Prinzipien von Offenheit und Sicherheit ausbalanciert. Aufgrund externer Bedrohungen wurde in den letzten Jahren, insbesondere in den 2010er-Jahren, ein stärker ausgeprägter Rahmen entwickelt. Rechtsrahmen wie die DSGVO, der DSA und der DMA sorgen für einen robusten Datenschutz, und die fortlaufenden Bemühungen zur Bekämpfung von Cyberbedrohungen und Herausforderungen im Zusammenhang mit Online-Inhalten bleiben eine Priorität. Der Europäische Rat bekämpft Mis- und Desinformation mit verschiedenen Gesetzesvorschlägen und Initiativen sowie schwerwiegendere Cyberbedrohungen mit Einrichtungen wie ENISA und dem Cybersecurity Act. Da

[71] ENISA (o. D.a).

[72] ENISA (o. D.b).

[73] Siehe allgemein Shahin (2006).

jedoch jeder Mitgliedstaat souverän ist und selbst über die empfangenen Informationen entscheiden kann, stellt die Bekämpfung von Mis- und Desinformation eine erhebliche Herausforderung für den europäischen Cyberblock dar.

Die Zukunft des europäischen Cyberraums (oder des europäischen Cyberblocks) könnte einer sicheren Cyberdomäne ähnlicher sein als der amerikanische VCD; jedoch wird nur die Zeit zeigen, wohin der europäische Wind weht, da wirtschaftliche Ungleichheiten zwischen den europäischen Ländern einige dazu veranlassen, die Europäische Union zu verlassen oder sie von innen heraus herauszufordern (z. B. Brexit und Forderungen nach einem Austritt Griechenlands, Spaniens und sogar Polens). Im Jahr 2023 bemühte sich die Europäische Union zudem, den AI Act zu fördern, sehr zum Missfallen von Unternehmen wie OpenAI (ChatGPT, DALL-E), das mit dem Austritt aus dem Block gedroht hat. Der AI Act „[zielt] darauf ab, sicherzustellen, dass KI-Systeme von Menschen überwacht werden, sicher, transparent, nachvollziehbar, nicht diskriminierend und umweltfreundlich sind".[74] Abschließend enthält dieses Kapitel keine abschließende Tabelle, da der Cyberblock noch zu unausgereift ist, aber auch, weil jeder Mitgliedstaat unterschiedliche Anforderungen haben kann und der Block in einem solchen Fall noch nicht mit souveränen Staaten verglichen werden sollte.

7.5 Fazit

Dieses Kapitel hat einen Überblick über mehrere bedeutende globale und regionale Mächte und ihre VCDs gegeben – Cyberdomänen, die den freien Informationsfluss und -zugang über nationale Sicherheit und Souveränität stellen (im Vergleich zu den in Kapitel zuvor behandelten SCDs). Die betrachteten Fälle waren die Vereinigten Staaten, das Vereinigte Königreich, Israel und der sich entwickelnde europäische Cyberblock. Der Global Cybersecurity Index (GCI) der ITU von 2020 stuft diese VCDs hoch (oder relativ hoch im Vergleich zu SCDs) auf einer Skala der Cybersicherheit ein, was darauf hindeutet, dass die Vereinigten Staaten, das Vereinigte Königreich, Israel und viele europäische Länder sichere Cyberdomänen haben. Wie ist es dann möglich, dass Russland, China, Iran und andere so erfolgreich Cyberkrieg gegen westliche Unternehmen und Infrastrukturen führen und mit scharfer Macht westliche Gesellschaften beeinflussen können? Offensichtlich gibt es eine Diskrepanz. Eine detaillierte Analyse legt nahe, dass die hier untersuchten Länder nicht so sicher sind, wie es der GCI darstellt. Zwar haben Kap. 6 und dieses Kapitel andere Aspekte des Cyberraums betrachtet als der GCI, dennoch ist es etwas merkwürdig, dass die sichersten Cyberdomänen wie die unsichersten erscheinen.

Die Kap. 4 und 5 sowie dieses Kapitel (das aktuelle Kapitel) haben deutlich gemacht, dass die Vereinigten Staaten, das Vereinigte Königreich, Israel und viele

[74] Europäisches Parlament (2023) und Coulter und Mukherjee (2023).

europäische Länder VCDs besitzen und im Vergleich zu den SCDs von Nordkorea, Russland, China, Iran und Saudi-Arabien verwundbar sind. Erstens macht das Wesen des Internets als globales Netzwerk von Netzwerken Länder verwundbar: Ist ein Netzwerk offen und unzureichend reguliert, ist es angreifbar. Zweitens macht die Tatsache, dass einige Länder – wie die in diesem Kapitel untersuchten – den freien Informationsfluss und finanziellen Profit über nationale Sicherheit, Resilienz und Souveränität stellen, ihre Cyberdomänen unsicher. Der Ansatz dieses Buches stellt strategische Sicherheit über menschliche Freiheit, und tatsächlich sind die freiesten, liberalsten und demokratischsten Länder auch diejenigen, die am meisten unter Cyberangriffen und Mis-/Desinformation leiden. Die Vereinigten Staaten, das Vereinigte Königreich und Israel haben alle Cyberangriffe und Mis-/Desinformationskampagnen erlitten, die sich enorm auf die nationale Resilienz ausgewirkt haben. In den Vereinigten Staaten konnten die FCC und CISA weder die Einmischung in die Präsidentschaftswahl 2016 noch den SolarWinds-Cyberangriff verhindern. Die britische OFCOM, NCSC und GCHQ konnten den russischen Einfluss auf den Brexit oder den vermeintlichen nordkoreanischen Angriff auf den NHS nicht verhindern. Das israelische Kommunikationsministerium, IDF, Shabak, NSC und INCD konnten weder iranische oder terroristische Cyberangriffe noch Mis-/Desinformation, die Angst und Chaos in der Gesellschaft verursachten, aufhalten. Die Europäische Union kämpft natürlich mit russischem Einfluss auf ihre Einheit und NATO-bezogene Fragen (siehe Kap. 4).

Ein besonderer Fall ist einzigartig, und zwar der Fall des europäischen Cyberblocks. Einerseits ist jeder EU-Mitgliedstaat souverän und verfügt über eigene, unabhängige Gesetze und Regelungen. Andererseits agiert die Europäische Union auf supranationaler Ebene: Sie hat eine gewisse Autorität über die nationalen Regierungen der Mitgliedstaaten. In Fragen des Cyberraums haben die Europäische Kommission, das EU-Parlament, der EuGH und andere die Befugnis, Regeln und Vorschriften umzusetzen. So versammeln beispielsweise der European Cybersecurity Act, die DSGVO, der DSA und der DMA allesamt verbindliche Regelungen, die nicht nur für EU-Mitglieder, sondern auch für außereuropäische Länder, Unternehmen und Einzelpersonen gelten. Darüber hinaus verfügt der europäische Cyberblock über ENISA und innerhalb von ENISA über das CERT-EU-Team. In den letzten Jahren hat dieser Cyberblock neue Regeln und Vorschriften eingeführt, die den Weg für die Schaffung eines sichereren Blocks ebnen könnten, der eine zentrale Position zwischen den bisher vorgestellten SCDs und VCDs einnimmt.

Literatur

Altshuler Shwartz, Tehilla, and Itai Brun. 2019. Fake news: The next generation. *IDI*, July 14. [In Hebrew: פייק ניוז: הדור הבא]. https://www.idi.org.il/articles/27133.

Ball, James. 2021. Facebook and Google's new plan? Own the Internet. *Wired*, October 7. https://www.wired.co.uk/article/facebook-google-subsea-cables.

Belam, Martin. 2015. Timeline of .uk Internet usage. *Medium*, July 23. https://medium.com/30-stories-of-uk/timeline-of-uk-internet-usage-93b705c78891.

Chen, Kai. 2017. No place to hide: Edward Snowden, the NSA, and the US surveillance state. *Intelligence and National Security* 32 (6): 868–871.

Coulter, Martin, and Supantha Mukherjee. 2023. Focus: OpenAI CEO's threat to quit EU draws lawmaker backlash. *Reuters,* May 26. https://www.reuters.com/technology/openai-ceos-threat-quit-eu-draws-lawmaker-backlash-2023-05-25/.

Dedman, Martin. 2006. *The origins and development of the European Union 1945–1995: A history of European integration.* Routledge.

ENISA. n.d.a. NIS directive. https://www.enisa.europa.eu/topics/cybersecurity-policy/nis-directive-new.

ENISA. n.d.b. ENISA mandate and regulatory framework. https://www.enisa.europa.eu/about-enisa/regulatory-framework.

European Commission. n.d.a. The EU cybersecurity act. https://digital-strategy.ec.europa.eu/en/policies/cybersecurity-act.

European Commission. n.d.b. Cybersecurity policies. https://digital-strategy.ec.europa.eu/en/policies/cybersecurity-policies.

European Parliament. n.d. Supranational decision-making procedures. https://www.europarl.europa.eu/factsheets/en/sheet/8/supranational-decision-making-procedures.

European Parliament. 2023. AI Act: A step closer to the first rules on artificial intelligence. *European Parliament,* May 11. https://www.europarl.europa.eu/news/en/press-room/20230505IPR84904/ai-act-a-step-closer-to-the-first-rules-on-artificial-intelligence.

European Union. n.d. History of the EU. https://european-union.europa.eu/principles-countries-history/history-eu_en.

Federal Communications Commission. n.d. FCC bans authorizations for devices that pose national security threat. https://www.fcc.gov/document/fcc-bans-authorizations-devices-pose-national-security-threat.

Geiger, Abigail. 2018. How Americans have viewed government surveillance and privacy since Snowden leaks. *Pew Research Center,* June 4. https://www.pewresearch.org/short-reads/2018/06/04/how-americans-have-viewed-government-surveillance-and-privacy-since-snowden-leaks/.

Guest, Peter. 2023. The UK's controversial Online Safety Act is now law. *Wired,* October 26. https://www.wired.co.uk/article/the-uks-controversial-online-safety-act-is-now-law.

Hank, Nussbacher. 2006. Internet timeline for Israel—The early years (1984–1998). *Interall,* September 17. https://www.interall.co.il/israel-internet-timeline.html.

Hecht, Jeff. 2021. Biggest tech companies now building the biggest data pipes—Facebook will lay a record-capacity submarine cable across the Atlantic. *IEEE Spectrum,* October 18. https://spectrum.ieee.org/biggest-tech-companies-biggest-data-pipes.

i24. 2019. Russian submarine spotted off Israel's coastline some 3 months ago: Report. *i24,* November 11. https://www.i24news.tv/en/news/israel/diplomacy-defense/1573503505-russian-submarine-spotted-off-israel-s-coastline-some-3-months-ago-report.

i24. 2023. Israel blocks pro-Iran Al-Mayadeen TV website over security concerns. *i24,* November 13. https://www.i24news.tv/en/news/israel-at-war/1699896177-israel-blocks-pro-iran-al-mayadeen-tv-website-over-security-concerns.

ICANN. 2023. The Israel IDN ccTLD manager joins as newest member of the ccNSO. *ICANN,* October 27. https://ccnso.icann.org/en/announcements/announcement-27oct23-en.htm.

INSS. 2019. The campaign over consciousness: Strategic and intelligence insights, May 2019. INSS. [In Hebrew: המערכה על התודעה: היבטים אסטרטגיים ומודיעיניים]. https://www.inss.org.il/he/publication/the-cognitive-campaign/.

Israel Democracy Institute. n.d. Regulation of the media. https://en.idi.org.il/tags-en/1476.

Israel National Cyber Directorate. n.d. About. *Gov IL.* https://www.gov.il/en/departments/about/newabout.

Joffre, Tzvi. 2022. Israel police chief recommends shutting off social media during riots. *Jerusalem Post,* September 21. https://www.jpost.com/israel-news/article-717745.

Kleinrock, Leonard. 2019. The first message transmission. *ICANN,* October 29. https://www.icann.org/en/blogs/details/the-first-message-transmission-29-10-2019-en.

Li, He, Lu Yu, and Wu He. 2019. The impact of GDPR on global technology development. *Journal of Global Information Technology Management* 22 (1): 1–6.

Miller, James N., Robert J. Butler, and Johns Hopkins University-Applied Physics Laboratory. 2021. *National Cyber Defense Center: A key next step toward a whole-of-nation approach to cyber security.* John Hopkins University Applied Physics Laboratory.

National Telecommunications and Information Administration (NTIA). n.d. The Federal Communications Commission (FCC), U.S. Department of Commerce. https://www.ntia.gov/book-page/federal-communications-commission-fcc.

Ortiz-Ospina, Esteban. 2019. The rise of social media. *OurWorldInData,* September 18. https://ourworldindata.org/rise-of-social-media.

Pai, Ajit. 2014. The story of the FCC's net neutrality decision and why it won't stand up in court. *The Federal Communications Law Journal* 67: 147.

Palter, D.C., and Hank Nussbacher. 1999. Internet 2 takes to the air. *Satellite Communications* 23 (11): 36–39.

Perrigo, Billy. 2020. Bowing to U.S. pressure, U.K. bans 5G equipment from China's Huawei over security concerns. *TIME,* July 14. https://time.com/5866643/uk-huawei-5g-ban/.

Pew Research Center. 2021a. Social media fact sheet. *Pew Research Center,* April 7. https://www.pewresearch.org/internet/fact-sheet/social-media/.

Pew Research Center. 2021b. Internet/broadband fact sheet. *Pew Research Center,* April 7. https://www.pewresearch.org/internet/fact-sheet/internet-broadband/.

Schlesinger, Philip. 2022. The neo-regulation of internet platforms in the United Kingdom. *Policy & Internet* 14 (1): 47–62.

Shahin, Jamal. 2006. A European history of the Internet. *Science and Public Policy* 33 (9): 681–693.

Shubber, Kadhim. 2013. A simple guide to the Prism controversy. *WIRED,* June 10. https://www.wired.co.uk/article/simple-guide-to-prism.

Shuker, Pnina, and Lev Topor. 2021. Russian influence campaigns against NATO in the Baltic region: Spread of chaos and divide et impera. In *The Russian Federation in global knowledge warfare,* 295–314. Cham: Springer.

Siripurapu, Anshu. 2020. Trump and Section 230: What to know. *Council on Foreign Relations,* December 2. https://www.cfr.org/in-brief/trump-and-section-230-what-know.

Spectator. 2024. The Online Safety Act is already stifling free speech. *Spectator,* January 13. https://www.spectator.co.uk/article/the-online-safety-act-is-already-stifling-free-speech/.

Times of Israel. 2019. Israel: Court blocks access to 1,700 pedophilia websites. *Times of Israel,* June 17. https://www.timesofisrael.com/israel-blocks-access-to-1700-pedophilia-websites/.

Topor, Lev. 2022. *Phishing for Nazis: Conspiracies, anonymous communications and white supremacy networks on the Dark Web.* Routledge.

Tzur, Michael. 1989. *The (emergency) defense regulations, 1945.* Policy Paper No. 16. Israel Democracy Institute.

U.S. Department of Homeland Security. n.d. US-CERT: United States computer emergency readiness team. https://www.cisa.gov/sites/default/files/publications/infosheet_US-CERT_v2.pdf.

Unna, Yigal. 2019. National cyber security in Israel. *Cyber, Intelligence, and Security* 3 (1): 167–173.

W3. n.d. Tim Berners-Lee. https://www.w3.org/People/Berners-Lee/Overview.html.

Waterfield, Bruno. 2013. Angela Merkel: Spying between friends is unacceptable. *Telegraph,* October 24. https://www.telegraph.co.uk/news/worldnews/europe/germany/10403437/Angela-Merkel-spying-between-friends-is-unacceptable.html.

Weinstein, Dave. 2014. Snowden and US cyber power. *Georgetown Journal of International Affairs* 15: 4.

Wiener, Asaf, and Ofir Stegman. 2023. Social media and digital platforms use in Israel (2023). *ISOC-IL,* August 3. https://en.isoc.org.il/data-and-statistics/social_media_use_il_2023.

Zimdars, Melissa. 2022. Mis/disinformation and social media. In *The social media debate,* 120–136. Routledge.

Kapitel 8
Die Zukunft des Internets

Wir leben alle in, manchmal auch auf der Cloud. Diese imaginäre Cloud ist natürlich der Cyberspace, der in den letzten Jahrzehnten die Globalisierung vorangetrieben und es der Menschheit ermöglicht hat, die Parameter von Zeit und Raum zu ignorieren. In wohlhabenden Ländern, aber auch in weniger begünstigten, nutzen Menschen den Cyberspace – das Internet – für Arbeit, Bildung, Freizeit und sogar Liebe. Wir verbringen einen enormen Teil unserer Zeit online, indem wir Inhalte erstellen und konsumieren, die in vielen Fällen für jedermann zugänglich sind oder nicht so gut geschützt, wie wir denken. Dieses „Galactic Network", wie Joseph Carl Robnett Licklider vom MIT es Anfang der 1960er-Jahre beschrieb, hat es tatsächlich geschafft, die ganze Welt auf technischem Wege zu verbinden. Das Problem ist jedoch, dass technische Mittel für die Menschheit nicht ausreichen, die oft sozialpolitische Mittel und Vereinbarungen benötigt, um miteinander auszukommen. Der technische Aspekt des Internets hat die politische Realität des 20. Jahrhunderts – den Kalten Krieg – nicht vollständig berücksichtigt, und auch im 21. Jahrhundert geht der technische Aspekt nicht auf globale Machtverschiebungen, Multipolarität und kulturelle Unterschiede ein. Das Internet scheint sich zu einem Golem entwickelt zu haben, der sich nun gegen seinen Schöpfer wendet. In der jüdischen Legende ist ein Golem ein von Menschen geschaffenes Wesen, das oft als Helfer oder Beschützer dargestellt wird, sich in manchen Fällen jedoch gegen seinen Schöpfer wenden und ihn gefährden kann. Das Internet ist der Golem der Menschheit; es war den Menschen von großem Nutzen, doch nun wendet es sich gegen seine Schöpfer.

Wie hat sich dieser Golem gegen uns alle gewandt? Erstens hat dieser Cyber-Golem sozusagen Cybersecurity-Bedrohungen geschaffen, zu denen Cyberangriffe wie Infrastrukturschäden, Datenlecks, Spionage und Datenmanipulation gehören. Zweitens hat er den Missbrauch von Sharp Power und von Mis-/Desinformation geschaffen oder erheblich verstärkt und es einfacher denn je gemacht, Verschwörungstheorien zu verbreiten. Drittens hat er Datenschutzbedenken verstärkt. Unsere privaten und persönlichen Informationen werden oft online gespeichert,

L. Topor, *Cyber-Souveränität*, https://doi.org/10.1007/978-3-032-09326-4_8

aber uns fehlen die geeigneten regulatorischen und sicherheitstechnischen Mittel, um sie zu schützen. Identitätsdiebstahl und andere betrügerische Aktivitäten sind heute leichter denn je durchzuführen. Da Regierungen die Internetdienstanbieter kontrollieren und damit unser Internet, hat dies den Regierungen auch übermäßige Macht und die Möglichkeit verschafft, ihre Bürger auszuspionieren und zu kontrollieren, wie Edward Snowden aufgedeckt hat. Darüber hinaus sind seit den 2020er-Jahren neue Technologien wie KI, Biotechnologie und VR stärker mit dem Internet verflochten, und wir stehen nun vor neuen ethischen und politischen Dilemmata. Fragen nach algorithmischer Verantwortlichkeit, digitaler Überwachung, technologischer Diskriminierung und mehr treten auf.

Eines der gravierendsten Probleme des Internets ist die sozialpolitische und kulturelle Kluft zwischen den Ländern. Staaten sind naturgemäß souverän, und das Konzept der Souveränität ist ein grundlegendes und dauerhaftes Prinzip in Politik und internationalen Beziehungen. Zwar haben Globalisierung und Industrialisierung tatsächlich eine große Interdependenz zwischen Staaten geschaffen und diese sind somit vom westfälischen Souveränitätsmodell abgerückt, doch sind Staaten immer noch die höchste Autorität über ihr Territorium (Land, Ressourcen und Bürger). Schon im 16. Jahrhundert argumentierte Jean Bodin, dass Souveränität absolut, unbefristet und unteilbar sein müsse. Diese Erkenntnis gilt bis heute – Staaten streben ständig nach absoluter Kontrolle. Dennoch geraten Staaten häufig in Konflikte um Kontrolle, Ressourcen und Ergebnisse und greifen zum eigenen Vorteil in die Angelegenheiten anderer ein. Das Internet jedoch untergräbt das Wesen der Souveränität, da es sowohl die despotische als auch die infrastrukturelle Macht der Staaten aushöhlt. Interventionen werden zu einer Frage weniger geschickter Mausklicks. Ein vollständig vernetztes und offenes Land kann ausländische Mis-/Desinformation oder sogar wahre Informationen, die es als gefährlich oder unerwünscht ansieht, nicht wirksam bekämpfen. Fremde Mächte und ihre Stellvertreter können leicht in die Angelegenheiten ihrer Gegner eingreifen – digital statt kinetisch.

Während des Kalten Krieges führten die Sowjetunion und die Vereinigten Staaten keinen direkten Krieg, sondern nutzten Stellvertreter, um um globale Vorherrschaft und Dominanz sowie um Kontrolle über Ergebnisse, Akteure und Ressourcen zu konkurrieren. Als Atommächte wollten sie eine MAD-Situation vermeiden. Indirekte Auseinandersetzungen wurden auch wegen der schwierigen Zuschreibung genutzt, denn durch den Einsatz von Stellvertretern war Krieg rechtlich nicht zu rechtfertigen – sofern man internationale Normen und Gesetze als wichtigen Bestandteil der Weltordnung betrachtet. Internationale Gesetze spielen tatsächlich eine wichtige Rolle, da sie den zwanghafte Begehrlichkeiten abbauen oder mildern; solche Gesetze verpflichten internationale Akteure, eine stabile Weltordnung aufrechtzuerhalten. Es gibt internationale Gesetze zu Krieg, Menschenrechten und Seerecht; jedoch gibt es keine anwendbaren internationalen Gesetze für den Cyberspace. So sind beispielsweise Fake News nicht illegal, und Spionage- oder Datenlöschangriffe, die Infrastruktur schädigen, können von Stellvertretern durchgeführt werden. Cyber-Proxy-Kriegsführung wird genutzt, um die Zuschreibung zu vermeiden, was es einem Staat erschwert, Vergeltung gegen den „Auftraggeber" eines Proxys zu rechtfertigen – nicht nur, weil es keine direkte Verbindung gibt, sondern auch, weil manche Angriffe unterhalb der Schwelle eines bewaffneten Konflikts bleiben.

Wie können beispielsweise die Vereinigten Staaten Vergeltung üben, wenn Russland und China durch Proxy-Hackergruppen oder durch die Verbreitung von Mis-/Desinformation intervenieren? Einerseits untergraben Interventionen wie die Einmischung in die Präsidentschaftswahl 2016 und der Sturm auf das Kapitol 2021 die amerikanische Souveränität – sie untergraben das Wesen der demokratischen Idee. Andererseits wurden diese Interventionen durch Stellvertreter und ohne einen einzigen Schuss durchgeführt. Unangemessene regulatorische Maßnahmen können zu starker staatlicher Kontrolle über die Bürger führen, aber ein völliges Fehlen regulatorischer Maßnahmen kann einem Land oft noch schneller schaden. Da es kein anwendbares internationales Recht für den Cyberspace gibt, hatten die USA die Möglichkeit, militärisch, diplomatisch oder wirtschaftlich zu reagieren, und sie konnten natürlich auch mit ähnlichen Cyberangriffen Vergeltung üben. Länder wie Russland und China haben jedoch einen Vorteil: Sie sind weniger frei und weniger offen als die Vereinigten Staaten und können Daten- und Informationsflüsse effektiver kontrollieren. Sie nutzen Sharp Power, um den Westen zu bedrohen, während sie selbst Souveränität und Macht bewahren oder gewinnen. Das Zitat von Wu Jichuan, dem ehemaligen chinesischen Minister für Post und Telekommunikation und ehemaligen Minister für Industrie und Informationstechnologie in den 1990er-Jahren, das in der Einleitung vorgestellt wurde, ist für unser Verständnis der Informationskontrolle sehr relevant:

> Mit der Anbindung an das Internet meinen wir nicht absolute Informationsfreiheit. Ich denke, darüber besteht ein allgemeines Verständnis. Wenn Sie durch den Zoll gehen, müssen Sie Ihren Pass vorzeigen. Genauso ist es mit dem Management von Informationen. Es gibt überhaupt keinen Widerspruch zwischen dem Ausbau der Telekommunikationsinfrastruktur und der Ausübung staatlicher Souveränität.[1]

China hat sein GSP, eine Initiative, die die chinesische Souveränität vor allem durch die GFW schützt, die eingehende ausländische Informationen blockiert. Russland verfügt über eine Vielzahl von Gesetzen, sowohl technischer als auch gesellschaftlicher Art, die ebenfalls seine Souveränität schützen, sowie über das RuNet-Projekt, das Netzwerkdienste ausschließlich innerhalb Russlands oder mit den von ihm als geeignet erachteten Parteien bereitstellen kann. Andere Länder wie Iran haben Projekte wie das NIN, das darauf abzielt, einen separaten und staatlich kontrollierten nationalen Cyberspace zu schaffen. Saudi-Arabien verfügt ebenfalls über ein umfangreiches rechtliches Regime zur Kontrolle des Daten- und Informationsflusses. Nordkorea ist überhaupt nicht an das globale Netz angeschlossen, abgesehen von einigen wenigen, begrenzten und privaten Verbindungen zu China und Russland sowie etwas Satellitenkonnektivität; es hat eine Air Gap geschaffen. Länder wie Indien, Myanmar, Sudan, Kuba, Jordanien,

[1] Wu (1996).

Äthiopien und viele andere nutzen vollständige Internetsperren, um die nationale Resilienz zu erhalten, selbst auf Kosten des Informationszugangs ihrer Bürger. Im Gegensatz dazu gibt es in den Vereinigten Staaten ein verfassungsmäßiges Recht auf freie Meinungsäußerung, und Section 230(c)(1) gewährt Plattformen, Anbietern und Nutzern von Online-Diensten, die von Dritten bereitgestellte Informationen veröffentlichen, Immunität vor Haftung. Globale Akteure nutzen dies, indem sie zu den „Drittanbietern" werden, die bösartigen Code oder Mis-/Desinformation verbreiten.

Tatsächlich leiden viele demokratische, liberale westliche Länder unter dem Cyber-Golem, da sie anfällig für Cyberangriffe und die Verbreitung von Mis-/Desinformation sind. Das Vereinigte Königreich, Israel und viele europäische Länder leiden fortwährend unter ausländischen Interventionen und Angriffen, die die nationale Resilienz schwächen und ein sozialpolitisches Chaos verursachen. Die Vereinigten Staaten, das Vereinigte Königreich, Israel und die Europäische Union haben weitgehend offene Cyber-Domänen, damit sind sie tatsächlich die Ausnahme. Freedom House listet in seiner Analyse der Internetfreiheit nur etwas mehr als ein Dutzend Länder als „frei" auf, während die Mehrheit der Länder entweder „nicht frei" oder „teilweise frei" ist. Im Verlauf dieses Buches wurden Dutzende Beispiele für den Missbrauch von Internetfreiheit beschrieben und erläutert, darunter Beispiele aus den Vereinigten Staaten, dem Vereinigten Königreich, Deutschland und Frankreich, Schweden und Finnland, Israel und mehr. Eine Analyse der Cyber-Domänen globaler und regionaler Mächte führte mich dazu, sie entweder als SCDs oder VCDs zu definieren. Es scheint, dass immer mehr Länder unter ihren VCDs leiden und in den letzten Jahren begonnen haben, ihre Regulierung des Internets zu verstärken – ein Prozess, der sie zu Ländern mit SCDs machen könnte. So hat beispielsweise das Vereinigte Königreich im Oktober 2023 den Online Safety Act verabschiedet, ein Gesetz, das von vielen westlichen Unternehmen kritisiert wurde. Das Gesetz erlegt sozialen Medien neue Pflichten auf und gibt der Regulierungsbehörde OFCOM mehr Macht, die Online-Sicherheit durch die Bekämpfung illegaler Inhalte zu gewährleisten. Unternehmen wie Meta, Google, Twitter, WhatsApp, Signal und Telegram, um nur einige zu nennen, äußerten Bedenken und stellten die Option der Nichtbefolgung in den Raum, bevor das Gesetz verabschiedet wurde. Sie behaupteten, das Gesetz stelle Verschlüsselung und Datenschutz hinter die Sicherheit, gingen aber nicht darauf ein, dass sie in anderen Ländern wie Russland Überwachungsdienste anbieten.

Ein weiteres zentrales Problem des Cyberspace ist, dass er westlich dominiert und überwiegend von westlichen Unternehmen, Organisationen und anderen Akteuren kontrolliert wird. Das gesamte Internet-Ökosystem, wie in Kap. 2 ausführlich erläutert, wird von den Regeln und Vorschriften von ICANN, IANA und PTI, ITU, IETF, IRTF, RIRs wie APNIC, W3C, IXPs, CDNs, Registries wie ccTLDs, IAB, IGF, EIF, WEF, IGOs wie der Europäischen Union und vielen anderen X-Buchstaben-Organisationen bestimmt. Das Rückgrat des Internets sowie Plattformen, Dienste und moderne Geräte werden von Unternehmen wie Amazon, Microsoft, Google (Alphabet), Meta (Facebook), IBM, Apple, Lumen Technologies, Cogent Communications, AT&T, Starlink (SpaceX) und vielen anderen dominiert, die auch auf nicht-westlichen Märkten mit ihren ausländischen Gegenstücken konkurrieren, darunter Yandex, Rostelecom, Sberbank und VK (Mail.Ru) im russischen Fall sowie Tencent, Alibaba, Baidu, JD.com, TikTok (ByteDance), China Telecom und China Unicom im chinesischen Fall. All diese Unternehmen – und viele andere – verlegen Untersee-Glasfaserkabel, starten Satelliten, betreiben IXPs und CDNs und verwalten Cloud-Plattformen, Dienste, Internetseiten und soziale Medien. Damit untergraben diese Organisationen die Souveränität der Staaten.

Darüber hinaus konkurrieren in unserer multipolaren Welt China, Russland und sogar Europa um die Vorherrschaft im Cyberspace, indem sie versuchen, mehr Kontrolle und Einfluss zu gewinnen und gleichzeitig den westlichen (amerikanischen) Einfluss auf das Internet zu untergraben. Während Projekte wie das sowjetische OGAS-System gescheitert sind (siehe Kap. 2), nehmen andere Gestalt an. Die russische Seite hat RuNet geschaffen, ein russisches Internet, das bei Bedarf auch als Intranet funktionieren kann. Es gibt auch russische Alternativen zu westlichen Unternehmen. VK und Odnoklassniki funktionieren wie Facebook, Yandex ist Russlands Google, Rutube ist genau das, was der Name vermuten lässt – eine Alternative zu YouTube –, und es gibt noch mehr. Chinas BRI umfasst das Projekt „Digitale Seidenstraße", das die digitale Konnektivität in Belt-and-Road-Ländern verbessern soll. Es hat bereits internetbezogene Dienste nach Vietnam, Nordkorea, Uganda, Tansania usw. exportiert. Selbst Länder wie Nordkorea, Iran und Saudi-Arabien haben eigene Internetunternehmen und soziale Medienplattformen, was sowohl ihre strategischen Bedürfnisse als auch ihre kulturellen Wünsche widerspiegelt.

Einige Länder, wie Nordkorea und möglicherweise Iran, Russland und China, verfügen entweder über SCDs (oder „Internetblasen", wie Haber und ich sie 2023 nannten) oder haben die Möglichkeit, ein geschlossenes und eingeschränktes Netzwerk zu schaffen, das nicht vollständig mit der Außenwelt verbunden ist. Dennoch könnte dieser Prozess das Bestreben der Staaten untergraben, zusammenzuarbeiten oder Macht zu projizieren und andere zu beeinflussen. Natürlich können wir daraus schließen, dass eine gewisse Zusammenarbeit notwendig ist, um die wichtigsten Vorteile der Globalisierung zu bewahren und gleichzeitig die Souveränität zu erhalten. Ein Ansatz, diesen Prozess zu verstehen, ist die Theorie des „Clash of Civilizations" von Samuel Huntington. Diese Theorie besagt, dass die bestimmenden Bruchlinien globaler Konflikte in der Zeit nach dem Kalten Krieg kultureller und zivilisatorischer Natur sein würden, nicht ideologischer oder wirtschaftlicher. Die Anwendung dieses Rahmens auf den Cyberspace eröffnet eine komplexe, aber faszinierende Möglichkeit. Dieser Prozess könnte sich im Entstehen von Cyberblöcken wie dem der Europäischen Union äußern, der in Kap. 7 beschrieben wurde. Auf diese Weise könnten alle oder einige von Huntingtons Zivilisationen ihre eigenen Cyber-Domänen entwickeln, die weniger mit der Außenwelt verbunden sind, wobei die Zugangspunkte stark überwacht und reguliert werden. Westliche, arabisch-islamische, slawische und sinitische Cyber-Domänen werden entstehen.

Tatsächlich nimmt dies bereits Gestalt an. Jede dieser Zivilisationen zeigt unterschiedliche Tendenzen im Hinblick auf den Cyberspace. Allerdings verfügen nicht alle Länder über die Fähigkeit, die globale Ordnung in dieser Weise zu verändern. Solche Cyberblöcke entstehen unter der Führung einer bedeutenden internationalen Macht. Russland führt die slawische Welt an, China übernimmt die Führung in der Sinosphäre, bietet Dienstleistungen an und beeinflusst Thailand, Vietnam, Nordkorea, die Mongolei und andere. In der islamischen Welt konkurrieren Saudi-Arabien und Iran um die regionale Vorherrschaft, stellen aber ebenfalls Dienste und Plattformen für den Golfraum und den Großteil des Nahen Ostens bereit (abgesehen von Israel, das stärker westlich orientiert ist). Der bedeutendste Cyberblock, der weiterhin bestrebt ist, offen zu bleiben, ist die Anglosphäre mit Allianzen wie der Five Eyes Alliance, einem zwischen den Vereinigten Staaten, dem Vereinigten Königreich, Kanada, Australien und Neuseeland etablierten Nachrichtendienstnetzwerk. Eine Region, die bereits als teilweiser Cyberblock betrachtet werden kann, ist die Europäische Union. Mit ihrer supranationalen Grundlage verfügt dieser Cyberblock über rechtliche und operative Autorität gegenüber seinen Mitgliedstaaten. Der europäische Cyberblock hat mit dem European Cybersecurity Act, der DSGVO, dem DSA, dem DMA und ENISA bedeutende regulatorische Instrumente entwickelt. Dies gilt jedoch nur, sofern es der Europäischen Union gelingt, in den kommenden Jahrzehnten eine Union zu bleiben.

Praktisch betrachtet ist trotz der Komplexität der Zukunft des Internets eines klar: Es verändert sich. Welche Optionen gibt es für die Zukunft? Im Allgemeinen existieren vier Hauptoptionen für die zukünftige Entwicklung des Internets. Die erste und am wenigsten wahrscheinliche Option ist ein Status quo. Das heißt, der Cyberspace bleibt ein von Amerika und dem Westen geführtes Projekt. Der Westen behält die Kontrolle durch Stellvertreterorganisationen und -unternehmen und wird die globale Cyberdomäne anführen. Insbesondere wird die Anglosphäre das Internet dominieren, unterstützt von Verbündeten wie europäischen Ländern, Israel, Japan, Singapur und einigen weiteren. Der Hauptvorteil dieser Situation wäre die Möglichkeit, die Globalisierung aufrechtzuerhalten und andere in Richtung Westen zu ziehen; jedoch ist die Offenheit dieses Netzwerks zugleich sein größter Nachteil, da andere Mächte scharfe Machtmittel nutzen werden, um die nationale Resilienz zu schwächen und Chaos zu stiften. Auch extreme inländische Akteure könnten dies zu ihrem Vorteil nutzen.

Die zweite Option wird in einigen Ländern bereits umgesetzt, ist jedoch eine eher restriktive Variante: das Entstehen von „Internetblasen" oder vollständig unabhängigen SCDs. In diesem Fall halten sich Länder wie Nordkorea vom globalen Netz abgekoppelt und betreiben effektiv ein geschlossenes Intranet. Jeglicher Informationsaustausch muss Cybergrenzen passieren und wird vom Regime auf Angemessenheit überprüft. Auch andere Länder etablieren bereits solche SCDs. Russland hat die Möglichkeit, sich vom globalen Netz zu trennen, während es zudem ständig DPIs durchführt. China, Iran, Saudi-Arabien und andere nutzen ebenfalls DPI-Techniken, und Iran bemüht sich, sein NIN-Projekt zu entwickeln. Vollständig unabhängige SCDs sind für die jeweiligen Regime sicherer und vorteilhafter; dies führt jedoch zu weniger internationaler Zusammenarbeit und Entwicklung, wie das Beispiel des nordkoreanischen SCD zeigt.

Die dritte Option ist das Entstehen vieler Cyberblöcke. Diese sind weniger miteinander verbunden als das heutige globale Internet, aber deutlich stärker vernetzt als einzelne SCDs oder Blasen. In diesem Fall entstehen Blöcke ähnlich wie wirtschaftliche oder militärische Allianzen, wie oben beschrieben. Das derzeit prominenteste Beispiel ist der Cyberblock der Europäischen Union, der auf supranationaler Ebene agiert und mit weiterer Entwicklung eine starke Konkurrenz zum amerikanisch geführten Internet darstellen könnte (obwohl die Europäische Union und die Vereinigten Staaten die „Declaration for the Future of the Internet" unterzeichnet haben, was auf eine mögliche zukünftige Zusammenarbeit hindeutet). Der einzige Nachteil der Bildung von Cyberblöcken betrifft Länder mit weniger Macht und Einfluss. Cyberblöcke werden von globalen oder regionalen Akteuren geführt, und andere Länder könnten gezwungen sein, sich zu beteiligen oder den strategischen Zielen dieses regionalen Akteurs zu folgen.

Die vierte Option ist die Entwicklung und Etablierung eines weltweit anwendbaren Rechtsrahmens für den Cyberspace. In diesem Fall – der in naher Zukunft unwahrscheinlich ist, sich aber über einen langen Zeitraum schrittweise entwickeln könnte – wird, ähnlich wie beim Budapester Übereinkommen von 2001 zur Cyberkriminalität, ein rechtlicher Rahmen entstehen, vergleichbar mit dem Seerecht oder den Gesetzen der physischen Kriegsführung. Aufgrund des Einsatzes von Cyber-Proxy-Kriegsführung wird es jedoch große Lücken geben, und die Zuschreibung bleibt ein sehr schwieriges Problem. Ein solches globales Regime von Normen und Gesetzen würde zu gegenseitiger Verantwortlichkeit führen, was globale Mächte aufgrund ihres ständigen Strebens nach Macht und Einfluss weniger wünschen dürften. Schließlich würde ein geeigneter Rechtsrahmen auch ein Sanktionsregime erfordern.

Interessanterweise spiegelt jede dieser Optionen einen anderen Ansatz im Bereich der internationalen Beziehungen wider. Einige Ansätze sind eher liberal oder konstruktivistisch geprägt, wie die Schaffung eines anwendbaren internationalen Rechts für den Cyberspace, und natürlich ein Sanktionsregime. Realisten werden die Optionen der SCDs und Cyberblöcke interessanter finden, da in solchen Fällen Staaten in ihrem eigenen, eigennützigen Interesse handeln. Darüber hinaus wird das Internet derzeit von großen kapitalistischen Mächten dominiert, und Marxisten werden vermutlich kooperativen Optionen wie der Bildung von Cyberblöcken zuneigen. Es ist jedoch erneut zu betonen, dass solche Cyberblöcke von globalen oder regionalen Mächten geführt werden, die kapitalistisch sein können, aber nicht müssen. Anhänger der English School werden sich vermutlich ebenfalls für die Bildung von Cyberblöcken aussprechen, da diese Option sowohl realistische als auch liberale Ansätze vereinen kann.

In der Tat liegt es außerhalb meiner Möglichkeiten vorherzusagen, ob die Zukunft des Internets eher hobbesianisch, grotianisch oder kantianisch geprägt sein wird. Klar ist jedoch, dass SCDs in Form von Internetblasen und Cyberblöcken entstehen, während diese Zeilen geschrieben werden. Um noch einmal auf Wu

Jichuan zurückzukommen: Es erscheint vollkommen logisch, dass Daten und Informationen beim Überschreiten von „Cybergrenzen“ genehmigt werden müssen, da sie das Zielpublikum eines anderen Landes beeinflussen können. In ähnlicher Weise haben Länder während der COVID-19-Pandemie ihre physischen Grenzen geschlossen und aus Sorge um die öffentliche Gesundheit und Sicherheit ausländischen Personen die Einreise verweigert. Wie alle in diesem Buch beschriebenen Fälle zeigen, können auch Informationen die nationale Resilienz und öffentliche Sicherheit beeinträchtigen.

Das Internet entwickelt sich ständig weiter, und die Zukunft hält einige spannende – oder zumindest interessante – Möglichkeiten für zukünftige Interaktionen bereit. Während die Menschheit in die nächsten technologischen Entwicklungen eintaucht, könnten weitere Probleme entstehen. Der Aufstieg des Metaversums, einer virtuellen Welt, wird die Grenzen zwischen physischer und digitaler Welt noch weiter verwischen, insbesondere durch den Einsatz von VR und AR. Wird das Metaversum grenzenlos sein oder regionale Räume aufweisen? Wird der Ruf liberaler Akteure nach einer Dezentralisierung des Internets die Verbreitung von Verschwörungstheorien und Hassrede noch prominenter und gefährlicher machen? KI ist bereits ein schwieriges Thema, da viele Länder befürchten, dass sie ihrer Wirtschaft schaden könnte. Natürlich stellt sich auch die Frage der Verantwortlichkeit – wer ist für eine inakzeptable Handlung einer KI verantwortlich? Ihr Schöpfer? KI-Tools könnten zur Ausübung scharfer Macht und für Cyber-Proxy-Kriegsführung eingesetzt werden, was die Zuschreibung im Cyberspace noch komplizierter macht.

Ein weiteres Thema ist der Versuch, die Industrie von Untersee-Glasfaserkabeln auf Satelliten umzustellen, etwa mit Projekten wie Starlink. Ist es ethisch vertretbar, den Weltraum zu verschmutzen, wenn Satelliten ausfallen? Außerdem: Kann ein Land Satelliten blockieren oder abschießen, die seine Kommunikationsvorschriften umgehen? Wenn ein amerikanischer Satellit oder zugehörige Trümmer auf russischem Boden abstürzen, wie sollte Russland reagieren? Da unser Leben zudem immer stärker mit „smarten“ Geräten und dem IoT vernetzt wird, könnten Fragen der Cybersicherheit zu einer politischen Forderung werden, da die Menschen verlangen, dass ihre Smart Homes und Smart Cars sicher sind. Eines ist sicher: Mit dem technologischen Fortschritt und der Veränderung unseres Internets werden neue Herausforderungen im Bereich Cybersicherheit, aber auch sozialpolitische und rechtliche Herausforderungen entstehen – und es wird wahrscheinlich die Aufgabe souveräner Staaten sein, diese zu bewältigen.

Literatur

Wu, Timothy S. 1996. Cyberspace sovereignty—The internet and the international system. *Harvard Journal & Technology* 10: 647.

Nichtzitierte Quellen

Center for Strategic and International Studies. n. d. Significant cyber incidents. https://www.csis.org/programs/technology-policy-program/significant-cyber-incidents.

Chen, Kai. 2017. No place to hide: Edward Snowden, the NSA, and the US surveillance state. *Intelligence and National Security* 32(6): 868–871.

Comerford, Ruth. 2023. Violent protests after Quran burning in Sweden. *BBC,* September 4. https://www.bbc.com/news/world-europe-66706937.

European Parliament. n. d. Supranational decision-making procedures. https://www.europarl.europa.eu/factsheets/en/sheet/8/supranational-decision-making-procedures.

Financial Tribune. 2017. Iran launches 6th internet hub in Khuzestan province. *Financial Tribune,* May 28. https://financialtribune.com/articles/economy-sci-tech/65386/iran-launches-6th-internet-hub-in-khuzestan-province#:~:text=Company%20of%20Iran.-,Internet%20Exchange%20Point,%2C%20Tabriz%2C%20Shiraz%20and%20Qom.

Jeppesen, Sandra, Henry Giroux, Michael Hoechsmann, Chenjerai Kumanyika, David VanDyke, and Miranda McKee. 2022. *The capitol riots: Digital media, disinformation, and democracy under attack.* Routledge.

Radio Free Europe Radio Liberty. 2021. Apple reportedly agrees to preinstall Russian software on gadgets. *Radio Free Europe Radio Liberty,* March 16. https://www.rferl.org/a/apple-russia-iphone-software/31153385.html.

Shultz, Richard H., und Roy Godson. 1984. *Dezinformatsia: Active measures in Soviet strategy.* Pergamon-Brassey's International Defense Publishers.

L. Topor, *Cyber-Souveränität,* https://doi.org/10.1007/978-3-032-09326-4

FSC
www.fsc.org
MIX
Papier | Fördert
gute Waldnutzung
FSC® C083411

Kolibri 360 GmbH
Ferdinand-Jühlke-Straße 7
99095 Erfurt, Deutschland
produktsicherheit@kolibri360.de